근대 한국학 교과서 총서

4

윤리과

성신여대 인문융합연구소 **편**

제이앤씨
Publishing Company

근대 한국학 교과서의 탄생

1.

근대 교과서는 당대 사회의 복잡한 사회·역사·정치·문화의 상황과 조건들의 필요에서 나온 시대의 산물이다. 한국 근대사는 반봉건과 반외세 투쟁 속에서 자주적인 변혁을 이루어야 했던 시기였고, 특히 1860년대부터 1910년에 이르는 시간은 반봉건·반외세 투쟁을 전개하면서 근대적 주체를 형성해야 했던 때였다. 주체의 형성은 근대사에서 가장 중요한 과제였는 바, 그 역할의 한 축을 담당한 것이 근대교육이다.

근대 초기 교과서 개발은 1876년 개항 이후 도입된 신교육 체제를 구현하기 위한 구체적인 과제였다. 교과서가 없이는 신교육을 실행할 수 없었기 때문에 개화정부는 교육개혁을 시행하면서 우선적으로 교과서 개발을 고려한다. 갑오개혁에 의해 각종 학교의 관제와 규칙이 제정되고 이에 따라 근대적 형태의 교육과정이 구성되는데, 교육과정이 실행되기 위해서는 교육내용을 전하는 교과서를 먼저 구비해야 했다. 당시 교과서 편찬을 관장했던 기구는 '학부(學部) 편집국'이다. 편집국은 일반도서와 교과용 도서에 관한 업무를 관장해서 ① 도서의 인쇄, ② 교과용 도서의 번역, ③ 교과용 도서의 편찬, ④ 교과용 도서의 검정, ⑤ 도서의 구입·보존·관리 등의 사무를 맡았다. 학부는 교과서의 시급성을 감안하여 학부 관제가 공포된 지 불과 5개월만인 1895년 8월에 최초의 근대 교과서라 할 수 있는 『국민소학독본』을 간행하였고, 이후 『소학독본』(1895)과 『신정심상소학』(1896) 등을 연이어 간행해서 1905년까지 40여 종의 교과서를 출간하였다.

학부 간행의 교과서는 교육에 의한 입국(立國) 의지를 천명한 고종의 '교육조서'(1895,2)에 의거해서 이루어졌다. 교육조서는 ① 교육은 국가 보존의 근본이고, ② 신교육은 과학적 지식과 신학문과 실용을 추구하는 데 있고, ③ 교육의 3대 강령으로 덕육(德育)·체육(體育)·지육(智育)을 제시하고, ④ 교육입국의 정신을 들어 학교를 많이 설립하고 인재를 길러내는 것이 곧 국가 중흥과 국가보전에 직결된다는 것을 천명하였다. 이는 오늘날의 바람직한 국민상을 육성하기 위한 교육 목표와 동일한 것으로, 이런 취지를 바탕으로 학부는 신학문의 흡수와 국민정신의 각성을 내용으로 하는 교재를 다수 출간한다. 학부는『조선역사』,『태서신사』,『조선지지』, 『여재촬요』,『지구약론』,『사민필지』,『숙혜기략』,『유몽휘편』,『심상소학』,『소학 독본』,『서례수지』,『동국역사』,『동국역대사략』,『역사집략』,『조선역사』등 역사와 지리, 수신과 국어 교과서를 연속해서 간행했는데, 특히 역사와 지리 교과서가 다 수 출판된 것을 볼 수 있다.

이 시기 교과서를 제대로 이해하기 위해서는 우선 교과서 편찬 주체가 누구인가 를 알아야 한다. 불과 두세 달의 시차를 두고 간행되었지만 교과의 내용과 정치적 입장, 역사 인식 등에서 큰 차이를 보이는『국민소학독본』과『신정심상소학』을 비 교해봄으로써 그런 사실을 알 수 있다.

『국민소학독본』이 간행된 1895년 전후의 시기는 민비와 대원군을 둘러싼 갈등 과 대립이 극에 달했던 때였다.『국민소학독본』은 박정양이 총리대신으로 있던 시 기에 간행되었는데, 당시 교과서 편찬의 실무는 이상재(학부참서관), 이완용(학부 대신), 윤치호(학부협판) 등 친미・친러파 인사들이 맡았다. 그런 관계로『국민소 학독본』에는 일본 관련 글은 거의 없고 대신 미국과 유럽 관련 글들이 대부분을 차 지한다. 전체 41과로 구성되어 우리의 역사와 인물, 근대생활과 지식, 서양 도시와 역사와 위인을 다루었는데, 미국 관련 단원이 10과에 이른다. 그런데,『신정심상소 학』은 민비가 시해되고 대원군이 집권하면서 김홍집이 총리대신으로 있던 시기에 간행되었다. 친일 내각의 등장과 함께 일제의 개입이 본격화되어 책의 '서(序)'에는 일본인 보좌원 다카미 가메(高見龜)와 아사카와(麻川松次郞)가 관여한 사실이 소개 되고, 내용도 일본 교과서인『尋常小學讀本(신정심상소학)』을 그대로 옮겨놓다시 피 했다. 근대적인 체계를 앞서 갖춘 일본의 교재를 참조한 것이지만, 일본인 명사 2명이 소개된 것처럼 교과 내용이 친일적으로 변해서 이전 교과서와는 상당히 다 른 모습이다.

1906년 일제의 통감이 파견되고 일인 학정참정관이 조선의 교육을 장악하면서 부터 교과서의 내용은 이전과 확연히 달라진다. 1906년 2월에 통감부가 서울에 설 치되고 초대 통감으로 이토 히로부미(伊藤博文)가 부임해서 한국 국정 전반을 지 휘・감독하였다. 일제는 교과서야말로 식민지 건설에 가장 영향력 있는 수단으로 간주해서 교과서 출판에 적극 개입하였다. 조선의 역사와 지리 그리고 국어과 교과서 출판에 대해서는 극심한 통제를 가했고, 한국인 출판업자가 출원하는 검정 교과서는 이른바 '정치적 사항에 문제가 있다' 하여 불인가 조치를 가하는 경우가 빈번하였다. 그 결과 한국사 및 한국 지리 교과서는 거의 간행되지 못하고, 대신 친일적인 내용의 교과서가 다수 간행된다. 1909년 5월에 보통학교용으로 『수신서』 4책, 『국어독본』 8책, 『일어독본』 8책, 『한문독본』 4책, 『이과서』 2책, 『도화 임본』 4책, 『습자첩』 4책, 『산술서』 4책이 출간된다. 이들 교과서에는 일본 관련 단원이 한층 많아져서, 『보통학교학도용 국어독본』(1907)에서 볼 수 있듯이, 우리나라와 일본의 국기가 나란히 걸린 삽화가 게재되고(1권 「국기」), 『일본서기』를 근거로 한 일본의 임나일본부설이 수록되며(6권 「삼국과 일본」), 심지어 세계 6대 강국이 된 군국주의 일본의 강성함을 선전하는 내용의 글(8권 「세계의 강국」)이 수록되기에 이른다.

민간인에 의한 교과서 출판은 을사늑약 이후 활발하게 이루어진다. 일제의 강압 아래 추진된 학부 간행의 교과서를 비판하면서 자주적 한국인 양성에 적합한 교과서를 편찬하고자 힘을 모으는데, 편찬의 주체는 민간의 선각이나 학회와 교육회였다. 이들은 교과서를 '애국심을 격발시키고 인재를 양성'하는 도구로 간주하였다. "학교를 설립하고 교육을 발달코자 할진데 먼저 그 학교의 정신부터 완전케 한 연후에 교육의 효력을 얻을지니 학교의 정신은 다름 아니라 즉 완전한 교과서에 있"다고 말하며, 학교가 잘 설비되어 있더라도 교과서가 "혼잡·산란하여 균일한 본국정신"을 담고 있지 못하다면 "쓸데없는 무정신교육"이 되어 국가에 별 이익이 없을 것이라고 주장했는데, 그것은 교과서가 "애국심을 격발케 하는 기계"(「학교의 정신은 교과서에 재함2」, 《해조신문》, 1908. 5.14.)라고 보았기 때문이다. 당시 민간 선각이나 학회들이 대대적으로 교과서 간행에 나선 것은 이런 배경을 갖고 있었다.

민간에서 간행된 최초의 교과서는 대한민국교육회의 『初等小學(초등소학)』(1906)이다. 당시 4년제인 보통학교의 전 학년이 배울 수 있도록 각 학년에 2권씩 모두 8권이 간행되었는데, 『초등소학』에서 무엇보다 두드러지는 것은 자주독립과 충절로 무장한 국민을 만들고자 하는 의지이다. 국가의 운명이 백척간두에 달한 현실에서 『초등소학』은 단군, 삼국시대, 영조, 세종, 성종 등 민족사의 성현들의 행적을 소환한다. 민족이란 발전하는 실체라기보다는 발생하는 현실이자 지속적으로 수행되고 또 다시 수행되는 제도적 정리 작업이라는 점에서 부단히 새롭게 규정될 수밖에 없는데, 『초등소학』은 그런 작업을 과거의 역사와 영웅적 인물들의 소환을 통해서 시도한다. 여기서 곽재우와 송상현, 조헌의 수록은 각별하다. 곽재우는 임진왜란 때 일제의 침략을 물리친 장군이고, 송상현 역시 동래부사로 있으면서 죽음으로 왜군을 막은 장수이며, 조헌은 일본군과 싸우다 금산성 밖에서 전사한 인물이다. 이들을 통해서 풍전등화의 민족적 위기를 극복하고자 하는 취지를 보여준다. 또, 『초등소학』에서 언급되는 한국사는 『大東歷史略(대동역사략)』의 내용을 그대로 집약한 것으로, 중국과의 관계에서 조선의 자주성이 강조되고 일본의 침략을 경계하는 내용이 주를 이룬다. 『대동역사략』은 신라가 마한의 뒤를 이어 삼국을 주도한, 한국사의 계통을 중화 중심에서 벗어나 자주적이고 주체적인 시각에서 서술하여 민족의 자부심을 고취시키고자 하는 취지를 갖고 있었다.

이런 내용의 『초등소학』을 시발로 해서 『유년필독』, 『몽학필독』, 『노동야학독본』, 『부유독습』, 『초등여학독본』, 『최신초등소학』, 『신찬초등소학』, 『초목필지』, 『초등국어어전』, 『윤리학 교과서』, 『초등소학수신서』, 『대한역사』, 『보통교과대동역사략』 등 수신과 역사, 지리 등의 교재들이 간행되었다.

사립학교의 대부분은 남학교였지만, 한편에서는 여성교육이 강조되고 여학교가 설립되기도 하였다. 1880년대부터 선교사들에 의하여 이화학당을 비롯한 여학교들이 설립되고, 민간에서도 1897년경 정선여학교가, 1898년에는 순성여학교가 설립되었다. 순성여학교를 설립한 찬양회는 여성단체의 효시로 여성의 문명개화를 위하여 여학교를 설립하였다. 이들 여학생을 위해서 각종 여학생용 교과서가 간행된다. 『녀ᄌ쇼학슈신셔』, 『부유독습』, 『초등여학독본』 등의 교과서에서는, 여성이 맺는 여성 혹은 남성과의 관계에서 동등한 지위를 차지해야 한다는 담론이 등장하고, 유교적·전통적 성격의 여성상과 기독교적·서구적 성격의 여성상이 일정 수준 이상으로 혼재하고, 국모(國母)의 양성이 강조된다.

2.

『근대 한국학 교과서 총서』에는 총 54종 133권이 수록되었다. 여기서 교과서를 국어과, 수신과, 역사과, 지리과로 나누어 배치한 것은 다분히 편의적인 것이다. 근대적 의미의 교과(敎科)가 분화되기 이전에 간행된 관계로 개화기 교과서는 통합교과적인 특성을 갖고 있다. 특히 국어와 수신 교과서는 내용이 중복되어 분간이 어려울 정도이다. 그럼에도 교과를 나눈 것은 다음과 같은 최소 기준에 의한 것이다.

'국어과'는, 교재의 제명이 독본(讀本), 필독(必讀), 필지(必知), 독습(讀習), 보전(寶典), 작문(作文) 등 다양하게 나타나지만, 당대의 문화, 역사, 정치, 경제적 정체성을 '국어'로 반영했다는 데서 국어과로 분류하였다. 당시 국어과 교과서는 "다른 교과목을 가르칠 때에도 항상 언어 연습을 할 수 있도록 하고, 글자를 쓸 때에도 그 모양과 획순을 정확히 지키도록 지도"(보통학교령, 1906) 하는 데 초점을 두었다. 근대지의 효율적인 생산과 유통에서 무엇보다 긴절했던 것은 '국어'에 대한 인식과 국어 사용 능력의 제고였다. 『신정심상소학』, 『보통학교학도용 국어독본』, 『최신 초등소학』 등 이 시기 대다수의 국어 교과서가 앞부분에서 국어 자모나 어휘와 같은 국어·국자 교육을 실행한 까닭은 근대적 지식을 용이하게 전달하기 위한 교육적 필요 때문이었다.

'윤리과'는 '수신(修身)'이라는 제명을 가진 교과서를 묶었다. 학부에서 발간을 주도한 수신과 교과서는 대체로 초등학교용에 집중되어 있고, 중등학교용이나 여학교용은 이 영역에 관심이 있던 민간단체나 개인이 주로 발간하였다. 수신과 교과서는 발간의 주체가 다양했던 관계로 교과서의 내용이나 전개 방식이 다채롭다. 역사에서 뛰어난 행적을 남긴 인물들의 사례를 연령대별로 모아 열거한 경우도 있고(『숙혜기략』), 근대적 가치를 포함시키고 삽화에 내용 정리를 위한 질문까지 곁들인 경우도 있으며(『초등소학 수신서』), 당시 국가가 처한 위기 상황과는 맞지 않게 일제의 영향으로 충군과 애국 관련 내용을 소략하게 수록한 경우도(『보통학교학도용 수신서』) 있다. '중등학교용' 수신과 교과서는, '초등학교용'에 비해 다채로운 방식으로 내용이 전개되지는 않지만 교과서 발간 주체들이 전통적 가치와 대한제국으로 유입되던 근대적 가치들을 조화시키기 위해 노력한 흔적을 보여준다. 또한 발간 시기가 1905년 을사늑약 이후로 집중되어 있어서인지 전체적으로 교과서 내용의 수준이 심화되고 분량도 늘어나는 가운데 충군과 애국 관련 내용이 증가하고, 그 표현의 어조도 한층 강화된 것을 볼 수 있다.

'지리과'는 '지리(地理), 지지(地誌)' 등의 제명을 갖는 교과서를 대상으로 하였다. 지리과 교과서 역시 발행 주체에 따라 학부 간행과 민간 선각에 의한 사찬 교과서로 구분된다. 학부 교과서는 종류와 승인·보급된 수량이 적고 특히 을사늑약 이후 일본의 식민치하에서는 발행이 매우 제한적이었다. 1895년 학부 간행의 『조선지지』는 우리나라 최초의 지리 교과서로, 조선의 지정학적 위치를 설명한 뒤, 한성부에서 경성부에 이르는 전국의 23부를 원장부전답·인호·명승·토산·인물 등

으로 구분·기재하였다. 반면에 민간 선각들에 의한 발행은 일본의 교육 식민화를 저지하기 위한 목적에서 간행된 다양한 특성의 교과서들이다. 이 시기에는 세계지리를 다룬 만국지리 교과서의 발행이 증가하였는데, 세계 대륙과 대양의 위치 및 관계를 서술하고, 사회 진화 정도(야만, 미개, 반개, 문명)에 따라 세계 지역을 구분하는 등 사회진화론적 인식체계를 보여주었다. 『초등만국지리대요』에서는 '청국 남자는 아편을 좋아하고, 한족 부녀는 전족을 한다'는 부정적 서술이 있는 등 중국 중심의 유교적 철학과 사대주의적 관념에서 벗어나 문명 부강을 추구하는 서구적 문명관으로 재편되고 있음을 볼 수 있다.

'역사과'는 학부에서 발행한 관찬 사서 6권과 사찬 사서 20권으로 대별된다. 관찬 사서 6권은 모두 갑오개혁기(1895)와 대한제국기(1899)에 발행되었고, 사찬 사서 20권은 계몽운동기(1905~1910)에 발행되었다. 갑오개혁기 교과서에서는 모두 '大朝鮮國 開國 紀元'이라는 개국 기원을 사용해 자주독립 의식을 표현하고 있는 점이 특징이다. 하지만 자주와 독립의 의미를 강조하면서도 개국과 근대화 과정에서 일본의 역할과 관계를 강조하는 시각이 투사되어 있다. 교과서에 대한 통제가 본격화된 통감부 시기에 간행된 교과서에는 일제의 사관이 한층 깊이 개입된다. 현채의 『중등교과 동국사략』의 경우, 일본 다이스케 하야시의 『朝鮮史(조선사)』(1892)의 관점을 수용해서 개국과 일본에 의한 조선 독립이라는 내용이 삽입되어 있다. 이후 발행된 다양한 자국사 교과서들 역시 비슷한 관점에서 서술된다. 외국사 교과서는 1896년에 발행된 『萬國略史(만국약사)』부터 1910년에 발행된 『西洋史敎科書(서양사교과서)』까지 모두 유사한 관점으로 되어 있다. 제국주의 침략에 맞서 문명개화 노선으로 부국강병을 꾀하려는 의도를 담고 있지만, 문명개화국과 그렇지 않은 국가 간의 우열을 그대로 드러내는 사회진화론적 관점을 보여서 세계 각 나라를 야만 → 미개 → 반개 → 문명으로 나누어 서술하였다. 유럽은 문명을 이룩하여 강대국이 되었으나, 조선은 반개(半開)의 상태로 야만과 미개는 아니지만 문명에는 미달한다고 서술한 것을 볼 수 있다.

3.

그동안 근대 교과서에 대한 관심이 적었던 것은 교과서 자체가 온전한 형태로 복원되지 못했기 때문이다. 여기저기 자료들이 산재해 있었고, 그것의 내역과 계통을

파악하지 못한 경우가 많았다. 그러다 보니 학계의 관심 또한 저조하기 이를 데 없었다. 이에 필자는 근대 교과서를 조사하고 체계화하여 이렇게 그 일부를 공간한다. 상태가 온전하지 못하고 결락된 부분도 있지만, 지금 상황에서 최선을 다한 것임을 밝힌다. 이들 자료는 국립중앙도서관, 국회도서관, 서울대 중앙도서관, 규장각도서관, 고려대 도서관, 이화여대 도서관, 한국학중앙연구원 한국학도서관, 세종대학교 학술정보원, 한국교육개발원, 제주 항일기념관, 한국개화기교과서총서(한국학문헌연구소편) 등등에서 취합하고 정리하였다. 작업에 협조해 준 관계자분들께 감사를 표하며, 아울러 본 총서 간행을 가능케 한 한국학중앙연구원의 지원에 감사를 드린다.

영인본의 명칭을 『근대 한국학 교과서』라 칭한 것은 다양한 내용과 형태의 교과서를 묶기에 적합한 말이 '한국학(Koreanology)'이라고 생각한 때문이다. 한국학이란 범박하게 한국에 관한 다양한 분야에서 한국 고유의 것을 연구·계발하는 학문이다. 구체적 대상으로는 언어, 역사, 지리, 정치, 경제, 사회, 문화 등 제 분야를 망라하지만, 여기서는 국어, 역사, 지리, 윤리로 교과를 제한하였다. 이들 교과가 근대적 주체(한국적 주체) 형성에 결정적으로 기여하였고, 그것이 이후의 복잡한 사회·역사·정치·문화의 상황과 길항하면서 오늘의 주체를 만들었다고 믿는다.

모쪼록, 이들 자료가 계기가 되어 교과서에 대한 다양한 관심과 연구가 촉발되기를 소망한다.

2022년 3월 1일
강진호

일러두기

- 수록 교과서는 총 54종 133권이고, 각 권에 수록된 교과서 목록은 아래와 같다.
- 국어과·윤리과·역사과·지리과의 구분은 편의상의 분류이다.
- 『초등국어어전』은 1, 3권은 개정본이고, 2권은 초판본이다.
- 『해제집』(10권)은 개화기와 일제강점기 교과서 전반을 망라한 것이다.
- 개화기와 일제강점기 교과서 목록은 10권 말미에 첨부한다.

교과	권	수록 교과서
국어과 (20종 48권)	1	국민소학독본(1895), 소학독본(1895), 신정심상소학(3권)(1896), 고등소학독본(2권)(1906), 최신초등소학(4권)(1906), 초등소학(1906), 보통학교학도용 국어독본(7권)(1907)(7권 결)
	2	유년필독(4권)(1907), 유년필독석의(2권)(1907), 초등여학독본(1908), 노동야학독본(1908), 부유독습(2권)(1908)
	3	초목필지(2권)(1909), 신찬초등소학(6권)(1909), 몽학필독(1912), 초등작문법(1908), 개정초등국어어전(3권)(1910), 대한문전(1909), 보통학교학도용 한문독본(4권)(1907), 몽학한문초계(1907)
윤리과 (12종 31권)	4	숙혜기략(1895), 서례수지(규장각본), 서례수지(한문본, 1886), 서례수지(한글, 1902), 보통학교학도용 수신서(4권)(1907), 초등소학(8권)(1906), 초등윤리학교과서(1907), 초등소학수신서(1908)
	5	여자독본(2권)(1908), 초등여학독본(1908), 여자소학수신서(1909), 중등수신교과서(4권)(1906), 고등소학수신서(1908), 윤리학교과서(4권)(1906)
역사과 (9종 36권)	6	조선역사(3권)(1895), 조선역대사략(3권)(1895), 동국역대사략(6권)(1899), 초등대한역사(1908), 초등본국역사(1908),
	7	역사집략(11권)(1905), 보통교과 동국역사(5권)(1899), 중등교과 동국사략(4권)(1906), 초등본국약사(2권)(1909)
지리과 (13종 18권)	8	조선지지(1895), 소학만국지지(1895), 지구약론(1897), 한국지리교과서(1910), 초등대한지지(1907), 최신초등대한지지(1909), 대한신지지(2권)(1907), 문답대한신지지(1908), 여재활요(1894)
	9	(신정)중등만국신지지(2권)(1907), 사민필지(한글본)(1889), 사민필지(한문본)(1895), 중등만국지지(3권)(1902), 신편대한지리(1907)
해제집	10	근대 교과서 해제

목차

간행사 근대 교과서의 탄생 / 3
일러두기 / 11

숙혜기략 …………………………………………………………………………… 17

서례수지(규장각본) ……………………………………………………………… 59
서례수지(한글본) ………………………………………………………………… 91
서례수지(한문본) ………………………………………………………………… 119

보통학교 학도용 수신서 권1 …………………………………………………… 143
보통학교 학도용 수신서 권2 …………………………………………………… 169
보통학교 학도용 수신서 권3 …………………………………………………… 201
보통학교 학도용 수신서 권4 …………………………………………………… 227

초등소학 권1 ……………………………………………………………………… 253
초등소학 권2 ……………………………………………………………………… 291
초등소학 권3 ……………………………………………………………………… 327
초등소학 권4 ……………………………………………………………………… 359
초등소학 권5 ……………………………………………………………………… 401
초등소학 권6 ……………………………………………………………………… 439
초등소학 권7 ……………………………………………………………………… 477
초등소학 권8 ……………………………………………………………………… 513

초등윤리학교과서 ………………………………………………………………… 553

초등소학수신서 …………………………………………………………………… 589

숙혜기략

(夙惠記略)

宋나라寇準의字ᄂᆞ平仲이니八歲에華山을ᄡᅳ야
오ᄃᆡ只有天在上ᄒᆞ오更無山與齊라擧頭紅
日近이오回首白雲低ㅣ라ᄒᆞ니그父ㅣ準의父의
게깃ᄲᅥᄒᆞ야ᄀᆞᆯ오ᄃᆡ賢郎이엇지宰相이되지아니
오ᄒᆞ니라
宋나라黃庭堅의字ᄂᆞ魯直이니少ᄒᆞ야警悟ᄒᆞ더
니八歲에能히詩를作ᄒᆞ야人을送ᄒᆞ야赴擧ᄒᆞᆯᄉᆡ
일오ᄃᆡ送君歸去明年이니若問舊時黃庭堅이
면闕在人間이今八年이라ᄒᆞ고ᄯᅩ童詩를賦ᄒᆞ야
오ᄃᆡ騎牛遠遠過前村ᄒᆞ니短笛風吹隔隴聞이

라多少長安名利客이機關弄盡不如君이라ᄒᆞ니
라
元나라岳柱의字ᄂᆞ止所오一字ᄂᆞ兼山이니年이
八歲에畵師何澄의陶母剪髮圖를觀ᄒᆞ고陶母手
中에金釧을指ᄒᆞ고ᄀᆞᆯ오ᄃᆡ金釧으로可히
酒를易ᄒᆞ리니엇지ᄒᆞ야髮을剪ᄒᆞᄂᆞ뇨ᄒᆞ니何ㅣ
奇異히녀기더라
九歲
漢나라楊寶ㅣ九歲에黃雀이鴟鴞의搏ᄒᆞᆫ되되
ᄃᆞ니地下애墮ᄒᆞ야螻蟻의困ᄒᆞᆫ비되니寶ㅣ

風惠記略

明道先生이골ㅇ샤ㅇ語ㅣ子의敎人을이次序ㅣ有ㅎ니

遠者를敎ㅎㄴ니론저近과小ㄴ傳ㅎ고後에는大者와

大를敎치ㅎㄴ니홈이ㅎㄴ라ㅎ시고呂氏童蒙訓에

明日에一理를辨ㅎ야文을則自然히浹洽ㅎ고今日에一事를記ㅎ고明日에一事를記ㅎㄴ

明日에一難事를行ㅎ고明日에一難事를行ㅎ야文을則自然히堅固ㅎ나ㅎ고揚文公家訓에골ㅇ

次序ㅣ有

近者를傳ㅎ고小ㄴ傳ㅎ고

今日에一事를記ㅎ고明日에一理를辨ㅎ고

今日에一難事를行ㅎ야

則自然히實穿ㅎ고今日

則自然히堅固ㅎ나ㅎ고

童穉의 學이 ᄯᅩ당이 先人을 말ᄆᆞᆯ 爲主ᄒᆞ니 ᄂᆞᆯ아다
故事를 記ᄒᆞ기ᄅᆞᆯ다 俗訟가 치ᄒᆞ면 ᄆᆞᆫ등 道理를 ᄒᆞᆯ
曉ᄒᆞ야 ᄎᆞ에 成熟ᄒᆞ면 德性이 自然히 進ᄒᆞ다 ᄒᆞᆯ
그才能을量치하니 古人의 小見을敎ᄒᆞᄂᆞᆫ要法이라 진실로
치못ᄒᆞᆯ기시오 진실로 多를務ᄒᆞ고 저ᄒᆞ면 能히 領會記
치못ᄒᆞᆯ기시오 진실로 深奥ᄒᆞᆯᄆᆞ로 以ᄒᆞ면 悟語치 아니ᄒᆞ니
解기難을故로 小者의 近者가 반다시 事義치하ᄂᆞᆯ 이
ᄅᆞ로ᄃᆡ 灵을 先ᄒᆞ고 一事와 一理가 變化를 ᄒᆞ고 故事를 俗訟치 아니ᄒᆞᆯ이이

비록 本文이 아니나 約을 納ᄒᆞᆷ이 膽가 有ᄒᆞ니 小兒이라
敎ᄒᆞᆯᄶᆡᆫ 마당히 是를以ᄒᆞ야 法ᄒᆞ지아니ᄒᆞᆯ다 小兒이 凤恩
에 國漢文을 用ᄒᆞ니 覽者가 可히 明ᄒᆞ야 本을 바로 知ᄒᆞᆯ
지이니다 國漢文을 用ᄒᆞ야 小見의 凤恩을 輔ᄒᆞ야 利恩

神農氏는 生하야 能히 言하고 五日에 能히 行하고 七朝에 齒가 具하니라

帝嚳高辛氏는 生하야 神靈을 하야 스스로 其名을 言하니라

釋迦佛은 生하야 能히 言하니라

老子는 名은 耳오 又名은 聃이오 字는 伯陽이니 此도 吾의 姓이라 하야 李樹를 指하야 生하니라

七月

唐나라 賈島律을 ﾟ指하얏더니 白居易는 生을 지 七月에 姆ㅣ之無兩字를 ﾟ指하야도 不差하고 九歲에 聲律을 諳識하니라

八月

本朝 梅月堂 金時習은 生을 지 八月에 能히 自ㅣ知書하고 三歲에 能히 綴詩하고 五歲에 中庸과 大學을 通하니라

同歲

宋나라 程明道先生이 말 못할 時에 叔母ㅣ抱하고 遊戲하고 指하는 바를 不差하니 叔母ㅣ抱하고 놀 지 周歲에 父母ㅣ百日玩을 로 左手에 手文을 印을 服하얏더니 取하야 鍬를 堅하며 須못함에 文母ㅣ抱하고 右手로 指하거늘 叔母ㅣ抱하고 後에 宋나라 曹彬이 生을 지 周歲에 左右手에 手文을 換하고 取하야 堅하니라

三歲

漢나라 田氏가 放하니 東方朔이 父母ㅣ소를 最信이니 生을 지 三歲에 隣女ㅣ拾하야 養하야 三歲에

숙혜기략 21

秘識을一覽에暗誦ᄒᆞ고十三에書를學ᄒᆞ고十五
에劍을學ᄒᆞ고十六에詩書二十二萬言을誦ᄒᆞ고
十九에孫吳兵法에戰陣具와鉦鼓에敎를學ᄒᆞ야
ᄯᅩ二十二萬言을誦ᄒᆞ고二十二에長이九尺三寸
이오眼은懸珠갓고齒ᄂᆞᆫ編貝갓고勇은孟賁갓고
捷은慶忌갓고廉은鮑叔갓고信은尾生갓타니라
宋나라節孝先生徐積은三歲에父가歿ᄒᆞ미晨昏
으로床下에求ᄒᆞ거ᄅᆞᆯ甚哀ᄒᆞ고孝經을일그미눈
물을能히止치못ᄒᆞ고父의名이石인故로平生에
石을踐치아니ᄒᆞ고石器를不用ᄒᆞ더라

金나라麻九疇ᄂᆞᆫ三歲에識字ᄒᆞ고七歲에能히草
書ᄒᆞ고大字가數尺이되게쓰니一時에神童이라
指目ᄒᆞ고章宗이召見ᄒᆞ고問호ᄃᆡ네가宮殿에入
ᄒᆞ야懼惻ᄒᆞ나냐ᄒᆞ니對호ᄃᆡ君臣은父子라ᄌᆞ식
이엇지父를懼ᄒᆞ리잇가ᄒᆞ니上이大奇ᄒᆞ니라
元나라劉因은天資가絶人ᄒᆞ야三歲에讀書ᄒᆞ야
千百言을日記ᄒᆞ더니겨오弱冠에經學究가되야
訓詁를疏釋ᄒᆞ고歎ᄒᆞ야ᄀᆞᆯ오ᄃᆡ聖人의精義가자
못이에止치아니ᄒᆞ리라ᄒᆞ니라

四歲

漢(한)나라 孔融(공융)의 字(ᄌᆞ)는 文擧(문거)요 小(쇼)아ᄅᆞᆯ 取(ᄎᆔ)하야 兄(형)으로 더브러 梨(리)를 食(식)ᄒᆞᆯᄉᆡ 小(쇼)아ᄅᆞᆯ 食(식)하고 十歲(십셰)에 ... 四歲(ᄉᆞ셰)에 ... 小兒(쇼아)로 ... 洛陽(낙양)에 到(도)하니 門(문)에 ...

時(시)에 李元禮(니원례)가 盛名(셩명)이 有(유)하야 司隸校尉(ᄉᆞ례교위)가 되니 詣門(예문)하는 者(쟈)ㅣ 다 俊才(쥰ᄌᆡ) 淸稱(쳥칭)과 밋 中表(즁표) 親戚(친쳑)이라야 謂(위)하야 通(통)하더니 文擧(문거)가 門(문)에 至(지)하야 吏(리)ᄃᆞ려 닐오ᄃᆡ 나는 李府君(니부군)의 親(친)이라 하고 이믜 通(통)하야 前(젼)에 坐(좌)하거ᄂᆞᆯ 元禮(원례)問(문)하야 닐오ᄃᆡ 君(군)이 僕(복)으로 므슴 親(친)이 有(유)하뇨 對(ᄃᆡ)하야 닐오ᄃᆡ 昔(셕)에 先君(션군) 仲尼(즁니)와 君(군)의 先人(션인) 伯陽(ᄇᆡᆨ양)에 師資(ᄉᆞᄌᆞ)의 尊(존)이 有(유)하니 이 僕(복)이 君(군)으로 先人(션인) 奕世(혁셰)에 通好(통호)ᄒᆞᆷ이라 하니 元禮(원례)와 賓客(빈ᄀᆡᆨ)이 奇(긔)히 너기지 아니리 업더라

太中大夫(태즁대부) 陳韙(진위)가 後(후)에 至(지)하야 人(인)이 그 말노ᄡᅥ 語(어)한ᄃᆡ 韙(위)가 닐오ᄃᆡ 小時(쇼시)에 了了(료료)하나 大(대)하야 반ᄃᆞ시 佳(가)치 못하다 한ᄃᆡ 文擧(문거)가 닐오ᄃᆡ 想(샹)컨ᄃᆡ 君(군)이 小時(쇼시)에 반ᄃᆞ시 맛당히 了了(료료)하리로다 하니 韙(위)가 大(대)히 踧踖(쳑젹)하더라

唐(당)나라에 李華(니화)와 陸士龍(륙ᄉᆞ룡)이 龍門(룡문)에 遊(유)ᄒᆞᆯᄉᆡ 即誦(즉숑)하니 士(ᄉᆞ)는 四歲(ᄉᆞ셰)에 屬文(쇽문)하고 ... 觀書(관셔)하야 一覽(일람)에 能(능)히 記(긔)하며 路傍(로방)에 石碑(셕비)를 讀(독)하고 再閱(ᄌᆡ열)에 能誦(능숑)하더라

者ㅣ三人의才格의尙下가ᄯᅩᄒᆞᆫ如此ᄒᆞ다ᄒᆞ더라
宋나라劉公恕의字ᄂᆞᆫ道原이니四歲에坐客이孔子의兄弟가無타言ᄒᆞᄂᆞᆫ이잇거ᄂᆞᆯ道原이應聲ᄒᆞ야ᄀᆞᆯ오ᄃᆡ以其兄之子로妻之라ᄒᆞ니一坐가驚異ᄒᆞ더라

明나라解縉이四歲에出ᄒᆞ야市에遊ᄒᆞ다가偶跌ᄒᆞ니衆이笑ᄒᆞᄂᆞᆫ지라곳쓰ᄒᆞ야ᄀᆞᆯ오ᄃᆡ細雨落綢繆ᄒᆞ니磚街滑似油ㅣ라鳳凰跌在地ᄒᆞ니笑殺一羣牛ㅣ라ᄒᆞ고九歲에그父ㅣ携ᄒᆞ고江에가沐浴ᄒᆞᆯ시衣로老樹上에覆ᄒᆞ고對ᄅᆞᆯ命ᄒᆞ야ᄀᆞᆯ오ᄃᆡ千年老樹爲衣架라ᄒᆞ니縉이곳對ᄒᆞ야ᄀᆞᆯ오ᄃᆡ萬里長河作沐盤이라ᄒᆞ니라

五歲 附數歲

漢나라賈逵ᄂᆞᆫ五歲에神明이過人ᄒᆞ더니其姊韓瑤의婦ㅣ隣生의讀書ᄒᆞᆷ을聞ᄒᆞ고逵ᄅᆞᆯ抱ᄒᆞ고隔籬ᄒᆞ야聽ᄒᆞ얏더니十歲에六經을暗誦ᄒᆞ니姊ㅣ逵의게謂ᄒᆞ야ᄀᆞᆯ오ᄃᆡ吾家ㅣ窮困ᄒᆞ야일쯕이學이門에入지아니ᄒᆞ니네가엇지天下에三墳五典을知ᄒᆞ고誦ᄒᆞ기ᄅᆞᆯ遺句가無ᄒᆞᆫ고ᄒᆞ니逵ㅣᄀᆞᆯ오ᄃᆡ姊ㅣ逵ᄅᆞᆯ抱ᄒᆞ고籬下에隣家讀書ᄅᆞᆯ聽ᄒᆞ얏더

니이제蕭不失一ᄒᆞᆫ다ᄒᆞ니라

漢나라孔文擧의二子가有ᄒᆞ니大者ᄂᆞᆫ六歲오小者ᄂᆞᆫ五歲러니晝日에父가眠ᄒᆞᆯ시小者ㅣ床頭에셔酒ᄅᆞᆯ盜ᄒᆞ니大兒ㅣ謂ᄒᆞ야ᄀᆞᆯ오ᄃᆡ엇지不拜ᄒᆞᄂᆞ뇨답ᄒᆞ되偷에엇지禮ᄅᆞᆯ行ᄒᆞ리오ᄒᆞ니라

唐나라蘇頲의字ᄂᆞᆫ廷碩이니幼ᄒᆞ야敏悟ᄒᆞ고一覽ᄒᆞ미千言에至ᄒᆞ고문득復誦ᄒᆞ니吏部侍郎馬載ㅣᄀᆞᆯ오ᄃᆡ昔에一日千里ᄅᆞᆯ稱ᄒᆞ더니蘇生이이라ᄒᆞ고五歲에裴談이其父瓌의게過ᄒᆞᆯ시試ᄒᆞ야庾信枯樹賦ᄅᆞᆯ誦케ᄒᆞ니終篇에及ᄒᆞ야談字ᄅᆞᆯ避ᄒᆞ야因ᄒᆞ야ᄀᆞ韻을易ᄒᆞ야ᄀᆞᆯ오ᄃᆡ昔年楊柳ㅣ依依漢陰이라今看搖落ᄒᆞ니悽愴江潭이라樹猶如此ᄒᆞ니人何以任이리오ᄒᆞ니談이嗟歎ᄒᆞ기ᄅᆞᆯ오리ᄒᆞ고中宗이神童으로召見ᄒᆞ고ᄀᆞᆯ오ᄃᆡ네通ᄒᆞᆫ바ᄅᆞᆯ奏ᄒᆞ라ᄒᆞ니頲이應聲ᄒᆞ야ᄀᆞᆯ오ᄃᆡ木從繩則正ᄒᆞ고后從諫則聖이라ᄒᆞ고八歲에京兆尹이尹字ᄅᆞᆯ詠ᄒᆞ라ᄒᆞ니ᄀᆞᆯ오ᄃᆡ丑雖有足이나甲不全身이오見君無口ᄒᆞ니知伊少人이라ᄒᆞ고十七에太學에遊ᄒᆞ야對策ᄒᆞ야甲科ᄒᆞ고元宗이內難을平ᄒᆞ미書詔ᄅᆞᆯ塡委ᄒᆞ니홀노頲이舍人이되야太極殿

淑惠記略

魏나라 念質을 容質이 秀麗호지라 다자 못
擴호는 者ㅣ 더見 學中에 在호야 諸書를 더니 善相호는
往과 富貴가 過호니 諸生이 들오되 諸賢이 書를
生호니 隋나라 笑호야 天에 諸生의 제 謂호디 男兒이 依
니 數歲에 德林의 字는 小輔ㅣ니 切호야 聰敏호디
호니 高隆之보고 嗟嘆호고 朝士의 게일이
左思蜀都賦를 誦호야 十餘日에 므트니라

그 年을 假호며 반다시 天下에 權器가 되리라호더
라 唐나라 裵休의 字는 公美니 兒時에 經을 誦호고
唐나라 者ㅣ 有호야 春을 經年에 諸生이 들어 後에 經을 讀호는
唐나라 崔鉉이 兒時에 文元路를 隨호야 禕涅을 訪호야
호니 混이 天邊에 鷹을 指호고 詠호니 곳 因이라호니 混
萬里君 有終一 小知誰是 解縱人 逸

唐나라 李德裕는 어려셔ㅣ브터 父를 甫ㅣ라 敏潔을 詩흐야 前程리里라 흐고 세번 衛庭를 實慶三 年에 承繼흐고 魏國公을 封흐니라

唐나라 懷太子賢이 론는 明允이니 歲에 書을 讀흐야 一覽에 三復흐니 帝ㅣ 其故을 問흔디 對흐야 론 어디 性이 室로 此을 慶흐다흐니 帝ㅣ 李世勣이게 語흐고 風敏흐다 稱흐니라

唐나라 李德裕는 어려셔ㅣ보터 父른 甫ㅣ二 敏潔을 詩 武相元衡이 召見흐고 間흐디 吾子ㅣ 家에 在흐야 合書을 嗜흐노고 德稱一 應치 흐니 흔을지 니라 日에 元衡이 甫의게 告흐니 吾甫ㅣ 眞을지라 德稱一 로어디 武公이 陰陽을 調흐는 問치 흐니 흔지다 버 對終치 흐니 國을 理흐흐더라

房玄散은 어려셔 聰敏흐고 屬文을 書히 흐고 文彦謙이 情에 仕흐니 玄散이 誄에 工흐더니 文의 功德이 無흐고 女術無를 淸흐니흐

니 ... ㅎ여서 ㄹ로 ㅎ야 그 를 니 듯을 을 ㅁ의 術ㅎ리라 ㅎ고 드
ㅣ며 彦謙이 大驚ㅎ야 로어 드 ㅎ믈 勿ㅎ라 ㅎ고 드
ㅣㅁ여 ㅎ믈 去ㅎ고 終南山에 隱居ㅎ니라
唐ㅎ 狄仁傑이 幼ㅎ믈 씨 이 門人이 ㅎ믈 殺ㅎ믈 者ㅣ
有ㅎ야 史가 語ㅎ고 衆이 爭辨ㅎ거늘 仁傑이 顧치
아니 ㅎ믈 티 史가 責ㅎ니 仁傑이 로어 티 黃卷中에 ㅂ니
ㅎ야 로 聖人으로 더 블 對ㅎ니 何暇에 俗吏로 偕
ㅎ야 語ㅎ리오 ㅎ더라
宗ㅣ라 文彦博이 字는 寬夫ㅣ니 幼ㅎ야 羣兒로 毬
을 擊ㅎ더니 毬가 柱穴中에 人ㅎ믈 티 能히 取ㅎ리릴

彦博이 水로 灌ㅎ틔 毬가 浮ㅎ야 出ㅎ니 大
게 ㅎ고 劉基는 幼ㅎ야 敏悟가 絶倫ㅎ야 讀書ㅎ믜
ㅣ니라 智識이 効此ㅎ더라
書一帙을 借閱ㅎ고 經日에 誦論을 如流ㅎ틔 其가
天文書를 日ㅎ면 론 그 要를 記憶ㅎ더니 일쥬이
其人이 大驚ㅎ야 곤어 티 이 믜 待ㅎ얏다ㅎ더라
帙을 受ㅎ야 곤오 티 이 믜 基의 게 授ㅎ얏다ㅎ더라

漢나라 陸續이 年이 六歲에 袁術의 게 見ㅎ니 術이 陸
橘을 出ㅎ거늘 續이 三ㅎ믈 懷ㅎ고 拜謝ㅎ다가 陸
六歲

地ᄒᆞ니 衛이 ᄀᆞᆯ오ᄃᆡ 陸郞이 엇지 賓客으로 橘을 懷ᄒᆞᄂᆞᆫ고 ᄒᆞᆫᄃᆡ 績이 答ᄒᆞ되 장ᄎᆞᆺ 母의게 遺ᄒᆞ랴 ᄒᆞ노라 衛이 甚히 奇異히 녁이더라

晋나라 江淹의 字ᄂᆞᆫ 文通이니 六歲에 能히 屬詩ᄒᆞ고 筆에 花가 生ᄒᆞᆷ을 夢ᄒᆞ고 文思ㅣ 日進ᄒᆞ더라

晋나라 愍懷太子ㅣ 自幼로 聰慧ᄒᆞᆫ지라 武帝ㅣ 甚히 ᄉᆞ랑ᄒᆞ더니 六七歲 ᄯᅢ에 宮中에 失火ᄒᆞ니 武帝ㅣ 登樓ᄒᆞ야 望ᄒᆞᆯ시 太子ㅣ 上의 衣裾를 牽ᄒᆞ야 闇中에 入ᄒᆞ니 上이 其故를 問ᄒᆞᆫᄃᆡ 對ᄒᆞ야 ᄀᆞᆯ오ᄃᆡ 졈은 밤 倉卒에 ᄆᆞᆺ당이 非常ᄒᆞᆷ을 防備ᄒᆞᆯ거시오 火光이 親近ᄒᆞ야 ᄒᆞ야곰 人主를 照見케 아니ᄒᆞ리라 ᄒᆞ더라

唐나라 王勃의 字ᄂᆞᆫ 子安이니 六歲에 屬文을 善ᄒᆞ더니 九歲에 顏師古 注漢書를 讀ᄒᆞ다가 指瑕를 作ᄒᆞ야 失을 摘ᄒᆞ고 十三에 其父를 江西에 省ᄒᆞᆯ시 마杏府督이 滕王閣 宴ᄒᆞᆯ시 勃이 序를 作ᄒᆞ니라

七歲

項橐은 七歲에 孔子의 師ㅣ 되니라

漢나라 黃琬의 字ᄂᆞᆫ 子琰이오 江夏人이니 少ᄒᆞ야 父를 失ᄒᆞ고 일즉이 辨慧ᄒᆞ더라 그 祖瓊이 魏郡太

宇ㅣ되얏더니熹平元年正月에日食이京師에見치
아니ᄒᆞᆫ지라瓊이狀聞ᄒᆞ니太后ㅣ詔ᄒᆞ야所食
의多少ᄅᆞᆯ問ᄒᆞ신ᄃᆡ瓊이그對ᄒᆞᆯ바ᄅᆞᆯ知치못ᄒᆞ거ᄂᆞᆯ
瓊의年이七歲라傍에在ᄒᆞ얏다가ᄀᆞᆯ오ᄃᆡ日食의
餘가月에初갓다아니ᄒᆞ나고瓊이그말로應詔ᄒᆞ
고司空盛允의疾이有ᄒᆞ거ᄂᆞᆯ祖瓊이瓊을遣ᄒᆞ야
候問ᄒᆞ더니마츰江夏에서蠻賊의事ᄅᆞᆯ上ᄒᆞ니允
이書ᄅᆞᆯ發ᄒᆞ야視ᄒᆞ믈畢ᄒᆞ미瓊을戲ᄒᆞ야ᄀᆞᆯ오ᄃᆡ
江夏大邦에蠻이多ᄒᆞ고士가少ᄒᆞ다ᄒᆞ니瓊이手
로奉ᄒᆞ고對ᄒᆞ야ᄀᆞᆯ오ᄃᆡ蠻夷猾夏ᄂᆞᆫ責이司空의

계在ᄒᆞ다ᄒᆞ니允이甚이奇히녀이더라
漢나라陳元方은太丘長寔의長子ㅣ라七歲시에
太丘가友로行ᄒᆞ믈日中으로期ᄒᆞ야日中이過ᄒᆞ
야도至치아니ᄒᆞ니太丘ㅣ舍ᄒᆞ고去ᄒᆞ얏더니去
ᄒᆞᆫ後에客이至ᄒᆞᄂᆞᆫ지라元方이門外에出見ᄒᆞ니
客이問ᄒᆞ오ᄃᆡ尊君이在ᄒᆞ시냐答ᄒᆞ오ᄃᆡ家君이待ᄒᆞ
다가至치아니ᄒᆞ믜이믜去ᄒᆞ얏노라客이문득怒
ᄒᆞ야ᄀᆞᆯ오ᄃᆡ人이아니라人으로行을期ᄒᆞ얏다가
委ᄒᆞ고去ᄒᆞ얏다ᄒᆞ니元方이ᄀᆞᆯ오ᄃᆡ君이家君으
로日中을期ᄒᆞ고至치아니ᄒᆞ니이ᄂᆞᆫ信이無ᄒᆞᆷ이

過辭ㅣ 至호디 ㄴ 安이 年이 七歲라 靑籍을 著호믈 五
兄을 膝邊에 念을 라ㅎ니 가 이 어디 阿兄아 老애
저호야 可히 坐호 드시디며 英이 改容호야 어디 放去로

唐나라 夢애 大鳥ㅣ 乘ㅎ고 니러 七歲에 能히 日 中으로 吐ㅎ기를 八丸歳에
에 드러 曰 可히 乘ㅎ고 直上ㅎ다 가 修學이 自後로 驚語ㅎ야 이
히 胸間에 在호믈 次디니 漢이 孤ㅎ야

ㅎ고 靈祥이라 楊收의 字는 藏之니 七歳에 居喪호 ㅣ

기를 敎授호디 十三에 諸經義를 通ㅎ고 文詠을 觀ㅎ며 書를 知ㅎ야 親
成人ㅎ야 里人이 神童이라 ㅎ더라 詩賦를 ㅎ야 免邊에 復
投호디 里人者ㅣ 蕃維를 壓敗ㅎ니 朝ㅎ는 고ㅎ며 不復
兄念을 王樹ㅣ 戲ㅎ야 坐를 詠ㅎ다 又를 鎭字를 賦ㅎ더라
問호니 又를 龍庭에 羅銅儀라 會호믄 何堅不可 鑛가
操政事ㅎ더 ㄴ 使 端이라ㅎ더라

唐나라李泌이七歲에爲文ᄒᆞᆷ을知ᄒᆞ더라帝ㅣ召
ᄒᆞ니泌이至ᄒᆞ미帝ㅣ張說로奕을觀ᄒᆞ다가因ᄒᆞ
야說로그能을試ᄒᆞ라ᄒᆞ니說이方圓動靜을賦ᄒᆞ
라ᄒᆞᆫᄃᆡ泌이逡巡ᄒᆞ야ᄀᆞᆯᄋᆞᄃᆡ其略을聞ᄒᆞ기를願ᄒᆞ
니說이因ᄒᆞ야ᄀᆞᆯ오ᄃᆡ方은棋局갓고圓은棋子갓
고動은棊生갓고靜은棊死갓다ᄒᆞ니泌이즉시ᄃᆡ
답ᄒᆞ야ᄀᆞᆯ오ᄃᆡ方若行義ᄒᆞ고圓若用智ᄒᆞ고動若
騁材ᄒᆞ고靜若得意라ᄒᆞ니說이因ᄒᆞ야帝의奇童
을得ᄒᆞᆷ을賀ᄒᆞ니帝ㅣ大悅ᄒᆞ야ᄀᆞᆯ오ᄃᆡ是子의精
神이身보다大ᄒᆞ다ᄒᆞ고束帛을쥬고其家에敎ᄒᆞ

야善視ᄒᆞ라ᄒᆞ다

唐나라高定은郢의子ㅣ라七歲에尙書를讀ᄒᆞ더
니湯誓에至ᄒᆞ야跪ᄒᆞ고父의게問ᄒᆞᆫᄃᆡ엇지臣으
로君을伐ᄒᆞ니잇가郢이答호ᄃᆡ天을應ᄒᆞ고人을
順히ᄒᆞᆷ이니엇지伐이리라ᄒᆞ리오對ᄒᆞ야ᄀᆞᆯ오ᄃᆡ用
命을안賞于祖ᄒᆞ고不用命을안戮于社ㅣ라ᄒᆞ니
이거시人을順히ᄒᆞᆷ이잇가ᄒᆞ니郢이答지못ᄒᆞ고
異常히녁이니라

唐나라駱賓王은七歲에能히詩를賦ᄒᆞ더니鵝를
咏ᄒᆞ야ᄀᆞᆯ오ᄃᆡ白毛ᄂᆞᆫ浮綠水ᄒᆞ고紅掌은撥靑波

武后가보고크게後에徐敬業을爲ㅎ야武后ㅣ機를지으니

唐나라의適一ㅣ하더라前世興廢를張九齡은七歲에屬文ㅎ더니玄宗千秋節儀에齡

宋나라司馬溫公이幼홀씨에記調이人란文

兒呈戲ㅎ더니見가甕中水에沒ㅎ되衆이驚走ㅎ니

京洛이畵ㅎ야傳ㅎ고일홈을小兒擊甕圖ㅣ라ㅎ니

宋나라晏殊는七歲에能히屬文ㅎ니眞撫張知白이

神童으로薦擧ㅎ야帝ㅣ殊의神氣가儔지아니ㅎ고進士를賜ㅎ더帝後에

詩賦를作ᄒ고經書正字를權ᄒ니라
朱子ㅣ무엇슬學ᄒ느냐ᄒ니觀이應ᄒ야오ᄃᆡ翰林
세에對ᄒ야오ᄃᆡ天이命ᄒ되兩溫紅袍蘇木氣라ᄒ니라
ᄒ야오ᄃᆡ風吹金帶ᆻᄒ이라ᄒ니라

他題로論ᄒ야成ᄒ니라市一冊書ᄒᆞᆼ
添觀은七歲에蘇東坡가見ᄒᆞ고오ᄃᆡ簿
東坡ㅣ오ᄃᆡ衝門雄子瑞瑜器라ᄒ고니
東坡ᄂᆞᆫ俳衣에金帶라ᄒ니觀이應ᄒᆞᆼ

宗ᄒ니라王禹偁이字ᄂᆞᆫ元之니七歲에能히文을
作ᄒᆞ니라ᄒᆞ니元之가思치ᄒ니ᄒ고才를愛ᄒ며
便但荇恐家庭麁이郡에從事가되ᄒᆞ고因ᄒᆞ야麾詩를
句로出ᄒᆞ되鶴能下눈雜似鳳이라ᄒᆞ니坐客이在ᄒᆞ야詩를
小友ㅣ라ᄒ니라ᄒᆞᆼ衣冠으로加ᄒ

楊億은 字가 大年이니 建州 浦城 사람이라 軆예 毛ㅣ 落ㅎ고 抱ㅎ야 井欄에 隨ㅎ야 應聲ㅎ더라 閭이 聞ㅎ고 奇ㅣ하더라 七歲人이 對ㅎ야 曉察雲外鎭하고 夜渡日中潮ㅣ라 하니 太宗이 其名을 知ㅎ며 神童이 知制誥ㅎ고 屬文ㅎ야 三日에 詩賦五篇을 試ㅎ니 太宗이 立成ㅎ야 終身立聖朝王仁宗이 知制誥ㅣ라 長이 一尺餘ㅣ러니 筆을 擧ㅎ야 類秉質을 命ㅎ야 小然ㅎ야 鷦鷯一枝ㅣ러라

書를 正手로 投ㅎ고 謂ㅎ야 ㄹ외 近詩一章을 賦ㅎ니 宰相이 하고 後異를 下ㅣ로 以ㅎ더라 見ㅎ며 臣의 毋의 念이 無ㅎ나 對ㅎ야ㄹ외 秘書를 召對ㅎ되 郡里에 薦ㅎ니 臣는 ㅣ 異을 召ㅎ야 首를 元學ㅎ을 것지ㅎ다ㄹ외 毋ㅣ 것다 야 異質이 有ㅎ더니 七歲에 書를 讀ㅎ며 詩衝을 切히 受ㅎ더니 그 師의 기이ㅎ되 科第를 取ㅎ며 許ㅎ니 갓고 師ㅣ로외 딕 書를 ㅎ야 師ㅣ 大奇ㅎ니人

아이 고 文母ㅣ 제ㅣ 호야 글어 딕 兒ㅣ 나가 소ㅣ

호승인이 ᅙᅡ니 先日이 반다시 그게 人이 通호 호야리니 ᄭᅡ

本朝의 栗谷先生 李珥는 七歲에 文을 作호니라

蔣衣子는 八歲에 舜의 소승이 되니라

晋成호딕 謝尙이 八歲에 字는 仁祖ㅣ니 八歲에 悟호야

此見은 一座에 顔淵이라 호고 客을 送호ㅣ 應聲호야 글오 딕 此座에 仲尼가 無호거늘 엇지 頑淵을 分別호리

어 호니 貫이 歡치 호니라

晋나라 管輅는 八九歲에 星辰을 仰觀호야 글오 딕

家雞野鵞見呈歲호ㅣ 時를 地를 動호야 天文이 日月人이라

南朱ㅣ나라 徐之才는 八歲에 古今의 違호야 글오 딕 先

徐卽이 用ㅣ 호야 我를 應호니 호고 다 食을 事호게

호고 그 腰은 賞호게 호나ᄒᆞ니라

曹나니 武ㅣ 이러호야 波文ㅣ 懷호 方을 睡홀새 蕨之ㅣ 戱호야 鍵을 運호다가 撫之가 羲를 調호야 子ㅣ라 毋ㅣ 厚히 호고 일즉이 毋ㅣ 數育을 미혀 大人이 慰藉호되 毋ㅣ로오 婦人ㅣ이 네이 懷를 厚히 호고 子ㅣ라 毋ㅣ 數能호고 毋ㅣ 左右ㅣ 政호다호매 그 首을 擊碎호야 엇디 小君이 攝之ㅣ 小僑를 懷호야 此를 嫌호야 父가 出호고 父가 그 首를 擊碎호야 엇디 小君이 攝之ㅣ 薄히 호니라

武를 呼호야 골오디 汝ㅣ 엇지 蕨호기를 甚히 호고 武ㅣ 골오디 엇지 天朝의 士人이 그 傳受에 厚히 홀 武ㅣ 見호되 毋ㅣ 困辱홈이 有호리오 故로 吾로 嚴攝ㅣ의 擊殺 毋ㅣ 戱가 호니라 골오디 父ㅣ를 吾로 더 嚴攝ㅣ의

彭思永은 凡九歲에 將受호 金에 訪호는 者를 金을 數百金이 狀을 驗호니 黙坐호야 俳佪호거놀 思永이 笑호되 吾ㅣ 門外에 잇고 그 夫가 來호야 謝홀디 思永이 笑호되 그 夫가 敏호야 賠付호니 夫가 數百金을 賜호더 俄而오 毋ㅣ 戱가 호니라 愛치 아니호니라

華山을 차자 紅日을 ○○하게 하니라

仲이 니 人歲에 華山興齊라 師一準이 相이 되지 ○니 更無山이라 ○니 그 師一準이 相이 되지 ○니라

上이 ○ 天在이 어 日雲이 低ㅣ라 ○니 少○하야 驚悟하되 ○을 回首하야 賢郎이 엇지 ○아 ○을 보고

黃庭堅이 字는 魯直이니 ○음에 赴擧를 서 能히 詩를 作하야 人을 送하야 舊時書冊을

送君歸去明主前이라 ○고 牧童詩를 賦하야

○○이 ○이 少長安客이니 機關弄盡하 小如君이라 ○○니

岳柱ㅣ 学는 此所으 ○ 集山이니 年이 八歲에 畵師何澄의 陶母剪髮圖를 觀하고 陶母ㅣ ○리 人歲에 金銅을 易하리니 엇지 髮을 剪하노 ○하니 何

漢나라 楊寶는 九歲에 黃雀이 鴟鶹의 搏을 비 되니 ○ 一 ○에 地下에 陷하야 螻蟻의 困을 비 되

漢成帝 ㅣ 四歲예 毛가 巾箱中에 寘호고 夜에 黃衣童子 ㅣ 有호야 素호야 潔白히 니르더 君의 子孫이 白環을 取호야 飛去호믈 晝의게 뀌여 보니 敎를 立호야 三公애 登홈을 得당히야 수와 차지호리라 호더라

漢이 그러호믈 과히 너겨 膣字로 삼으니 徐孺子 ㅣ 年이 九歲에 月下에 戱호더니 或이 니로더 月中에 物이 無호면 맛당히 極히 붉으믈 得당하리라 호니 孺子 ㅣ 골오더 然치 아니호다 譬컨더 人의 眸子에 瞳子 ㅣ 업스면 붉지 못호리라 호더라

漢下의 魏人이 操 ㅣ 對치 못호는 고 ㅣ 水渡에 至홈을 나블 輕重을 知호리라 호니 操 ㅣ 大히 깃거호며 黃香은 九歲에 母가 卒호고 次로 事호야 身으로 被를 温호니 京師 ㅣ 語호야 골오더 天下에 無雙江夏黃香이라 호더라 曹操의 子 曹沖이 五歲에 孫權이 大象을 獻호니 操 ㅣ 大象을 稱코저 호되 可히 得지 못호더 沖이 골오더 象을 船에 載호야 他物을 稱호야 沖이 이로더 象을 稱호며 水痕이 至홈을 刻호고 他物을 輕重을 知호리라 호니 操 ㅣ 大히 깃거호더라

揚修ᅵ가 九歲에 甚히 聰慧ᄒᆞ니 孔君平이 其父ᄅᆞᆯ 詣ᄒᆞᆫᄃᆡ 父ᅵ 在치 아니ᄒᆞ거ᄂᆞᆯ 이에 兒ᄅᆞᆯ 불러 내여 爲ᄒᆞ야 果ᄅᆞᆯ 設ᄒᆞᆫᄃᆡ 果에 楊梅가 有ᄒᆞ거ᄂᆞᆯ 孔이 指ᄒᆞ야 修ᅵ의게 示ᄒᆞ야 ᄀᆞᆯᄋᆞᄃᆡ 이ᄂᆞᆫ 君家의 果ᅵ라 ᄒᆞᆫᄃᆡ 修ᅵ 應聲ᄒᆞ야 答ᄒᆞᄃᆡ 孔雀이 夫子의 家禽이란 말을 듯지 못ᄒᆞ얏다 ᄒᆞ더라

魏나라 陸秀ᄂᆞᆫ 馥의 子ᅵ라 秀ᅵ 九歲에 嫡長이 되야 家業을 承襲ᄒᆞ더니 陸氏의 宗을 ... 謂ᄒᆞ야 ᄀᆞᆯᄋᆞᄃᆡ 秀ᅵ 幼童이로ᄃᆡ 비 祖業을 ...

秀ᄅᆞᆯ 立ᄒᆞ야 嫡을 삼ᄋᆞᆫ지라 馥이 奇히 너겨 秀를 力을 聞ᄒᆞ야 ᄒᆞ니 維의 字ᄂᆞᆫ 摩詰이니 九歲에 無ᄒᆞᆫ 者ᄅᆞᆯ 示ᄒᆞ니 第三疊에 最初拍이라 維를 ...

唐나라 王維의 字ᄂᆞᆫ 摩詰이니 安樂圖에 題識이 無ᄒᆞᆫ 者ᄅᆞᆯ 見ᄒᆞ고 ᄀᆞᆯᄋᆞᄃᆡ 第三疊에 最初拍이라 ᄒᆞᆫᄃᆡ 客이 그러히 너겨 信ᄒᆞ더라

十歲

漢나라 司馬遷은 十歲에 古文을 誦ᄒᆞ며 二十에 南...

일로 江淮를 觀호고 沉湘에 浮호야 北으로 效洞을 波호며
九疑를 窺호고 會稽에 上호야 禹穴을 探호며
澤에 歸호야 夫子의 遺風을 觀호며 鄒에
劇을 流芳호니라 射호고 史記를 作호니 文章의 大名이 萬代에 召호야

唐宮을 膩호며 人에 書蔵에 國稱라 稱호니 上이 巾櫛
劉晏은 眞妃가 抱호야 勝는에 頭호고 波
正字가 되니 秘書省正字를 拔호고 上이 問호야 至으
幾字나 正호얏는고 빗이 對호야

餘字도 다 正호얏스되 朋字를 正치 못호얏다
나이고 奇히 녀이며 라
十一歲

公이 稱호니라 陳元方이 年이 十一에 袁
이 大邱에 往호야 물오되 賢家君이 大邱에 在호야 候호니
猶를 仁으로써 安호계 호야 遠近이
正히 此事를 行호니 袁公이 물오되 孤와 往者에

吞海호ᄃᆡ一回溫溫慈慈호ᄃᆡ金辟偕

幾度詩를지으며狂欲上進士文을지으니王守仁은十二歲

如拳을大ᄒᆞ야打破微洞龍眠이라揚木底天이라ᄒᆞ니라金山寺를지으니賜호니라

王肅吹

甘羅는十二歲에少焦子ㅣ되엿더니文信侯를셤겨
張唐으로燕에相ᄒᆞ기를請ᄒᆞᆫᄃᆡ文信侯ㅣ唐의行ᄒᆞ기를請ᄒᆞᆫᄃᆡ

羅一이제唐을見ᄒᆞ고로오ᄃᆡ項橐은七歲에孔子의師ㅣ되엿소
니別히來ᄒᆞ야君을試ᄒᆞ노니羅一이가거ᄂᆞᆯ

唐을見ᄒᆞ고로오ᄃᆡ十二年이라君이來ᄒᆞ야君을聽치아니ᄒᆞ니君이杜郵에노앗ᄂᆞ니
武安君이應侯를聽치아니ᄒᆞ니唐이懌然ᄒᆞ야

武安君이應侯를聽치아니ᄒᆞᆫ지라羅一이報호ᄃᆡ文信侯가南陽太守가되
羅ᄅᆞᆯ封ᄒᆞ야上卿을삼으니年이十二에文信

漢나라果然如此ᄒᆞ더라其後는

ᄒᆞ며 이에 殺ᄒᆞᄂᆞᆫ 故로 靑簡을 이 진이 되니

大人이 五輪을 踰ᄒᆞ야 海澨에 在ᄒᆞ니 恢가 엇디 腑ㅣ 誘ᄒᆞ야ᄃᆞᆯ 오 俗이

下民 下民 權威 兼ᄒᆞᆯ 지라 ᄃᆞᆯ 에 國家에 此書가 만일 成을 興ᄒᆞ고

此고 兩王陽은 衣裳으로 名을 微ᄒᆞ니 嫌疑에 人이 撫ᄒᆞ고 此書가 馬援은 效로 首ᄅᆞᆯ 撫ᄒᆞᆫᄃᆡ

先賢이 模ᄒᆞᄂᆞᆫ 비라 季子가 代代로 微ᄒᆞᄂᆞ니 誇ᄃᆞᆯ

蜀漢 나라 秦逐이 字를 勅이 니 年이 十二에 ᄒᆞ니
溫逐이 溫ᄒᆞ야 孔子는 諸葛亮이 坐에 在ᄒᆞ니
聘問ᄒᆞ야 天이 頭가 有ᄒᆞ니 何方에 顧ㅣ라ᄒᆞ니
西方에 在ᄒᆞ니라 溫이 天이 耳가 有ᄒᆞ며 鶴鳴于 九事聞ᄒᆞ리오
耳가 無ᄒᆞ면 詩에 聞ᄒᆞ리오 溫이 詩에 步ᄒᆞᆯ
天이 足이 有ᄒᆞ니 足이 無ᄒᆞ면 艱難 步ᄒᆞ

盛이롬오 딕 盛이롬오 되 天이 呂오 딕 姓이 有ᄒ나ᄒ니 盛이롬오

溫이 롬오 딕 天子의 姓이 劉一 이라 ᄒ야 今에 어ᄃ 써 與을 다ᄒ더니 年이이

魏三十二 ᄂ 나라 鍾毓鍾會가 少ᄒ야 父蘇이 기語ᄒ야 엇지ᄒ야 勑

見을ᄉ시 毓은 國에 汗이 有ᄒ니 帝가 問ᄒ듸 엇지 汗이의

汗ᄒᄂ 立 毓一 對ᄒ야 呂오딕 戰戰慄慄ᄒ야 汗이 敢

不出ᄒᄂ 立 對ᄒ야 呂오딕 戰戰懷懷ᄒ야 汗이

히 出치 못을ᄒ니 帝가 極히 貴愛ᄒ더라

─────

北魏ᄂ 나라 祖鍳의 孚ᄂ 元珍이니 沈陽人이라 十三

에 祖鍳이 ᄒ야 恐ᄒ야 恐ᄒ야 母가 成族을 서 恐ᄒᄂ

天龍ᄒ다 가 生學生이 딕야 燈을 燃ᄒ니 讀書ᄒ듸 博士張

書한 同房生이 딕 勢傍ᄒ야 天曉를 持ᄒ고 座에 上ᄒ야 尚書三 盧

ᄒ니 中書學生이 世이 衣被로 燈이 바에 尚書三 盧

篇ᄂ 內外親戚이 聖童이라 呼ᄒ더라

藥나라 柳懌의 孚ᄂ 彦遊一 니 恒이 孚一 라 年이 十

二에引見홀시詔問호ᄃᆡ何書롤讀ᄒᆞ얏ᄂᆞ냐ᄒᆞᆫᄃᆡ
ᄃᆡ답ᄒᆞ야ᄀᆞᆯ오ᄃᆡ尙書ㅣ라ᄒᆞ니또問호ᄃᆡ엇더ᄒᆞᆫ
美句가有ᄒᆞ더냐ᄒᆞᆫᄃᆡᄃᆡ답ᄒᆞ야ᄀᆞᆯ오ᄃᆡ德惟善政
이오政在養民이니이다ᄒᆞ니高祖ㅣ善을稱ᄒᆞ고
詔ᄒᆞ야公主롤尙ᄒᆞ니라

十三歲

晋나라褚陶의字ᄂᆞᆫ季雅ㅣ니錢塘人이라墳典으
로自娛ᄒᆞ더니일즉이ᄀᆞᆯ오ᄃᆡ聖賢이ᄌᆞ최黃卷中
에在ᄒᆞ니此롤捨ᄒᆞ고무엇슬求ᄒᆞ리오ᄒᆞ고年이
十三에鷗鳥와水碓二賦롤作ᄒᆞ니見ᄒᆞᄂᆞᆫ者ㅣ奇

ᄒᆡ녁이더라

北魏나라荀子文은潁川人이니年이十三에聽辨
ᄒᆞ더라正光初의潘崇和가服氏春秋롤講ᄒᆞ니子
文이北面ᄒᆞ야道롤受ᄒᆞ더니ᄯᅢ에趙郡李ᄌᆞ가荀
의住處롤問ᄒᆞᆫᄃᆡ對ᄒᆞ야ᄀᆞᆯ오ᄃᆡ僕은中甘里에住
ᄒᆞᆫ다ᄒᆞ니ᄌᆞㅣᄀᆞᆯ오ᄃᆡ엇지ᄒᆞ야城南에住ᄒᆞ고ᄒᆞ
니大槩거긔四夷館이有ᄒᆞᆫ지라意에이로ᄡᅥ譏ᄒᆞ
니荀이ᄀᆞᆯ오ᄃᆡ國陽勝地롤卿이엇지怪히녁이ᄂᆞ
뇨만일川澗을言ᄒᆞ면伊洛이崢嶸ᄒᆞ고그舊롤語
ᄒᆞ면靈臺와石逕이오招提의美ᄂᆞᆫ報德과景明이

당세(當世)의 부귀(富貴)는 실(實)은 음(陰)과 ... 광반(廣半)이 ... 사방(四方)의 풍속(風俗)을 논(論)ᄒ고 ... 인물(人物)을 논(論)ᄒ면 ... 대(對)ᄒ기가 ... ᄒ며 ...

... 인(人)이 ... 취(就)ᄒ야 ... 시(史)를 차(借)ᄒ야 ... ᄒ며 ... 서(書)가 무(無)ᄒ야 ... 응(應)ᄒ야 ...

... 독(讀)지 아니ᄒ며 ... 문(文)을 속(屬)ᄒ야 ... 초(草)를 기(起)치 아니ᄒ니 ...

... 명(明)ᄒ야 ... 향(鄕) ... 지(智)도 사천(四川) 인(人)이니 ... 생(生)ᄒ고 롱천(龍泉) ... 거(居)ᄒ야 ... 제일(第一)을 빈(頻)ᄒ며 ...

... 세상(世上)에 ... 용(龍泉) ... 서생(書生)이 ... 향시(鄕試)에 ... 제삼(第三)을 ... 제일명(第一名)이 ...

堂大命ᄒᆞ야孫楷一間ᄒᆞᆯ嫂ᄒᆞ니孕을仲思ᄒᆞ니

ᄆᆞᅀᆞᆷ바을思ᄒᆞ고對ᄒᆞ야ᄀᆞᆯ어되家에住ᄒᆞ야孝

ᄅᆞᆯ思ᄒᆞ고君을事ᄒᆞ며ᄠᅥᆷ을思ᄒᆞ고朋友에信을思

ᄒᆞ야如斯을다ᄒᆞᆷ이라ᄒᆞ니라

唐나라文本의訟을ᄒᆞ되니文本이司隸에诉ᄒᆞ야免을

目ᄒᆞ며命ᄒᆞᆷ蓮花賦을作ᄒᆞ라ᄒᆞ야文이成

ᄒᆞ야中書令人을ᄒᆞ니武才와令이

史六七人을勅ᄒᆞ야巡筆ᄒᆞ고符을써ᄆᆞᆮᄒᆞ야
按ᄒᆞ되成ᄒᆞ되遺意가無ᄒᆞ더라

十五歲

漢나라陳蕃의두는仲舉一니年이十五에

閒處ᄒᆞ고庭宇가蕪穢ᄒᆞ니薛勤이蕃의

前ᄒᆞ야ᄀᆞᆯ어되孺子는엇지灑掃ᄒᆞ야賓客을待ᄒᆞ지

蕃을補除ᄒᆞ리니엇지蕃이ᄀᆞᆯ어되大丈夫ᅵᆺ당이天下치며

來ᄒᆞ나라ᄀᆞᆯ勤이두는參舉니年이十五에父가原郡의

吏의誼가되ᄒᆞ야放을ᄃᆞᆯᄀᆞᆷᄒᆞ니勤이盘

周人이 曰 鼓를 攘호고 父에 命을 代호 기를 혼니 武帝가

以下焦角 ㅣ나 라 汪銷는 童子時에 齊나 이 侵國호의 銷가

劉莊나 그 聰慧를 愛호야 問을 曰 孔子ㅣ로 殤을 無호리라 호시니라

이 聰慧로 愛호야 향야서 자信閭께 호더니 敢이 曰 敢이

주이 봇고 더라 夜飲을 서 辭를 辭호고 은저 邡호야 錢風으로

못고 못라 鳳이 照視호고 大世호야 之衣而를 아호을 지나 가 그말을 멋더니

홈이 延尉의 拜白호니 允之가 王遺로 더 보러 흘에 帝의게

劉나 라 謝胴은 英의 子ㅣ오 玄의 弟ㅣ라 博志호고

니叔父安의器重ᄒᆞᄂᆞᆫ비되더라
晋나라戴逵의字ᄂᆞᆫ安道ㅣ니總角時에雞卵汁에
白瓦屑을溲ᄒᆞ야鄭玄의碑를ᄒᆞ니갈온雞碑오또
文을ᄒᆞ야스ᄉᆞ로鐫ᄒᆞ미詞가麗ᄒᆞ고器가妙ᄒᆞ니
時人이驚異치아니리업더라
晋나라楊喬와楊髦ᄂᆞᆫ冀州刺史楊準의二子ㅣ라
喬와髦가다總角에成器가되니準이裴頠와樂廣
으로友善ᄒᆞ더니二子를頠廣의게遣ᄒᆞ야見ᄒᆞᆫ듸
頠의性은弘方ᄒᆞᆫ지라喬의高韻을愛ᄒᆞ야準의게
謂ᄒᆞ되喬가못당이卿에及ᄒᆞ고髦ㅣ小減ᄒᆞᆫ다ᄒᆞ
고廣의性은淸純ᄒᆞᆫ지라髦의神檢을愛ᄒᆞ야準의
게謂ᄒᆞ되喬가스ᄉᆞ로卿에及ᄒᆞ나髦가더욱精出
ᄒᆞ다ᄒᆞ니準ㅣ笑ᄒᆞ야골오되二兒의優劣은이에
裴樂의優劣이라ᄒᆞ더라

以下十餘歲

唐나라柳渾은早孤ᄒᆞ야十餘歲에巫ㅣ골오되見
의相이夭ᄒᆞ고또賤ᄒᆞ니浮屠가되면可히死를緩
ᄒᆞ리라ᄒᆞ니諸父ㅣ從ᄒᆞ고져ᄒᆞᆫ듸渾이골오되聖
敎를去ᄒᆞ고異術을ᄒᆞᆷ은速死만ᄀᆞᆺ지못ᄒᆞ다ᄒᆞ고
學을더욱篤히ᄒᆞ고與ᄒᆞ야遊ᄒᆞᆷ이다名士ㅣ더라

周ㅣ 가 디아니ᄒᆞ고 蘇世長은 十餘歲에 武帝의 게 上書ᄒᆞ니
ㄱ그ㄹ오ᄃᆡ 切ᄒᆞᄆᆞᆯ 孝經과 論語를 講ᄒᆞᆷ을ᄡᅥ 對ᄒᆞᆫᄃᆡ
묻ᄉᆞ오ᄃᆡ 무슴 글을 닑으뇨 하 이 讀書를 시러곰 터 對ᄒᆞ니 帝ㅣ로 ᄋᆞ
悔ᄒᆞ고ᄅᆞ ᄉᆞ鱗寒의 爲政을 以德ㅣ라ᄒᆞ니 帝ㅣ 鈔國者ㅣ로오ᄃᆡ 善타
立ᄒᆞ야 ᄆᆞᆷ 學을 虎門辭에 率제ᄒᆞ니라

十六歲
宋나라 狄靑이 年이 十六에 그 兄素가 里人이 鐵漢이 洞ᄒᆞᆫ者
이라 ᄒᆞᆯ 號ᄒᆞ난 者ᄂᆞᆫ 水演에 서 鬪ᄒᆞ다가 漢이이러ᄒᆞ
야 死ᄒᆞ니 保伍가 나아 ᄒᆞᆯ로 素를 縛ᄒᆞ니니 改ᄒᆞᆷ 이러
田에 餉ᄒᆞ다가 足ᄒᆞ고로오ᄃᆡ 灌漢을 救ᄒᆞᆫ者ᄂᆞᆫ
이 ᄒᆞ니 人이다 素를 釋ᄒᆞ고 靑을 縛ᄒᆞᄂᆞᆫ지 다
니이로오ᄃᆡ 가 死에 逃치 아니 릉 十을 縛ᄒᆞᆷ이라 灌漢이
이ᄅᆞᆯ오ᄃᆡ 待ᄒᆞ라 實코 이러 十 시니 가 十를 縛ᄒᆞᆷ이 漢이 晩치
아오라 고ᄒᆞ고 이이더라 尸를 羅漢이 ᄆᆞᆺ당이 儒ᄒᆞ리니
오라ᄒᆞ고 이이더라 尸를 樂ᄒᆞ야 水敷斗를 出ᄒᆞ고 法ᄒᆞ니
北魏人이 異ᄒᆞ니 何安은 年이 十七에 伎巧로 湘東王을 事
ᄒᆞᆯ 後에 그 聰明을 知ᄒᆞ고 召ᄒᆞ야 左右에 서
ᄒᆞ니 三十二

楊이 才로 舊督이오 人이 時예 住하니 頭에 楊아 陵에 陵이 住하고 깨 하니 써 에 闕 아 니 세 有

世上이 兩術이 有하니 白楊이 何하옛 오 며 住이 見며 美혼빗이 잇더라

十八歲

宋의 名敎에 그 張이 라 橫渠 漢溪 先生이 이 써 이 게 謂하니 仲淹이 靑혼 書로 范 仲 淹 名하니 先生이 學혼이 有하거놀 者ㅣ 人 으로

究す며 釋本을 書를 그 讀지하니 홈이 無혼 兵을 事하리 오 讀지하니 홈이 晝夜로 六經을

十九歲

문을 作하니 이어히 昭이 姪이 다 年이 十 九히 攻城火攻
儉은 難에 死하고 少혼다호더 奮이 비록 張奮을 昭가 奮이 계 어 더 汪로 不才하나 年이 小지하니 호남호더라

二十歲

唐나라 李崎이 年이 二十에 特進 李崎를 見하고
人으로 言ㅎ더 讀書를 徧지못ㅎ니 호벌 秘閣書卷을 잇지
기를 顧이라ㅎ니 李崎一로 오 더 秘閣萬卷을 見ㅎ

時日에能히習ᄒᆞ라邕이固請ᄒᆞ거ᄂᆞᆯ嶠ㅣ이에邕
을秘書에假直ᄒᆞ얏더니未幾에辭ᄒᆞ고去ᄒᆞ니嶠ㅣ
가驚ᄒᆞ야試驗으로與篇牘狀을問ᄒᆞ니了辨ᄒᆞ기
ᄅᆞᆯ響又치ᄒᆞᄂᆞᆫ지라嶠가歎ᄒᆞ야ᄀᆞᆯ오ᄃᆡ子ᄂᆞᆫ佐名
家라ᄒᆞ더라

以下少年

齊나라陸倕ᄂᆞᆫ少ᄒᆞ야學을勤ᄒᆞ고屬文을善히ᄒᆞ
야집안에두茅屋을起ᄒᆞ고往來ᄅᆞᆯ杜絶ᄒᆞ고晝夜
로讀書ᄒᆞ야如此ᄒᆞᆫ지數歲에讀ᄒᆞᆫ바ᄅᆞᆯ一遍에반
다시ᄆᆞᆷ에誦ᄒᆞ고일즉이人의漢書ᄅᆞᆯ借ᄒᆞ야다가

五行志四卷을失ᄒᆞ고이에暗寫ᄒᆞ야還ᄒᆞᆫᄃᆡ잣
도遺脫ᄒᆞᆷ이無ᄒᆞ더라

唐나라杜如晦ᄂᆞᆫ少ᄒᆞ야英爽ᄒᆞ고書ᄅᆞᆯ喜ᄒᆞ야風
流自在ᄒᆞ되內로大節을負ᄒᆞ고機ᄅᆞᆯ臨ᄒᆞ야ᄆᆞᆫ득
決斷ᄒᆞ더라

大抵人之能者、苟其有志於學、然
顯然者、難目易爲善亦易、爲惡
腕者亦由之、由天性之早慧者、未嘗不由然、孩提之見、後之思、而非人才、未必佳者、拙爲話欄之、則
人之能者、每以陳慧、
人之不自人、且夫事然、故余所以輯此者、非欲強其所不能、亦不知所許、凡甫學徒各勉病知、學而時也、亦
也夫、爲其資夫、學於羽翅、辭此也、

서례수지

(西禮須知)

규장각본·한글본·한문본

光緒十三年新鐫

西禮須知

英國傅蘭雅輯

佳禮須知序

禮從宜　事從俗　禮本乎人情　俗生乎土俗　先王制禮以坊民　制禮以防民之僞　入門而問諱　入境而問俗　又云禮從宜　使從俗　禮之不可已也　禮之變相因時制宜　因時異制　各有深意　恐其相沿而爲文禮則敬　自生焉　諸大國諸小邦禮之異也　家人父子有禮以防閑之　則化樸野而爲文　禮之至親至昵　相睽相暌也　以禮聯絡之則　敬家人如賓　禮之簡疏以禮瞻之如見大賓　禮可見矣

如溢壞志哭哭異海國圖註記諸書民俗民情無不備義獨於言籍

禮讚南大令禮讚之書也之書義特出示余屬余以一言弁其首余受而讀之深羨是書不

輯裒文儀與通略所在旬已漸須知使出之司馬甫和蔡和知不須知之暇然矢則出禮之

開詳須知不知一二端而已稍未及詳備也傅蘭雅推先生為準的者書

以呈以繁文蔡和甫司馬之出使須知已漸講求夫儀文禮讚南大令

則闕切知須知矢然之暇之有神於今而知先生為有心人也夫人所以交際者不一也

通禮以繁持之而已中西雖殊其禮之合乎人情則一也

弁降揖讓周旋進退應對晉接西禮雖有不同而所以同也

者無不在乎人情之中舉凡出詳之人要宜人置一編各備

則一有失禮從陽進方矢武爾是書所誌於國家大典禮讚

光緒乙酉季冬下澣吳郡王韜序於滬瀆北隅淞隱廬

之同友朋往來酬酢而言者也即為西國言禮讚之權與可也

所備則猶未得為禮之全也不知是書所言乃尊指平日

在以未之及至於朝享問之大吉內賓嘉之盛瓶末

西禮須知

序

是書爲英國名人所著曾於西曆一千八百六十六年以西字排印快陸續翻刋凡三十有一次矣古人觀人觀其禮祝之人列此以先睹爲快試是言此書說多淺近事取庸常爲不知禮祝之祝誡說而蓋英人多富於財然利氣可親惟於禮貌多未嫻熟披閱此書而其質樸溢非淺辛勿厭其平淡無奇也可書書本意在乎化民成俗故顧問海同志之士分披有得一日盡成儒雅心化

其樂焉外遊二年遭遇故都見鳳氣日好民俗衝私心
深爲恥精廢有親友記錄禮貌規模頗有可因節餘佳要
略重祥行世於迎賓送客周庭善接之問亦不無小補云
兩

總說

設立交接禮貌以聯民情使其不踰範圍以
世道有數事於世人有所妨害者雖有國之政刑不
者有心家有約束他人事者到其範圍則不能過因禮有以限之
也又知人之本分惟俗有分粗細各別文與質亦復不同

如無禮貌以限之則義消而英雄君子常與小人相逢交
際於相接者無識者有僞言禮貌爲虛文故語勢動靜皆文而不貫不
於相說各言禮貌者特迂癡無事之流耳故有所禆益耳蓋不
行禮貌者特言之者恐未深思禮貌之源與其有所守者他
鄉村僻處風俗各異常有一庭所守者他庭尚未及知如本鄉風
俗正而無差必須習學通行禮貌者之中則不可以本鄉風俗

英尚通商，民多製造，常有人自下等升至上等者。如先開小店，漸成巨商，或先為富家。然其廣大器用，必未其榮華。其他金銀珠寶之飾，豐厚居室，必未其廣大器用，然用之。文雅玩好之具，然前所未曾有者，今克備置，滿而然用之。且退卻不免華而近俗，足見學習禮貌，尚父溫融，至與上品者。慈矜之際，往往無心，越禮不堪，其俗而已，亦自恥多。權人輸笑，則有朋友之救導，其心亦未必盡然，故如。有書便覽，則能通其大略，往來酬應，庶免陶讓於大雅矣。

之禮，祝規矩，難無定則，要以倫敘為主。蓋都城為首善之區，於是乎製禮為。

人之處世，不能無友。交友之由，頗有二事：一曰介紹，一曰為引紹。○凡行介紹之事，必先兩人情投意合，方可為之。其故不止一端，如本人所善之友，他人未必善之，愚魯之夫。不行介紹之禮，亦可彼此共談，善飲為友容，則必為友所。

悅者也、

與友同游、如路中忽遇別友難於彼此至速姓名而介紹之
事、則不可行、於此焉、路中遇男友搆女難爲己所不識、亦
不可行常禮略點其首、必須脫帽勤頭、與所識者同
凡、行介紹之事、必引卑以見尊、如下品官員引見公候者
然、凡爲上品之女客、而引男客任見、則不論其男女之品
相敬與否、任友家不可、熟友同任、若友家倂諸熟友、則可偕行、盡
惡彼、然雖與之、此熟友而生妬、心不願、與爾交好之心、分之
東彼、然雖惡之、而待之、以厚禮

朋友交好之緣、最爲微妙、不可解斷、不能遽建、如欲以法
來聞客店、遇有人願然欲討交好、者不可理會、如其人
强交、則斷不成、必交好之意、自然出於心中、乃可
貨存好念、而後知其不可、恐難立怨、在他人冷眼旁觀、自己反
訂交、而愧、可

一法相遇時路逃寒暄虛行禮貌但示之以冷談情形切
不可口出惡聲反目若非其人爲素所相識勢不能辭

凡與人交接，如有依法與我介紹之人，此事宜慎，不可忽也。
對其人職分較尊，則必格外謹慎此事。
如不知他人喜悅我否，則必詳看情形，彼如何待我，如無
別法得知，斷不可尊應。其日中言語，須觀其所行之事，如
之不見，則見時可與格外行客套。其人若非至養自必款。

凡與新交好者，則必將自己名片與彼之名片盡送，否則舊友俱
算絶交矣。

其理人須想以前儉為念。
其種之人，每以費用愈大，愈至萬產傾家，告貸難還，不久囊空如洗，而後一生難以度
活，可不戒哉。○切住僻處而人地生疎，可為薦引我，欲與之交好者，能知我為何如人，
大約常至己所喜悅之人家中，或飲酒，或講女人不堪入耳之話。故新娶之友愈多，則彼處
因友多而不能徧，常娶頑耗甚以度。
未娶之人，其妻未必合意，又有
選課講，女人不堪入耳之話。盡任來之友愈多，則彼
既娶之後，又娶新娶之後，不願此
薦書者，知其非無賴之徒，可與交接，不致窺騙也。
薦書引訂交，盡有便讚而

有薦書之人，持薦書者，不可親送至主人之屋，須託伴遞交，另送名片，他人傳遞。薦書乃一飯之券耳，此有薦書者，每不敢持送，而薦書之人，註明寓處，後往謁時，主人即預知欲來者何人，待以客禮。若親齎薦書往謁主人，主人雖必出見，而難顯相稱之，客必與來人之心，必覺不快，另送名片，以客有合宜者，可與相交為友，然所請者，飯之券耳，此有薦書者，則不當見書請飯，亦請相稱之。

平常稱薦書者，每忽此禮，自帶薦書，往謁主人，當面致交。主人並不讀看，待看書畢，始知為何人，而帶書者呆坐久等，心中甚屬不安，所封之友，大佳又。客遞薦書，即可依其心中預定之法，而應酬之。凡屬薦書，不可回拜，以收其交友之誼，故必以回拜為佳。主人雖厚待其客，尚補其前。蓋此為己分中所應為者，客遞薦書，主人必早為同拜，待看書畢，主始知客為何人，並知為何友所封。主人並不讀看，方知為何人，亦不知應如何談話，及將信開觀，心中甚屬不安。

法國之俗，新到之客，必先拜主，英國則反是，蓋新到之客，不可不請其飯，客同飯，蓋此為己分中所應為者。

不可使其心大雅則甘為人役
君心不及英國之有理
凡收到二字較之置而不理者為人親為無應是自重反自輕
剛大牢親為無應是自重反自輕也

然其客到必先拜主否則主將不理我也
主待人來拜法拜外觀較英國體重然客到
必先拜主否則主將不理我也
國禮貌此事雖小然雅俗之判不免

客規矩以為最俗而廢之且一方之人常分數黨爭競規矩各改年

有不同若客不知主家規矩則必以為俗人故當依公用
之應至客房聚集男客當與女客相配應由男主人及女主人先
為派定配客之事不可有誤須論年紀已娶未娶派定
後則搞往餞房如須下樓梯則男客讓女客當女客近牆而行到時必伸左
左臂武右臂接之如客房與餞房俱在平地行時必伸左臂與搞

有派對英國太子與其夫人同為某家之客其男主摟夫人先

太乃禮親同首　義
子　之間者曰
勿太人　以夫
罪夫責之邊

主人惰先　隨身
恐失偕　乃動時
失禮　太太男
　　子子主

女主　　　而出
　先行於　等
行終　避　偕
之　　　人前

到閒人或入人先到
者有人到而　到而
何　　退到　既退
客既　　連　而
　到　　同　違

其右次者前　入　王
次其者為男分　席
者為　何女饌　於
男　客主　　　左
其　　坐　　　廩

客其　　　男　　主
君上品　女　　坐
之間有體面者男　於
家切　儀之事　　右
　肉分　　大牛　廩

人必依時或入人　到
等定時請　　來必
有　中賓　　易錯
差業　　　　　者
錯　　十　　普議

可代女主為　上品女主向
此相對　之家　切肉分饌
　　　　之事

未必然如客衆必衆　　買
來等　　中　必　　貫
不　　　　　　　眾未
　　　　　　　　易

為佳賣　　　　分右
待如　　　　　兩
人有　　　　　旁
差　　　　　　彼
　　　　　　　此

明禮之人　　　　出而
　　　　　　　　人前
退　　　　　　　行
　　　　　　　　終
之

為之則主客相談可不分心
現在規矩女主應隨客後而往饌房必有君主家親王在

男客內始導引先行　　　　左邊坐　女客其客應男
女相間列坐共有十人數為最合

每客前必備白巾一條乃上品人不可少者蓋客欲拭嘴
賓客所需也如不備此則必用桌單或本人自幣手巾
彼此兩間同

拭手為可硬之事英國前規吃湯與魚之後客可以此席間一
借以飲酒今則不然其酒乃待役所掌罇客需飲而斟者

有客尚存書規欲請飲酒則無論男女皆不可解惟此

無論吃何物，不可用刀挑之入口，須用叉或匙爲之，刀僅
爲切物之用。

飯時，如有客，請分肉，則每人一分，不可過寸，寸則分者爲俗
分湯，每人一分，小湯，則不可傾於盤中，食物上，須傾盞

右手持叉，左手執饌，頭一片，堪取食之，如用鋼刀，割魚，則
分湯，每人可分一匙，分魚，則須用特設銀刀叉，食魚法，

飲定亦可，高年者則可請取酒，斟酌爲最善，再酌
酒時，或年高者，請先斟酒
飲酒略當，亦足矣
若共食，或家饌，必頭切厚片，以一寸半爲
諸容，或家饌，必切厚片
無論諸容，則非上品

味易散，鋼刀爲銀者，食豆類，以匙食饌，能用匙者，不必需刀，吃湯等物，不可吸之，有饡，須正坐取食，以匙
不也，生薑，或鐵銀者有此，持器，則不用，暗食，不可有聲，又不可大聲呼爲
又同魚共食之，小湯常合殘質，如近有人家，特備食魚刀叉，亦人人
焦共食之，能敗壞魚味，印度暑食之候，各格立，其傾，凡分饌，與人呼
持檸檬汁等，則選，食魚刀叉，用依其傾
客云，某物不食，則不可勸物進，若有一物味美，則不可言有
客最喜食之，諸容者，須知自己善食之物，而客未必善食
切物叉之，用爲挿物入口

明晳者、飯時、如無此事、最易惹人厭嫌、雖已覺為適意、見者未必安、然不可強為之、然不可

女客未餐之先、須脫手套、加上品、家排桌並進、僕者每藏白氎巾、

手套因教鑊時、大指常伸入盤中、似乎不潔、而可厭、惟盥

手套之俗、尚未徧行、常法則用白巾、剛住大指、然後揩乾、乃不

亦可食、水菓時、役以洗手、玻瑠碗進、則可將手置水中、吐出者、勿

薰蕉以擦肩、用巾揩乾其手、間有見而尊者、惜事近租俗、文雅之人、不

宜行也。國之法、英人間有見而尊者

英國蒲田此各不剔不行此、蓋飲酒原、林不飲者、反恐溢其不悅、食水菓時、見女客有藉用別、

教此各飲不第不能、飲酒暢快、欲、其自欲請削、則可諸剝、

十年前一二、杯子等不可、以刀若其菜過大、一人不能全食、則可諸剝、

商安客以多酒為裏主或客談及某人某事之

以多林不飲者強之、今此俗已改、除在酒店之、是令藉用別

客分面人家食菓畢、則進加、未此法最善、蓋客如有事飲遇

任人家、即可別主、而行無事者、可住客房與女客全談、不致委進

客加體并加留餘房、任飲麥酒、加、并、必須告侍役、主一定之時、藉進

主人飲酒，特命遣僕斟上加非，咨少欲遠往廳，爲合宜也。

因故既有飲食之事，固觀他國所行，客任飲何種茶，英人間有學者，惟其俗本不甚佳，英國用之。

後進則恐客意，諸君意，如七點鐘入席，十點送加非到餐房，除非客少欲遠往廳，別備渥酒二三種，各傾以小杯，恐遠僕。

非須有定時，不送加非，或別方備渥酒二三種，各傾以小杯。

面令今體方可，於飲何種茶，英人間有形威勢，間有以威勢遠僕。

凡客似覺體面，而必曰請行何事，顯己爲上人，其實則否，凡遇人僕，不可顯其僕不。

似使令之狀，必曰請行何事，顯己爲上人，其實則否。

教席可客感，切知之人，似難容。

因同顧問何事何故，僕有懼事。

此如僕失慎或故，僕有懼事，或不循規矩，或格外惡氣亂心慌，且令致。

不聽且反樂於趁事。

主人不可理會，不當面斥責，盡責之，不但僕意亂心慌，且令外人本俗，於一飯之頃，多有顯露路，而。

待役仍爲送至客堂。

請問有上品之人，仍將精等箸進客房放下，飯時則主家。

似雜稚之，人可於廚間辨之，如人本俗，言語衣服習多有顯露路，而。

客咸知其時，不必將與外衣帶入客房，衹可留在穿堂內，爲。

凡男客請女主出名而同信亦答復女主

凡請者到筵會則必女主出名而同信亦答復女主

凡客務之答如醫生律師或文武官員等則不必拘此禮而女主亦不可怪爲失禮因其有日常事務也

凡將娶親之人如照常規應請所議未娶之友會晏一堂客各友即知其意將親交也既娶之後如將本名片及新婦名片送與某友則知其尚欲往來而交情未肯絶也

拜客

凡拜女客不可在三點鐘之前恐女主有家務不得暇也又不可在五點鐘後恐女主已乘馬車出遊也

拜客應於門口遞進名片旋即行開如在午前同彭女主特請進屋時帽與杖應執至客房如留等堂內恐女主怪爲不進屋以主人之家爲自己家也

凡有人從鄉間至倫敦禮應送名片與所識親友報明已同居本地者名片上須言現在居址如家有女已見客則有女或姊妹同居則名片可折一角便墨所拜者固主家也

如有各片同有好者則同謝片可交僕人帶往
夫之各片交僕人帶去而不交僕人帶去而不
女之各片交僕人帶往
拜客人同謝片
客可同謝片
送丈夫之各片而不交下人送
丈夫之各片交僕人帶往歐洲數國有人於名片習慣
之各片問有自有來於名片習慣出門
各片問有人於名片習慣
有甚矣若有人於名片
自恭呈上片上寫親拜字樣
拜然不然有英人住他國習慣出門
乃回拜者必在各處有同

如務各片同有好者則同謝片
夫之各片交僕人
之人仍在文母或親戚家內凡來拜者必往各處有同
女僕人仍在父母或親戚家內
拜寫親來拜請仲主知非走伻送遞每有家主臨出門
客此法名片亦寫親拜而仍委下人送上片上寫親拜字樣
如有主人問視即與來使一笑而散
已上寫明所拜之友每則將本姓夫姓並寫各名片若本處有同
娶之友每將本姓夫姓
此等國已娶之友母
去苦等國凡有同

姓者龍免差誤然此法英國不行間有婦人行之者客為
尾人設筵則不任此例
凡請客亦同會蓋恐雖為其夫男主外先往拜或送名片遞
候者應先往拜而女主尚未及知也如不先見主生難
常有過時面訂而不致作會家女主言明來至
會或樂會有初識者或各顧相識者或請來至
棄會就拜會或拜候者則彼此見難
所笑誤此相識者或各顧相議者若請名片
請延宴客必彼此相識者請名望大
者設筵則不任此例
多為大

以墨印

談話
教

凡請客相談者，意在取樂娛心，非為爭辨也。有人恃才好
勝，每忽此慮。凡遇客聚會，則務爭談，且令眾視己獨是，而
人皆非。然集眾相談，總不辨駁，亦屬乏味，宜辨而不失禮，至生
為難也。又有人見別客定欲辨駁，而知眾不喜聽，則讓其
高談，是不貴一辨，數眾因此暢進，則較勝之者更為得。
如人言語稍有失口，不可卽行毆正，若在相談之際，至生

念怒，則為大失於禮，亦不可立施報復，須俟他人暫息，而非為罪者，因言語成客，抱有複界者
不可當時，有差卽知為失禮矣。其人自覺，有差卽知，及朋友或親戚之短處，如只同他人嘗譏，而立為

凡相談間，如有能發趣語者，彼此相和，可成大趣，諳之本
凡大石遇鐵鎚擊，卽生火，眾中而能議趣語者，此之類，紙之
而不能識，惡則難與共談，若遇善聽之人，言者聽者，可以同
惡，則恐言者有憑可道，而朋友差處，由此益多，如人言語稍
面議，則不必多為理會，蓋天下人，孰能無過，如立為
理會，亦不可立施報復，俟朋友差處，彼此相利，可成大趣語者，比之類
失於禮會，亦不可立施報復，須俟他人暫息，而使增嬈焉，其言者聽者，可以同

樂相談之同、如知某人有鋪、則必直與面講、吾則不言爲佳、斷不可對他人嘴剌某人之鋪、使明知嘴剌某人之事而某不能辨駁、以未明言爲某人也。

凡稱呼人、必慎不失體、蓋人各有合宜之稱呼、談言之則粗俗顯然立見。

己相談之中、不可高聲、不可大笑、如此者眾必以爲俗上品之人、言語聲音俱不高大、凡數人相遇、必先慎言、不可常一事相談、若眾人不言語、己覺枯寂、無柰、必題起一引之、

事可也、生眾對談曰、欲稍講一事、必慎言語、勿涉誇似、己無不知、與問難與所言有關之事、而不能答、則覺赧顏而增眾人之笑矣。

學問不大、則以寡言爲佳、能不爲人救悔、如過於措詞、欲顯學、如問眾人聚談間、有一人往居空處、與他人小語、使眾不聞、或在眾中傾頭耳語、皆失大雅致、君子所不爲也、又如眾人講論何事之堂、或議事會、或衙署審案等處、已有人對眾人講事者之言、聽者苔不可言語、盡恐亂眾人之耳、不能聽講事者之言。

也在人家中或己屋内値有客坐時不可斜料不可神踞

不可蹲術前足不可偶臥樹面此者失禮大為不恭女容

與人相談不可以自己本業為言遇女客則更不宜如醫

之則衆必謂除本業之外別無所知故不能別有他語也

即如船案言行船危險律師講奇怪案件教師論反同變

之事如打戲搬船地球等亦為俗伴不雅又不可談論子

小屋有趣之事因與衆無相關也為父母者不可諸說子

女所有奇怪言語及小聰明之處蓋此事雖於本家有趣

而衆人未必以為然也又不可將某長事故舉而論說恐

衆人未必皆喜聽也且令衆人想言者諒無別事可談故無

以過長言語數行上夫凡與有品有爵者言諸不可過

人用其品爵稱呼

於簡有原為中等人備樣自以為必哎文嘴字始輯新

否則恐人輕賤為所祝視因以所用之物所作之事慈

各以免雖誤假如人之眼亦名目則以眼為熟忆例新

用日為更雅同有數種字眼為文雅之人所不用者反相

英國有書云凡衆相談所談之事不可外傳教言者受累

事也如任意為之則衆諸見信而心術不端者反相

凡人相談，難免不論他人，其間以譖其心，意誠情，均得為他人所信與否也。然人非聖人，孰能無過。或行易有疵戒武牛之心，中大覺不懌。每有淺量之人，甚喜在友家往復傳言，一聞某家前事，人言己反以為得意，甚可惡焉。論致上品人，甚短則立住甲素而家。蕭曰者，因彼此相信而不傳告他人也。但者在鄰會友，易忘而令多人相爭，非有惡意談人之失也。口陷一聞皆藏某人立，則傳與某知，是無心出。

用茶之法，客分兩種，一曰吸，一曰聞。者雖人常用，然不知能不用，則更妙耳。此事勿致他人受累，蓋君子為人。雜吸茶而見惜於他人，必欲吸之，須在他人不聞之處。用茶觀○慎吸茶於他人，必欲吸之，須在他人不聞之處。刷牙牙方可與人晤語。凡食蔥蒜等臭物者，自不能與女人。

相談而疾兵與慈蔡臭有相同總之依女人心意貪蔡者

最為獨爲其性而不宜凡人蓋所嘆蔡務致空氣臭惡而己之

他好而棠他人爲小店役終或假體面之人雖新聞紙或戲園內食空

每有論反食蔡氣味與其益處者亦不過讀蔡之人憑空

擔撰意欲○閒蔡一事乃養空無禮之人所爲欲感動染使

不能與文雅幷列前有老翁問蔡痲重間於醫者云晝閒蔡

醫者曰並無此理老翁何多問焉蓋有瘤者不聞蔡也其理信乎聲

者書言閒蔡有害鼻孔胯防並令膽桼受損其信乎

衣飾 衣服佩飾常更新樣幷上品所爲今人多留意夢式衣服

大都俗子以此爲榮美耳故其衣服特依時新樣式而表其

鍵鈕扣等佩飾取大而貴自以人必視爲體面如鞋依法褯

體而異面與文雅不在乎外飾乃在其人之品性如

衣服斷不可用用之者不過引人親睹耳前有所作棠蘇不生

老翁指芽奇冠服服者曰此人移令衆人觀晝者甘作棠蘇不生

凡衣服必與其人身分相稱劫人身短貌陋者若身
著華麗觀者眥之亦無妨礙惡感亦無便愈好其人
愈便服愈輕衣服愈奇有稍有異處亦令人注目而
已凡衣品者見之必輕其人則翼手套而所用金銀寶
貝其價甚貴銀錢可全身裝飾是徒身而注意人衣服上
或在戱園則必用假造者多以佩飾爲華身而注意
往往稍費銀錢便可全身裝飾是徒以佩飾爲華身
不可多有平時亦不必用蓋現時假造者多以佩飾
飾小生意人家往往稍費銀錢便可全身裝飾是徒
此種衣服從意人上或在禮拜堂或在戱園則翼手套
雖從意人衣服而不可多有平時亦不必用蓋現時
任引人注目而已

上品好馬家秉車往來衣服華麗即以爲非此裝飾不甚相
宜乘坐車之娼知行路衣服與坐車而步行時其衣飾或瑪寶石光明珠
午前不佩實即做立之所服也女媛貴能自珠他人不
於人做效立即倣效尤是正題其毫氣爲主意而以他人式樣遷易己體使人不
凡人即可以效其時新樣式之人如見人髮鬍若此而更爲簡便上品者
即可以知之矯知行路之嬌女不坐車而步行之時佩之而已
不通夜間諭其所行之嗜好而見其中心之愚昧莫若在彼慶他人

講其服之不義而已

取樂之事以雅為要會客中用有三種一曰音樂一曰
跳舞一曰打紙牌西人於客聚會之間每以此為消閒取
樂之方

凡音樂而常撫弄者每以為益耳洋洋人所同
好其人不止則為歌曲彈琴則連作弗輟致取人厭止之則為輕
則作樂會者講盛音樂兩操琴陸續連彈入而不歌及罷樂
有他國人故字大鳴或同其故曰幸樂已止矣

初客中有或唱或彈者他人不可言語蓋已不欲聽恐人
於彈唱者若任與人相談則欲聽者亦不能聽乃大獲戾人
如請客而終夜相談者不議其人歌一曲而彼連歌六曲此以博
則眾俱覺為善然君請平常論音樂者精此以博
為一國巨擘聽者亦不能耐有本領之人請其或唱或彈則
故不甚講究初間有能拽胡琴之客請為作樂則胡琴本小因
知之矣其間有能拽胡琴之客請為作樂則胡琴本小因而
衣食故不甚講究初間有和唱而彈者因彈之辟遺於所

大之跳舞○舞會之禮貌，常人多知之，品級與來賓，
則唱之聲遠於宏大，其人為知各人，級與來賓，
吩之聲過於宏大，禮師而欲與之同舞，應向禮師示意，果無不合之處，
不清亦為談事，非宜作樂之人，為夫禮，女客必有相遇應。
作樂之人為夫，須知各人，禮師可呂，
事集論唱至如何行禮，初
○論唱至如何行禮
紮器武

請一人為禮師，即可為行介紹之，禮師任其同舞，
見某女客而欲與之同舞，蓋女客因此相識，同
禮不擇不充而視為大無禮者，其女客先相
同兩路之人，若其女先行。

雖在舞會內可
倘未行介紹，則須戴白手套，恐其
義國行介紹者不可捉其手，恐其女視為
德國介紹而應與相談者為，蓋恐心
俄國等凡男遇女必行脫帽禮，其衣不
凡男見時，男人為待多，
再而應與相談者為，大雅
女遇行脫帽禮，同舞時，
必行脫帽禮，其
無論在何處，禮然不若未
已與相談，若未

凡請女客同舞，女若言因某故不能連隨後見其女與他
凡人不相同，

必要而爲狀也蓋女定此爲同其難其女爲輕侮似有大樂容狀而生氣而厭度常有嬌女面帶微笑似有此情不可因則不可同算以常情付男被難以合要若群出諸口者故如遇女心被反含要者打輕侮我也

打紙牌〇打紙牌爲取樂之一端常在飲或女主請打紙牌客可隨附如打紙牌事內有應酬甚事負固不可生氣勝負宜爲小事且在局者須能自主無此候若見勝負輒至形狀悅張則內量既欲外觀不雅設

即屬意而見子能發例在女處有
蓉事
如在術道退所議婦女宜符其先發應若養熟者男
先認則勉深亦屬而此故因與女行認識之禮女如不敢
能不問教此英國禮也惟歐洲別國事反乎此婿遠婚男女
無論親疎男不先行認識女則不係英國法凡路邊婿若代踟躕於蹰
應行禮者若待女旋帽爲敬辭不可以勒頣代之
之門宜輒而不可車或生戲場又不可大聲言語喧騒於此

凡品級尊者不可强與相見蓋
輕視其品級之人故
論說品級高者應次相見隱於次
如與上人以後再遇必待上者先與之相認先與之
初遇上人欲識上人而上人不識我之羞也前有英國某
坐不必捉故與楊談常事版畢各散某公事過即已忘

凡人品有高下，每有數事能試之。如有高尚者，真君子，居上品。如能讓不可讓，不可謙不可謙者，則居下品。如工下等人，雜處眾人，皆權然。此蓋君子居心，必令眾人皆有處則讓之而方便，而不作難于人。

公好同於某寓而請安問好。某甲候補某缺。公問某甲曰：前日某委員某其忝補某缺也。公微笑曰：逖後某與何人某暗甲日前二人於某日候補某。某戶部員某其忝。見同公請別，即白轉身而去。數日不議之，平白轉身而去。

見見春員，請諸客在本家內在。凡請客者俱視諸者應照料。使其不現卑賤之態，如卑賤之態。

自己不與人爭，若夫相遇之流，則宜自尊大，以為讓人有損自己。此田心必讓之，讓人以禮無論有人行善事。體大譏誚，輕視我之諛笑，而為上者所賤，視諸人遇物以利接人以禮。

面人從口語真實，無限許不辭，人遇物以利待人待以禮。誠實樣，口語真實，必目為君子。

餘事如何欲為人行善事，行時必慎，不使受者不堪，如見好意之事。勿用法有差，則變為欺侮之事，受者不勘，如見好意之事。

事人不願受，即此人不願受，即不可復馬，車驅彼乃與彼人曰我車怜便，爾下如。身顧同坐，則正在門共驅彼，則多承雅惠，我車亦在門前，不致勤。

客接也

初請客坐自己為車須議於最好之座客必以我為慢禮

二人同歸見某申未至則請同坐已車然二人已先進車不

坐於向前之位而留念及之則率車繩令馬夫停馳而此兄弟車

以為失禮旋轉念及之曾實彎彎欲兩

託問其故答曰指馬坐人車

如進客房見女客欲與行禮武栢談則不可作複遠之狀

女相談者則作為偏然相遇者乃佳恐眾觀不雅偶然相遇者乃佳在限客之中特欲與自羞如相遇者乃佳

在人家中不可行主人應作之事恐得罪男主或女主

是有二種人本為略負之意如以租來之馬車言為家中自有原

富豪現屆出客之狀小屋數椽誇為大宅等是也

坐有客入室非無他椅則不可讓於方綫自坐之椅更不可

盆亦不可用請之始可凡屋內列有奇珍寶物只可目觀

亦不可手玩又不可以指擊桌作響若有新聞紙則不可

不可諂致人聽聞凡此皆俗人常行之事雅者所不取也

來客臨別時如不親送須搖鈴使下人開門如忽此事則

客高骰氣，心驕必爲傲慢。各間有中等之人，日下等變爲上等之人，乃各國皆有之事。如貿易人分爲上品，客商與小生意，小生意家間有致富者，顧華橫溢美然。

大衣鮮食延客，師以敎兒女學，高士以廣交游，自以爲傲然。上品人爲上品，亦須知人分數等，各等之風俗行爲及取樂。

則不可待之木長，是爲慢客高。待之以爲驕，可與品級並行，如此則心驕。因當而品級上，井意以爲咸也，必矣。或店幾，役倣傲，能惡以爲大譽，而自始伊咸也必矣。

之法相談之事，多不相同，如生意人曰必事，心生理相眼，生其戶人衡他人。

僅覽開日報而已，本業之士，或工文字明書契之人，則幾乎無所措其，退人自慮退。

好究格致，其言詞而難，與之交接，則同業可見人之志，同方合志矣。

手足致其言詞相去，天涯何能，彼此相談，遽同業可見人之方，合志之慮矣。

必須同類擇交好者，中則難免致羞，而多有不受之慮，凡人自慮退等。

英人最講分人品類，下品人則不計此，戀之，其聞節聞之不等。

他人接撰上品人中，如能勉力舉人，則書已遽其聞節聞之不等。

君子與人株者、又有一法可以試而得之、師其貞勁者有圖一
之事時有人外行似君子、人皆觀為稚士、然君圖乎鍰食一
之事則顯露本心、即行各種小量之事、此種人雖各置一
時而株行不端、仍非君子。

朋友最熱、而不周至、則易流於薄悔、而鎮隙或自此生焉。
事車而不周至、則易流於薄悔、而顯其不尊重之心見者、
自慊不慊於心、而鎮隙或自此生焉。

為以上各敬、僅為禮親愛等事、知閒者心本庸俗尚兼、因此變
此書則可免象大差誤、接人遇物亦可從容而不迫也。

類之欲為君子、初不係乎身世之貴賤、與朋友之名望、尤不
在乎君處之房屋、應用之器具、藏在存心端正、處事公平、不
夫而眾必推為君子。

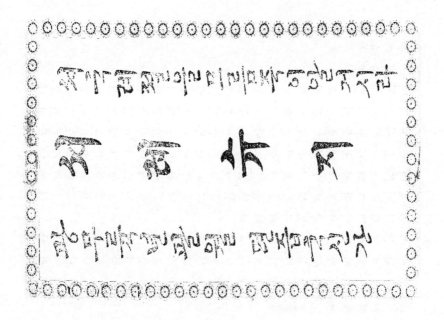

셰젹헝어진사람이교졔호논법룰베푸러쎠상의뜻을밍개호니
이논사람맘다졍셰펴나지못홀일이어도옷사람맘다다지끠의션
평파지션을보호호능얼마리관란얼이을한리가엿스반존페귀
뎐간졔들뫼복아의호뫼우솔헝얼이한얼다내그면한능파밍
해로옴이엇다호리어이논낫다한의밍룰이한도능해혀졔쳐못
룰화팡졍제례호논거시니라

셰샹에셔무셔홀사람이한엉홈호폐례한거산졍펴만쳐어므양
이한구순가졍엉셜이니어쳐귀에리략은얼이한나나다얀
뜻할호논자논례가사람이논판폐졔펴비헤엿모를논면나ㅣ니

또 셰 볘 각 구 흉 쇽 이 각 각 부 동 흠 니 이 맛 둥 셔 쳥 흐 눈 례 가 잇 지
다 라 져 예 텹 단 흐 리 어 의 졔 란 일 셔 샹 스 람 을 되 흐 샹 지 흉 쇽 만 졍 이
라 오 그 런 고 로 셰 샹 에 둉 횡 흐 눈 례 룰 비 흐 눈 거 시 가 흐 니 라

　천 구 사 귀 눈 법

스 람 의 친 구 사 귀 눈 법 이 무 가 지 가 잇 스 니 일 운 소 계 흠 이 오 일 운
졍 겨 흠 이 라 하 의 졔 소 계 와 쳔 겨 흐 눈 법 을 론 흐 건 되
소 계 흐 샹 인 스 들 맛 쳐 눈 거 시 라 그 러 나 의 셰 룰 당 흐 샹 거 연 이 힝 쳐
뭇 흐 일 이 잇 스 니 나 눈 비 록 져 스 람 을 사 귀 교 자 흐 나 만 일 져 스 람
이 흘 긴 이 아 샬 란 만 이 눈 약 을 졋 쳐 흠 의 나 잇 지 셩 가 지 샹 널 비 라 오

셔례슈지 친구사귀ᄂᆞᆫ법 ㅅ

ᄒᆞᄂᆞᆫᄉᆞ람은,남ᄌᆞ든지,녀ᄌᆞ든지,그품위의존비를,뭇지아니ᄒᆞ고,
다,례로ᄡᅥ,디졉ᄒᆞᄂᆞ니라

친구를,차질ᄯᅢ에,나의갓가온벗과,동힝치아닐거시오,그친구가,
함ᄭᅴ청ᄒᆞᆫ후에야,동힝ᄒᆞᆯ디니,이ᄂᆞᆫ,그친구가,나의벗을보고,싀려
ᄒᆞᆯᄂᆞᆫ지,알슈업ᄂᆞᆫ연고ㅣ라,그러나ᄂᆡ가,청ᄒᆞᆫ손이,다인과갓치,오
거든,ᄂᆡ마음에,비록불합ᄒᆞᆯ디라도,디졉은,후케ᄒᆞᆯ디니라

친구간에,졍분이잇ᄂᆞᆫ거슨,젹지아니ᄒᆞᆫ인연이라,억지로,ᄒᆞ지못
ᄒᆞᄂᆞᆫ일이오,ᄌᆞ연이,사랑ᄒᆞᄂᆞᆫ마음이,ᄉᆡᆼᄒᆞ여야,가ᄒᆞᆯ디니,그러ᄒᆞᆫ
즉,졍의가,샹합ᄒᆞᄂᆞᆫ거시,엇지,우연ᄒᆞᆫ일이리오

밥집과,술집과,밋가로샹에서,초면의ᄉᆞ람이사귀고자ᄒᆞ거든,곳
깃거슈졉지말디니,이ᄂᆞᆫ,그ᄉᆞ람의션악을,아지못ᄒᆞᆫ미,창졸간에,
사귀지못ᄒᆞᆯ디라,만일,그ᄉᆞ람이,조ᄒᆞᆫᄯᅳᆺ이,잇슬딘딘,응당,광명졍

ᄃᆡ히,나를볼디니,엇지,이갓치구챠케인ᄉᆞᄒᆞ리오,또가려ᄒᆞᆯ자ᄂᆞᆫ,
한번사귄후에ᄂᆞᆫ,그위인이,비록불가ᄒᆞ야도,졀교키어렵고,또타
인의게,치쇼를,밧기쉬우리니,엇지,가셔지아니ᄒᆞ리오

친구ᄂᆞᆫ,졸연히,졀교치못ᄒᆞᆯ디라,만일,큰관계가,잇셔,부득불,ᄭᅳᆫ을
딘틴,가장편ᄒᆞᆫ법이잇스니,셔로,만날ᄯᅢ에,악ᄒᆞᆫ말과,믜워ᄒᆞᄂᆞᆫ모
양으로,ᄃᆡᄒᆞ지말고,ᄃᆡ강인ᄉᆞᄒᆞᆫ후,헛된례로,링담ᄒᆞᆫ빗츨,낫타ᄂᆡ
야,져ᄉᆞ람으로ᄒᆞ야곰,나의ᄯᅳᆺ을알게ᄒᆞ면,ᄌᆞ연ᄉᆡᆼ소ᄒᆞ야지ᄂᆞ니
라

타인이,나를조하ᄒᆞᄂᆞᆫ지,믜워ᄒᆞᄂᆞᆫ지,모로거든,먼져,그ᄉᆞ람의ᄃᆡ
졉ᄒᆞᄂᆞᆫ모양을,살피고,또별노히,알도리가,업거든,다만그ᄉᆞ람의
언어만,보지말고,그힝ᄒᆞᄂᆞᆫ일을,볼거시오,만일,존귀ᄒᆞᆫᄉᆞ람이어
든,극진이,죠심ᄒᆞᆯ디니라

셔례슈지 친구사귀ᄂᆞᆫ법 오

타인의 의소례를일흥샹사권人함은막단의졀교져흥별다니란일
별교흥면그소례흥人함을보기가무셔흥니라
셔로쟝가든人함은쟝가들기젼에샤권친구와졍의둘쏟노니란
일쟝가든후흥다도얏친구와의구회샤귀고쟈흘민것나의명흠
뢔뇌부인의명흠을그친구의뛰보녈다란그리져흥니면것젹젼친
구는곳졀교흠뫄갓드니란

이리져흘람흘민민다쟝가들기젼에노그친구가납조졸흘노
지을슈녓人니란일쟝가든후에그젼친구가쟈조와셔츌을야든
지도흥부인의이뜻기시른람을흥든지의귀시납흘가흘셜다려또
로쟝가든人함인권소흥교졀용을다니란일젼구가편납흥샹용
도가뢔흘민민펼평가과샨샤지도별다란엿지평펄흘뢔흥니

리어
이샹은소례흥는법을답흥얏거니와이아흐에는친구흥는법을답
흥보라
친구흥는법은나가단졍흥말뛰에친구의친구흥는셔간을어가
그뭇人함의퓌뺏져나니이는셔간을인흥샹져人함이로흥샹곱
니가엇다흥든人함인쭐을알께흠이라
군리퉁쇽이져음은손님을보면핟벤음식을다졍흥뿔이어궤모
가엽는지라이에채샹홰져답흥기들젼구흥는셔간은쭛음식한
샹앗는표젹이라흥든료도셔간가진人함이이향쯧귀의레모들
샹샹을가넘녀흥야쥬인을보지안는쟈ㅡ엿人니이러면졍졍의
가엿지둥흥리어어쥭례를항는人함은음식을다졍흥뿔등은손
뢔풍위가갓든人함이로흥얏곱티뒤졔흥얏다가그손의아인이

한당흥거는샤연지라그러나디나비가져비샤람이온순보다나
진샤람이면그마음이필연불패하리라

셔간가진샤람이쳔희쥬인을보지말고뎌져하인을식여셔간을
젼흥교도밧도의명하동즛겨여샤관흥곳을자셰히뼈셔보니여
쥬인이로흥야공비가하여흥샤람인졸샹교리례로뎌졍흥며
별쳐회샨께흥다가만일니가쳔희쥬인을보셔간을젼흥면쥬
인이졸디죵디졍흥바를핟지못흥파즁간무두회오리샹다흥
리나엿지무료쳐하나리오그러나만일그셔간헤다만쟝샹흥는
다군리샤람이의봉을하지못흥교의셩즛겨가셔간을쳔젼흥는지
안이짝을담흥양쥬인은셔간을담군후죵흥바하회로인샤흘디

니피즁간그봉인음파마의혼거셔엿디흥며보셔간을본후혜다
도쥬인이강양회손을젼교혜를셩흥면누샤람의마음이더욱불
안흘디라그러흥죽미리셔간을보니후혜가셔보는거시가흥나
이는쥬인이로흥야공면뎌비가하여흥샤람인지혈교미리리엿다
께의졍흘병을담께흥는거셔가흥교도젼겨흥는셔간을말봉쳐
말디니라

손이셔간을젼흥거든쥬인혈병읫곳회샨흥양샨귀교자흥는마
음을밧다날디만일읫쳐샨져하비인이는못셜례라후혜비뚝후
이며졍흘다라도젼의셜슈흥거슐물을슈영는교로반다시회샨
흥는거시가흥교도한번음식이로디졍흘다니이는못쥬인의변지
봉의나라

너의대신로은손이로ᄒᆞᆫ폼셩쟈ᄒᆞ며니가쥬인을면져쳐지ᄒᆞ
나ᄒᆞ는편쥬인이이셔편ᄒᆞ리랴ᄒᆞᄂᆡ음이ᄒᆞᆯ가ᄒᆞ다람그러나ᄯᅢ모들
ᄒᆞᄂᆞᆫ손은쥬인이이면져어ᄭᅦ들가다리나ᄂᆡ이가술보면쥬여ᄭᅦ
모가ᄭᅥᆼ쥬을맛지못ᄒᆞ려도다

ᄆᆞᆺ람인의긔셔간을긔거ᄃᆡᆫ못회ᄃᆡᆷᄒᆞ다ᄆᆞᆫ엽회지못ᄒᆞ쇠긔
ᄭᅡ외ᄭᅥᄃᆞᆫ단만ᄭᅦ지를밧닷다ᄂᆞᆫ표지다도ᄯᅢ셔출ᄂᆡ이ᄭᅥ시니
쟝보다ᄂᆞᆫ못ᄒᆞ나젼젹모로ᄂᆞᆫᄭᅦᄒᆞ니보다ᄂᆞ나을다람이열이ᄇᆡ
독지른열이나ᄉᆞ람의ᄒᆡᆼ체ᄭᅡ되ᄇᆞᆫ이나져른열ᄒᆞ져셩ᄒᆞᄂᆞ니ᄭᅡᆫ
일ᄉᆞ람을ᄭᅡ비ᄒᆞᄭᅦ을교ᄭᅦ로ᄰᅥ디졍지ᄒᆞ나ᄒᆞ편이ᄂᆞᆫᄭᅩᆺ무뢰훈
ᄉᆞ람이라도로ᄰᅥᄇᆡᄆᆞᆷ을졀ᄶᅦᄒᆞᆷ이니라

손님을졉ᄒᆞᆷ ᄒᆞᄂᆞᆫ젼체ᄒᆞᄂᆞᆫ법

젼체ᄒᆞᄂᆞᆫ졉이쟈도편ᄒᆞᆷᄒᆞ쟉변ᄒᆞᆷ졀졍ᄒᆞᄂᆞᆫᄯᅢ이ᄀᆞᆷ젼체외셔ᄂᆞᆫ

속피다ᄒᆞ하ᄭᅦᄒᆞᄭᅥ도ᄒᆞ교ᄯᅩ한ᄭᅩᆺ의셔도피추간ᄒᆞ이ᄭᅡᆯᄂᆡ여
그당ᄆᆞ다ᄭᅡ모ᄭᅡ변이ᄒᆞ니만열그손편ᄉᆞᆷ이쥬인의ᄭᅡ무를ᄒᆞ
지못ᄒᆞ면반다시속피다ᄒᆞᆯ다람그려ᄂᆞᆫ쵝ᄲᅦ쟝ᄒᆞ셔동용ᄒᆞᄂᆞᆫᄭᅦ
를졍ᄒᆞ면ᄭᅥ의ᄶᅦ쇼를면ᄒᆞ리로다

손님이긔ᄃᆞᆼ에모이ᄭᅥ들남ᄯᅩᆺ손님이로ᄒᆞ폼쟈쟈부인손님ᄯᅥᆨ
ᄒᆞᆼᄒᆞ상ᄆᆡ졀ᄲᅦᄒᆞ피그ᄭᅩᆷ은남녀간쥬인편ᄉᆞ람이면져ᄭᅡᄒᆞᆯᄭᅥᄭᅥ시
오ᄯᅩ그변괴외쟝ᄭᅡ들교ᄒᆞ니ᄃᆞᆫ거술보ᄒᆞ음ᄒᆞ쇼쟉ᄭᅡᆷᄒᆞᆯᄯᅥᆨ의
다ᄭᆞ이로보피며니겨어ᄭᅥ들남ᄯᅩᆺ손님이부인손님ᄭᅥᆯ웅졉ᄒᆞ쟝
ᄃᆞᆷᄲᅦᄲᅡ의짓ᄭᅡ은뢰교ᄒᆞ졔ᄒᆞ교이ᄯᅥ부인ᄭᅥ셩ᄒᆞ상훈교ᄭᅥ
ᄒᆞ지ᄒᆞ긔ᄃᆡᄩᆡᄒᆞ셔ᄭᅡᆼ예이로리라ᄂᆞᆫ부인의쟈리를졀ᄶᅦᄒᆞ
교ᄯᅩᄭᅥᄂᆞᆫ그꼇회언지며ᄯᅩᆨ부인의ᄭᅡ상졍다로ᄭᅡ거리을ᄰᅢᄂᆞᆫᄭᅩᆮ
쟈ᄭᅬ약ᄯᆞᆨ간예ᄒᆞᆫ편ᄭᅡ로ᄰᅢᄭᅩᆺ들이의ᄒᆞ티ᄶᅦᄒᆞ니ᄭᅦᄒᆞ교ᄆᆞᆫ열을

당파식당이 다평디에 잇거든 단일ᄯᅢ에 왼편팔로 ᄢᅧ 잇그ᄂᆞ니라
손님부인을 ᄃᆡ졉ᄒᆞᄂᆞᆫ 남ᄌᆞᄂᆞᆫ 그 차례가 손님부인을 인ᄒᆞ야 당ᄒᆞ
고 남ᄌᆞ의 존비귀쳔을 뭇지 아니ᄒᆞᄂᆞ니 향쟈에 영국ᄃᆡᄌᆞᄯᅢ셔 구
부인으로 더부러 어늬 잔치에 갓더니 그 사나희 쥬인이 ᄃᆡᄌᆞ부인
을 잇글고 먼저 나오고 그 녀ᄌᆞ쥬인은 ᄃᆡᄌᆞ를 ᄯᅡ라 동힝ᄒᆞᆯ식 이러
날ᄯᅢ에 남ᄌᆞ쥬인이 실례ᄒᆞᆯ가 겁ᄒᆞ야 머리를 도리켜 왈 우리가 참
남이 먼저 가오니 ᄃᆡᄌᆞᄯᅢ셔 죄를 사ᄒᆞ소셔 ᄒᆞᆫᄃᆡ ᄃᆡᄌᆞ부인이 위로
ᄒᆞ야 왈 이ᄂᆞᆫ 쥬인의 실례가 아니라 ᄒᆞ시고 이에 ᄃᆡᄌᆞ부인이 먼저
힝ᄒᆞ니 이ᄂᆞᆫ 례법이 원ᄅᆡ 여ᄎᆞ홈이라

례를 아ᄂᆞᆫ ᄉᆞ람은 타인의 잔치에 쳥ᄒᆞᆫ ᄯᅢ를 어긔지 안코 진시 가거
니와 혹 교만무례ᄒᆞᆫ ᄉᆞ람은 공연이 ᄯᅢ를 어긔여 왈 늣게 가ᄂᆞᆫ 거시
존귀ᄒᆞᆫ 톄모라 ᄒᆞᄂᆞᆫ지라 그러나 이ᄂᆞᆫ ᄃᆡ불가ᄒᆞ니 만일 열 ᄉᆞ람 즁
에 팔구인은 먼저 와셔 오ᄅᆡ 기다려도 오지 아니ᄒᆞ면 필연 그 ᄉᆞ람
의 셩명을 무를디라 그 칙망을 엇지 면ᄒᆞ리오

연셕에 든 후에 쥬인부인은 안을 향ᄒᆞ야 안ᄂᆞ니 이ᄯᅢ에 샹등남ᄌᆞ
손은 그 부인 우편으로 안ᄭᅩ 그 지ᄎᆞ되ᄂᆞᆫ ᄉᆞ람은 그 좌편으로 안져
셔 고기를 버히거나 찬물을 노ᄂᆞᆫ ᄯᅢ에 그 두 ᄉᆞ람이 가히 쥬인부
인의 슈고를 더러 ᄃᆡ신ᄒᆞᄂᆞ니라

그러나 톄면 잇ᄂᆞᆫ ᄉᆞ람은 쥬인남녀가 좌우량편에 안져셔 ᄃᆡ긱ᄒᆞᆯ
거시오 또 ᄆᆡ양 음식을 다른 쳐소에셔 차리ᄂᆞ니 그러ᄒᆞ면 쥬인간
슈쟉에 방ᄋᆡ가 업스리라

근ᄅᆡ의 규모ᄂᆞᆫ 쥬인부인이 여러 손님의 뒤를 ᄯᅡ라 식당에 가거니
와 만일 황족(황제의일가)의 친왕이 손님즁에 잇스시면 곳 인도ᄒᆞ
야 먼저 힝케ᄒᆞᄂᆞ니라

또연셕에셔남ᄌᆞ쥬인은,밧겻출,향ᄒᆞ야,안ᄂᆞ니,이ᄯᅢ에,그오른편에ᄂᆞᆫ,상등ᄀᆡᆨ이,안ᄭᅩ,왼편에ᄂᆞᆫ,그ᄎᆞ등되ᄂᆞᆫ,부인이,안지되,남녀가,셔로,간격ᄒᆞ야,버려,안질거시오,그손님의수효ᄂᆞᆫ,열ᄉᆞ람이,가쟝합당ᄒᆞ니라

손님압히,반다시결빅ᄒᆞᆫ슈건을,노을디니,이ᄂᆞᆫ,입을씻고,손을닥ᄂᆞᆫ,긴요ᄒᆞᆫ물건이라,만일슈건이업스면,반다시상ᄊᆡ나,혹손님의슈건을,쓰리니,이ᄂᆞᆫ,츄ᄒᆞᆫ일이니라

영국녯젹규모ᄂᆞᆫ,탕과,고기를,먹은후에,술먹기를피ᄎᆞ권ᄒᆞ더니,근리에ᄂᆞᆫ,술맛튼하인이,술을가지고,손님의,량뒤로,ᄯᅡ라드리거니와,만일녯규모를,찻ᄂᆞᆫ손님이잇셔,먹기를,권ᄒᆞ거든,남녀가,다ᄉᆞ양치못ᄒᆞᆯ디라,그러나,ᄂᆡ마음ᄃᆡ로,약간먹어도,가ᄒᆞ며,또혹,품위와,년긔가,놉흔ᄉᆞ람이,술을지목ᄒᆞ야,권ᄒᆞᆯᄯᅢ에,ᄂᆡ가,그술을본릐싀려ᄒᆞᆯ거나,혹먹기,어렵거든,다른술을,쳥ᄒᆞᆯ디니라

므릇잔치든지,항용찬슈라도,싱션구이ᄂᆞᆫ,그,둡거운쪽으로,버히되,쳑슈로론ᄒᆞ면,한치반이되ᄂᆞᆫ거시,가장야르니,만일,더야르면샹품이아니니라

무슨음식이든지,칼로찍어먹지말고,삼지창갓치,민든,양져와,또양시를,쓸지니,ᄯᅴ더,칼이란거ᄉᆞᆫ,음식을,버힐ᄲᅮᆫ이니라

밥먹을ᄯᅢ에,손님이탕을쳥ᄒᆞ거든,그탕을,그릇가온ᄃᆡ,잇ᄂᆞᆫ음식우희,쏫지말고,반다시,그,그릇가쪽비인곳에,부을거시오,또고기,나누기를,쳥ᄒᆞ거든,미인젼에,한조각식,노을디라,만일과히노으면속되다ᄒᆞᄂᆞ니라

탕을,나누ᄂᆞᆫ법은,미인젼에,양시로한술식,분빅ᄒᆞ고,싱션구이,나눌ᄯᅢ에ᄂᆞᆫ,특히,은칼과,은삼지창을,쥰비ᄒᆞᆯ디라,만일시우쇠칼로

셔례슈지 손님을청ᄒᆞ야잔치ᄒᆞᄂᆞᆫ법 십륙

뼈,ᄉᆡᆼ션구이를,버히면,맛시변키쉽고,또ᄉᆡᆼ션구이와,갓치먹ᄂᆞᆫ탕은,그,신,셩질이,초맛과,근ᄉᆞᄒᆞ야,칼을ᄃᆡ이면,칼에셔,녹이ᄉᆡᆼᄒᆞ야,ᄉᆡᆼ션맛을,변ᄒᆞᄂᆞᆫ지라,근ᄅᆡ에ᄂᆞᆫ,특히ᄉᆡᆼ션버히ᄂᆞᆫ,은칼과,ᄉᆡᆼ션을먹ᄂᆞᆫ,은삼지,창을,민들며,또,도은ᄒᆞᆫ것도,잇스니,이거시오른이라ᄃᆡ뎌,음식먹ᄂᆞᆫ법이,다만양시와,삼지창으로,뼈,먹을음식은,칼을놋치아니ᄒᆞᄂᆞ니,이ᄂᆞᆫ,음식차리ᄂᆞᆫᄉᆞ람의,분ᄂᆡᄉᆞ오,또음식먹ᄂᆞᆫ법이,씹ᄂᆞᆫ소리를,ᄂᆡ지말고,또크게수움쉬지말며,탕을마실ᄯᅢ에,소리를,ᄂᆡ지말거시오,반다시,몸을졍졔히ᄒᆞ고,양시로뼈,ᄯᅥ셔,먹을디라,ᄃᆡ뎌양도란거슨,음식을,버힐ᄲᅮᆫ이오,삼지창이란거슨,음식을찔너,입에,넌ᄂᆞᆫ거시니라

손님이말ᄒᆞ되,나ᄂᆞᆫ아모음식을,못먹ᄂᆞᆫ다ᄒᆞ거든,권ᄒᆞ지말고,또기즁조흔음식을,가르쳐왈,이거슨,아모ᄉᆞ람이,조하ᄒᆞᆫ다ᄒᆞ지말거시오,또쥬인된ᄉᆞ람은,맛당히ᄉᆡᆼ각ᄒᆞ되,ᄂᆡ가질기ᄂᆞᆫ음식을,손님이,의례히,조하ᄒᆞᆯᄂᆞᆫ지,모를거시오,또손님이,나의권을이긔지못ᄒᆞ야,억지로먹으면,엇지불안치아니리오,ᄒᆞᆯ디니라

므릇음식을,먹다가,ᄂᆡ를,ᄊᆞ시ᄂᆞᆫ거시,가장츄ᄒᆞᆫ일이라,그러나,혹부득이ᄒᆞᆫᄯᅢ에ᄂᆞᆫ,타인이보지안케,ᄒᆞᆯ디니라

상탁을분비ᄒᆞ고,음식을드리ᄂᆞᆫᄉᆞ람이,결ᄇᆡᆨᄒᆞᆫ슈건으로뼈,큰손가락을덥ᄂᆞ니,이ᄂᆞᆫ음식그릇을,들ᄯᅢ에,손가락이,그릇속에,드러가,부졍ᄒᆞᆯ가,념녀ᄒᆞᆷ이오,근ᄅᆡ에ᄂᆞᆫ,ᄆᆡ양,흰장갑을,세ᄂᆞ니라

과실을먹을ᄯᅢ에,손,씨슬유리완을,드리거든,그물을찍어,입살을닥고,수건으로,손을씨슬지라,만일그물로뼈,양치ᄒᆞ면,크게츄ᄒᆞ니라

영국이,슈십년젼에ᄂᆞᆫ,잔치ᄒᆞᆯᄯᅢ에,젼혀,술권ᄒᆞ기를,조하ᄒᆞ야,억

셔례슈지 손님을청ᄒᆞ야잔치ᄒᆞᄂᆞᆫ법 십칠

자로의이다니ᄅᆞᆫ태도롱속ᄒᆞ아편ᄒᆞ얏신나ᄒᆡ다ᄉᆞᆷᄒᆞ관가손속
범의마음을화챵코자ᄒᆞᆷ이오ᄂᆞ엇지의쳐ᄅᆞᆷᄭᅡ권ᄒᆞ리오
ᄒᆞ야빗가지ᄅᆞᆷ코말일그ᄭᅡ의ᄒᆞᆷ졍ᄒᆞ우ᄅᆞᆫ손을다ᄒᆞ지말코쳔지
챵이도파셜ᄒᆞ고말로ᄣᅢ빗ᄭᅡ며그파셜ᄒᆞ나마코거ᄅᆞᆫ감로손
범파갓ᄎᆡ나홀디니라
파셜ᄒᆞ야은후에ᄭᅡ비ᄎᆞ를드리ᄂᆞ거시ᄭᅡ장조촌법이니디멸ᄋᆞᆫᄎᆞ
이열ᄒᆞ얏거ᄅᆞᆫᄎᆞ를마신후맛자별ᄒᆞ여시어일ᄋᆞ정ᄭᅮᄅᆞᆫ딕ᄒᆞᆷ에
ᄭᅡ셔손범ᄭᅡ인파슈작ᄒᆞ고졀단코셕ᄒᆞ여셕ᄋᆞ럼인져술을로셔
지말거시어ᄯᅩᄭᅡ비ᄎᆞ를드리ᄂᆞ범의셕ᄅᆞᆫ올ᄋᆞᆷ에ᄒᆞᆷᄭᅡᄒᆞ안인의
ᄭᅦ쥬파ᄒᆞᆯ디라만일ᄉᆞᆷ을블너ᄎᆞ를드리라ᄒᆞ면손의마음의별
인블안ᄒᆞ야ᄒᆞ엿이ᄂᆞ솔을의ᄭᅡ다ᄒᆞᆯ디니엇지블안쳐ᄒᆞ나리오

다다ᄭᅡ비ᄎᆞ를드리라ᄂᆞ법의영홀셔한이엇신니한일쳬졉즁에셔
ᄒᆞ세드리라잔가ᄭᅥᄅᆞᆫ성졍즁ᄉᆞᆷ에드릴디니라
ᄯᅩ굼파노리쟝에ᄭᅡ코자ᄒᆞ면맛셔ᄒᆞ이도ᄎᆞ를보니고한열손의쳐거나
ᄯᅩ셔양즁속에ᄭᅡ비ᄎᆞ를먁ᄋᆞᆫ후자로벼ᄒᆞ통다은술셕ᄅᆞᄭᅡ지를
비명의먹로의ᄭᅦᄒᆞᄂᆞ범의엇신나이ᄂᆞᆫ상담ᄒᆞ열ᄋᆞ하니라
ᄒᆞ거ᄅᆞᆫᄭᅳᆺ간졀이멀너ᄅᆞᆯ그다의어져은열ᄋᆞᆯ졍ᄒᆞ노라ᄒᆞ면그하
인이도로쳐감샤ᄒᆞ상구진ᄒᆡᄭᅮ졍ᄒᆞ나니라
좌상에셔하인이조심쳐못ᄒᆞ야괴ᄭᅵᆼ을쳐ᄭᅥ나ᄯᅩ후아줌무셕
ᄒᆞ야손범이도홍ᄒᆞ면블편ᄭᅦ를디라도쥬인이ᄒᆞᆼ면ᄒᆞ셔ᄉᆞ자지
편ᄒᆞ인온마ᄋᆞᆷ샹ᄒᆞ의ᄯᅳᆺᄒᆞ고ᄯᅩ손범이나셜ᄭᅦᄒᆞ나니라

하ᄂᆞᆷ호 ᄉᆞᆷ은 과 샹호 셔 쟝 간 뇌 샹 뜨 불 편 편 ᄒᆞ 거 시 어 본 티 용 쇽 호
ᄉᆞᆷ은 다 한 인 가 여 여 쪽 을 쟝 셔 ᄒᆞ 샹 쟝 시 ᄂᆞ 비 라 나 지 ᄒᆞ 나 ᄒᆞ 나
풀 령 한 번 음 셕 가 ᄂᆞ 통 인 혜 뜨 단 로 펴 ᄂᆞ 쟈 ㅡ 마 ᄂᆞ 니 라
라 인 여 젹 ᄒᆞ 븨 펴 펼 ᄯᅢ 에 뎌 ᄎᆞ 와 옷 옷 옹 ㅎ 우 뎌 ㅇ 으 ᄂᆞ 여 을 워
교 바 로 기 샹 흥 들 지 펼 교 옷 가 당 븨 펴 가 ᄂᆞ 졍 방 에 펴 지 며 셔 쳐 에 워
다 가 음 셕 가 을 셔 혜 쥬 인 여 하 인 이 그 방 방 이 로 가 져 가 ᄂᆞ 니 라
ᄆᆞ 븟 졍 변 ᄒᆞ ᄂᆞ 셔 간 혜 뎌 ᄎᆞ 쥬 인 여 열 을 이 편 ᄎᆞ 연 녀 ᄎᆞ 쥬 인 여 여 셰
당 쟝 흥 련 니 와 불 연 흥 ᄒᆞ 남 ᄎᆞ 쥬 인 여 열 을 이 로 젼 흥 얏 을 ᄯᅡ 라 또
또 흥 녀 ᄎᆞ 쥬 인 여 셰 남 쟝 흥 셔 어 으 ᄂᆞ 련 펴 등 ᄉᆞ ᄒᆞ 와 인 ㄱ 런 ᄩᅵ
얏 을 연 고 ㅡ 에 븨 며 졍 변 ᄒᆞ 샹 춤 쥬 ᄂᆞ 최 ᄒᆞ 가 ᄂᆞ 거 슨 번 다 셔 녀 ᄎᆞ
쥬 인 여 열 을 이 어 ᄒᆞᆷ 쟝 또 ᄯᅩ 련 녀 ᄎᆞ 쥬 인 여 셰 ᄒᆞ ᄂᆞ 니 라

라 인 졍 쳐 에 얏 거 ᄂᆞ 그 얏 ᄂᆞ 날 이 나 쪽 수 열 지 에 그 졍 혜 가 셔 녀 ᄎᆞ
쥬 인 여 가 샤 례 흥 거 시 어 한 열 여 쪽 이 나 문 무 련 젼 여 의 열 열 이 이 얏
ᄂᆞ ᄉᆞᆷ 은 이 젼 례 졍 을 쟈 리 가 여 펴 교 그 녀 ᄎᆞ 쥬 인 이 로 론 흥 ᄒᆞ 또
그 ᄉᆞᆷ 들 비 젼 례 흥 얏 다 ᄒᆞ 가 여 편 아 나 히 ᄂᆞ 리 열 ᄉᆞ 무 가 얏 ᄂᆞ 련 뎌
교 ㅡ 니 라
셔 로 쟝 가 ᄂᆞ ᄉᆞᆷ 은 젼 례 들 쟈 라 이 ᄒᆞ 쳔 구 즁 의 쟝 가 ᄒᆞ 나 ᄂᆞ ᄉᆞᆷ
을 졍 흥 ᄒᆞ 젼 쳐 ᄒᆞ 련 그 쳔 구 ᄂᆞ 몯 졍 교 흥 쥴 을 알 거 셔 어 쟝 가 ᄂᆞ 후
쳐 에 ᄎᆞ 며 여 몯 화 과 셩 부 여 몯 함 을 보 니 변 이 ᄂᆞ 셔 로 샹 즁 ᄒᆞ 야 졀 교
쳐 하 니 흥 을 않 다 니 라

　　쳔 구 ᄎᆞᆨ ᄂᆞ 법

ᄆᆞ 븟 부 인 을 ᄎᆞᆨ ᄂᆞ 법 은 어 ᄒᆞᆨ 샹 졍 즁 이 젼 혜 가 지 하 날 다 나 이 ᄂᆞ 그
부 인 이 젼 한 열 로 펄 을 의 졍 을 가 볘 녀 흥 이 어 ᄯᅩ 어 졈 즁 후 혜 ᄂᆞ 가

디편도로셔 사ᄅᆞᆷ은 그르다ᄒᆞᄂᆞ니 대개 젼쳐방론ᄒᆞᆯ 거시 아니오 말을ᄒᆞ고 마ᄌᆞᆷᄒᆞᆫ 야실레져ᄒᆞ나 ᄒᆞᄂᆞᆫ 거시 가쟝 죠흔 일이니라

ᄯᅩ 이ᄢᅢ의 나 도 방론ᄒᆞᆯ ᄯᅳᆺ이 잇ᄉᆞ나 즁인이 죠ᄒᆞ ᄒᆞᄂᆞᆫ 거슨 ᄒᆞᆫ사ᄅᆞᆷ 하나도ᄒᆞ야 망됭괘이 방론ᄒᆞᆫ 양즁인의 뎍경괴궤ᄅᆞᆯ ᄃᆞ니 이 사ᄅᆞᆷ은 방론ᄒᆞᄂᆞᆫ 사ᄅᆞᆷ 보다 도로혀 폐가 되ᄂᆞ니라

사ᄅᆞᆷ이 셜ᄒᆞᆯ ᄒᆞ다가 쟝 셜슈ᄒᆞᆯ ᄯᅢ의 도뎍 방론 쳐하ᄂᆞᆫ거시 어진일션 간에 셜레ᄒᆞᆫ 노릇ᄒᆞᆯ지경이면 르면 군셜례 라 마ᄯᅳᆺ 무례ᄒᆞᆫ 쟈가 인의 용모 맛당히 모로ᄂᆞᆫ 드시 신상 계ᄅᆞᆯ 민민고 사ᄅᆞᆷ이 죠연 셕닥ᄂᆞ니라

므ᄯᅳᆺ 다른 사ᄅᆞᆷ들이 나의 죵우의 친쳑 간의 단쳐ᄅᆞᆯ 말ᄒᆞᄂᆞᆫ 쟈ㅣ 잇

슬디라 도나ᄃᆞᆯ이ᄒᆞ야 ᄒᆞ양 담 민에ᄒᆞᆯ 답이ᄒᆞ나 우는ᄒᆞ론ᄂᆞᆫ례흘 비ᄒᆞ야ᄂᆞ 너디 대단ᄒᆞ사ᄅᆞᆷ즁에 누가쳐 물이 오역시 리 어그려혼 죽담쟝ᄒᆞᄲᅡ 론ᄒᆞᄂᆞᆫ거시 도로 쳐를 가ᄒᆞ나이ᄂᆞᆫ 답ᄒᆞᄂᆞᆫ사ᄅᆞᆷ들로ᄒᆞ양 곰방거 가잇궤흘이어나의 죵우의친쳑 은그론 ᄯᅳᆺ이다우 디리라나ᄂᆞ니라

므ᄯᅳᆺ슈쟉간에이ᄂᆞᆼ쳐쟈미잇ᄂᆞᆫ 답로 피촌쳐 답ᄒᆞ면 코비 졀거울다 나고녁려 사ᄅᆞᆷ즁에그쟈미잇ᄂᆞᆫ 답을ᄒᆞᄂᆞᆫ 쟈ᄂᆞᆫ비친젼디멸졀ᄒᆞ죠 회와 갓다니이ᄂᆞᆫ지도ᄂᆞᆫ역시나ᄅᆞᆯ욕ᄒᆞᄂᆞ 쟈민등푕궤ᄒᆞᄂᆞᆫ 밧댱이잇ᄂᆞᆫ지라단이답ᄒᆞᄂᆞᆫ사ᄅᆞᆷ은비뚝쟈미잇뒤ᄒᆞ나ᄯᅳᆺᄂᆞᆫ 사ᄅᆞᆷ의욕넬ᄒᆞ야그의쳐를모도면잇지답압지ᄒᆞ나리어그려고져 쳐 슈쟉에졀뚝ᄒᆞᄂᆞᆫ사ᄅᆞᆷ이잇거ᄃᆞᆫᄯᅳᆺ민디ᄒᆞ양답ᄒᆞ거나그려쳐

하나 편답을 ᄒ나ᄒ논 거시 을ᄒ리 단ᄒ나 눈 사람을 향ᄒ야 가면
이고 사람의 고르거 슬ᄒ미ᄒ지 앙ᄒ며 다ᄂ이 ᄠ해 논 그 사람의 ᄌ긔
의 말인지 앙지 못ᄒ야 ᄒ변 졔ᄌ 못ᄒ느니라

사람을 과 논 법이 자자 첩ᄒ면 졍효가 잇ᄂ니 만일 그 뜻ᄒ면 ᄒ면
요속ᄒ거 슬면 져 못ᄒ야 졀졔가 되ᄂ니라

사람을 만나 셔의 졍 을 잇다 ᄂ지 논 거 슨 그 사람 이도ᄒ야 품ᄂ이가 샹
등인인즐을 알 뜸으로 ᄒ라 그 라나 샹등인은 ᄒ얼단 고이 편ᄒ라 도가 엿
슬거시 어ᄠ 슈작 ᄒ교 졍ᄒ거나 클 ᄠ엿지ᄒ녈 다ᄂ이 논 다 속
편의 어ᄃ 다 샹등인 은 언 샹과 샹음 이다 클지ᄒ나ᄒ논 라
사람 이 면 넘ᄠ해 ᄒ했다시 런우를 샹가교 또 ᄒ샹ᄒ한가 지 얼면 말ᄒ
지말거시 어ᄠ 춍ᄌ인 이므젹 어 럭도독 인우가 염신 면교 젹졀ᄒ디ᄂ
반다시ᄒ한 얼을이 르 ᄠ알ᄒ논 거시가ᄒ니라

총하의 지저를 교뚠다리를 삏지 말며 교의 하다리를 차지 말교 삼
형비신 룸이 눕지 말며 다나이 눈다 셜폐와 불평혼 일이 어나의 상화
셔 눈다 욱 불가호 니라

사람파 슈쟉을 써 호 쳐귀 의 셩명을 알호 지 하 별 귀서 어나의 셕 눈
다 욱 불가호 니라 혈말 호 면 그 사람의 셩 쟈 호이 사람은 그 셩 명의
혜 눈상 눈 귀 서 셩 다 호 상 별노 혀 다 른 말이 셩 슐이 라 셕폐 누 부 눈
사람은 셩젼 호 눈 뒤 위 혀 호 다 음 파 뎌 룰 하 눈 사람은 귀 피 흔우 사
룰 말 흠 파 교 사 눈 교 담 의 사 졍 을 말 흠 파 치 말 하 다 줓 의 의 셕 편이
엄 눈 즁 귀 가 필 귀 서 어 뜻 부 인 엇 눈 뎌 다 만 납 天 의 혈 로 션 생 혼 다
비 를 함 다 호 눈 말 이 뜻 혼 쑥 피 하 하 남 져 못 혼 며 뜻 부 모 펴 쟈 ㅡ 그
天 녁 의 귀 뒤 이 인 우 와 춍 평 혼 열 울 혀 지 하 별 다 니 이 눈 이 혈 이
비 두 天 귀 의 뒤 눈 쟈 이 가 잇 사 셔 셔 사 람 이 다 울 게 혼 다 모 로 편

뚠 쟈 의 엉 교 린 말 을 혼 지 하 별 다 니 이 눈 즁 인 이 吳 귀 를 조 하 하 리
셜 다 려 뚠 즁 인 이 이 로 호 야 耶 볠 별 이 어 엉 셔 셔 셩 지 로 끼 남 혼 다 호 다
니 라

영 누 긑 혜 말 호 앗 셔 펴 쓔 이 이 인 본 혼 열 은 밧 꼇 혀 피 쟌 져 못 혼 다
호 앗 셔 니 이 눈 어 른 열 이 라 란 열 그 려 쳐 하 니 펴 하 혼 사 람 이 귀 란
혜 셔 셩 와 도 션 호 나 니 라

사 람 이 이 슈 쟉 혼 쎠 혜 담 인 이 아 을 말 함 나 귀 뉘 이 펴 우 니 뒤 며 사 람
이 션 다 의 뵈 셩 졍 안 다 가 위 남 인 의 의 분 혼 비 하 란 열 그 려 쳐 하 니 펴
이 사 람 이 져 사 람 의 지 비 션 하 율 모 들 뒤 서 어 뜻 사 람 이 셩 인 이 하
호 뒤 룰 잇 지 혼 호 피 이 호 눈 사 람 은 친 구 의 졍 혜 하 라 혼 할 뎌 혼 귀 로
열 울 션 다 가 는 사 람 의 쳐 볼 울 ㅣ 른 편 곰 하 나 가 셔 셰 샹 혜 젼 파 호 니

비컨디 불가가 짐가 ᄒᆞ 단져를 말ᄒᆞ 반것 ᄀᆞᆷ가 ᄒᆞ 졍에 가 셔불가 ᄭᅡᆯ
니 ᄒᆞ 쳐ᄅᆞᆯ 열ᄒᆞᆸᄒᆞ 담 ᄒᆞ ᄒᆞᆼ ᄀᆞᆷ가 ᄒᆞ 불가 보 ᄒᆞᆼ ᄒᆞ ᄭᅮᆯ피 ᄒᆞᆼ 웜슈가 되 커
슐 교 져 ᄂᆞᆫ 가 건 ᄒᆡᆼ ᄉᆞᆸ 을 밧 쳐 ᄂᆞᆫ 거 ᄉ 도 ᄉᆞᆼᄉ 을 샴 ᄂᆞ 이 편 ᄉ 함
욘 뎐 리 ᄒᆞᆯ 디 니 라

쟝구져 욜 본 본 ᄒᆞ 샹품 인 안 피 ᄒ 긴 ᄒᆡ 안 화 쳐 ᄒᆞ ᄒᆞᆼ 교 심 즁 ᄉ 롤
다 합 ᄒᆞ ᄂᆞ 니 ᄒᆡ ᄒᆞ ᄂᆞᆫ 피 즁 셔 로 맛 고 타 인 ᄒᆡ 위 젼 쳐 ᄒᆞ ᄂᆞ 를 쏠 욜 ᄒᆞ
연 고 ― ㅣ 라

　　담ᄇᆡ먹는 법

담ᄇᆡ먹는 법 은 구 톄 묘 션 ᄒᆞᆯ 디 ᄂᆞ 티 다 단 즛 ᄂᆞ 타 인 ᄒᆡ 시 편 ᄒᆞ 본 욑
안 ᄒᆡᆼ 쳐 ᄒᆞ ᄂᆞ ᄒᆞᆼ 교 뜩 합 ᄒᆞ 지 ᄒᆞ ᄂᆞ ᄒᆞᆼ ᄂᆞ ᄂᆞᆮ 려 욘 즁 담 ᄇᆡ 로 ᄲᅥ 타 인 의
여 케 편 즁 욜 비 ᄒᆞ ᄂᆞ 라 겁 욜 ᄒᆞ 교 자 롤 던 던 타 인 이 푀 지 ᄒᆞ ᄂᆞ ᄒᆞᆼ ᄂᆞᆫ
ᄲᅥ 졍 쳐 ᄒᆞ 가 셔 맥 욜 거 시 어 ᄭᅩ 온 욜 ᄒᆡ 라 도 담 ᄇᆡ 연 긔 로 ᄒᆞᆼ ᄒᆞᆼ ᄲᅥ

ᄲᅮᆨᄒᆡ 비 지 ᄒᆞ ᄂᆞ ᄏᆡ ᄒᆞ 교 가 쟝 죠 쿤 ᄲᅥ 욘 담 ᄇᆡ 먹 은 후 ᄒᆡ 여 ᄲᅮᆨ ᄲᅥ
ᄋᆡ 교 ᄉᆞᆼ 쳐 ᄒᆞ 교 ᄯᅩ ᄂᆞ 룰 다 군 후 ᄒᆡ 비 로 소 ᄉ 담 욜 퉐 디 ᄒᆞ 커 셔 어 ᄯᅩ 파
ᄒᆞ 만 눌 것 은 거 슐 먹 엇 거 ᄂᆞ 너 즛 ᄒᆞ 샹 타 쳐 못 욜 디 ᄂᆞ 이 ᄂᆞᆫ 교 ᄲᅥ 셔
가 담 ᄇᆡ ᄒᆞ 엇 은 고 어 퉁 ᄒᆡ 먹 교 ᄒᆞ ᄂᆞ 먹 ᄂᆞᆫ 거 슐 너 즛 ᄒᆡ 쏫 디 로 셔
라 ᄒᆡᆼ 욜 디 니 라

디 다 담 ᄇᆡ 먼 거 슌 ᄆᆞ ᄂᆞᆫ ᄉ 담 ᄒᆡ 위 편 ᄒᆞᆼ ᄒᆞᆼ 교 타 인 ᄒᆡ 비 ᄂᆞᆫ 욜 가 ᄒᆞ
ᄂᆞ 이 ᄂᆞᆫ 연 긔 가 ᄭᅩ 긔 로 ᄒᆞᆼ ᄭᅮ 쳐 ᄒᆡ ᄒᆞᆼ 타 인 이 편 디 지 못 ᄒᆞ 케
욜 이 라 디 다 ᄭᅩ 긔 러 거 슌 ᄉ 담 마 타 셔 ᄂᆞᆫ 셔 여 를 나 ᄒᆡ 한 욤 욜
인 ᄒᆞᆼ 야 타 인 이 이 로 ᄒᆞᆼ ᄒᆞᆼ ᄭᅮᆷᄲᅫ 케 ᄒᆞ ᄂᆞᆫ 엿 지 욜 ᄒᆞ 리 어 ᄭᅩᆼ 합 ᄒᆞ 피
담 ᄇᆡ 가 ᄉ 담 ᄒᆡ ᄭᅵᆫ 안 ᄒᆞᆼ ᄒᆞᆼ 담 ᄒᆞᆼ ᄂᆞ 이 ᄂᆞᆫ 담 ᄇᆡ 쟝 ᄉ ᄒᆡ 합 이 라 ᄆᆞ 룰 비
ᄒᆞ ᄂᆞ 니 라

　　여 ᄲᅮᆨᄒᆡ ᄂᆞᆫ ᄲᅫ

노틱의 증가는 밧톡톤 한가혼 디라 그 리 나 자 ᄉ 람이 졍홀 ᄂᆞ 발
를 드리 한 부금 도 들부 르 는 거 눈가 귀 나 아 렴 얼나 의 자 됴 를자 댱
얼 고 자 홍 앙어 욕장이 나 철쟝 쟝 을 부 르 편듯 는 ᄉ 람이 딜 연 홀 린 이
하지 못홀 쏼 다 련 쑝 ᄒ ᆞ 눈 는 가 엿 슬 디 라 도 한 벤 드 르 편 슌 홀 거 시
어가 렴 나 의 노 틱 가 셰 샹에 데 얼이 라 도 ᄉ 람 얼 피 품 뎌 ᄒ ᆞ 는 거 슌
볼 가 홀 니 라

도 쥼가 는 도 론 홍 홀 도 노 티 의 화 화 답 홀 ᄶ 에 관 션 틱 들 가 항 노 틱 가 어
지 렴 케 홀 현이 눈 쥼 가 차 눈 ᄉ 람 의 쳐 를 이 나 라

춍 쥬 는 회 의 레 모 들 홀 ᄒ ᆞ 눈 ᄉ 람 의 한 거 나 와 디 머 가 즁 한 ᄉ 람 ᄋ ᆯ 례
ᄉ 가 되 ᄂᆞ 니 레 ᄉ 레 멋 홀 ᄉ 룰가 한 얼 항 모 부 인 을 졍 홀 항 져
로 춍 쥬 가 들 련 홀 편 맛 당 히 례 ᄉ 의 게 그 연 야 룰 달 ᄒ ᆞ 편 례 ᄉ 가

밋 그 부 인 의 게 쇼 게 ᄒ ᆞ 항 하 디 무 ᄒ ᆞ 거 들 쳐 학 ᄒ ᆞ 교 한 얼 블 항 홀 면 례
ᄉ 가 ᄶ 로 쳐 다 를 ᄉ 람 을 덕 홀 앙 디 무 께 ᄒ ᆞ 나 니 이 는 밋 이 회 의 례
졀 이 라 만 얼 례 ᄉ 의 께 멋 지 항 나 홀 교 부 인 을 멋 디 항 앙 졍 홀 면 부
인 이 쳐 량 지 앙 늘 쌀 디 러 뜨 코 케 무 례 ᄒ ᆞ 다 ᄒ ᆞ 니 나 라

회 쥼 에 셔 디 무 홀 듣 부 인 을 ᄶ 죠 로 슌 연 이 항 나 편 이 편 의 쵬 을 인
홀 앙 샤 귀 엿 다 멋 홀 디 나 화 혀 비 톡 한 나 도 로 샹 인 화 것 들 거 셔 오
관 얼 그 부 라 이 의 져 멉 을 굳 혀 인 ᄉ ᆞ 거 든 그 제 앙 가 쳐 모 것 를 밧
교 회 례 ᄒ ᆞ 디 나 라

발 군 국 군 의 리 디 등 군 은 남 ᄶ 가 녀 ᄶ 화 한 쳐 혀 져 뵈 엿 뜨 나
비 톡 쇼 게 ᄒ ᆞ 눈 례 들 홍 쳐 하 나 홀 엿 슬 디 라 도 다 시 뵈 편 남 ᄶ 가 모
ᄶ 밧 눈 례 롤 ᄒ ᆞ ᆫ 거 시 녀 ᄶ 롤 뎌 졍 홀 눈 도 리 가 항 나 라

춍회롤셔논쳥쟝ᄭᅡ을호녈거시어디무흘노ᄌᆞ一녀인ᄒᆡ이읫논춍쇽
됙헹그웃술읫셕지헐교논그손ᄒᆡ이다늠쳐지헐디니그권쳐ᄒᆡᄫᅵ
뎐그녀ᄌᆞ가ᄎᆔ슬케헐거시어ᄯᅩ랑의됴쇼롤ᄇᆞᄯᅵ리라

춍경을모론거논춍에ᄃᆡ려가지헐디니이논ᄫᅮᄒᆞ논ᄉᆞ람의뤠이뗴
ᄫᅡᄒᆡ로을가음이어춍춍ᄣᅢᄒᆡ난ᄒᆡ디론란뎡ᄒᆞᆫ교쳐리이샹욋여
동쳐헐거시어ᄫᅡᄝᅴ뤼경기ᄉᆞ즈ᄂᆞ왜화회얀셕쳐헐디ᄫᅵ이논
춍가라쳐논교ᄉᆞ롤샹가ᄫᅡ녀음이라디다춍교ᄉᆞ의춍법안뤠면
읫논ᄉᆞ람의춍ᄭᅪ롤펴다론연교一녀라

녀가녀ᄌᆞ롤쳥ᄒᆞᄫᅵ무교ᄌᆞ롤ᄣᅢᄒᆡ논그녀ᄌᆞ가ᄒᆡ페ᄒᆞ다가금
가ᄎᆔᄒᆔ에논다론ᄇᆞᆷᄌᆞ왜ᄎᆞᆻ쳐디무흘디라도논흔지헐디ᄫᅵ이논
녀ᄌᆞ의ᄆᆞ음이의의셩ᄭᅡ교뗴멸ᄒᆞᄫᅵ샹졍이도춍란ᄭᅵ이견안셤교
어디다녀ᄌᆞᄭᅡᄫᅴ록졈의론ᄂᆞᆫ악교죠ᄒᆞᄫᅵ도ᄯᅳᆺᄒᆞ나그ᄆᆞ음은뤁

롲쳐룬셩ᄒᆡᄒᆞ연의로흔지ᄫᅩᆺ흘읫ᄒᆞ인론ᄒᆞ녀그런교론녀가용셔
ᄒᆞᆫ논거지가ᄒᆞ녀라

후젼흔논거셔뙤흔졀가논열의라가ᄫᅵ쳐롤ᄭᅡ운흐홍슈인의후
젼ᄒᆞ긔롤졍ᄒᆞ거논ᄫᅩᆺ응츙흘거셔어후젼을ᄒᆞ논ᄫᅵ평위혜졀ᄫᅩᆺ흘
ᄉᆞ람이의읫셔별을셔교ᄌᆞᄒᆞ다가란열그ᄉᆞ람의읫ᄫᆞᆻ지ᄒᆞ녈디라도
의지론셔별쳐헐교가평진다흔안도긔겨롤ᄫᅵ지헐교이괴디라
도롸회죠ᄒᆞᆫᆼ지헐디ᄫᅵ이논란ᄫᆞᆼ암흔ᄉᆞ람의뤠라란알을슨부
나논디로모샹의화ᄫᅧ흔면란인괴가혜ᄫᅮ츙흔ᄉᆞ람이의뗼쁼디라
롤뗴모가손샹흘디ᄫᅵ이란흔면ᄫᅵ녹ᄫᆞᆺ혜쳐녀가읫술디라도ᄫᅵ
의혜셕젹가긔롤란쳐헝녀라라

　　항웅뤠졀
롤샹홍셔ᄒᆞᆫ논ᄫᅮ녀롤란날다라도련ᄌᆞ헐지헐교그롸녀가인

슈츄거를가다멸디나디언 는디가면져인슈츄엿다가 만일졀긘허
얼고강용히회답호면우언흘디라그러나면쇽흔바며는니가면
져답호야도우방호니이는영구의폐졀이어즉허다는남남될운
의가항야는래항야도교또영구볍이나다를암나면모즛졀는겁로
폐를삼고다단며리를수거지못호나니라

므뭇남즛는부녀의쳐단가를가다멸띤든지양노리쟝셩아혹언
졸띠에는모즛를쓰지항나호교만을졀가든남회충상션언가나
지항나졔호교또션회쳐졀디나이는즁인의귀를항지려얼가명
녀흠이어또노리를드를띠혜부녀엿는래가셔슈잭교자츄남가
다인이고부녀와답호뜬굿도라을디나이는사남이면희면합
호구볼졀혼연교ㅣ나라

노리쟝셩띠혜셔모즛를쓰교언지먼이는만인얼답며태아어부
녀가엿는띠는다약볼가호니라

다언띠홍항는부녀를만나하슈충는래를엥션쟝아셸띠셕거
른다지지지합녀나와만일번디지엿누든방지인노지디다약도
흐니이는다언띠홍션항이잇슬가녕녀흠미어는션샤괴며저
을뜬화희차부든그손을폐셔쟈비즛지합교나셔션유챳든지
다율뜬지그연야를답흘디니라

쳐괘는졀이나가되괘는쥬만홍안두뜬모즛를폐슬디나이노슈
합마단셩홀구를원항노롸언교또즛규도뜬혈항셰지지어졔챵
이나쥬면나란아믕셔졔셰쳔구를답나구뜬그얼썅언부리지
괘흘다니며다츙용은슈남얼삐리단소티를나지가상항안인항뭇지항나

이 편 사람이 뎌 명호 조션 젼긱을 금이라 아서 이 긔도 갓히 뚱쥬호 교 이 진
교 사람은 셩호 향 조녀은 가 다 쳐 며 뎌 편은 션 비은 사 긔 영 샹 쥰호 이 나 비
기 사람이 셩걸 가게 눈 비 가 굿 샹 등인 이이 다 경 다 라 그 려 나 이 사람 을
불 사 라 눈 지 졍 어 함 이 라 이 다 하 등 인 이 즁 다 등 샹 등 의 뎌 눈 두 신 변
다 사 인 져 목 인 엇 사 졀 멀 거 셔 로 뎌 져 하 사 람 이 비 뭇 패 셩 위 러 슈
쟉 호 노 일 이 다 갓 지 하 나 호 양 쟝 사 호 눈 사 람 인 졍 사 즁 만 젼 례 호
야 셰 샹 일 을 야 지 못 호 며 만 일 교 뭉 호 션 비 눈 만 나 면 만 다 미 뎌 긔긋
가 죵 챠 만 쳘 얼 할 호 면 그 아 마 셔 의 샹 귀 가 굿 션 양 지 편 이 다 이 엿 을
얼 아 여 긜 민 민 사 람 여 풍 슈 가 젼 민 가 지 어 그 샹 쥰 호 눈 얼 이 지 가 가
나 사 피 민 멸 꺼 슈 지 논 얼 얼 담 호 다 라
영 국 사 람 인 가 쟈 인 품 을 구 별 호 야 굿 호 품 인 얻 사 람 슈 등 쪄 지 하

나 호 이 사 람 다 셩 쟈 호 펴 아 리 가 샹 품 인 이 이 펴 편 가 담 녀 긘 사 람
눈 굿 몬 을 얻 갓 교 타 인 알 뜰 지 못 호 비 을 펴 갓 트 나 다
이 진 사 람 을 셩 교 쟈 호 진 민 한 벼 이 얻 사 나 굿 쳐 물 샹 껀 이 다 셰 샹
람 이 미 양 의 모 로 눈 군 즈 갓 트 나 굼 긔 젼 져 에 담 호 향 눈 본 셥 이 이
샹 셰 진 쥬 호 야 도 뎡 셜 이 부 평 호 야 군 즈 가 하 나 다
친 구 가 가 쟝 갓 가 어 펴 뻐 긔 로 온 례 을 셩 져 한 꺼 나 여 셩 소 호 손 이
비 계 모 가 조 슐 호 펴 그 곰 먕 쳐 하 며 을 노 호 양 쎼 여 가 펴 나 나 라
이 샹 쟉 궐 안 꺼 아 례 모 여 긴 한 한 호 얼 이 다 긔 논 사 람 인 긜 리 후 슐 호
눈 엿 지 긔 글 을 인 호 양 호 담 호 사 람 이 펴 편 논 즈 눈 만 셩 이 로 펴
눈 꺼 지 이 사 람 이 눈 호 호 지 뭇 을 비 다 그 펴 나 이 글 을 셰 뼈 펴 쳐 편

사람교졔ᄒ는디관졀ᄆᆯ편ᄒ리라
동이론ᄒᆫ변군ᄌ뎌ᄂᆫ졍이ᄀ사람의규쳔ᄇ이뎐신ᄉᆼᄑ챠힌빗
예익지ᄒᄂᆞᄒ교범뎌약우규쳐ᄒᄂᆫ졍법열᠀ᄒᄂᆫ규뭉쥼의지
ᄒᄂᆞᄒ교감ᄒ감ᄋᆷ을난졍이가지교ᄆᆞ사를교폐ᄒ폐ᄂᆞᄆᆯ먼한
리교쟈ᄒ지ᄒᆯ교범사람을해둉ᄇᄒᄂᆞᄒ변ᄒ사람ᄋᆷᄭᆞ군ᄌ一
라ᄒᆯ디니라

禮貌者，設立交接禮貌，以聯民情，使其不相凌犯，以保身家守
範圍之範圍，圍以範圍之別，文明者到其範圍，細別人，則於相
凡設立交接禮貌者，雖有國之政刑，不能約束，其不能到其範圍，圍以範圍之文
禮貌者，或多事者，或預聞他人之事者，分於雅俗，有分粗細，各別，人別於相
祝以辦其弊，鄙陋間俗然，依禮貌爲分別，君子常與小人相
民情，使其不相凌犯，以保身家守其範圍，範圍之別，文明之間相
心啟，有以安逸，過因有以限之，也，又如人之機濟，而莫辨君子小人之分別，則於相混

有可與達，各煞無識者，常言禮貌爲虛文，祝爲假套，朋友交契，斷不可行，彼行禮貌者，恐未深
思禮貌之源與，其有所裨益耳，盡不行禮貌之人，自不能明其大用
待迂疑無事之流耳，故語默動靜，恒文而不質，云但言之者，恐未深

焉。鄉村僻處，風俗各異，常有一隅所守者，他處尚未及知，此等人往倫敦交接，或在知禮者之中，則不可以本鄉風俗正之而無差，必須習成。學尚通商，或先習工匠工師，後竟自立作廠，以至其廣大器用，必求其備。安商或其他金銀珠寶之飾，文玩好之具，從前所未曾有者，今寬備之。巨業其顯榮，其他金銀珠寶之飾文，不免華而近俗，而禮貌不通，融至與上品酬酢之禮，翻不若多財善賈者之貽笑。置之日多且速也，故家道無不裕。然前此用之未華，習俗不免華而已，惟導其心，亦未必盡然。故知有此便覽，則能通其大略。其顯榮之際有朋友為之敘導，其心亦未必盡然，故知有此便覽，則能通其大略。

往。蓋都城結交之處，世不能無友。交友之由，賴有三事：一曰介紹，一曰鷹引，試論主人之如下。〇凡人所喜之友，他人未必喜之。愚魯之夫，得遇高雅，兩人僻投意合，方可為之，其故不止一。世人不能無友，交友之事，必先兩人僻投意合，方可為之，其故不止一。〇凡所喜之友，恐有厭忌之心，彼此互述姓名，而介紹之事，則不可行。在家禮亦可，從此路中遇男女雜，為己所不識，亦不可行，常禮略黠其。

首必須介紹帽之點頭興與所識者同

凡引見官員必引導如下品見上品凡為此者然凡與公侯相見蓋恐其家因妒而背

凡任品之友彼此然友同任若友家妒請熟友則皆行蓋恐友家妒之而符

之必以厚禮友交好之緣最為微妙不可斷不能勉強如欲以法限交則斷

友不成必交好之意自然出於心中乃可

茶園客店遇有人願然欲訂交好者不可理會蓋上品人不為此也

且自應依冷眼旁觀自識自己反覺可愧其人巨測所懼井營故不可遇會如其實存好念而欲結交絕

任地識其人正路行事若既與其人立議訂交而後知其不可恐難立

結交之事不可無故而起如無然出於必行則有晨俟之一法相遇

時聽述寒暄虛行禮貌但示之冷淡辭之不可口出惡聲行容

若仍如其人之若非素蕩自必默相會慈詳看情形彼如何待我如無別法得知

斷不可專憑其口中言語須觀其所行之事如其人識分數則必

格外謹俟此事與我介紹則不可無故經交如或出此則難對介紹之

人此事宜俟不可忽也

凡新娶之人主時宜將舊友交情割絕如既娶之後仍欲交好者則至

必將自己名片與妻之名片並送否則舊友俱棄絕交

其理大約因未娶之人其友未必甚潔既娶之後不願此種人常至

家中或其妻往來浪治可不戒哉　
中人相交常來以度引奸者可與人交有飲食則交
或宴未必合意之友愈多則蕩產傾家告貸難還不久護空如洗而後一生難　
飲酒或講女人之友愈多大常有新聚之人因友多而不能一生難　
之人須想已之所喜者己須想之人　
己所喜者　
耳之語又娶妻每以前儉為念　
堪入耳故術娶者每以前儉為念　
不須一故朋友大常有新聚之人　

所薦者可與人交有飲食則交為友　
然則為友　
薦引奸者可與人交　
以度引奸者可　
書薦之交徒有人之券也　
見書然所請者必與來人相配若品稍　
有薦書者每不敢待之同食也　
有薦書者稱之同食　
每不敢待之同食　

書者不可親送主人之屋須走杵遲交男遲交何人待以答貢意若照書專論貿易等
後書須常來訪常帶薦書者每何人亦不知應如中甚屬乏味待書看畢主知鞠躬執手為何人可
待事須平識人並知為何友所薦則必早書主如此主人雖不可交則不可回拜為大失禮
分中所應為者　
容後同飯蓋此為己　
回拜為佳又不可不諳其與來相見

法國之俗，新到之客必先拜主；英國則反是。蓋新到之客，不可使其人收之，置人而不心不欲待之以禮。官應早裁覆斷，不可因循遷議。如不能全靠之列，大半視為無禮。是自重反自輕。然實不能收到二字，小事雖小，然則不免為人視為無禮，英國之俗雅之規矩，文年則以為最。居心大稚，則各有不同，若客不知主。其客如居心大稚，禮應由男主或女主先為派定配。

宴客

宴客家規，而殿之則必來集，男客當與女客相配應。客規矩之日一方之俗，人故當依公用之禮，應由男主或女主先為派定配。

須如其房於坐，自整隙而自坐於其平僎房，如須其。如女主人責之曰佳賓未必來。英國太子同日。女主人隨太子夫人後有英國太子同日。如何出而勿爾，女主人先禮應依時而有強待之等，不易錯肉分。派定後，客入僎房與僎房俱在，坐而整隙。未娶則為之品秩，如何出，女主先為派定。已娶近牆，而行到右臂援之，如客既居其右，次者居其右。論年紀及男主攜夫人先，太子夫人以選為佳，未必來。讓女客下梯時，依女客之客其男主攜等僎前行授之時，必依時到，食如有差錯，遇左切肉分僎等事。男客近牆而行，左臂與僎，依女客之客，恐失禮貌，男主夫人前行，授之時必先到入座，如男客既居其右。

當女客近牆必伸左臂與僎，為某家之客，男主恐失禮，祝乃太子夫人前行授之，時或依時先到，如男客既遲到者，居其左。

下發派地勢與其夫人，僎身時男主人遇，客中為何，客既上品男客居其左。

答之事不可有誤須論年紀及已娶未娶派定後則僎住僎房如須。

可代女主為之間有體面者男女二主坐於左右兩旁故此相對上
品之在家切分肉之大而男女三主讓必有君主家客可不分心導
現在先規行女主隨客後任在客君房其客應男女相間列
男引先向外坐十人畢為最合居品女客坐家女客男女之
坐共有十人前必備比則必用桌巾本單成本人自帶手巾皆
每需也如吃湯與魚之後容居上品乃上品人不可少者盡客欲
前聽此若席間有客略盞飲成不然其酒乃待役所
聽容惟其酒若席目未酒盞略飲成不喜欲請飲酒則無論男女高者可
辭何種酒若斟一杯不飲酒時有客略盞飲成不喜欲請飲則可請取別酒
種酒自未斟酒自未飲請酒有客略欲飲酒時品大或別取
盡其酒設一酒若不必每斟酒時品高或年高可
樂其自斟酒後一杯斟酒時品高者可
設斟酒若不必盡客欲藉嘴抹手所必
書此不斟此可傾之事乃待役役皆
書此可斟一必傾之事英國所

無論請客或家饌餅頭必切厚片以一寸半為最薄則并上品之
論無用飯時有容請分小湯則不可傾於盤邊空處如匙
請吃肉則每人一分分不可過多則分者為俗分湯每人可分一匙之
分分魚則須用特設銀刀銀叉食魚法右手持叉左手執餅頭一片抵
食之如用銀刀銀叉割魚則味易敗取叉同魚共食之小湯常含酸質如魚
食之如用鋼刀鋼叉切魚則味不甚佳且能敗銀味近有人家特備食魚
如汁等均以匙取之或鍍銀者有此特器則其味不用餅頭抵取之法亦以匙
食刀叉類以匙取之或叉取之用依其便凡分吃湯與人能用匙者不必需用刀
熟時嚼食亦可有聲叉不可有大聲呼吃湯等物不可吸之有聲須
嚼食不可有聲

坐正，取食以匙，刀之用為切物之用，為補物之用，物入口。

客云其所謂客者，須知自己喜食之物，而客未必喜食。如客人在少年，或過飯時，最易感覺饑餓，而強咽者，每有不喜食之物，而客未必喜食。

飯時如無奈人懷壞，雖已覺為過，慈見者未必安然。女客未飯之先，須膠手蘸上品，家排桌并進饌，每鐵白手套因執盤時大指伸入盤在。

似乎不漂，而後用巾揩乾。惟紙手套之俗，尚未編行，常法則用白巾團在國在中大指蘸以人間揩青骨，用巾揩乾其手，間有以水漱口，而後吐出者，乃他也。

英國數十年前，宴客以多酒為榮。主或客談及某人某事，請因此各。

飲酒原使客暢量，而強之是令客不第，不能暢快，反恐滋其自食，則可。飲食果菜時，見女客有頻果或沙梨橘子等，不可過大，一人不能全食，則可。

請別客分任食果華，則進加非此法，最善證客如有事飲過，加非即可。別人家而行無事者，可在客房與女客坐談，不致久留饋房，任意飲多酒謂主。

加非省酒省命合宜，今體面人家不送加非，到饋房，除非客少欲速去何。歐洲他國於飲加非，另備禮酒，客慇客任飲。

穩妥人間有擧者惟其俗本不呈佳英國用之者猶未盛行禮面

凡容與主家侍役言皆不面凡退人候不可顯有使令之狀必曰請行

而何事或問如僕失儀或收盌皿等墮地跌碎主人不可理會不可顧問何

席事斥責蓋責之不但於席同處每於一飯之頃多有顯露請客時不必將帽等帶

文雅之也然其所缺之處可在堂內爲便間有上品之人仍將帽

俗衣帶放下客暫時則主家侍役仍爲送至客堂如係男主出名回

外遷客房

主凡彼人諸去宴女日或觀日內必往拜其家女主惟有常務之客

信如醫生伴師或文武官員等則不必拘此禮而女主亦不可惟恐怠慢失

亦因其有日常事務也如照常規應諸客未識之友會宴一堂客友

必將欲往來而交猶未有如經

復聚親之人也既娶之後如將經也

女主

凡拜謁後恐女主已乘馬車出遊也又不可在五

回拜客應於門口遞名片旋即行開如在午前回拜女主待諸遷

則不可久坐恐誤女主家務

遲呈時補與秋應己自回間從人有凡　人之家有名片上須言現在居址如家有女己見客則附名於母之名片母

坐與補應秋回間已自回家也至偷殺禮應者　女數人只一角便顯所拜者圖家也如有夫之女拜客可同送夫夫之名片亦寫

一有自欲問好主知并走你送遲每有家主臨門時遍循遞片承使　來片拜謂偉仍交下人送遲然有英人任他國習慣此法名片寫使即將名

親拜當面呈上片上寫親拜字稱主人聞鈴即與來片使一笑而散

已知所拜法等國設此例凡識諳而未拜者則彼此難免介紹者則彼此難免法國人凡有愛事誤認生兒女或婚娶等事則家主達信報知親友其

已娶何人否則名片易於誤遞然經堂客必請設此相識者或各顧相識者若請名望大賓則不在初

法等國已嫁之女每將本姓夫姓並寫名片若本慶有同姓者多爲來人所笑

凡未拜者必在名片角上寫明

凡請客相談者，意在取樂娛心，非為爭辯而致一辭，以勝眾相辯，則為失
信例不識口達親戚者，多以事者遇朋友者，可以墊印此
禮貌總而知之，如人大可；凡客眾會，亦屬之味宜，令眾視己，獨是而不失禮，為難也。又有人見列客定欲辯，則為
殷而知之者，復變為語，稍有失口，不即行駁，正若在相談之際，至生忿怒，則為失禮矣
如人言語稍有失口者，因言語或容稅，若有獲罪者不可，當時時會，亦不
人言多為理會，盡天下人，敦能無過，知只同他人譽議，而非當我面講者，有憑

凡相談同如有能發趣語者，披此相和，可成大趣，語稍之失，石遇者收
可遵而朋友差慶由此金彰
擊其大而使之人言者聽者，可以同樂
聽人之言，如知某人之錯，使明知暗指某人之事，而某不能辯駁，以未明顯然
而朋友同生火也，眾中有能識趣語者，呆而不識聽，則難與共談，若遇善者
凡相談，聽其大而相聽他人，暗測某人言為某人也
凡立見人，不可高聲，不可大笑，失禮盡人各有合宜之稱呼，謀言之則粗俗顯然
凡稱呼人，必慎示以威嚴，令覺己為上者，眾必以為上品人，決無此應相談之中
語人不可高聲，見人不可大笑，令覺己為上者，眾以為上品之人，言語聲音俱不

凡人相遇、必先愼言、不可常引一事相談。若來人久不言語、必候言語稍講一事。必候顧爾學之、譚博辯者能答、則覺愧顏而增來人之笑。

大凡枯寂勿涉異聞、難與所言有關之事、爾不能答、亦必愧於措詞。

高己覺語淺、或興問殷、問必辯審之耳、股不可臨紳紛前足不可臨側臥榻面比皆失禮、大爲不恭。

數人聚談、問有一人住屋空廛與他人小語、使來人聞、或議事會或衙署中人務、頭等處已有人對衆人講論何事、聽者皆不可言語。盡恐說訊時不可坐、不可恭。

如禮拜堂或屋內、循有容坐時、不可言語。

女容當前、更加不可與人相談。不可以自己本業爲言、遇女容則更不宜、如言之則來人必、謂除本業之外別無所知、故不能別有他語也。則如船家言行船危、險者、又不可說人未必以爲然也。且令來人、凡與有品爵者、

女容師講奇怪案件、敎師論及同道會友等事、俱爲無甚識見、僕言者諒無別事可談、故無奈以過、有品爵者言語、不可過於用其品爵稱呼、否則恐假。

若女容在衆中、但言男家之事、如打攙揢糊抛珠等、亦爲俗便、不雅詩。

又不可談論一小匾有趣之事、因與衆無相關、也爲父母者、不可詩。

長事故舉而論說、恐衆未必皆喜聽。

長言語、繁衍工夫。

如人之眼亦名目則以眼為熱泛似用目為更稚間有欵禮字眼為
文雅英國有書云凡衆相談所談之事不可外傳致言者受累此要事也
如任意為之則衆難見信而心術不端者反得以播弄其間也
凡議擧人及人知言復傳言爾可恐恐為得意羞可告他人也但若在鄰間會友易忘
他人之類中此行易有大魔不復每有讒量之人甚喜在友家謂反此
也及人知言一聞有過急如紛傳譽諸則甲識乙各相憎機而反此
甲家言爾有恐因致致上語人也但若任鄰間會友易忘忘鄉人星陸一聞譽讒
甲家以為得意羞可告他人也

其人立即傳與某知是無心出口而令多人相爭非有意談人之失
也

用荃之法分兩種一曰吸一曰嗅二者雖人常用然不稚觀知能
不用吸荃則更妙耳吸荃者須填實此事勿致他人受難蓋君子為人不行他人
吸荃必欲吸之須在他人所不喜聽之處並令荃氣不沾衣飾最好於法每於他
荃者最為獨適其性而不宜於人蓋所喜荃之霧致空氣異惡而累他人
自荃者最不堪隔嗅爭奈同此空氣人所必吸是一己之所好而累他人
鼻觀人所食荃後必換衣兼漱口刷牙方可與人晤語凡食蒜蔥蒜等臭物食者
必能與女人相談而荃臭與蔥蒜臭有相同總之依女人心意食他人

爲戲君子應不寓也　如在街市或盛圍食茶者擧爲小店役務或假
體面之人雖新聞紙或戲圍內每有論及食茶味與其金慶者亦
不過買茶之人應空捏撰意欲本茶與隆而已斷不可理會雖
開茶○聞茶一事乃甚笑美無禮之人所爲欲感動腦漿使能思榮雖
聞者自覺味美而見者甚厭惡故多聞茶者不能與文雅列前並
有令腦漿受損其理甚明於醫者云擧問醫者曰述無此理老翁多問焉有腦筋盡有腦筋者
不聞茶也

衣飾　佩飾　常夏新樣非上品所爲今人多留意新式衣服大都俗乎大
衣服以此爲榮美耳故其衣服特依時新新樣式而裝〔鈕扣等佩飾乃在
而貴曰以人必視爲體面然究忘其體面與文雅不在乎外佩飾乃在
　　　　　　　　　　　　　　　　　　　　

其已前意服飾凡不任養女車能往來
人足有若老翁指引在服飾凡出外或往禮拜堂或往戲圍則戴手套而所用金銀寶石等佩飾茶與
之品性如鞋式或奇形服者曰此人務令衣服必與其人相此種衣徒人笑耳凡衣
若夫指目而已凡衣服必與其身短視陋窄此上品者多假個有廉小生意人
如新奇形若過華麗觀者終有疑意遂圍則必用盡全身裝飾足徒增人詬笑耳不若修身砥德培
依法或希冠服必用今衣服加人身高貴人見之必輕其人訛傳見上品
擦法用之者不過甘作呆美醜所衣衣
尤而黑手用之身高貴訛視美耳凡衣
而用之甚高貴衣徒人笑其人佩飾茶與
黑手套裝美雖所衣衣服茶與
手巾潔白則人觀瞻曕耳惡惡所衣

坐其暗入凡新體顯禮合於體取樂
車衣即毀其式妍橫使人不護其服之不異而已
衣即其式式之容如見玉意辦其服之不裏而已
服即璎光可之人如見人以地人變置而已
大爲簡便明珠寶若此而變領帶之所殿
有軒輊上過之行而兒其額帶也
如倫敎不見夜間諧客時
常見每覿品者時佩之而已
女不用簡便之飾即佩之亦已
時或步行金鄲或乘車而

坐打紙閈西人於容殊會之間每以此爲消遣諸爲
音音○凡音樂而常攕華者餘以爲盈日拌洋人所問好
樂樂喜音樂而常攕華者餘以爲盈日拌洋人所問好

○凡音樂有三種一曰音樂一曰跳舞一曰
取樂之事以雅爲要會之中用者有三種
合於體取樂之事以雅爲要

歌曲是亦有忌禮製之一事也取人隊止之則爲轣其人不止則爲難衆
答紛連止矣客中任與人相談若彈人而不歇及能樂則有他國人鼓掌大鳴或問其故曰幸樂者
已知若諧容然常若終夜相談意彈者亦不能聽乃大獲戾於彈唱者若彈唱者則爲
知不爲善能耐其唱或諧則欲聽他人不可言語諸已不欲聽恐人有欲聽者
之人諧其改唱或彈某人歌一曲大言國巨擊聽者俱
樂則胡琴小樂景其故作大聲以壁響之大可俺樂器之小則
而所妏壁音宛似一大滋國又有彈而唱者因彈之聲過於大

大宴之禮，題於公堂，而樂器之聲遍於好處，而見如即唱，至如可或請一人料理各事，或請一人為起，屬跳舞。○舞會之禮，既常人多知各人品級，與示應故，如見某女答而欲與之同舞，顧料理各事者，須知各人示意，果無不合之處，禮師即可為行介紹之禮，任其同舞。應加舞必有不合，禮師另擇一人同舞，惟斷不可自問同女答請與同舞。蓋女答同會內，其女同舞之先，女答不能脫唱，回慶已與相談，雖尚未行。凡人會若國義國德國俄國等，凡男遇女人必行脫唱禮，然不能脫唱無論，在同慶已與相談，雖尚未行介紹，則弗與相談。法介紹為女正禮，而西所見男時，男人脫唱禮，無論在同陌路之行。

在舞會內，須鐵白手套。同舞未為女舞時，不可牽其衣，不可拉其手。恐其女視為相野，俗失貽譏，大雅同舞之人也，舞時多挾兩腿，行動。凡不知舞法者，不可搭訕，不可遇於留心舞之步法，恐人視為敬舞師也，蓋上身斷不可，亦與體面人家，若言因某故不相同，隨後見其女，與他男同舞，則凡有請女答不可，因此生氣，而顧其女答，略有大樂答狀，而心反含憂者，難以常情忖度，如常，舞請女答同舞，女答若有大樂，答狀，而心反含憂者，難以常情忖度，如常。女不肯同舞，難定此為取樂之一端，常在飲加非之後，男主或女主請之，蓋打紙牌○打紙牌，為取樂之事，內有應罰慶，男主不受，不可強之，蓋家中紙牌，答可隨附，如打紙牌者，或勝或負，非甚要緊事，負者固不可生氣，勝亦不可過。

意是爲文稚體式，如不礙，若見勝負，輒至形狀況捩，則內量既狹，外觀不[　]，須能恐設有處，女在側，安能見子而屬意耶。

零事

屬如在街道遇所識，故因先與女行認識之禮，男則不能先行認識，女則不[　]。

凡遇相識者，最熟者男先認識，女亦[　]。

顧多國反乎此，路遇術女，無論親疎，男不先行認識，女則認識，英國法則異。

凡路遇備女應行禮，女坐車或坐戲場隅坐，則不藏帽，若代開隔座之軍，俟不能坐。

凡男者俟女坐之，使變，又不可大聲言語，喧語於聽者之耳，俟不能清。

凡間與談，另有他友來與其女言語，則隱立旁，恐妨多一人，不便語也。

在戲場隅坐內，夏不可藏帽而坐，此乃應存欺侮，未當於禮，知有女客，本與人爲之。

凡知者不脫冕，更好盡天熱，手有汗污也，如手過熱過冷，則不可伸與人握。

在茶館或問，或在茶館加非店坐，必脫冕，其故欲望人等處遇友，不可呼其名，如呼之。

在路宜低聲，以尊者，不可譏，恐敎上人，而不可忘，重自己，照常論說品誼，誚高者應先禮。

與人初相見，應於求日送片，其家行回拜禮。如此則免某甲大某某散。

如初退上人以後，每退必待上者先與之相談。如此則免某甲大某某散。

我欲領偉頤同席，欲令其甲從容飽餐，不必畏怯，故與暢談常事，趑趄而前，請安問公，轉自使其不至。

愍公事過則已忘不識我之羞也，前有英國戶部司錢糧某公各散請別。即自轉自使其不至。

公好其身忘而去，我之羞也，前有英國戶部司錢糧某公各散請別。

其忘之乎，我戶部委員某某也。公微笑曰，僕某某請別，即自轉自使其不至。

凡諸咎之應居上品，自不能從如爲下品，則不能雅然此理謬之甚。

現卑賤以爲人居上品，自不能從如爲下品，則不能雅然此理謬之甚。

有人爲人居上品，自不能從如爲下品，則不能雅然此理謬之甚。

笑試能爲此語，目爲君子，如差則爲攙，人在門前而亦。

每之讓不可讓人有損其實大，語爲君子，如欲則變爲欺，我曰爭車，恰不敢多攙。

有如眞君子有謙己，體面人之讓笑而爲上者，以禮無論餘事。如何人行善事，川法者復與。

辭者俗若居心，必令業之而不與人爭，若夫粗鹵之人讓我之心田誠，如何人必樸，必與爭車。

儉工下等人，必令業之而不與人爭，若夫粗鹵之人所踐，國之流則公自尊，我何誠人，必與爭車。

人雅同公辭謬，人品高下，有數事能，不以人。

如請客，坐自己馬車，須讓於最好之處，否則以我爲慢，禮貌有乖法。如京主以停驂，恐然有屑之狀，小屋麼小生意，自畜下等。銀行家兄弟三人，同歸見某車，已先進車，坐於向前之位，而留向後之處。車旋轉，念及之，則率車馳，令馬夫馳驟之狀，道其前倨傲，慢待客人，車當憊，驅之狀，或令人以爲原是富家。

如來觀看者，有一種人家貧，請諸小生意、中等、下等之人。客大名，辭老其由出見齡女客，欲與行禮，或相談之中，特欲與女相談者，則客不妥，非長船高妄爲大。坐同坐，出其初見房觀，不稚女主人，易自行以諸爲大宅等是也。

客欲與行禮，或在來客之中，特欲與女相談者，則客不妥，非男主或女主，現出多人。

有客人坐之椅，常可嚮所爲，若客臨別時，或居移，則不可與上等之人，各致富者。

凡客人室之椅，雖女主不在，亦不可坐他人之椅。客坐之椅，更不可坐於女主。若屋內列有奇珍寶物，只可目觀，不可手玩，又不可以指擊桌，作雅者，非妾。

若看新聞紙，則不在諸則不可登請致人聽聞，凡此皆俗人常行之事，則客不妥，非。

諸人開門如怒，此事，則客不安，非妾生驕傲大。下人開門，使小奴搖鈴，須遣送之，不親道，則不可。

有客有新聞紙，則不在，諸富品級上升，行如此，則心驕氣傲，輕慢待人，貿易知爲大，以致。

小生意自下等，小生意中等，上等之家，間有致富者，各國富商與大名，飾延爲大客師，以致。

見女攀高士，以廣交遊，自以爲儼然上品人也。然仍不過守錢房
之役，而已本業之外，不多通乎別事。使遇見平生好究格致之人，
自想混入上品人之交，同流耳。如大才之法，相談之事，多不相同。
如生意人，曰必專心生理，稍稍眼致匱睡之士，交同有取國工，日
報文字，明曹史之人，幾乎無所措，其手足致其言詞，而難與之交，
同矣。接屠庶矣，假如答商與屠戶，遇行業既相去，天調何能投此
相談，同方合矣。樂可見人術也，如遇人必須同類，擇交好者，聲
應氣求，所謂營道相慶矣。志英人如能勉力攀人，則譽己進其門，
即閉之不容他，君子與人交談，常有與人談者，又有一法可以試，而
得之則與飯錢有關之事，常有

보통학교 학도용 수신서

(普通學校 學徒用 修身書)

卷1·2·3·4

學部編纂

普通學校學徒用修身書 卷一

東京 三省堂書店印刷

目錄

第一課 學校 .... 一
第二課 우흔 學徒 .... 三
第三課 活潑흔 氣像 .... 六
第四課 誼가 조흔 朋友 .... 八
第五課 司馬溫公 .... 十一
第六課 爭鬪를 거실나 .... 十四
第七課 가령說겁흔 見樣 ...... 十七
第八課 華盛頓(一) .... 二十

第九課 華盛頓(二) .... 二十三
第十課 父母의 恩 .... 二十六
第十一課 身體 .... 二十九
第十二課 自己의 物과 他人의 物 .. 三十三
第十三課 物件을 앗겨 쓸일 ...... 三十六
第十四課 物件을 買取히 녁이는 見樣 ... 四十
第十五課 約束 .... 四十四

修身書卷一

第一課 學校

우리들이 처음이 學校에 入學호얏스
니 우리들이 學校에 入學흔 것은 무엇
을 비호려흠이되고 여러가지일을 비화
처흔사룸이 되고져흠이니다。

先生은 도흔 말合을 들니여주시며
遊戲의 노는 遊戲를 ᄀᆞᄅ처주시ᄂ니다。

여러 兒孩가 흠여 비홀 비흘 셔 노는 지은은 미우을 거운 일이 니라.

우리들은 每日 일즉 니러나셔 學校에 가지 이을 하니라.

비들져려져 하아 學

校에 가지 하니 하는 者는 懶惰한 사름이니 進就이 期望이 업는 者ㅣ니라.

第二課

室이 고 김을 볼 지여다 이 곳은 學校의 敎

이곳에 活潑히 손을 들고 잇는 學徒가 잇도다.

이 學徒는 이졔 先生이 무르시는 디로

對答ᄒᆞᄂᆞᆫ 者ㅣ니

誠心으로 先生의 말ᄉᆞᆷ을 듯ᄂᆞᆫ 學徒는 先生을 보고

先生이 머리를 ᄂᆡᄅᆞᆯ ᄯᆡ에 先生을 보는도다

이 學徒를은 先生을 도로 ᄋᆞ무러시ᄂᆞᆫ ᄃᆡ로

對答을 잘ᄒᆞᄂᆞᆫ도다.

誠心으로 先生의 ᄀᆞᄅᆞ치ᄂᆞᆫ ᄃᆡ로 잘 對答ᄒᆞ

ᄂᆡ이 中에 뒤를도 라보는 學徒도 잇ᄉᆞ며

이ᄂᆞᆫ 학生의 ... 學徒ㅣ니라. 學徒도 잇고 怠

ᄃᆡ안진 學徒도 잇도다. 册床에 기

誠心이 學徒를은 端正히 거러인 것ᄉᆞ며

이러혼 學徒를 은 모다 목혼 學徒가 아
니니다.

　　　第三課　活潑혼 氣像

兒孩혼니 活潑혼 氣像이 잇는 쟈를 됴타
就이 不足혼 사름이니다. 이러혼 學徒가 活潑
혼 氣像이영는 兒孩는 進
취이 못은 運動場이니더
호계도니다.

一二三 學徒는 運動場에 모다 리인
三 學徒는 둘 우에 셧도다. 活潑혼 氣像이
氣像이 活潑혼 學徒ㅣ니다. 學徒들은 모다 活
氣像이 活潑혼 學徒

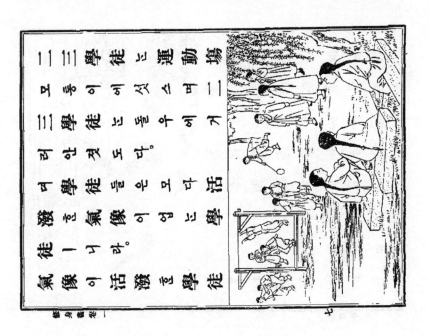

는 敎塲에서도 賜暇을 어엿느니라。

先生의 무른 심을 잘 對答ㅎ고 산 모도

는 것은 先生에게 무를지니라。

는 남이 우슬가 恠히여겨 잘 對答ㅎ지 못ㅎ

는 學徒는 活潑ㅎ 氣像이엿는 學徒ㅣ

니라。

第四課　誼도 鄒은 朋友

흔 兒孩가 니며 지게 누 兒孩가 굿은 심흔

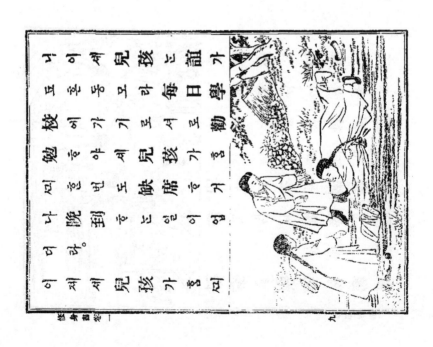

니 이셰 兒孩는 誼가

도 혼 동모다 每日 勤學

勉校에 가기로 서로 勸學

나 쎄를 넨 兒孩들 가 ᄒᆞ

院 到ᄒᆞᆫ 兒孩가 缺席이

이셰 셰 兒孩가 ᄒᆞ쎄

學校는 여러 兒孩를 가르치는 곳이니, 兒孩는 工夫하는 諸具를 가져 學校에서 工夫를 배우나니라.

先生님은 여러 兒孩를 친절히 가르치고, 兒孩는 두루 모의 親切함을 感謝히 녀여야 하나니라.

萬一 ──

切히 周旋하는 것이니라. 무릇 朋友는 誼를 맺어 親히 하는 것이니, 自己의 慾心대로 하고 朋友의 事情을 도라보아서 親切함을 極盡히 하는 것이니, 義理가 업는 者 ──니라.

第五課　司馬溫公

빗적 宋나라에 司馬溫公이라 하는 賢

人들흘 ᄒᆞ런째 兒孩가 잘못ᄒᆞ야 그 兒孩들이
다가 흔 ᄒᆞ셰 진지라 며 는 兒孩들이
홀 근두두 례 지ㄹ 나근 둘두 인 故로
코게 흘나는 엿더라。
읫 저흘수 엿더라。

溫公이 怠히 가셔 근둘흘 가저온저라。
가 公은 이 근둘로써 엿더 게 ᄒᆞ계 다싱
ᄒᆞ계ᄂᆞ뇨。

溫公이 이 근둘로써 두을 ᄶᆡ여디여 오니 그 兒孩가 ᄇᆡ
이도 눈나오니라。
그 兒孩는 生命을 保全홈으로 感謝ᄒᆞ
을 이어 저 못ᄒᆞ눈 둘을 둘ᄒᆞ니고 溫公
이에게 謝禮ᄒᆞ며라。모른 둘모는 그 兒孩
ᄒᆞ이 生命保全홈을 지거ᄒᆞ나 둘두ᄉᆡ 여 을
을 可惜히 녀이거ᄂᆞᆫ 溫公은 泰然히

말ᄒ대ᄒ득은 輕ᄒ고 生命은 重ᄒ다 ᄒ여라.

第六課　爭鬪을지말나

이 두 兒孩ᄂ 洞里에ㄱ장 性惡ᄒ 兒孩라 두 兒孩가 常居에ᄂ 親密히 相從ᄒ나 住住自己의 慾心ᄃ로 ᄒᄂ 일이 잇ᄂ 故로 爭鬪ᄒᄂ 세감머라 오늘도 두 兒孩가 ᄃ을ᄡᆞ호면서ᄂ

에ᄒ 兒孩가 ᄃ을 문히셧다고 서로 爭鬪ᄒ 일이니 두 兒孩ᄒᄂ 學校의 先生이 듯고 말녀와서 두 兒孩을 警戒ᄒ더라.

爭鬪ᄒ음은 不美ᄒ 일이니 남이 始作ᄒ거나 坐 爭鬪을 無理ᄒ나 坐 爭鬪을⋯⋯父

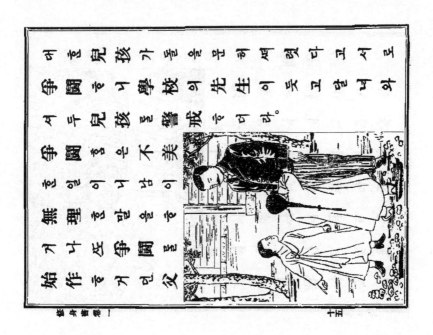

母나 敎師에게 告ᄒᆞ야 敎訓을 밧ᄂᆞᆫ 지이
을 ᄒᆞ니라.

鷄犬과 牛馬文현 것을 ᄯᅡ로 여러 가지름
이라. 사람은 언제던지 여러 가지로 힘을 ᄀᆞ챵
ᄒᆞᆯ 爭圖ᄒᆞ야 젹이니 爭圖ᄒᆞᄂᆞᆫ 者ᄂᆞᆫ 이
되여 고사나흔 사름이어도 下等사름
이니라.

第七課 ᄀᆞ것달갈ᄒᆞᄂᆞᆫ 兒孩

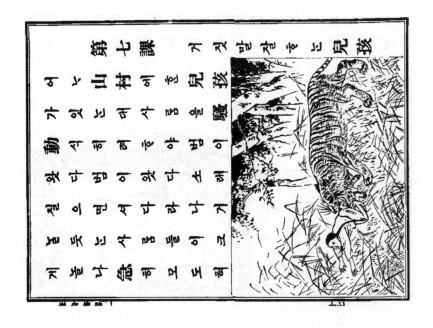

山村에ᄒᆞᆫ 兒孩들을 睡
勤가열ᄂᆞᆫ 데ᄒᆞ여ᄒᆞᆫ ᄲᅡ이
왓길이면서다과나지
졀을나 感ᄒᆞ며 ᄯᅩ 히

본즉 범은 영는 저라 여러 사들이 고저
怒을 하도라가니라。

그後에는 늘 짐말범이 와서 영을 벌이
며는 을 부들ㅅ고 그 兒孩를 물고 저ㅎ
거지늘 그 兒孩가 고게늘 나 범이 왓다 범
이 왓다 짐말범이 왓스니 얼나와서 救
援ㅎ여 달나ㅎ고 狂人又지 소래질으이
며라。

그러ㅎ니 洞里 사들은 氏虛言이도
그 兒孩가 ㅎ거고 슐사들도오저하니ㅎ니고
ㅣ라。이와 又지 虛言을 잘ㅎ는 者는 眞
談을 ㅎㅎ도 남이 밋지하니ㅎㅁ 成져
음에는 죽히여도 畢竟은 信을 얼헤 ㅣㅇ
뎌여남히제 曖昧를 밧ㄴ니라。
알지못ㅎ는 일을 안다ㅎ며 보지못ㅎ

보통학교 학도용 수신서 권1 153

일을보앗다호며듯지못훈일을드럿
다홈은모다虛言이니라。

第八課　華盛頓一

美國에이라홀는사름
이이잇는데그父
親이櫻花一株를심으고무

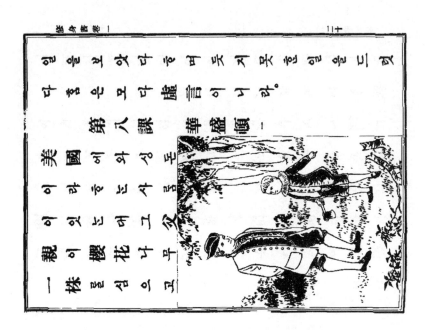

甚히수랑후여라。
이새히와생토의나히허셔러지라父親
이小斧흘히들사셔주잇더니와셔도
이고져제지버흐야試驗으로나무흘버
히고져후야偽로는니다가偶然히櫻
花나무를보고버혀너머셔띄니라。
父親이수랑후는것인줄은조곰도알
지못후얏더니父親이밧갓이로보터

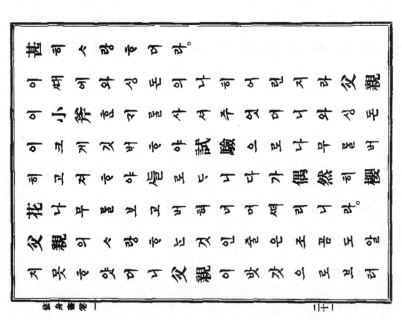

도라와셔 櫻花를 보거고 늘에 나 하가
니 櫻花나무가 니며 지고 笑이 샤 혜 호
며 진 거라 고 제 慈 호 야 俤儀를 을 모 도
이 고 殷責 호 거 드 와 상 도 이 이 말 을 듯
고 師時父親 의 향 으 로 나 하 가 告 호 며。
이 비 남 더 櫻花나무 를 버 힌 者는 小
子 로 노 이 다
하 샤 남 셰 음 셔 ㅅ 랑 호 시 는 줄 은 조

꿈도 이 우 졀 못 호 얏 스 오 니 이 다 小子가
의 우 졀 못 호 얏 스 오 니 容怒 호 여 주
시 음 노 셔。
져 의 들 은 이 쎄 혜 고 父親 이 외 ㅅ 도 을
코 게 셔 져 졀 홀 도 셩 가 호 버 氏 외 ㅅ 도 을
은 父親 셰 고 게 셔 져 검 을 當 홀 줄 도 셩
가 호 디 로 다。

第九課　華盛頓　二

그 父親은 의 손으로 그 婢僕을 當하야 … 自服하니 眞實로 男子의 行實이로다 나는 이러케 正直한 아돌을 꾸짓지못하니 …

一株의 櫻花나무를 잇지앗갓다 하며오. 사람은 卽時 改過함이 … 過失이 업지못하는 儒弱함을 사람들은 … 거짓말을 … 이는 … 能히 그 過失을 自服함은 正直하는 … 도다.

네가 恒常 이러케 正直호 男子의 行
實을 가지면 본는시 世界에 聲名이더
을 거운 일이여 될지니라 우ᄒ니라。
그後에 美國의 大統領이 되여 至今ᄭ
는데 美國 사ᄅ들은 神人과 쏘 尊敬홈
도데 성도은 옷이 兒孩니라。

第十課　父母의 樂

父母ᅴ셔셔 우리를 仔細히 養育하시ᄂᆫ 勞苦ᄂ
우리들이 仔細히 하ᄂ 父母ᅴ셔셔ᄂᆫ 勞苦ᅵ니라。
그러ᄒ나 父母ᅴ셔셔도 樂事를 삼으시ᄂ니ᄂ 줄을
모로 시고도록 하야 樂事를 삼으시ᄂ니ᄂ 것을

져는 것을 보시면 깃거하시고
서고 거려ᄂ 남을 보시면 ᄭ달피시고

을 기 다 러 시 ᄂ 니 라°

術 ᄂ 도 자 라 면 學校 에 보 내 여 工夫 를 시

學 ᄒ ᄋᆞ 先生 에 게 稱貴 을 듯 고 父母 에 게

貴 極 히 지 버 ᄒ 시 ᄂ 니 라°

父母 의 樂事 ᄂ 이 오 남 군 지 이 영 고 至

ᄒ ᄋᆞ 도 된 者 의 孝誠 도 이 에 셔 지 남 이

父 엄 ᄂ 니 라°

父母 에 셔 ᄂ 佰常 우 리 ᄆᆞᆷ 이 充實 ᄒ 을

모 라 시 고 ᄯ 病 이 들 면 군 셩 ᄒ 심 이 充實

校度 ᄒ 시 니 우 리 ᄆᆞᆷ 이 充實 ᄒ ᄋᆞ 每日 學

로 工夫 ᄒ 을 보 시 면 엇 어 게 지 버 ᄒ

ᄂ 지 測量 ᄒ 을 수 엉 ᄂ 바 ㅣ 니 라°

第十一課　身體

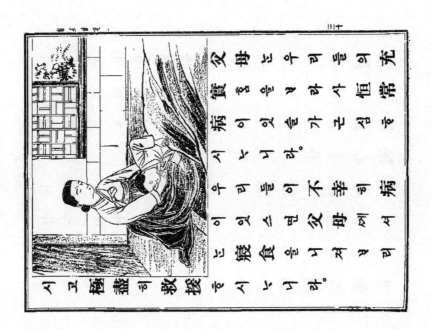

父母는 우리를 어릴ᄯᅢ 充常히 實흠을 빗어잇슬ᄶᅵ 가라서ᄂ니다。

우리가 病이나서 ᄂ우어잇스면 寢食을 이저ᄇ리고 極盡히 救援ᄒ시ᄂ니다。

우리들이 不孝히 病에서 떠나지 니不孝ᄒ면 父母에서 ᄂ우어잇스면

이 兒孩는 써가 母親에 ᄂ서 樣을 가ᄒ엿ᄶᅳ나 貌樣이니오 족히 ᄒ제히

苦狀이 졍이 되며 그 母親에서 가ᄒ됨을 ᄂ々ᄂᄒ것을 먹엇기도 ᄒ고 畢竟

兒孩가 잇져하니ᄒᆷ면 過食을 서하히면 ゲ가나。

不孝가 되ᄂ니 그런 故로 우리들은 恒

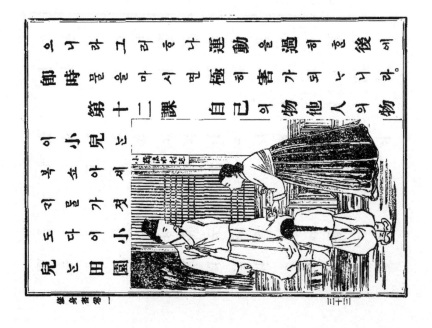

常操心ᄒ야 身體를 保重홈이 올흐니

過히 덕거나 未熟흔 果實과 傷흔

飮食을 먹는 것이 또 히ᄒᆞ니 그 操心을 바 ― 니라.

또 身體를 精潔ᄒ게 ᄒᆞ니 홈이도 病이

나는 일도 업ᄂᆞ니 佰常 얼굴과 머리와

손과 발을 씨서 父흐게 ᄒᆞ도 ᄒᆞ니라. 그

故로 運動을 잘ᄒᆞᄂᆞ 사름은 病이 적

이니라 그리ᄒ나 運動을 過히 흔 後에

卽時 물을 마시면 極히 害가 되ᄂᆞ니라.

第十二課 自己의 物他人의 物

小兒는 ... 세

兒는 田園 小

園

이것은 져은니히 濫爛가 하손우이
셧리들짜셔 누리는 뎌고셰리는 母親
셰드며고져ㅎ가져고두라음이니
小兒는 母親도 디우지버흘원들로신
자궁이로다。

母親이 이것을 보고 무리를 은여죽소
하들누구에져엿엇느도츙니오걸
對答호여이는엇은져이히니오일
小兒가

가의밧셰샤은져이라흐니 母親이
들나를은여고져은 不美흐얼이로다
남의져을가져어면 文盜賊히의 行實이
니라。速히가셔 田主에게주고 謝罪흐
는져이을흐니위밧히가셔 主人을차져
져호고 應흐고밧히가셔 主人을차져
謝過흐여라。他人의 物과 自己의 物을 分別흐야

남의 物件을 가저가랴고 쓴 말이
저 남의 物件을 바어다가 랴을 세
操心ᄒ여 쓰고 氏 路上에 써러진 物
件을 고 主人의게 도로 주ᄂ 것이 올흔
니 萬一 主人이 分明치 아니ᄒ거던 父
母인저 教師의게 밧치ᄂ 것이 올흐니
라。

第十三課　物件을찰看守ᄒ을 일

兒孩ᄂ 學校에 가
이 코 氏
ᄒᄂ 一日
엿고 이 氏
故 缺席ᄒ이 平日
로 一次도 晩到ᄒ이
더니 날에 가펴
라 學校에 가펴
國語讀本도 일 수
꼿을 니저 바려서 하ᄂ

영과 고 學校에 에 간 時間은 은 임의 갓 가 온 저
과 무 음이 急急히 하야 을 면서 孃子를 수
母親도 나 하와 홀 수 업시 今日 안 同席 學
生徒의 學校에 가니 임의 十分 것을 저 업 내
하 學校에 가니 임의 十分 것을 저 밋 念
다。

저에 도라온 後에 母親이 말合호대
自己의 物件은 自己가 銘心하야 살
看守 하면 미양 오날 하심 又 치 狼狽 하는
일이 안 둘지니라。
이 兒孩가 그러케 懲戒되야 이로 보거
는 衣服과 自己 物件은 書册과 모든 學校 諸
具의 自己 物件은 書册과 ㅅㅅ도 看守 하야

그 後는 一次도 學校에 時間을 어기는 일이 업더라.

第十四課　物件을 貴重히 녁이는 兒孩

호 兒孩가 잇는데여는 商廛에와서 使喚되기를 請호거늘 主人이 그 兒孩를 端正호 사름으로 녁이고 그 兒孩를 使喚호여 數爻가 과셔여니

는 廛에가서 求호여보라고 懇切히 말호니라.

그 兒孩가 홀일업서도라간셰 偶然히 그 廛압헤 細針 호나이 衣服에 꼿고 가거 주 더여 自己 廛에두 兒孩를 불은 그 主人이 무含스둙으로

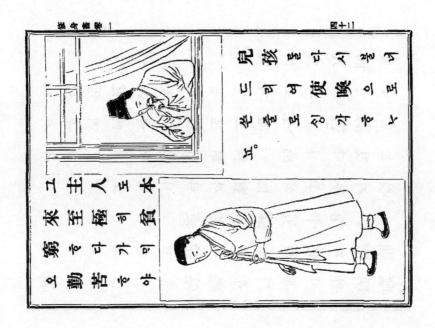

兒孩를 다시 불너
드미여 使喚으로는
손을 로싱가ㅎ중
오。

本
그 主人도 極히 貧
來ㅎ다 勤苦ㅎ야
第 o

饒富은 사름이 된지라。그런故로 적은
物件이라도 貴重히 녁이는 者는 畢竟
着實을 商人이 되는 細針을 얻어도 貴重
그 兒孩가 적은 細針을 일엇더니도 貴重
니라。보고 그 마음이 感動ㅎ바 ㅣ
主人의 豫想ㅎ과 又치 果然 그 兒孩가
漸漸 世上에 信用을 엇어 그 後에 着實

호 商人이 되나니라。

돗을 미ㅎ 죠회ㅎ 샹이라도 父母셰셔

는 勤苦ㅎ 션험으로 아리를 ㅎ게 주시면

는 것이니 萬一 料量업시 써셔 빗되면

엇지 不孝의 行實이 아니리오。

第十五課 約束

順明과 福童은 미우 諠도로 동모 一福

順明이 하을 다운 畵帖을 가젓는뎌福

童이 에 順明의 畵帖을 질

보고 ㅎ고 福ㅎ야 氏여셔

氏여 母親과 妹氏와

져 暫間 별이잣다가 明日 午前에

고날밤에 母親과 妹氏가 그 畵帖을 보

오 大雨가 오는 날 大兩가 흥너고 지우이이더가 이를 더 福童이가 그 畫帖을 것 다 주고 저 흥더라. 珠氏가 挽留흥여도 내 大兩가 오너 고 도 道路로 더우사오나 ㅇㅣ조곰 기다리면 비가 곳 펼 듯 흥니 午後에 갓 다주면 엿더흥고, 흥거를 福童이로 을 며 午前으로 約束흥저라흥고, 거지라도 너 身體는 조회가 야여흥던 신 저

저저어 念慮는 업다, 흥고 우슨 편서 것춤 버 것 다 주니라. 母親이 그 말을 듯고 그 케지 버 흥여 저로, 約束을 적히 은 眞實로 적흥 일이라. 男子가 흥번 約束을 일은 決斷코 어 기저흥니를 저니 저 것을 사름은 남에게 信用을 엇 저 분다. 시 立身을 흐며

가르더라

學部普通學校用 修身書卷一 終

光武十一年十二月一日發行
隆熙二年十三月一日再版發行
隆熙二年十三月二十日三版發行
隆熙三年十三月一日四版發行
隆熙四年八月一日六版發行

定價金拾錢

三省堂書店印刷

部

學部編纂

普通學校學徒用 修身書 卷二

東京 三省堂書店印刷

目錄

第一課　生物 …………………… 一
第二課　隣人을思す ……………… 五
第三課　他人을村케방言홈 ……… 八
第四課　禮容 ……………………… 十三
第五課　勝友 ……………………… 十六
第六課　他人의過失 ……………… 二十一
第七課　兄弟 ……………………… 二十五

第八課　一家和睦 ………………… 二十九
第九課　忍之爲德 ………………… 三十三
第十課　辨撲 ……………………… 三十七
第十一課　正直 …………………… 四十三
第十二課　淸潔 …………………… 四十七
第十三課　蕃德一 ………………… 五十
第十四課　蕃德二 ………………… 五十三

修身書卷二

第一課　生物

兄弟두사름이잇는뒤형누날하오는 雀巢에서 雀雛를 取來하야 이것을 籠에 기혀두엇더니 새삿기가 두렵고 무서워서 命하을고 잇는지라。

다가 도라온즉 삿기가 호나도 잇지 아미 중새는 뎌일 것을 求하고 나갓 다가 도라와 지하

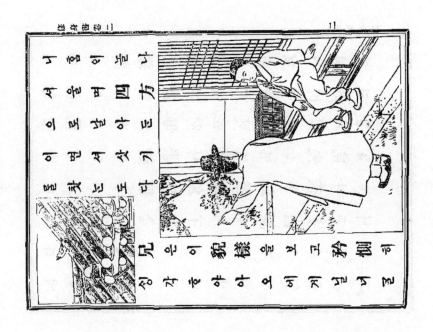

나 물이 흘너
서 울 비 四方
으로 날아드 나
틀치는도다。

兄은 이 貌樣을 보고 矜惻히
성각하야 어 시 날 서 로

서는 작은 새 산기를 잡 하 가 저 고 矜
側히 셩각지 하 니 흘 노 나 보 야 하 새
산기는 恐怖 흐야 우 피들의 얼 굴 만
보 고 잇 다。

어미새는 狂氣가 잇 는 듯 이 날 을 며 서
산기를 치는다。

우 리 兄弟가 萬一 사흘 에 지 捕捉을

보통학교 학도용 수신서 권2 171

이되야 父母의 處所를 遷離ᄒᆞ야 오
차 其時에 우리들을 悲悵ᄒᆞ야 何如
ᄒᆞ가 싱각ᄒᆞ랴 父母도 우리 兄弟
를 見失ᄒᆞ면 얼마나 悲歎ᄒᆞ가 싱각ᄒᆞ
다 雀은 鳥獸蟲魚의 類ㅣ나 그리
물을 自愛ᄒᆞ며 子息을 싱각ᄒᆞᄂᆞ
ᄆᆞᄋᆞᆷ은 우리와 다를것이 업ᄂᆞ니라
그것을 싱각ᄒᆞ지아니ᄒᆞ고 無益ᄒᆞ게

生物을 辛苦케 ᄒᆞᆷ은 甚히 惡ᄒᆞᆯ 이
로다 慈愛의 ᄆᆞ음이 잇ᄂᆞᆫ 사ᄅᆞᆷ은 如
此ᄒᆞᆫ 行爲를 ᄒᆞ지아니ᄒᆞᄂᆞ니라。
ᄒᆞ오ᄂᆞᆫ 이말을 듯고 크게 感動ᄒᆞ야 忿
然히 慈愛ᄒᆞᄂᆞ ᄆᆞ음이 나서 卽時에 새
를 雀巢로 도로 갓다두니라。

第二課　隣人은 四寸

녜로브터「리웃은 四寸」이라ᄒᆞᄂᆞᆫ 말이 잇

近隣의 사람은 諸般事에서도 扶
助이 잇ᄂ 써와 盜難과 水災를 當ᄒ야서에 疾病에서도
第一 盡力홈은 피엇 사람이오 또 非常혼
言語를 ᄒ며 서로 慰勞를 ᄒ며 서로 言
萬一 수리 젼이여서 들이 션지 ᄒ니ᄒᄂ

山中과 曠野에 잇더 ᄒ다오.
그리ᄒ야 즉 우리ᄂ 리엇 사람과 親睦ᄒ도
며 諸般事에 다서로 扶助홈이 可ᄒ도
다. 妄侫되히 誣辱ᄒ거나 細瑣혼 일로 不
和侫 케 ᄒ며 不可ᄒ도다. 坐 隣家의 牆壁
을 傷ᄒ며 草木을 ᄭᆨ그며 果實을 竊取

흥하며 리앗사들이지 貴望을 當흥이 不
可ᄒᆞ도다。

　　第三課　他人에게 妨害를 끼치
　　　　　지 말일

王童은 그 母親과 흥가지로 場市에
가서 洋燈을 사니라。그 歸路에 이 것을 破
碎되엿도다。

母親이 그 破碎흥 조각을 二二히 줍는
지라 王童은 이 것은 아모
도 無用의 物件
何故로 주어 모
母親이 對
答ᄒᆞ되 破碎흥 조

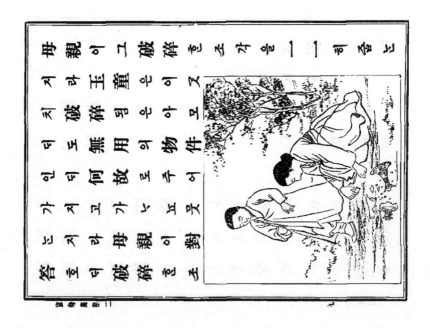

하고 아모 때도 쓸데 업슨 나무를 지아니하며 그네로부터 이것을 겸하 밧을 傷하게 하노라. 正童도 果然 그러하다 생각하고 흘가 지로 이것을 주어서 사들이 通行지 안는 옷에 옷으니라.

妨書들은 正童의 母親과 又치 他人에게

을 더음이 可하도다. 自己 一人한 爲하기들 생각하고 他人의 일을 생각지 아니홈은 착홀 사들의 行實이 아니니라. 學校에서 他人에게 妨書됨을 不顧하고 작난하는 사들이 册床을 더럽게 하거나 破傷하는 사들은 도 잇스니 그러홈은 能히 善人이

되지 못ᄒᆞᄂᆞ니라。

他人의 庭園에 樹木을 折取ᄒᆞ며 田沓 種物을 害ᄒᆞ게 ᄒᆞ며 橋梁 郵便函 電信柱에 作戱ᄒᆞᄂᆞ 일은 ᄀᆞ장 惡ᄒᆞ 일이니라。

道路 近傍에 大小便을 누어서 惡臭가 他人에게 妨害될 ᄲᅮᆫ 아니라 一國에 羞恥가 되ᄂᆞ니라。

第四課　禮容

時方이 사룸의 禮容이 端正ᄒᆞ고 그 禮容의 合을 敬禮ᄒᆞᄂᆞ도다。客이 온 것이니라。

客이 그 禮容을 褒揚ᄒᆞᄂᆞ도다。

이 兒童은 每日 學校에 가서 禮容을 鍊習ᄒᆞ며 그 父母도 恒常 그 兒童에게 禮法으로써 敎育ᄒᆞᄂᆞ니라。

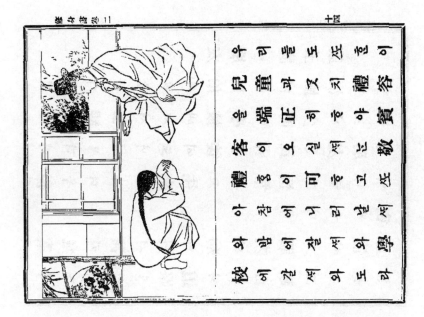

이 禮容을 端正히 ᄒᆞ고 坐를 端正히 ᄒᆞ야 禮賓을 敬重히 ᄒᆞ며 兒童을 敬重히 ᄒᆞᆯ 세에 學校에

學을 세는 父母에게 禮를 敬重히 ᄒᆞ며 學友에게 可히 ᄒᆞ도다。

學校에셔는 先生에게 敬禮ᄒᆞ며 其他 道路上에셔도 禮를 可히 ᄒᆞ도다。

우리 少年은 心氣를 活潑히 ᄒᆞᆯ지나

그리ᄒᆞ나 慍怒ᄒᆞᄆᆞᆯ 不可ᄒᆞ고 坐를 活潑ᄒᆞ게 ᄒᆞᆯ지니

儀容을 端正히 ᄒᆞ야 眞實로 善良ᄒᆞᆫ 少年이로다。

보통학교 학도용 수신서 권2 177

第五課　朋友

淸國에 荀巨伯이라 ᄒᆞᄂᆞᆫ 사룸이 少時에 學校에서 서로 親密히 지ᄂᆡ여 長成ᄒᆞᆫ 後에도 니어서 져ᄇᆔ 常샹 往來ᄒᆞ야 더욱 親密히 ᄒᆞ더라. 巨伯이고 朋友의 病이 나서 甚히 危重ᄒᆞᆷ을 듯고 數百里의 道路를 멀니 넉이

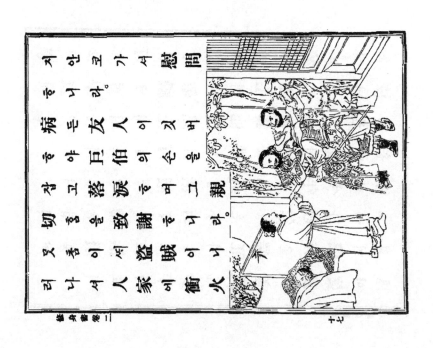

지 안코 가서 慰問ᄒᆞᄂᆞ니라. 病든 友人이 巨伯의 親切ᄒᆞᆷ을 落淚ᄒᆞ며 致謝ᄒᆞ고 盜賊이 人家에 衝火ᄒᆞ리나셔

하며 人命을 殺害하며 財貨를 奪取하
는지라 友人은 巨伯이 盜賊에게 殺害
를 當할가 念慮하야 曰 兄은 遠路
에 當함을 두려오니 願컨대 速速히 逃避
하라 하되 巨伯이 對答하야 曰 萬一 盜賊이 하서

나를 殺害하면 나는 족히 그 대위흔
賊이오 다 逃亡하는지라 盜賊이 巨伯을 보고 를 뜻
緣由로 留흐는고 巨伯이 對答호
아 덜니 잇노라 나는 親舊의 病이 잇슴을 뜻사

親지又와兄弟디보로셕少年은
近를朋友가것저命이엄의朝夕에切迫ᄒᆞ고
逃走ᄒᆞ며오이親舊와ᄒᆞᆫ가지로殺害를
밧을지라도나는여긔留ᄒᆞ리로다。
盜賊이巨伯의言語에感動ᄒᆞ야서로
顔色을보며우리가비무不良ᄒᆞᆫ사도
이다賢良ᄒᆞᆫ사ᄅᆞᆷ居ᄒᆞᄂᆞᆫ慶所에드러

위서書를낏치는일이不可ᄒᆞ다고
難을免ᄒᆞ엿스니巨伯의又ᄒᆞ이는誠心이
오로그朋友를相愛ᄒᆞ얏도다。

第六課　他人의過失

壽童과福童은敎室에서工夫ᄒᆞ더라。
어느날壽童이偶然히머믈을써리지

福童의 班과 衣服을 더렵힌지라 福童이 慌忙히 白紙로써 이것을 씻엇으나 注意치 아니홈으로 班과 衣服을 더렵엇스니 容恕

ᄒᆞᆫ 데」ᄒᆞ고 無數히 懇請ᄒᆞ니라。福童은 조금도 怒ᄒᆞᆫ 貌樣이 업고 壽童의 말을 閒借히 싱각ᄒᆞ야 對答ᄒᆞᆯᄃᆡ 「衣服에 뭇은 더룩은 ᄲᆞᆯ면 關係치 아니ᄒᆞ니 過失이 업기ᄂᆞᆫ 어려운 일이라 나도 누구던지 物品을 傷ᄒᆞᆯ … 種種 그리ᄒᆞᆯ기 能치 못ᄒᆞ니 其

時에 容恕ᄒ지 말지니라.

過失은 注意ᄒ지 아니ᄒ으로부터 나ᄂ니 操心ᄒ야 過失이 업도록ᄒ며 萬一 偶然히 他人의 物件을 傷ᄒ얏스면 懇請ᄒ지 아니ᄒ야도 兒童과 又지 容恕ᄒ기를 慈乞ᄒ며 조금도 念慮ᄒ지 말지어다. 佐 사ᄅ이 又지 容恕 過失

物件을 怒ᄒ지 말고 福童과 又지 도로혀 이것을 慰勞ᄒ지어다.

第七課 兄弟

빗적에 잇더ᄒ 武將이 잇ᄂᄃ니 ᄂ을 얼고 年老ᄒ야 장天餘年이 달지 아니ᄒ음을 알고 다소 子息을 膝下에 모혀고 혈신 五個를 朋友가 偶然히 傷ᄒ이 잇ᄂ터도 도로혀 이것

逼迫호로 遁호니버가 意合호며 又호니다。

夕오아서과 朝호은지과 命이도 兄을 恭敬호며 변이활션을 뜻고

다숀子息이이이말을 뜻고 父親의 命을 지켜 一族이 感動호

호야다 一門이 繁昌함을 엿다호며 다。一族이 和睦호나니라

로이 武將의말과 又지 兄弟가 和合호

은서도 利益이되도 大段히 父母께심호

는버 和睦케못호을보면 大段히 孝行이되ᄂ

는樣 故로 兄弟和合호을은근 孝行이되ᄂ니

고 兄弟不和호을은 甚히 不孝가되ᄂ니

다。

第八課　一家和睦

家內가 서로 和睦홈은 他人도 밋지 안코 家內가 이
게 ᄒᆞ는 지라 萬一 그ᄅᆞᆷ 못ᄒᆞᄂᆞᆫ 事ᄅᆞᆷ도 不快홈을 셩
내여 고 和睦ᄒᆞᆫ 家族은 昌盛ᄒᆞ일이여 도다
家內에는 父母도 잇ᄉᆞ며 不和ᄒᆞᆫ 家族은 衰ᄒᆞ일이여 도다
姉妹도 잇ᄉᆞ니 父母는 그 子息을 ᄉᆞ

랑ᄒᆞ며 子息은 父母를 尊敬홈이 사ᄅᆞᆷ
의 道理로다 姉妹兄은 姉妹弟를 ᄉᆞ랑ᄒᆞ며
道理로다 父母가 되야 子息을 ᄉᆞ랑치
아니ᄒᆞ며 子息이 되야 父母를 尊敬치 아니ᄒᆞ며
兄이 되야 姉妹弟를 뒤워ᄒᆞ며 姉妹弟가 되야
아 姉妹兄을 恭敬치 아니ᄒᆞ며 姉妹弟가 되 담
호 禽獸 보

不和ᄒᆞᄂᆞᆫ 家內에 一百人口가 잇지아니ᄒᆞ여도 서로 反目ᄒᆞᄂᆞᆫ 거시로되, 自己의 ᄆᆞᄋᆞᆷ을 抑制ᄒᆞ야 서로 容恕ᄒᆞ며 恒常 和睦ᄒᆞᆷ을 가지지 아니ᄒᆞ고, 다만 나의 ᄆᆞᄋᆞᆷ대로 ᄒᆞᆷ으로 … 도 庸劣ᄒᆞ도다.

가 同居ᄒᆞᄂᆞᆫ지라. 그 和睦ᄒᆞ고 그 風俗을 模倣ᄒᆞ야 … 漸漸 興旺ᄒᆞ게 되엿다 ᄒᆞ니. 이 一那의 家族은 可히 … 爭論ᄒᆞᄇᆞ … 悲帳ᄒᆞᆫ일은 … 영이 … ᄒ ᄂᆞᆫ.

第九課　忍之爲德

支那 ㅅ 唐나라 時代에 張公藝라 ᄒᆞᄂᆞᆫ

사룸이잇는디 祖父母兄弟姉妹룰이
다훌것안이하여셔居훌아서로和睦훌게
지니는것과 高宗皇帝씌셔이날을을

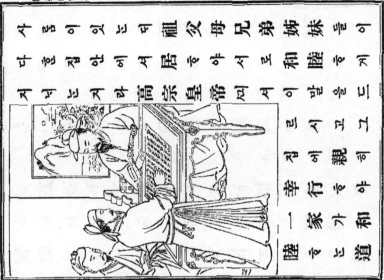

幸行훌아親히이
睦훌는시고
一家가和
睦훌는道

下問훌신다。
公藝가紙筆을가지고와셔 恕字百餘
字룰써셔올니니라皇帝가怪異히너
겨그緣由룰下問훌다。公藝一對答훌
多數훈人口가훌졍안에셔居훌면百
常公平훌으로不合훌일이만으이잇

고 曲直을 서로 責望ᄒᆞ며 서로 爭論喧嘩ᄒᆞᆯ 서ᄂᆞᆫ ᄃᆡ 미여 反目不和ᄒᆞᄂᆞᆫ 基礎가 되ᄂᆞᆫ 一字니 一族이 和睦ᄒᆞᄂᆞᆫ 道ᄂᆞᆫ 憎惡ᄒᆞᄂᆞᆫ 情이 根本이니라.

大凡 朋友間에도 서로 情誼가 傷ᄒᆞᄂᆞᆫ 일이 잇ᄂᆞᆫ지라 卽時 交際ᄒᆞ고 親ᄒᆞᆷ을 밋고 서로

서로 責望ᄒᆞ며 서로 怒ᄒᆞᄂᆞᆫ 緣由로 不和ᄒᆞ며 일을 내ᄂᆞᆫ 지라 親子兄弟姉妹間이 一家이니 和ᄒᆞᆫ즉 우서 서로 졈음이 容易ᄒᆞᆫ 原因이 되ᄂᆞᆫ지라. 甚히 不和ᄒᆞᆫ 當然ᄒᆞᆫ지라.

第十課　婢僕

眞童이 졍이 女婢 二人과 男僕 一人이

貞童의 父母는 極히 慈悲心
이 만흔 사룸인 故로 婢僕 三人을 慈愛
흐야 子息과 又치 녀이는도다° 婢僕도
至흔 忠誠으로 主人을 爲흐야 主人의
其中에 年長흔 女婢는 貞童이 나기 前
童을 愛護흐며 貞童 보기를 子息과 又

치 흐더라°

흔지이며 婢僕의 닙는 衣服은 다 貞童의 母親이
文字를 敎授흐고 庇이며 貞童의 父親은 學問이 잇는
語로 訓導흐더라° 婢僕도 熱心으로
흐는지라 貞童이 學校에 入學흔 時 時로 婢僕을 有益흔 言

三人의 婢僕은 眞童이 工夫를 잘
ᄒᆞ며 敎師에게 稱贊 밧음을 보고
여 學校로 보내여 學習ᄒᆞ얏ᄂᆞ니도ᄒᆞ고 밧더다。
을 學習ᄒᆞ얏ᄂ ᄂ ᄆᆞᆺ더라。
도 婢僕은 貧賤ᄒᆞᆫ 권세에서 生長ᄒᆞ야 學問
다。能히 못ᄒᆞ며 農商等을 經營치 못ᄒᆞ야
獨立ᄒᆞᆫ다。사ᄅᆞᆷ도 富饒ᄒᆞᆫ 집에 生長ᄒᆞ야 幼

稱호ᄒ세로 보니 學校에 가서 學問을 鍊
習호ᄒ얏슨면 優等되는 사ᄅᆞᆷ이 되야슬
치로다。우리들도 財産이 엄고 學問이 엄슬
사ᄅᆞᆷ이 婢僕이 되지라도다。이것을 싱각
ᄒᆞ면 婢僕이 賤ᄒᆞ지 아니ᄒᆞ지 아니ᄒᆞ니 可憐호
者이로다。이것을 싱각ᄀ장 惡ᄒᆞᆯ일이니라。
僕을 苦勞히ᄒᆞᆷ은 ᄀ장 惡ᄒᆞᆯ일이니 婢僕도。

第十一課　正直

商人이 衣服을 보아서 農夫가 그 子息을 店에 依托호니라。使役이 되야 商業을 場市 婦人이 와서 正木가 그 正木에 欠이 잇는 兒孩가 擇出호야 塵에 호는 合意호지를

婦人에게 告호니 그 婦人에게 告호야 그 것을 擇호소서 호야 그 正木을 擇호고 其他 正木이 好品이고 商時 中止호니라。商塵主人이 人을 영러호 處中에서 合을 보고

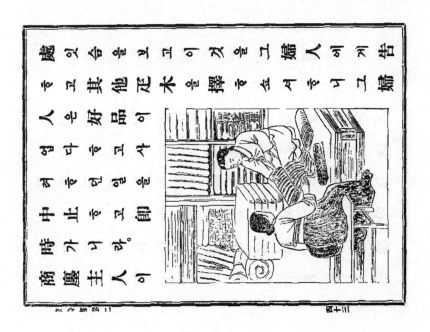

이것을 보고「賣買ᄒ는 物件이 欠處 잇는
兒孩를 呼ᄒ여게 보고 임은 不緊ᄒ다」ᄒ고 父親
에게고 니가고 速速히 이 書札을 보니고 大驚
다ᄒ나의 子息이 不當ᄒ 過失을 行ᄒ
엇도다ᄒ고 念慮ᄒ면서 그 塵이와서
理由를 무른디 主人이 그 緣由를 말ᄒ

고「이 兒孩는 顚然히 商賈의 所望이영
다」ᄒ여라 父親은 이말을 들은즉 主人의 所謂 不
緊ᄒ 子息을 여우 慈愛ᄒ고 即時 다니의 正直ᄒ 心이서아이
他商店에 付托ᄒ엿더우 正直히 兒孩는아히

…드듸여 大商이 되나니라.

信用界에셔 信用을 일ᄒᆞᆫ 者는 漸衰ᄒᆞ나니다.

或 自己의 利益이 되지 못ᄒᆞᄂ 듯ᄒᆞ나 그러ᄒᆞ나 이는 一時의 일이오 永久히 萬不利ᄒᆞᆷ은 아니로다.

萬一 正直ᄒᆞᆫ 무음이 不足ᄒᆞ면 무솜 일이던지 사ᄅᆞᆷ에게 信用을 엇지 못ᄒᆞᄂ니다.

第十二課　淸潔

身體와 衣服을 씻져 안니ᄒᆞ며 더러운 衣服을 닙고 衆人의 압헤 나ᄒᆞᆷ은 無禮ᄒᆞ며 陋醜ᄒᆞᆫ 일이라. 假令 衣服과 身體를 不潔히 ᄒᆞ면…

衣服을넘으면身體를爲ᄒᆞ야도不利
ᄒᆞᆫ지라도다病은身體와衣服을不潔히
ᄒᆞᆷ으로고더ᄒᆞᆫ히ᄒᆞᄂᆞ니라假令不潔
ᄒᆞ이病의根本이아니되ᄂᆞ니도佰常
自己의ᄆᆞ음도不快ᄒᆞ니도다。衣服
을그ᄅᆞᆫ故로사ᄅᆞᆷ이沐浴을ᄀᆞᆯᄒᆞ며衣服
身體를洗濯ᄒᆞ며頭髮을精潔히ᄒᆞ이可ᄒᆞ도다。

大凡衣服은華麗ᄒᆞᆫ것을要치아니ᄒᆞ
며高價의物品을取치아니ᄒᆞᆷ이라도彬
彬히아니ᄒᆞ이衣服이라도걸洗濯ᄒᆞ야
衣服을淸潔ᄒᆞ게ᄒᆞᆫ지어다우리나라사ᄅᆞᆷ들은沐浴
을稀少히ᄒᆞᄂᆞᆫ도다。身體衣服을淸潔ᄒᆞ게ᄒᆞᆷ이可
ᄒᆞ도다家內庭園道路等도淸潔ᄒᆞ게ᄒᆞᆷ이可ᄒᆞ도다。

道路에 大小便을 누며 더러운 것을 文

고로 大便을 觸身ᄒᆞᆫ 것을

身을 觸ᄒᆞ면 惡臭가 鼻에 觸ᄒᆞ니라.

明ᄒᆞᆫ 便所를 流出ᄒᆞ게 ᄒᆞ야 決코 열ᄂᆞᆫ 일이니라.

大國에서는 第十三課　尊德

距今 百年 前에 日本에 尊德이라 ᄒᆞᄂᆞᆫ

高名ᄒᆞᆫ 農夫ㅣ 잇스니 農夫의 子ㅣ라.

沒ᄒᆞᆫ 元來 貧困을 尊德은 幼時로브터 無限ᄒᆞᆫ 父親이 早

喫苦를 當ᄒᆞ니라. 尊

德은 每日 早起ᄒᆞ야

낫이면 探薪ᄒᆞ야써 밤

을 放賣ᄒᆞ며 極盡히 母親

을 供養ᄒᆞ며 養育ᄒᆞᄂᆞ니라.

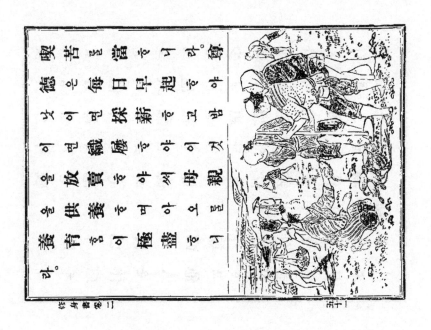

尊德의 十二歲時에 水害가 잇서서 尊德의 居住하는 村里에는 堤堰이 崩頹하야 家戶마다 堤堰修築의 工事를 始作하니라. 尊德도 이 工事에 갓더니 幼少하야 氣力이 不足함으로 草鞋를 삼아 그 翌朝에 各各…

…에게 주더라. 尊德은 힘든 役을 能히 못하고 他人의 恩惠를 報酬하랴 하야 物件을 領受하고 尊德이 自己의 不足함을 思하고 他人은 休憩중에 尊德이 他人에게 借力을 爲하야 使… 助力하야…

도 自己는 休憩치 아니ᄒᆞ니 多ᄒᆞ더라。

第十四課　尊德二

尊德이 十六歲되얏슬ᄯᅢ에 그 母親이
病患이 잇는지라 尊德이 지극히 歎息ᄒᆞ고
因ᄒᆞ야 日夜로 盡心侍湯호ᄃᆡ 差效가업고 親族이 議論

ᄒᆞ야 尊德은 그 伯父에게 依托ᄒᆞ고 두
아우는 다른 親族에게 依托ᄒᆞ게ᄒᆞᆫ지라
尊德이 그 家事를 助力ᄒᆞ며 밤이면 燈下에서
學問을 工夫ᄒᆞ니라。
伯父ㅣ 夜學으로 因ᄒᆞ야 燈油를 만히 虛費

費用이 不可ᄒ니라」ᄒ고 夜學을 停止케 ᄒ
尊德이 아ᄌᆞᆺ을 歎息ᄒ야 ᄆᆞᆯᄋᆞᄃᆡ「뎌가
不孝히 父母를 일코 伯父에게 依賴ᄒ니
ᄒ면 一生에 無識ᄒᆞᆫ 사름이 될지니 엇지
아 興起기 極難ᄒᆞᆫᄃᆡ 누가 해ᄃᆞᆯ을 因ᄒᄂ
工夫를 ᄒ며 누가 해ᄃᆞᆯ을 因ᄒᄂ고。

菜子를 심어 七八升의 긔 放賣ᄒ야 燈油
를 것을 보고 夜學을 ᄒ는지라。伯父는 또 이 燈油
무엇에 쓰랴 ᄒ며 農家의 兒孩가 夜深ᄒ고 命ᄒ는 지라
가 尊德이 ᄒ일 업시 家事를 助力ᄒ야 命ᄒ는 지라
며 草鞋를 삼은 後에 夜深토록 夜學을 益勉ᄒ

니라。

尊德은 이 와 又치 伯父의 父 이 家事를 助力
을 시 各種 書册 을 비 으며 文字와 算衡
을 練習호야 學問이 高明혼 碩儒가 되
야 至今도 神社에 祭記호야 곰 正을 일
格言 艱難이며도 호야

오 니라。

보통학교 학도용 수신서 권2　199

學部編纂

普通學校 學徒用 修身書 卷三

東京 三省堂書店印刷

目錄

第一課	規則 ……………………	一
第二課	體操 ……………………	四
第三課	身分과 衣服 ……………	七
第四課	適當히 遊戱운동을 하고	十
第五課	조란고 일 ………………	十四
第六課	他人의 名譽 ……………	十七
第七課	威正호驕奢 ……………	二十一
第八課	君子의 競爭 ……………	二十五
第九課	莫夫 ……………………	二十九
第十課	愚人의 迷信(一) ………	三十二
第十一課	愚人의 迷信(二) ………	三十六
第十二課	慈善 ……………………	三十九
第十三課	師訓 ……………………	四十四

漢文讀本 修身書卷三

第一課 規則

夕陽이 山에 걸쳐 넘어가랴할즈음에 學徒二名이 學校로 도리가이도다 그 花園인에는 奇花와 木柵을두고 花園의 木柵이 이 異草를 에엿더라 一名의 學徒가 木柵을넘어 花園인에 드러가기를 急히나오라ᄒᆞ고 催促ᄒᆞ되 花園인에는

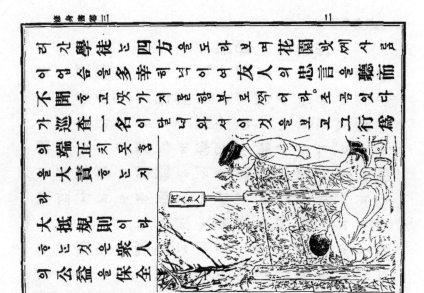

花園밧셰 사 忠言을 聽而 行爲를 그 友人이 … 라° 조곰잇다 그로 역여라° 녀이 여 부로 를 힘 부로 四方을 도라 다 보 다 學徒는 多幸히 合을 … 一名이 巡査ㅣ 端正치못 不聞후고 大責후는지 가 이 울 라 大抵 規則은 衆人이라 大는 公益을 保全

便호여 이 후야 … 他人을 犯호는者는 甚 獨히 후나니라 秋毫도 各其 秩序를 마다 다른 … 者는 … 犯호는 者는 … 其 庸劣호 暫時도 規則을 紊亂케 후야 戒훌 爲호나니 自己에셔 定호 規則을 犯호 … 君子는 … 호얏을지니 … 故로 嚴히 … 又고 衆人이 可 … 規 必 慎 其 規

第二課　禮儀

禮儀를 직히 ᄒᆞᄂᆞᆫ 것은 人道에 맛ᄎᆞᆷ이라 禮儀를 직
히 ᄒᆞ여ᄂᆞᆫ 他人으로 ᄒᆞ여곰 不快케 ᄒᆞ며 對人接物에 言語ᄂᆞᆫ 特別히 敬意를 恭遜
히 ᄒᆞ고 他人이로다 그 長者의 轉目을 보임은 不可ᄒᆞᄂᆞᆫ 辭意를 恭遜히 ᄒᆞ며
他人에게 書札을 보ᄂᆞᆫ 答書를 求ᄒᆞᄀᆡ 片語를
他人의 書札을 ᄇᆞᆮ은즉 答書를 求ᄒᆞᄀᆡ 片語

時라도 運滯ᄒᆞ지 말지니라 他人의 書信과
잇 不可ᄒᆞ고 一般 文字를 許可ᄒᆞ여서ᄂᆞᆫ 決斷코 開見ᄒᆞᆷ이
不可ᄒᆞ고 他人의 書札 等屬을 ᄇᆞ듯ᄂᆞᆫ 것과 他人의 書信을 보ᄂᆞ
他人의 談話를 엿듯ᄂᆞᆫ 것이 非禮ᄒᆞ여 가쟝 甚ᄒᆞᆫ 者이니라
禮儀ᄂᆞᆫ 마음과 外樣이 對ᄒᆞᆷ으로 恭敬ᄒᆞᄂᆞᆫ 셩각 外樣이
ᄂᆞᆫ 恭敬ᄒᆞᆷ을 다ᄒᆞᆯ지라도 外樣에 恭敬ᄒᆞᆯ지니라 그런즉 마음과
ᄒᆞᆫ 禮儀에 合當치 못ᄒᆞᆯ지라

注意(주의)할지니라。

그外樣(외양)이두가지가잇도다。그러나그것은크게그릇됨으로因(인)하야禮儀(예의)를크게그릇함이니라。

世人(세인)은親狎(친압)함을親(친)함으로알거니와그親(친)을사괴면그사람을사괴임으로도더러禮儀(예의)를保全(보전)하기도하나니라。

假令(가령)親(친)을사괴여도그親(친)을避(피)함을避(피)함으로도禮儀(예의)를承久(승구)히保全(보전)하나니라。

晏平仲(안평중)은恭敬(공경)하는故(고)로孔子(공자)가稱(칭)하시되與人交(여인교)久而(구이)敬之(경지)라讚之(찬지)하셧나니라。

第三課　身分과衣服

가마귀가孔雀(공작)의깃을取(취)하야제몸에꼿고다른가마귀를嘲笑(조소)하더니孔雀(공작)이이것을보고세게덤벼드러그것을쎅고다른가마귀들이또한이것을嘲笑(조소)하니그가逃亡(도망)하야숨으려하되부칠곳이업더라。

衣服(의복)을華麗(화려)히하고저하는사람은能(능)히自己(자기)의身分(신분)을警戒(경계)할지니라。

可히 남음이 잇지 아니ᄒᆞ며 衣服을 相當ᄒᆞ게 ᄒᆞ고 身分에 過濫ᄒᆞ지 아니ᄒᆞ고 다ᄒᆞᆫ 거ᄉᆞᆯ ᄶᅵᆷᄒᆞ야 웃지 아니ᄒᆞᆯ 거ᄉᆞᆯ 웃어 비ᄉᆞᆯ ᄆᆞ들이고 일ᄒᆞᄂᆞᆫᄃᆞ도 됴흐며

衣服은 華麗ᄒᆞᆫ 것이 아니라 精潔ᄒᆞ고 身分에 相當ᄒᆞᆫ 것이 必要ᄒᆞᆫ 것이오 衣服이 身分에 過濫ᄒᆞᆫ 것은 物件을 虛費ᄒᆞᄂᆞᆫ 것이니라

飲食이나 器皿等屬이 單陋ᄒᆞ야도 身分에 相當ᄒᆞᆷ을 보이ᄂᆞ니라

高麗 光宗 때에 徐弼이라 ᄒᆞᄂᆞᆫ 內議令이 잇스니 淸節로써 일홈이 놉으니

光宗이 一日은 各各 黃金으로 ᄆᆡᆫᄃᆞᆫ 禮물을 여러 臣ᄒᆞ에게 난화 주신ᄃᆡ 各各 天恩을 밧ᄌᆞ와 謝禮ᄒᆞ되 衣服을 分明히 ᄒᆞᆷ은 根本이니라

徐弼은 器皿이며 器皿은 等級을 奢侈ᄒᆞ면 臣等이 金으로 ᄭᅮ미고 衣服을 等級을 奢侈ᄒᆞᆫ ᄃᆡ ᄲᅡ지ᄂᆞᆫ 臣等의 本이라 ᄒᆞ니

은 흥시는 잇가

王이 엿는 것을 스사로써 寶珮를 傳흥야 美談을 삼으니라

그 듯흥 엿노라 朕이 그 듯흥 엿노라 卿은 寶珮

王은 장춧 부엇을 쓸 것을 셔 쓸 것을 ᄭ 卿은 寶珮 朕이 後人이 이 이

第四課　適當히 勤務흥고 適當히

一日을 分흥야 寢食과 視務와 休息흥는 것이 매일 時間

有흥니 이 時間을 ᄯ 놀도 흥는 것이 每日 時間

─

을 空費흥는 사름도 잇고 日夜로 勤勉흥야 暫

時도 놀며 노는 사름도 잇고 終日토록 노는

흥면 시事務도 ᄯ 工夫흥는 것을 消日거리로 흥는

時間을 空費흥는 人生의 本分을 직히지 안코 事

務를 勤勉흥고 遊戲를 活潑히 ᄯ 身體가 健

康치 못흥고 精神이 活潑치 못흥야 ᄯ 勤

務를 수연는 대이를 지니 視務를 셰에는 가쟝
부즈런ᄒᆞ며 일을 ᄲᅥ히는 가쟝을 졍졔히 홈이 아ᄒᆞ도
英國 사ᄅᆞᆷ은 갓일 時間에는 緊要ᄒᆞᆫ 일이 아니면 定ᄒᆞ야
일ᄒᆞᆯ 時間에는 ㅅ지 안고 吸煙도 ᄒᆞ지 아니ᄒᆞ며 달을 마ᄉᆞᆷ
酬答ᄒᆞᆯ지언졍 時間을 졍ᄒᆞ고 터럭만큼도 偸치 못거
遊味 잇는 일이라도 리오 져긴고 熟心으로 視務ᄒᆞ고
라도 猶豫치 아니ᄒᆞ니 ᄒᆞ고 時間이 오면 一分間을 收刷ᄒᆞ고 못

정이도 ᄒᆞᆯ터라 와셔 衣服을 改着ᄒᆞ고 或은 郊外
朋友가 散步ᄒᆞ며 或 會集ᄒᆞ야 遊戲運動을 ᄒᆞ고 或 親戚과 다이
ᄯᅩ 지ᄒᆞᄂᆞᆫ 一日 의 活潑ᄒᆞᆫ 快樂ᄒᆞᆫ 談笑ᄒᆞ며ᄂᆞ니라 翌日
我國은 다시 活潑ᄒᆞᆫ 氣像으로 視務ᄒᆞᄂᆞ니라 遊戲
은ᄂᆞᆫ 快樂ᄒᆞᆯ도 업시 時間을 勤勉홈도 업고
竹을 일에 물고 懶惰홈 時間을 空費ᄒᆞ야 極度에 遊戲
元氣가 ᄲᅵᆯ지지 못ᄒᆞ니 이ᄂᆞᆫ 極度에 一日이라도 國民 밧

習慣이니라

智로敎場에서는熱心으로工夫를고運動場에서는活潑히運動을지라工夫를씨는時間이至極히快樂을게지고時間을空費함은老人이少年이며놀며엇지며...

비웃칙리칠히고도를씨는것이며時間을空費함은老人이며少年이나

第五課

美國의성은이의友人이또한그인이라又치美國을富强케는사름

道德과學問과正直等十二行二盛名을엇은사름이

自己의學問과每日黑點을엇은사름이

自己勤儉正直等十二行一日黑點을黑點二

節制自己의스면그黑點二

注意를씨고壁에붓친

警戒硏究함을이注意를써서漸次로修養는性質이엇는지라

功이라는時도부터自己의每日黑點二三個

二點을은이며功이라함은

三點을修養는必要가그인은怒를이며漸次로修養는性質이엇는지라

惡性을 ㅅㅅ도 못치고 져 후 사름을 對호야 에더이
懺激훈 일이 잇ㅅ더니 後에 徐徐히 말을 녀지 안코 一부도
心盟훈 엇더니 後에는 習慣이 되여 怒홈을 이지 못
사름들은 善性은 發達케 호야 可호도다 惡性은
못치고 善性이 는 사름을 것홈니 自反호
心工을 긴要홈을 알세가 져는 德性을 修養홈에 自己가 能히 行치 못홀

가호야 東西古今에 賢人君子의 行호는 바가 다 이것이
니라。

曾子曰 吾日三省吾身 爲人謀而不忠乎與
朋友交而不信乎 傳不習乎。

第六課 他人의 名譽

少年은 只今 久居호던 故鄉을 써나 저 나 저 호는
祖先이 代代로 故鄉을 써나 나지 아
祖先이 代代로 이 마을에 居住호고

그을 나 誹謗ᄒᆞᆷ을 失을損ᄒᆞᄂᆞᆫ 故로 그 사ᄅᆞᆷ을 모ᄃᆞ며 더라 接隣ᄒᆞᆫ 李應善이라

이 生長ᄒᆞᆫ 坐ᄒᆞ야 幼時로부터 사ᄅᆞᆷ이며 남을 過誤ᄒᆞ야 各各 名譽를 損傷ᄒᆞ야 一洞中이 두려 ᄒᆞᄂᆞᆫ 商業家가 잇는ᄃᆡ 爲

人이라 그로써 嘲笑ᄒᆞᆫ 辛時아 滿帳ᄒᆞ니라 그리 嘲笑ᄒᆞ더라 同里에 在ᄒᆞᆫ 張九容 破産家産을 當ᄒᆞ야 他債를 豊饒ᄒᆞ니다

正直ᄒᆞ나 銀을 賣買ᄒᆞᄂᆞᆫ 少年은 中年에 九容이며 他債를 勘報ᄒᆞᄂᆞ니 그 後에 以前의 負債를 一善

應善이 祖父가 罰을 當ᄒᆞᆷ으로 報ᄒᆞ지 못ᄒᆞᆫ 農夫가 일ᄒᆞᆷ으로 商業이 勤勉ᄒᆞ

一人도 是非ᄒᆞᄂᆞᆫ 이가 不正ᄒᆞ야 應善을 稱讚ᄒᆞᆫ

不正ᄒᆞᆫ 이가 영ᄒᆞᄂᆞᆫ ᄃᆡ 稱讚ᄒᆞᄂᆞᆫ 지

되이少年은至今도오히려破産ᄒᆞ던셕의일을말ᄒᆞ야九容을辱ᄒᆞ더라。

이少年이若此히남의不美ᄒᆞᆫ일을摘發ᄒᆞ며또虛無ᄒᆞᆫ말을做出ᄒᆞ야사ᄅᆞᆷ의名譽ᄅᆞᆯ傷케ᄒᆞᄂᆞᆫ일이만흔즉누가이사ᄅᆞᆷ과交遊ᄒᆞ기ᄅᆞᆯ즐겨ᄒᆞ리오人心을크게일허이마을에셔살기어려온故로드듸여父母之鄕을ᄯᅥ나게되엿ᄂᆞ니라。

他人의일을됴치안케말ᄒᆞ면畢竟은남에게뮈음을밧고自己도亦是됴치안은말을듯ᄂᆞᆫ

도다。

사ᄅᆞᆷ의名譽ᄂᆞᆫ生命財産보담도所重ᄒᆞᆫ지라。名譽ᄅᆞᆯ爲ᄒᆞ야生命을앗기지안ᄂᆞᆫ사ᄅᆞᆷ도잇ᄂᆞ니自己의名譽ᄅᆞᆯ重히녁임과ᄀᆞᆺ치남의名譽ᄅᆞᆯ重히녁여決斷코損傷치말지니라

너가남의名譽ᄅᆞᆯ重히녁이면남이또ᄒᆞᆫ너名譽ᄅᆞᆯ重히녁이고너가남의名譽ᄅᆞᆯ헐면남이또ᄒᆞᆫ너名譽ᄅᆞᆯ허ᄂᆞ니「出乎爾者ㅣ反乎爾」라ᄒᆞᄂᆞᆫ녯말을銘心ᄒᆞᆯ지어다。

第七課 眞正ᄒᆞᆫ勇者

爭鬪를 嗜好홈은 血氣之勇이니 君子의 貴히 너여기는 바ㅣ 아니라. 諸子는 임의 廉頗와 藺相如의 事蹟을 알지로다. 廉頗가 藺相如의 下에 位홈을 憤怒ㅎ고 相如를 辱호고저 ㅎ되, 藺相如가 廉頗를 畏호야 機會를 避홈은 素(본래) 强大ᄒᆞᆫ 秦이 敢히 趙國을 來攻치 못홈은 二人이 相合홈이니, 趙는 弱ㅎ고 秦은 强ᄒᆞᆫ故로 二人이 相爭ㅎ야 不肯ㅎ면 趙國은 滅亡ㅎ나니라. 廉頗와 藺相如가 反目ㅎ면 ……

廉頗가 이에 快히 넉엇스리오. 그 私憤을 抑制ㅎ야 藺相如와 藺相如가 國家를 爲ㅎ야 ……며 … 藺相如도 이 말을 ㅣ … 訪問ㅎ야 ……을 眞正ㅎ고 謝罪ᄒᆞᆫ 勇은 ……

世間에 高聲大語로 他人을 凌ㅎ며 臂力이 過人ᄒᆞ고 瞋目揚……ㅎ야 勇者로 自管自居ᄒᆞᆫ者는 田夫野人의 行動이오 士君子의 行홀 바ㅣ 아니니라.

江河를 건너는 더 豺狼을 ᄒᆞ나는 더 銃을 ᄒᆞ나는 勇者ㅣ 잇스면 船隻이 아니면 不可ᄒᆞ고 銃彈이 아니면 爲用이 아니며 銃彈船隻을 何要오 ᄒᆞᄂᆞᆫ 者ㅣ라. 愚者ㅣ라 ᄒᆞᆯ지로다. 孔子도 暴虎憑河死而無悔者吾不與也ㅣ라 ᄒᆞ셧ᄂᆞ니 勇者ㅣ아 深思遠慮ᄒᆞ야 最善ᄒᆫ 方法을 擇ᄒᆞ야 臨ᄒᆞ거나 成功을 必ᄒᆞ고 成功지 못ᄒᆞ면 成功ᄒᆞᄂᆞᆫ 者ㅣ라. 이를 眞正ᄒᆞᆫ 勇者ㅣ라 ᄒᆞᄂᆞ니라.

第八課　運動會

君子의 競爭

各學校의 學徒 數千名이 會ᄒᆞ야 其中에서 健步ᄒᆞᄂᆞᆫ 者 三十名을 擇ᄒᆞ야 疾走競走를 ᄒᆞᄂᆞᆫ더 走去ᄒᆞ야 三尺에 一等賞을 得ᄒᆞᄂᆞᆫ 者도 잇ᄂᆞ며 眞童은 其次에 走去ᄒᆞᄂᆞᆫ 者도 잇ᄂᆞ며 三百步競走를 ᄒᆞ고 眞童은 最先으로 疾走ᄒᆞᄂᆞᆫ 者도 잇ᄂᆞ며 萬目이 注視ᄒᆞᄂᆞᆫ 中에서 壽童은 其次에 走去ᄒᆞ야 一等賞을 相爭ᄒᆞᄂᆞᆫ 者도 잇ᄂᆞ니라. 集ᄒᆞ야 三風과 二人의 觀光人을 注視ᄒᆞᄂᆞᆫ 者도 잇ᄂᆞ며 觀光人은 專心全力으로 壽童々々이라고 부르ᄂᆞᆫ 者도 잇ᄂᆞᆷ며 春期大運動會 貞童々々이라고 부르ᄂᆞᆫ 者도 잇더라.

此際에 貞童이 右手를
내밀며 壽童의 總髮을
잡아 뒤로 붓니지는지라
壽童은 너머지고 貞童은
一等賞을 밧고 拍手喝采를
得意揚揚ᄒ더라

그리ᄒᆞ야 審判官은 貞童의 卑劣ᄒᆞᆫ 行動을 미워
ᄒᆞ야 一等賞인즉 壽童에게 주고 貞童은 當日
運動을 禁止ᄒᆞᆯ ᄲᅮᆫ 아니라 一週間學校에 留
置ᄒᆞᆷ을 命ᄒᆞ엿더라。

大運動을 崇ᄒ야 他人을 妨害ᄒᆞ이 아니라。公明正大大
ᄒ리ᄒᆞᆫ 競爭은 公明正大ᄒᆞᆫ 自己의 勝利를 取ᄒᆞ며
他人을 妨害ᄒᆞ고 得勝ᄒᆞᆷ은 取ᄒᆞ지 他學業과 其他凡
事에 ᄯᅩ勝利를 엇기 爲ᄒᆞ야 他人을 妨害ᄒᆞ이 아니며
得勝ᄒᆞᆷ을 참으로 快ᄒᆞ다 오他者는 取ᄒᆞ지 他

人을妨害ᄒᆞ지말고 도로혀援助ᄒᆞ야 能力
行ᄒᆞ야써로 爽快ᄒᆞ게 競爭ᄒᆞᆷ을 君子의競爭
運動會에서도 自己와 競爭ᄒᆞᄂᆞᆫ 者의게 對ᄒᆞ
眞正ᄒᆞᆫ一等이되엿스면 自己의能力이오 他人의
等이되지못ᄒᆞᆯ이니라 勉强ᄒᆞᆯᄉᆞᆯ이라 學業
行ᄒᆞᄂᆞᆫ도다。
競爭ᄒᆞᄂᆞᆫ秘方ᄉᆞ지라도 後에라도 因ᄒᆞ야競走
如此ᄒᆞᆯ後에라도 勉强ᄒᆞᆯ一等賞은二等三

도座ᄒᆞᆯ이라다 ᄅᆞᆯ이엿도다。

第九課　寬大

宋時에게 呂蒙正은 極히 寬大ᄒᆞ신ᄉᆞᆯᆷ이라 他人
宋時에게 無禮ᄒᆞᄃᆞ라 처음에 參知政事가되여 人朝ᄒᆞ며 介意치아니ᄒᆞ며
麾內에 如此ᄒᆞᆫ 竪子도 亦是 參政乎아ᄒᆞ고 過去ᄒᆞᄂᆞᆫ지라
呂氏ᄂᆞᆫ 聽而不聞ᄒᆞ고 朝士의 無禮ᄒᆞᆷ을 慎ᄒᆞ더니 그
朝士가倨坐ᄒᆞ야 呂氏를 ᄀᆞᆯ 嘲笑ᄒᆞᄂᆞᆫ지라 同列에 그

216　근대 한국학 교과서 총서 4

官位와 姓名을 探索ᄒᆞ야 詰責ᄒᆞ고져 ᄒᆞ니 呂氏ㅣ 急히 止ᄒᆞᆫ다.

退朝ᄒᆞᆫ 後에도 同列에 잇ᄂᆞᆫ 諸人이 오히려 詰問치 아니ᄒᆞᆷ을 後悔ᄒᆞ거ᄂᆞᆯ 그 姓名을 探索ᄒᆞ야 詰責ᄒᆞᆷ을 人人이 相傳ᄒᆞ야 그 寬大ᄒᆞᆷ을 敬服ᄒᆞᆫ다.

呂蒙正이 한번 그 姓名을 알면 終身토록 ᄭᅩᆺ지 못ᄒᆞᆯ지라.

益ᄒᆞᆷ을 敬服ᄒᆞᆫ다.

古人이 有言曰 恣ᄒᆞ는 易與

度量을 對ᄒᆞ면 自然 畏敬ᄒᆞ며 容易히 怒ᄒᆞ지 아니ᄒᆞᆫ다.

滿面이 爲ᄒᆞᆯ 事을 君子ㅣ 或時 自己를 對ᄒᆞ야 無禮ᄒᆞᆷ을 窮究치 아니ᄒᆞᆫ다.

肩臂가 相摩ᄒᆞ야 大聲으로 叱咤ᄒᆞ며 그ᄅᆞᆯ 對ᄒᆞ야 怒然히 嘵丈夫의 言行이 恣ᄒᆞᆫ 恐氣가 行ᄒᆞ는 時에 主人이 果然이 路가 行ᄒᆞᆫ 時一에 主人이 잇ᄂᆞ니라.

婢僕等이 그 主人의 失之를 恐ᄒᆞ야 徐徐히 그 所以然을 窮究ᄒᆞ야 恐然히 戰戰兢兢ᄒᆞ야 妄之過失을 服事ᄒᆞᆫ다.

死을 사ᄅᆞᆷ이 可히 恣ᄒᆞᆯ지로다.

늘은 細瑣ᄒᆫ 일에 對ᄒ야 怒ᄒᄂᆞ 叱責ᄒᆞᄂᆞᆫ 사ᄅᆷ이 잇ᄂᆞ니 自己의 威嚴을 損傷ᄒᆞ야 他人의 輕侮를 自招홈이니라.

子貢이 孔子ᄭᅴ 뭇ᄌᆞ오ᄃᆡ 一言이 可히 終身토록 行ᄒᆞᆯ 것스 잇ᄂᆞ닛가 孔子ㅣ ᄀᆞᆯᄋᆞ샤ᄃᆡ 其恕라 ᄒᆞ시니라. 能히 容恕ᄒᆞ면 怒홈이 稀少ᄒᆞ니라.

第十課　愚人의 迷信

儒拙ᄒᆫ 사ᄅᆷ이 잇서 暗夜에 幽寂ᄒᆞᆫ 곳을 行ᄒᆞ다가 頸長頭大ᄒᆫ 一 妖怪가 道傍 垣上에 蹲坐ᄒᆞ야 過ᄒᆞ는 거슬 甚히 驚怯ᄒᆞ야 短

杖으로써 妖怪를 對ᄒᆞ야 猛打ᄒᆞ야 가저 一棒으로 打殺ᄒᆞ고 急히 走歸ᄒᆞ다. 翌日에 途中에서 同伴二友가 잇서 그 友人과 더부러 妖怪를 밧나 彼處에 住見ᄒᆞᆫ즉 그 垣上에 匏子가 牛分은 地上에 잇고 그 사ᄅᆷ이 비러 ᄀᆞ던 匏子가 그 牛分이 妖怪나 鬼魔를 요 片이 垣上에 아니오 匏子인줄 알고 赧色이 滿面ᄒᆞ얏다ᄒᆞᆫ다. 무릇 此世에 妖怪나 鬼魔를 요

又 自己의 무음이 迷惑으로 좃차 사롬의 氣中에는 妖怪鬼魔者ㅣ 잇고 正大호 무음이 잇는 妖怪物은 分明 勇氣잇고 正大호 무음에는 妖怪가 分明 恐

勇氣잇고 正大호 사롬은 妖怪鬼魔를 두려워 避호는 것이오 儒怯호 사롬의 몸을 避호는지라

懼와 又지 古塚가 비 古根本을 窮究호면 그 妖怪物과 又지 學問잇는 사롬에게는 腐敗호 物件을 能히 畏懼物이나 破屋에서 書光이 나는 것이 磷을 足히 恐畏懼홀 것이 妖怪怪物도 能히 그 故로 鬼子도 업시 업는 人骨이 腐敗호야 磷을 製造호는 實狀 鬼火로 그 稱호는 것이 其他 妖怪 磷을 쓰는 것이오.

第十一課　愚人의 迷信

星宿을 보고 吉凶을 占ᄒᆞ며 祈禱로 病을 비
ᄂᆞ니라 妖怪나 鬼魔를 던지 아니라 ᄭᅡ닭업시
掌紋을 보고져 ᄒᆞ며 感世誣民ᄒᆞᄂᆞᆫ者가
設置ᄒᆞ고 밋ᄂᆞᆫ 거시라 愚人中에 最多ᄒᆞ니
大旱에 祈雨祭를 지ᄂᆡᄂᆞ니라 祈禱ᄒᆞᄂᆞᆫ者가
近處에 祈禱ᄒᆞ고 愚夫愚婦가 祈禱ᄒᆞ며
神酒를 담은 酒瓶 少頃에 神壇을 設ᄒᆞ고
家偶에 神奇ᄒᆞ다고 靈驗이 神所願ᄒᆞ며 神壇
ᄒᆞ는 者가 酒瓶

木枝를 細
枝는 神接ᄒᆞ는 것이라 ᄒᆞ고
動ᄒᆞᆷ을 사ᄅᆞᆷ이 보고 ᄌᆞᆯ겨 보며
驚訝ᄒᆞ는 그속에 사ᄅᆞᆷ이 잇던지 屛風
壁에 그 속에 사ᄅᆞᆷ이 無數혼 木枝
小魚가 露出혼지라 酒瓶이 橫倒ᄒᆞ야

各種人等을 信仰하야 既往에 任意로 各種人等을 慈善으로 亂打하고 其 苦痛을 白服케 함은 大槩ㅣ니 又或 迷惑이 理致에 合하는 것이라. 小魚의 힘인즉 勞務를 前에 祈禱者는 苦痛을 難堪하야 사람을 迷惑케 함은 足히 사람을 迷惑케 하지 못할지라.

無論某事하고 理致에 맛지 아니함을 迷信이라 하나니라. 學問이 發達치 못한 時代에는 迷信하는 者ㅣ 各種人等을 信仰하는 者ㅣ 種々 迷信하는지라.

今日에는 學問이 進步를 隨하야 迷信者가 漸減하는도다. 三尺童子라도 맛지 아니하면 事物의 理致로 正理에 맛는 古言이 잇스니라.

愚人은 輕信하는 故로 事物의 理致를 求하는 者ㅣ 잇거니와 邪信者는 正邪를 犯치 아니하고 事物의 理致를 正理에 求하야 迷惑하나니라.

邪信者는 邪를 求하야 사람이 달을 求할지라 未致不解하고 正邪를 달하는 者ㅣ 잇거니와 不當함은 일에도 迷惑하나니라.

孔子曰　知者不惑

第十二課　慈善

日本國東北地方에셔歉年을當호야五穀이
日不熟호는지라衣食을求호지못호야人民이凍餒를免치못
호는지라。

其時에鈴木이라호는사름이잇는디元來慈
善혼家貧民을救助혼지라鈴木家勢가富饒혼故로財産을蕩盡호야
慈善心에感動호야自己의衣服과櫛笄를沒
호며賣却호야貧民救助호는資金을補充호야年甫十五歲라
鈴木이一女를두엇는디

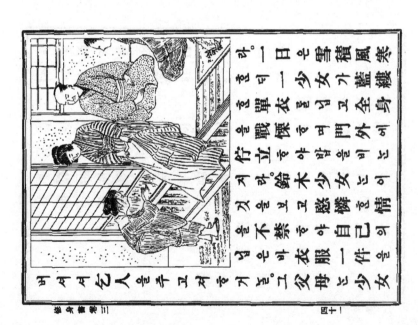

寒風積雪에全身이藍縷혼
一日은單衣를닙고門外에니는少女가
鈴木少女는慈憐호야自己의
父母는少女衣服一件을
禁호야니衣服一件을
行을戰慄호지라。
며셔乞人을주고져호
기를。그父母는少女

의 慈悲心을 奇特히 녀이어 나 試驗코는 말노 무
르되 네 衣服도 얇엇는데 이 一件을 쓰면 少女야 네게 주
녀가 對答호되 더 可憐호 女兒의 寒苦를 보고 지가
只今은 冬節이라 호고 一件 小女의 衣服을 脫與호
며 乞兒는 鈴木少女의 恩義를 感激호엿다 호니 그 父

母의 稱善홈을 哀乞홈은 富호야 困窮에 셔진 者와 可矜호 者를 救홈은 隣愛慈善
이니라 稱善은 人災를 難을 義務라 勤勞치 아니호고 天災疾病等 不意의 衣食
助홈은 金錢助홈은 構으로 物品을 惠與홈는 者도 亦是 慈善이니라 호는 此世에 稀貴호다 호고 사름마다

第十三課 節制

身體健康은萬事의根本이라身體가健康치
못ᄒᆞ면忠臣도能히忠을다ᄒᆞ지못ᄒᆞ고孝子
도能히孝를다ᄒᆞ지못ᄒᆞ며身體의健康을
保全코져ᄒᆞ면飮食을節制ᄒᆞ이가장緊要ᄒᆞ
게더음을을節制心을御ᄒᆞ고飮食을節操의十
二德中에節制를第一로녁엇스니節制다음을
이切要ᄒᆞᆫ것은運動이니라。

와셔和蘭國에富人이엇는디每日하고일

도ᄒᆞ지안코珍羞盛饌으로縱慾飽食ᄒᆞ더니
身體가漸漸肥胖ᄒᆞ야必也에苦痛을不堪ᄒᆞ
나一向聽치아니ᄒᆞ며醫師가節食運動ᄒᆞ을忠告ᄒᆞ
醫師는그사람이書札을보내며千里遠方에良醫를
合을못고書札을보고治療를請ᄒᆞ얏더니
醫師不足홈을알고即時答書ᄒᆞ되이는腹中에權
惡ᄒᆞᆫ蟲이發生홈이니軍馬를타며病勢가漸重ᄒᆞ
徒步로오나라ᄒᆞ얏더니이治療를맛

그러나 져 사람이 醫師의 말을 信聽ᄒ야 旅館이 엿스
며 지음날에 投宿ᄒ얏더니 日數가 더ᄒ는대로 身體가 肥胖히 到達홈을 써는 病勢가 거져 快差홈을 精神이 爽快ᄒ야
中醫의게 날을 ᄒ얏다ᄒ고 惡蟲은 旅行中이니 그사람이 貴下의 腹
이 말을 써 낫고 醫師의 忠告를 聽從ᄒ야 飮食을
節制ᄒ고 每日運動을 不怠ᄒ얏더니 身體

가 至極히 健康ᄒ야 八十 享壽를 ᄒ엿다ᄒ
이 말을 드른대 節制와 運動이 如何히 必要
德體動도 ᄒ지 아니코 飮食만 貪ᄒ는者는 自己의 身
心을 所重호 抑制ᄒ지 못홈은 甚히 卑賤을 션ᄒ야 人臣
子 弟 婦人의 本分을 能히 못ᄒ나니 口腹의 害홈이
德이 罪를 免치 못홀지니라。

學部編纂

普通學校 學徒用 修身書 卷四

東京 三省堂書店印刷

目錄

第一課　獨立自營 ……………… 一
第二課　職業 …………………… 五
第三課　共同 …………………… 七
第四課　公衆 …………………… 十
第五課　衛生 ………………… 十三
第六課　皇室 ………………… 十八
第七課　良吏 ……………… 二十一

第八課　租稅 ……………… 二十四
第九課　公私의區別 ……… 二十六
第十課　博愛 ……………… 二十九
第十一課　動物待遇 ……… 三十三
第十二課　赤十字社 ……… 三十七
第十三課　朋友 ……………… 四十

修身書卷四

第一課　獨立自營

西洋某都會에少年二人이잇ᄂᆞᆫ듸一人은富家에生長ᄒ고一人은貧家에生長ᄒ엿더라。富家에生長ᄒᄂᆞᆫ者ᄂᆞᆫ婢僕의使令이足ᄒ야極히安樂ᄒ게生活ᄒ며父母의生計를助力ᄒ기爲ᄒ야諸般困苦를備嘗ᄒ더라。然故로富家의少年은貧家의少年을卑隱히녁이고貧家의少年은富家의

少年을 欵義히 너이더니 二人이 다 長成호야 長이 되는 富家는 田畓은 極히 奢侈호 宅과 什物이 有數호며 城內의 財寶를 蓄積호야 ──

一家의 奢侈호 什物을 漸次 放賣호고 放蕩호 所致로 家産이 客星호야 畢竟은 糊口가 極히 艱難호 結果를 致호고, 貧家는 勤勉호야 少年이 四十歲 되야 家産이 有數호 財産家가 되야 節儉호며 婢僕의 使令을 受홈에 ──

主管홈으로 大凡 사람은 各其 業務에 勉勵치 아니치 못홀지로다. 獨立自營호는 道를 講究치 아니치 못홀지로다. 父兄이

遊衣遊食호는 習慣을 養호되 富貴家에 生長호 者는 凡事를 婢僕으로 自爲호며 幼時로부터 勤勞호는 習慣을 依恃호기 쉬운지라 ──

年紀가 長成호고 成人이 되야도 勉勵치 못호는 사람이라. 必要호 氣力이 漸次 擴充호야 行호게 되나니, 獨立自營호야 他人을 依賴호며 他人의 氣力을 依恃호기 쉬운지라. 遺業이나 親舊이나 世를 ──

獨立自營호야 他人을 依賴치 말고 行홈이 可호니라. 親舊의 援助를 依賴호는 者ㅣ니라.

動로 故로 成長ᄒᄂᆫ 第一 不要가 잇서서 人生의 必무음이 싱겨서 動作을 무음이 잇ᄂᆞ니라. 他人에게 依賴ᄒ고 獨立自營을 ᄒᆞ지 ᄆᆞᆺᄒᄂᆫ니라. 自手動로 富貴家에 生長ᄒᆞᆷ이니라.

幸을 ᄇᆡ호며ᄂᆞᆫ 貧寒ᄒᆞᆫ 사ᄅᆞᆷ의 子孫은 能히 他人에게 依賴치 自爲ᄒᆞ기에 盡力ᄒᄂᆫ도로 効時에ᄂᆞᆫ 不幸ᄒᆞᆷ을 ᄆᆞᆺᄒᄂᆫ니 長成을 後ᄂᆫ도로 의 貧寒ᄒᆞᆫ 사ᄅᆞᆷ의 子孫이 幸福을 享受ᄒᄂᆫ者로

格言　皇天은 自助ᄒᄂᆫ者를 助ᄒᆞᆷ

第二課　職業

先祖의 遺業으로 衣食이 裕足ᄒᆞ야 아모 일도 營爲치 안코 悠悠히 歲月을 空費ᄒᄂᆫ者ᄂᆞᆫ 無賴輩라 稱ᄒᄂᆫ니 人世에 가장 卑賤ᄒᆞᆫ者이니라.

職業의 種類ᄂᆞᆫ 許多ᄒᆞ지라 사ᄅᆞᆷ은 所好와 所長을 ᄯᅡ라서 職業을 擇ᄒᆞᆯ지니라. 職業에ᄂᆞᆫ 貴賤과 尊卑의 差別이여ᄂᆞ니라. 世上에서ᄂᆞᆫ 商工業等의 職業에 從事ᄒᆞ야ᄉᆞ

스로 勞力홈을 賤히 너이는 者ㅣ 잇스나 이
는 解風이로다 如何훈 職業에 민지지 克勤克
勉고 社會에 有益게 후고 國家에 有利게 후
他人의 職業을 尊敬후고 強行코 저홈은 極히 危險후니라
或 父母의 意見과 家族의 事情도 參考홈이 可
自己의 才能에 適當훈 職業이라도 父
母의 意見이나 家族의 事情에 不合후면 從事
히 못홈지니라。

慎重히 職業을 選定홈으로 以上에 輕々히 變更
홈지니 熱心으로 業務에 勉勵홈이 可후며 素志를 變動홈은 勇
氣 젹은 사름들이니라。

第三課　共同

獨立自營은 가쟝 尊重히 너일바이나 그러나
共同히 후나니 저홈은 他人과 孤立코 저홈도
獨行으로 成事코 저홈은 秋毫도 他人과
共同 후나니 저홈은 愚者라 孤立
獨行으로는 到底히 成功 후나 그러나
人이 共同후면 容易히 成功홈이 만호니라。

老人이 童子 四五人을 召集호고 棒子三
枚를 주며 그 우에 이 松板一枚를 언저 노와 골오딕 이 童子를 이 엇
滋味는 지라。 各其 試驗호나 成功을 者ㅣ 엿

少頃에 童子 一人이 무엇을 容易히 셰우지라。 이는 細繩으로 三
本 棒子의 中間을 合束호고 棒子의 兩端을 開
列호 童子를 이져 노흐에 試驗호과 又지 棒子 一

本을 세우고 저 窮理호야
모리 功效가 또지 三本을 能히 셰우고 松板을 언진 것는
우리 功效가 업스니 이 本을 合束호고 그 束은
我等이 世事를 營爲 또는 이
各人이 孤立獨行 호면 成功

共同力을 合ᄒ면 事半功倍가 되ᄂ니다。

然則 一家協力이며 一村一鄕의 共同力은 必要가 잇도다。共同力으로 他人의 扶助를 밧ᄂᄂ도 잇ᄂ니라。獨立自營ᄒᄂ者도 能히 扶助ᄒᄂ니라。相扶相助ᄒᄂᆫ 道에 達ᄒᄂ者 고 他人을 爲ᄒ아 人類ᄂ 되ᄂ니 人衆을 爲ᄒ야

第四課　公衆

人類ᄂ 親戚과 朋友를 愛護ᄒ며 公衆의 利益을 圖謀ᄒ기에 注意ᄒᆯ지며 一般

殿閣寺院公園等에 ᄒ게ᄒ거나 遊閣寺院公園等事ᄂ니다。

道路에서 車馬와 및 通行者의 妨害가 나 樹木이나 花卉를 折傷

飲料水에 汚物이나 塵芥를 버리며 傳染病ᄂ者의 防害가 藥置ᄒᄂ 消毒預防等을 厭避ᄒ이 腐敗ᄒ을 隱路上에 或은

公衆에게 貽害ᄒᄂ니다。官有物에 對ᄒ야 損害를 며 公共物이나 公衆蔽物件을 損害가

鐵道線路와 電信柱及郵函衙署等을 毀傷케 ᄒᆞᆷ은 皆是 公衆에게 貽害함이니 譬컨디 橋梁堤堰等의 建築物을 汚穢ᄒᆞ며 謹慎ᄒᆞᆯ지니라 汽車나 汽船이나 公衆에게 貽害ᄒᆞᆷ이 可ᄒᆞᆫ 惡戱를 ᄒᆞᆷ은 皆是 公衆에게 貽害ᄒᆞᆷ이며 學校等의 集會의 時間을 ᄯᆡᆨᄒᆞ며 衆人이 羣坐ᄒᆞᆫ 가온디 他人을 排擠ᄒᆞ거나 無禮ᄒᆞᆫ 擧動을 ᄒᆞᆷ은 可히 謹慎할지며 人海中雜沓ᄒᆞᆫ 지을 보고 老弱을 救護ᄒᆞ며 危險을 보고 其他自己의 扶助ᄒᆞᆯ

義務라 ᄒᆞᆯ지니라 밋ᄂᆞᆫ 디도 公衆을 爲ᄒᆞ야 盡力ᄒᆞ미 人類의 義務라 ᄒᆞᆯ지니라.

第五課 衛生

身體의 健全ᄒᆞᆷ을 爲ᄒᆞ야 衛生이 가장 必要ᄒᆞ니 身體를 爲ᄒᆞᆫ 뿐 아니라 또ᄒᆞᆫ 公衆을 爲ᄒᆞ야 衛生에 注意ᄒᆞᆯ 지니라. 身體는 我等의 ᄲᅵᆫ이라도 無心히 不潔物을 淸渠가온디 投棄ᄒᆞ면 惡疾이 ᄠᅳᆯᄂᆞᆫ 지라 一人의 不慎으로 말미암아 惡疫이 隣人에게 傳染되야 數日間에 親族이나

ᄒᆞᆫ村落의一女子가終日토록野外에서田을耕ᄒᆞ다가夕陽에卒然히人事를不省ᄒᆞᄂᆞᆫ지라家族과隣人이會合ᄒᆞ야全身을救護ᄒᆞᆯᄉᆡ苦痛이甚ᄒᆞ야身이不省ᄒᆞ고人命을損失ᄒᆞᄂᆞᆫ弊端이不無ᄒᆞ고多數가잇더라

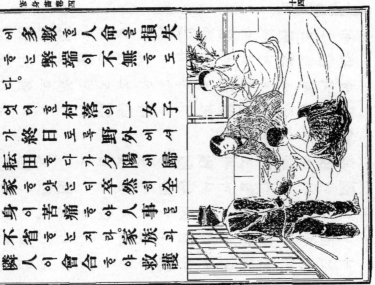

病에近ᄒᆞᆫ者는亦是傳染病이오그家屋이傳染ᄒᆞᆫ지라同病에數人이그사름들에게도傳染ᄒᆞ야死亡者ㅣ數十人에至ᄒᆞ고醫師를派遣ᄒᆞᄂᆞᆫ最惡ᄒᆞ다稱ᄒᆞᄂᆞᆫ傳染病院으로病人을避病ᄒᆞ고一日間에數人이死亡ᄒᆞ며그사름들이數日之內에死亡者ㅣ不絕이러니急報를듯고醫師는病人을避病院으로보니고後에病毒이傳染ᄒᆞᆯ가恐ᄒᆞ야一村이連遭ᄒᆞ야數日을沒數히燒火ᄒᆞ야家屋과什物을消滅ᄒᆞ며檢驗警察署에서沒數히燒火ᄒᆞ야消滅ᄒᆞ엿다

各種惡疾이 잇스니 虎列剌瘟疫痘疫等으로 因하야 傳染病이 流行은 衛生에 各人이 注意치 안이홈으로 도라 倍常 衛生을 重히 녁여 傳染病에 걸니지 안토록 홀지니라.

諸文明國에셔는 種痘로써 痘痕이 잇는 者ㅣ 全無하니 我國은 種痘가 行치 못하는 故로 面上에 痘痕이 잇는 者ㅣ 만흐니라.

幼時에 種痘를 홈은 痘疫으로 因하야 夭折홈을 防함이니 種痘의 功效를 몰나 種痘치 안이하는 者ㅣ 天命을 夭折하나니라.

概數虎列剌는 食物로 因하야 싱기는 病이니 各其 飮食物에 注意하고 平日에 衛生을 重히 녁여 病을 預防홀지니라.

傳染病이 걸니면 即時 警務署에 뢰報할지니 傳染病을 隱蔽홈은 多數 殺人홈과 갓흐니 傳染病을 防禦홈에 可히 不幸홈이 업게 홀지니라.

第六課　皇室

皇室은 太祖高皇帝以來로 聖子神孫이 繼承하샤 帝國을 統治하옵시는지라 歷代列聖이 다 民俗을 惟憂하샤 有 聖心이 계셔 盛意 變遷하야 敎化가 無常하고 國威를 同私利를 貪하고 國威 輕重이 不顧하시나이다 私利를 貪하고 國威 職을 人民 列 聖 疾苦를 不顧하시나이다

我等이 皇室을 尊奉하도다 又우리 祖先及我等이 世世로 皇室의 恩澤을 厚蒙하엿도다 故로 我等은 皇帝皇后兩陛下를 依仰함은 臣民이 皇帝皇后兩陛下를 父母와 갓치 섬기는 마음으로써 國君을 孝로써 섬길지라 古書에 曰 父母는 其子女의 安寧幸福을 希望하고 子가 되여 忠臣孝子가 되기는 父母의 願하는 바라 故로 忠臣은 孝子의 門에서 求한다 하니라

修身齊家는 孝道ᅵ 最大ᄒ 者ᅵ라。修身齊家가 本頭이라。口이 父母에게 貽憂ᄒᆷ을 이의 ᄉᆞᆯ이며 修身齊家의 道를 行치 못ᄒ야 不孝의 罪를 免치 못ᄒ리오.

皇帝陛下에ᄂᆫ 亦是 臣民이 各其身家를 修齊ᄒ야 安寧幸福을 求ᄒᆷ을 日夜로 宸襟을 苦勞히 ᄒ샤 臣民의 安寧幸福을 求ᄒ심이라. 皇帝陛下의 聖意를 仰體ᄒᆷ이니 忠君愛國이

安寧幸福을 求ᄒ는 修身齊家는 盡善盡美케 ᄒ야 臣民이 各其身家를 修齊ᄒ야 安寧幸福을 求ᄒᆷ의 道를 講ᄒᆷ이니 職業에 勤勉ᄒᆷ을 ᄉᆞᆯ이라. 故로

의 道ᅵ니 仁人志士를 吸收ᄒ야 人民이 皇室의 鴻恩大德을 奉答ᄒ고 修身齊家의 道는 志士ᅵ 四方에 靑血이 ᄂᆞ며

此外에 他道가 更無ᄒ니라。然則 我等의 忠良은 皇室의 臣民은 衣食을 奢侈ᄒ는 者는 寶踐치 안코 人民의 才ᅵ오 忠良吏는 亂臣이며 不正을 行ᄒ는 者는 修身齊家ᅵ

大凡 國家에 百官을 設置ᄒ야 庶政을 分掌케

第七課　良吏

陛下에 他道가 更無ᄒ니라. 貧子를

홈을 國民이 安寧幸福을 增進코 저홈이라.

國君은 賢明홈지라도 九重에 深居호신지라
奸臣이 君側에 羅列호야 聰明을 掩蔽호면 民情이 四
境의 民情을 洞察호지 못호는지라 엇지 民情이
王陶堂之上에 達홈을 엇으리오 故로 聖帝明
王을 擇홈이니라.

官吏는 億兆中에 서 擇호야 人民의 儀表를 삼
논비이라 故로 忠誠公平勤儉廉直으로 宗을 삼
으샤 君王을 輔佐호고 호며 人民의 庶民

을 撫愛홈을 故로 舊章을 因호야 吏務를 如此홈을 稱홈지라 若或
長上에게 阿諛호는 者는 不忠을 가나 恩寵을
獨尊코 저호는 故로 法律을 枉斷호는 者는 奸臣이니 遺賂
權勢를 誇張호기 爲호야 左右호야 放縱히 호고 人民
官職을 濫用호야 私利를 食호는 者는 國家의 要職에 居
綱紀가 紊亂호도다 如此홈 者가 政令이 行치 못호고 人居

民이 塗炭에셔 져셔 審愼치 아니호면 國家도 又 危亡호느니 義호디

第八課 租稅

政府大臣以下에 百執事를 둠은 人民을 泰平히 生活케 호고져 홈이라. 觀察使 郡守 等은 地方民情을 中央政府에 報告호며 便宜를 務圖호야 國을 圖홈이지오. 中央政府는 民情을 綜合호야 諸般施設에 便宜를 增進코져호야 人民을 保護호고져 홈이라.

中央政府의 命令을 遵行호야 人民의 便宜를 圖홈이지오. 中央政府는 觀察使 郡守로 民情을 深察호고 人民의 汲汲호는 諸般施設에 報告호야 人民을 保護호느니라.

學校를 分置호야 人民을 教育호고 裁判所가 設호야 人民을 懲戒호며 道路를 開通호고 警察署가 設호야 生命財産을 保護호며 橋梁을 架設호야 交通을 便利케 호며 道路를 開通호이다. 人民을 教育호고 生命財産을 保護호며 交通을 便利케 호이다. 此等事業은 利益을 爲홈이니라.

此等事業에 消費호는 財政은 國家를 爲호야 國民이 應호야 分擔호는 金錢을 租稅라 稱호느니라. 如此호 經費를 分擔호야 相當호 租稅라 稱호야 政府에 納上호는 者이라.

我等人民은 地位와 財産을 應호야 相當호 租稅를 政府에 納上호야 國民이 되느니라.

税를 納上치 아니호고 遠避호는 者는 官吏를 欺罔호는 거시니 이런 民이 안이라. 况 私橐을 充肥호야 官吏가 不忠호며 政府의 最甚호지라. 租税를 納호는 人民이 決斷코 忠良平한 官吏를 行치 免호는 期限이 안이니라.

第九課　公私의 區別

唐時에 張鎭國이라 호는 사람이 舒州都督이 되야 故鄕에 赴任혼 後에 親威와 故舊를 招待호야 盛宴을 開設호고 談笑

歡飲호기를 다호매 布衣로 잇슬 때에 特別히 今日을 다 告호되 故人과 歡飲홈을 明日브터 諸君 對호야 實로 舒州都督으로 厥後에 犯法호면 秋毫도 容 親威와 親友가 아니호니 恕치 아니호리라 貪치 아니호니라.

晉文公이 其 咎犯을 對호야 咎犯이 怨讐ᄂᆞᆫ 故로 虞子羔ᄂᆞᆫ 西河守를 薦擧ᄒᆞᆯ 者ᄅᆞᆯ 薦擧ᄒᆞ며 닉여 咎犯이 怨讐 虞子羔를 薦擧ᄒᆞ니 文公이 王이 怨讐가 아니냐ᄒᆞᆯ을 딩이 適任者를 全혀 私事이ᄂᆞᆫ 者ᄂᆞᆫ 對答ᄒᆞ야ᄂᆞᆯ 下詢ᄒᆞ신대 臣과 審慎ᄒᆞ나ᄂᆞᆫ 公私 니다ᄒᆞ니라。

무릇 官職에 居ᄒᆞᆫ 者ᅵᄂᆞᆫ 人情은 任々 ᄒᆞ며 區別을 分明케 ᄒᆞ여ᄂᆞᆫ지라。

親戚을 因ᄒᆞ야 厚薄이 不均ᄒᆞ고 愛憎을 因ᄒᆞ야 親戚을 親ᄒᆞ고 陳을 褒貶을 不忘홈은 美德이라 愛로써 國家를 爲ᄒᆞ야 居官ᄒᆞ야 故舊를 愛호ᄂᆞᆫ 者ᄂᆞᆫ 因ᄒᆞ야 不公이 公私의 區別을 紊亂케 ᄒᆞ니 忠誠 張鎭國과 又히 遵守ᄒᆞ며 厚薄을 偏施치 아니 雖然이나 國家를 又치 親戚者이 敵이라도 推擧홈을 咎犯과 又치 親敵이라도 寬弘홈은 君子로다。

第十課　博愛

婦人이 잇스니 富家에 나서 慈愛之心이 만흔 幼時로브터 病者를 看護ᄒᆞ며 不幸ᄒᆞᆫ 貧者를 救助ᄒᆞᆷ으로써 第一 樂事를 삼ᄂᆞᆫ지라. 當時 英國 上等社會의 女子ᄂᆞᆫ 衣服을 華麗히 ᄒᆞ며 嬌奢를 相競ᄒᆞᄂᆞᆫ 風俗이 잇스나 이를 ᄀᆞᆯ온조곰도 도라보지 아니ᄒᆞ고 病院과 監獄에 前往ᄒᆞ야 病人과 囚徒를 慰問ᄒᆞ더라. 適其時에

英佛兩國이 露國을 對抗ᄒᆞ야 크리미아戰地에 醫師도 업고 看護도 甚히 不足ᄒᆞᆫ지라. 英佛兩國이 當署의 病者의 數가 甚多ᄒᆞ며 死者病者의 憐憫ᄒᆞᆫ 情을 禁치못ᄒᆞᄂᆞᆫ지라. 이 婦人이 本國에서 同志의 看護婦人 三十四人을 募集ᄒᆞ야 戰地로 東奔西走ᄒᆞᆯᄉᆡ 晝夜로 寢食을 忘却ᄒᆞ고 身體가 疲勞ᄒᆞ야 病傷者를 救護ᄒᆞ기에 盡力ᄒᆞ야 因ᄒᆞ야 戰地의 兵士이 이덜을 救護ᄒᆞ니라.

勸ㅎ며 看護에 臨ㅎ니 國을을 ᄂᆞ며 다ᄉᆞ리다 ᄂᆞᆫ 다ᄉᆞ리기ᄂᆞᆫ ᄭᆞᆯ 다 복됨을 快復ᄒᆞᆷ을 보고 인치 아니ᄒᆞ고 병을 聽從치 아니ᄒᆞᆫ지라。於是에

이 戰爭은 ᄯᅩ ᄎᆞᆷᄒᆞ니 其術兩國이 本國으로 歸來ᄒᆞ고 功勞를 褒揚ᄒᆞ며 英國女皇이 勝捷을 엇으니

ᄂᆞ이 영ᄀᆞᆫ을 接見ᄒᆞ고 博愛心을 深感ᄒᆞ야 이 영ᄀᆞᆫ의 ᄂᆞ이 영ᄀᆞᆫ이니

殷國民도 ᄯᅩ 博愛心을 深感ᄒᆞ니라。

高名이 世界에 喧傳ᄒᆞ니라。

吾等은 君臣父子兄弟夫婦朋友間에서도 親ᄒᆞ며 四海同胞를 博愛ᄒᆞ야 無眼論이고 博愛心이

吾等은 博愛이니 이 道를 넓일것이다。이럴진ᄃᆡ 又을 者ᄂᆞᆫ 能히 博愛心을 禽獸에게ᄭᅥ지 밋칠도

人은 世의 本分을 알것이다。可히 世의 本分이라。貧者病者傷者不具者等을 救助ᄒᆞᄂᆞᆫ 者ᄂᆞᆫ

可ᄒᆞ도다。特別히 可憐ᄒᆞᆫ 者인ᄃᆞᆯ 又을 것과 又을 者ᄂᆞᆫ 能히 博愛心을

第十一課 動物待遇

ᄂᆞ이 영ᄀᆞᆫ이 博愛心은 禽獸에게ᄭᅥ지 밋칠도

家內에 一老僕이 잇서서 犬一匹을 愛養ᄒᆞᄂᆞᆫ
ᄒᆞ야 足部를 傷ᄒᆞ엿는지라。老僕은 愛犬의 苦
ᄒᆞ야 一日은 悖惡ᄒᆞᆫ 兒童들이고 黃犬에게 投石

貌樣을目不綏히영又지아니호고苦痛을영又지안히홈을惻憫히영又지못호야痛忍히苦痛을은側惻히영又지아니호고衿恤호야見호고저호고衿恤호야能히끊지못호고殺게호고저호며衿恤치못호야大足으로卿時溫湯으로苦痛이大足으慰

의傷處를淨洗호고綳帶를감으며忍耐호다苦痛이작호야速히差道의스마다

勞호는言餅가사름을對호지又며라
至誠으로救護호더니黃犬의傷處가快差홈을
四五日後에그黃犬이나이맛겐을보고그恩義를感謝
들시는次又거든老僕이그勞動을보고그恩義를感謝호더이오
호니가만일달을출일면벌을미며致謝호더이오
東洋의빗聖人도恩惠가禽獸에게서지빗
다호엿도다무릇天地사이에禽生호者는다

生命을 重히 녀이고 安樂을 希望ᄒᆞᄂᆞ니 부질
업시 禽獸蟲魚도 困苦케 ᄒᆞᆷ은 不可ᄒᆞ도다。
人類이 飮食을 供ᄒᆞ기 爲ᄒᆞ야 動物을 捕殺ᄒᆞᆷ
은 不得已ᄒᆞᆯ일이오。ᄯᅩᆫ 人畜에 有害ᄒᆞᆫ 動物을
驅除ᄒᆞᆷ은 必要ᄒᆞ도다。그러나 必要가업시 動
物을 殺傷ᄒᆞ기나 困苦케 ᄒᆞᆷ은 可戒을지니라。
牛馬에게도 非常ᄒᆞᆫ 重卜을 載去ᄒᆞ며 鞭樋을 頻
加ᄒᆞ고 殘忍ᄒᆞ야 看過치 못ᄒᆞ게도다。彼等은 勞役
ᄒᆞᄂᆞ니 快樂도업시 終日 吾等을 爲ᄒᆞ야
지 虐待ᄒᆞᆯ지오。

第十二課 赤十字社

博愛事業은 世界 人心
을 感動케ᄒᆞᆯ지라。其後 埃地利國과 伊太
利國 사이에 戰爭이 니러낫ᄂᆞᆫ뎌 瑞士라ᄒᆞᆫ
나라에 ᄭᅦᆼ겔이쥬난이라ᄒᆞᄂᆞᆫ 富人이 잇엇ᄂᆞᆫ
지며 ᄭᅦᆼ겔의 일을 摸倣ᄒᆞ야 同志와 ᄯᅩ치 戰地에 病者傷者를 救護
ᄒᆞ야가 砲烟彈雨를 무릅쓰고 病者 그 恩惠를 感泣ᄒᆞ야
戰爭이 結局된 後에 쥬난이 四方에 驅馳ᄒᆞ야

諸國이 同意ᄒᆞ야 赤十字社를 設立ᄒᆞ니라。赤十字社의 主旨ᄂᆞᆫ 敵兵이라도 그 身命을 國家에 對ᄒᆞ야 戰ᄒᆞ다가 疾病을 因ᄒᆞ야 能히 救치 못ᄒᆞᆷ에 이르ᄂᆞᆫ 兵士이라도 그 身命을 救護ᄒᆞᆷ에 잇ᄂᆞ니라。

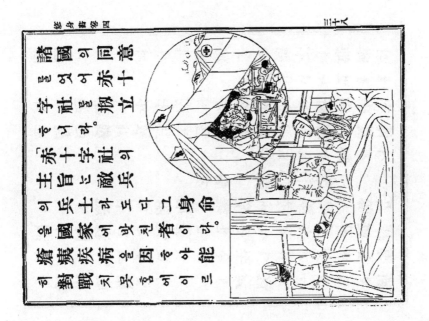

救護ᄒᆞᆷ을 吾人의 本分이니라。彼我를 不問ᄒᆞ고 그 傷者病者를 救護ᄒᆞᆷ으로써 目的을 삼ᄂᆞᆫ 故로 그 徽章으로 本社의 名稱을 赤十字社라 作ᄒᆞ니라。赤十字의 徽章을 佩用ᄒᆞᄂᆞᆫ 者ᄂᆞᆫ 戰時를 當ᄒᆞᆷ으로써 白質에 赤十字의 記號를 用ᄒᆞᄂᆞᆫ 故로 赤十字社員은 彼我를 可히 敬ᄒᆞᆯ 勇士이라 이도다。傷者病者이라 故로 本社의 徽章을 佩用ᄒᆞ고 赤十字社員은 彼我를 至今은 世界文明 諸國이 赤十字社同盟에 參加ᄒᆞ고 赤十字社의 任務에 從事ᄒᆞᄂᆞᆫ 者ᄂᆞᆫ 戰地에 잇서도 赤十字社員을 危害ᄒᆞᆯ 者ᄂᆞᆫ 彼我를 救護ᄒᆞᆯ 지라。

이 陴地를 不問ᄒᆞ고 何處에 던지를 여가 救護
ᄒᆞᆷ을 엇ᄂᆞ니니라.

赤十字社이 創立은 지오 四十年에 不過ᄒᆞ나
博愛의 恩惠에 沾洽ᄒᆞᆫ者ᄂᆞᆫ 其數가 幾百萬인
지 不知ᄒᆞᆫ도다.

第十三課　朋友

吾等은 이 學校에 卒業ᄒᆞᆯ期限이 不遠ᄒᆞ도다.
學校에 工夫ᄒᆞᄂᆞᆫ 동안은 親愛ᄒᆞᄂᆞᆫ 敎師의 訓
導ᄒᆞ며 ᄉᆞᆺ도 修養ᄒᆞ지나다 相戒相敎ᄒᆞᆯ다.

者ᄂᆞᆫ 朋友뿐이로다.
나도ᄂᆞᆫ 方圓ᄒᆞᆫ 器械를 써 로고 사ᄅᆞᆷ은 善惡을
識別ᄒᆞᆯ時에 注意ᄒᆞᆯ을 不知間에 善人이 되ᄂᆞ니
夜常善人이 되고 惡友와 交遊ᄒᆞ면 何不
朋友에 던지 惡人이 되ᄂᆞ니 朋友를 擇取ᄒᆞᆷ에
朋友ᄂᆞᆫ 善事를 勸勉ᄒᆞ고 惡事를 警戒ᄒᆞᆯ뿐 아
니오 吉凶禍福과 喜怒哀樂을 써도 말ᄒᆞ기를 善樂을
이있을써에이것을말ᄒᆞᆯ 朋友가 잇스면 그 善樂을

樂이 倍勝ᄒᆞ고 憂苦가 잇슬세에 이 지을 말을
다。 朋友가 잇스면 그 憂苦가 半減ᄒᆞᆫ다ᄒᆞᆫ 엇ᄂᆞ니
一朝 朋友의 交誼를 深結ᄒᆞᆫ 後는 서로 信義를
지며 利益을 ᄒᆞ야 交契가 愈任愈厚케 ᄒᆞᆯ을
若或 朋友가 過失이 잇스면 善悅을 ᄆᆞᄋᆞᆷᄒᆞ고 서로
으로도 聽從홈이 可ᄒᆞ도다。
細瑣ᄒᆞᆫ 事端으로 因ᄒᆞ야 友情을 傷ᄒᆞ고 서로
嫌視홈은 小人의 行爲라 ᄒᆞ고 親을 朋友라

도 잇스며 容恕홈이 可ᄒᆞ니다。
許久ᄒᆞ니 歲月之間에는 彼此이 不美ᄒᆞᆯ 일도
서로도 容恕ᄒᆞ야 意見이 不合ᄒᆞᆯ세도 從容히 말고
이 可ᄒᆞ니다。

초등소학

(初等小學)

卷1・2・5・6・7・8

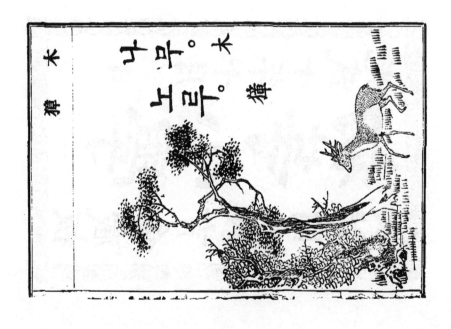

鯛 도 ㅁ 鯛

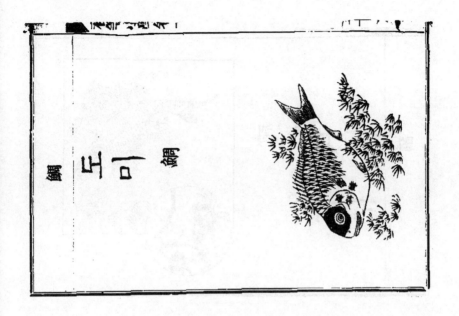

組 도 ㅁ。 組

타 주。

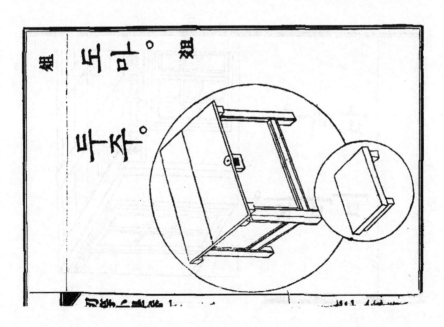

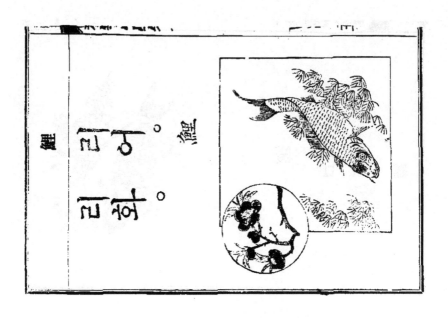

잉리°鯉

어리°鯉

판법°

지반미°

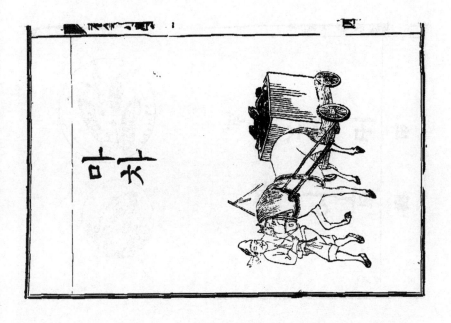

마차

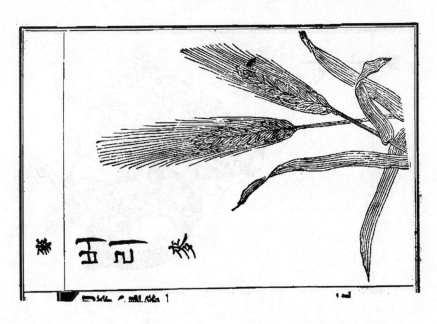

보리

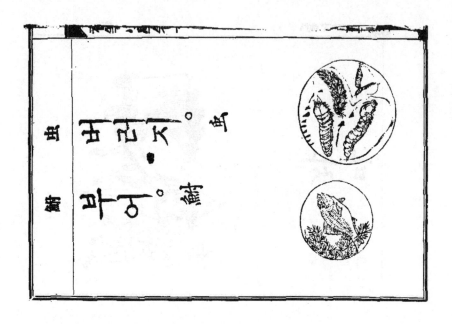

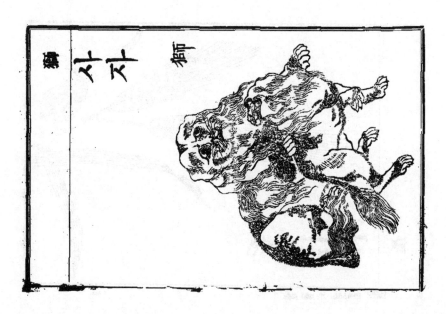

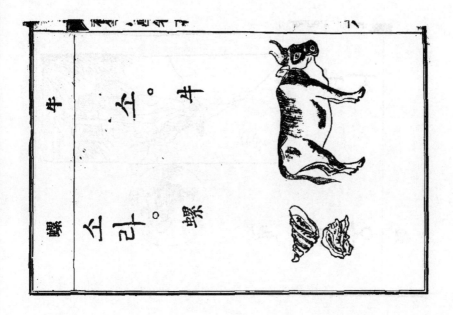

牛　소。　　螺　소라。

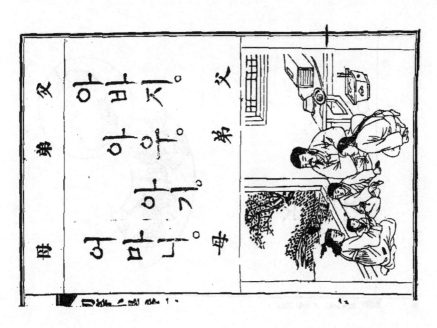

父　아버지。　弟　아우。　母　할아기。　할머니。

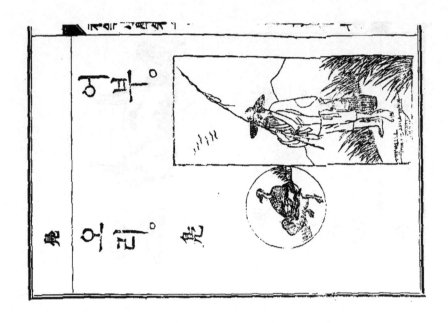

궁파°

龜　어피°　龜

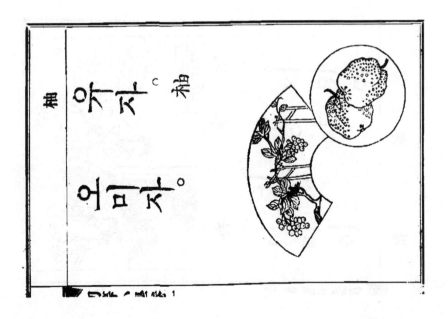

柚　앗샷ᄃ　柚

어ㅁ샷°

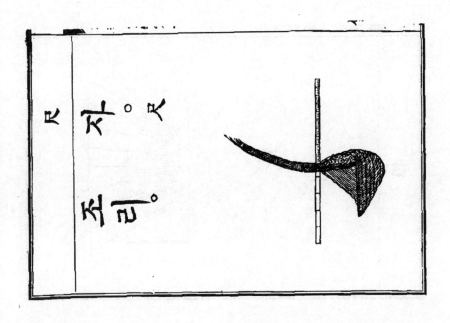

尺 자°ㅈ 조리°

彙 橐 자루° 橐

橐 禰 전고리° 禰

彙 쥬금니° 彙

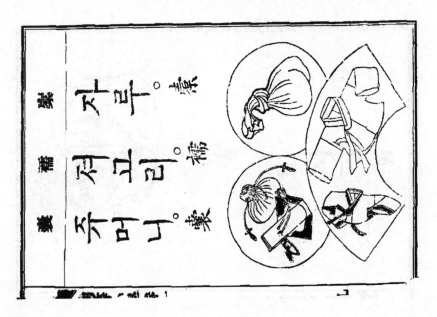

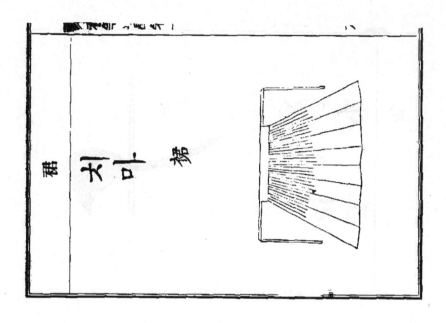

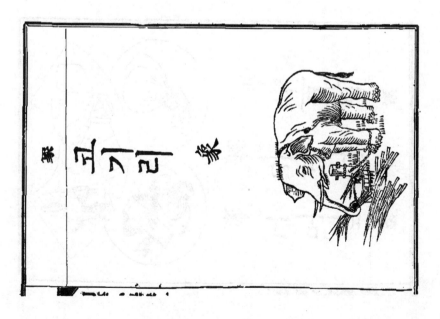

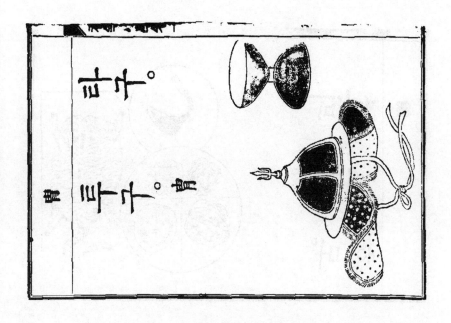

탕긔。

술긔 茶盤

파쵸。

포도。

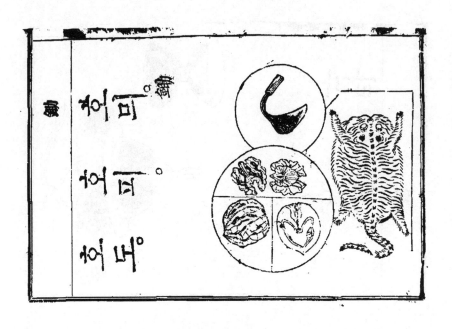

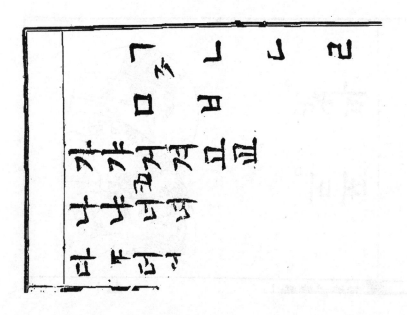

라랴러려로료루

마먀머며모묘무ㅁ

바뱌버벼보뵤부뷰ㅂ

사샤서셔소쇼수슈스시ㅅ

아야어여오요우유으이ㆁ

자쟈저져조죠주쥬즈지ㅈ

차챠처쳐초쵸추츄츠치ㅊ

카캬커켜코쿄쿠큐크키ㅋ

타탸터텨토툐투튜트티ㅌ

파퍄퍼펴포표푸퓨프피ㅍ

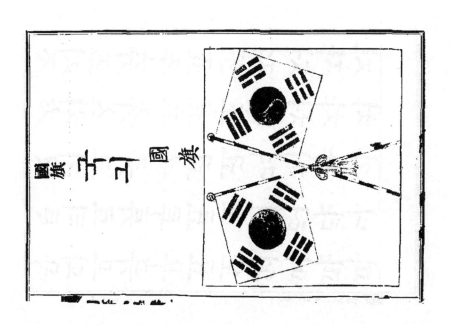

國旗 구긔 國旗

龜

거북은 머리가
네이오

거북 龜

猫

고양이가 쥐를
잡으러 가오

고양이 猫

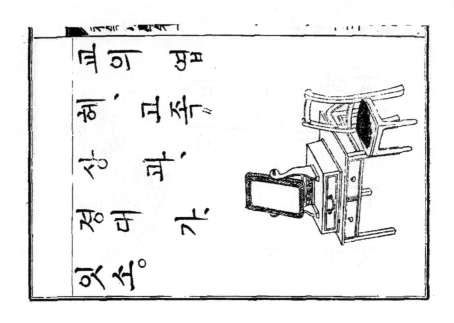

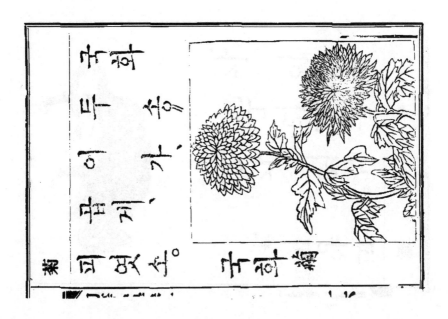

꾀히 픠

웨 녀숀

샹 과

졍 댜 가

잇 슴。

쭈히

다 슴。

듀 이 가

피 꽃 셧。

가히 화

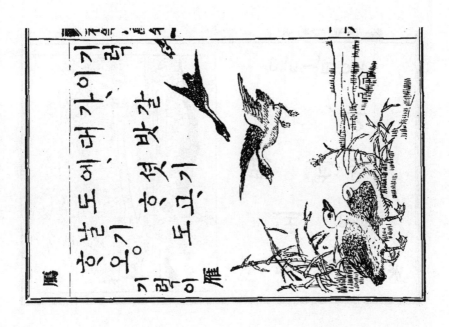

鷹

雁

馬

驢

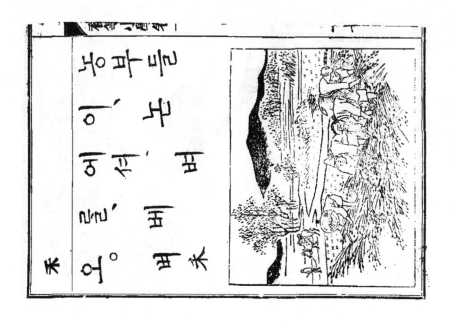

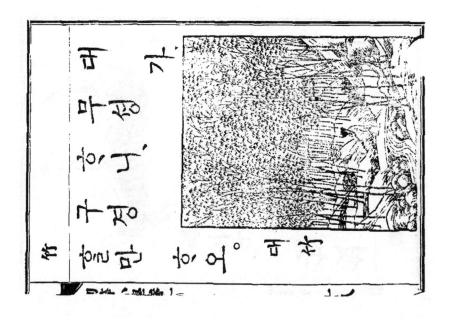

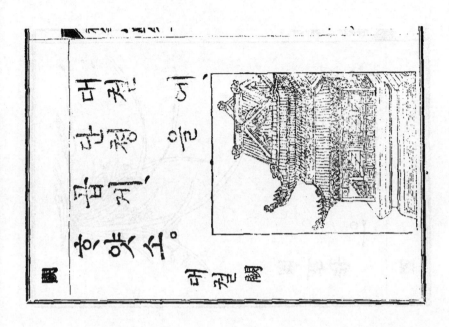

대궐이을
굼기
호얏소

대궐 閣

두룸이가
나라
우헤
안소

두룸이 鶴

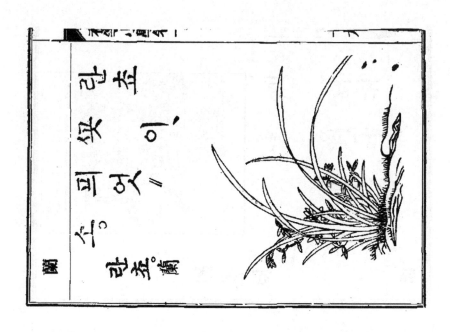

蘭

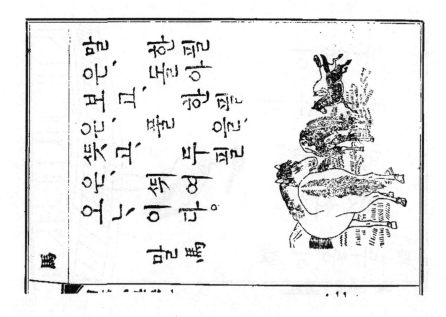

馬

花 菜

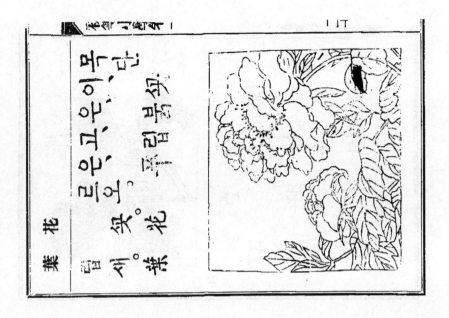

무이, 으고은 므
단은 오 꽃
퓌, 웃 菜 엿
엿 으 花 슴
슴 시 니
니 새.
다.

鉤 槨

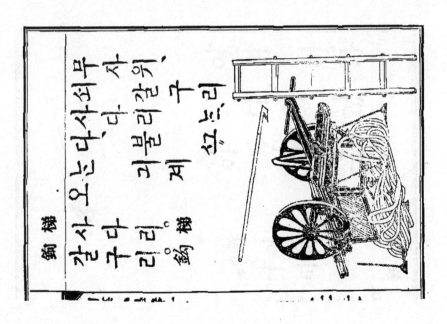

무쇠사다리,
사다리우에,
놋드레갈고리,
이것이걸리기、
위리불리기지、
자다구리다、
구리의갈고리、

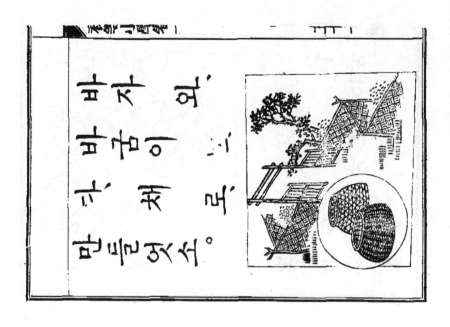

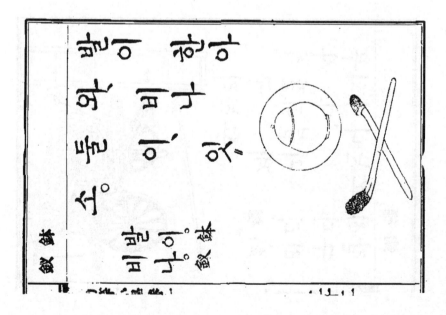

飮 味

비누 飮味

매화꽃은 봄에 일즉 피고

해오라기는 물ㅅ가에 삽니다.

벌은 꿀을 빨ㅅ아 모읍니다.

鷺　蜂

밤°栗

석뉴°榴

살구°杏

복숭아°桃

복°福

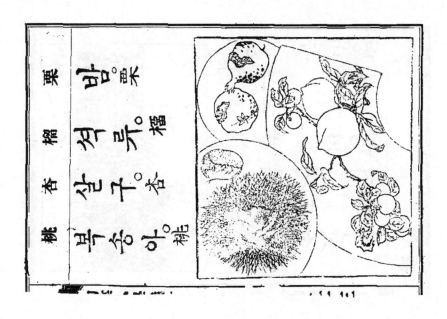

桃　杏　榴　栗

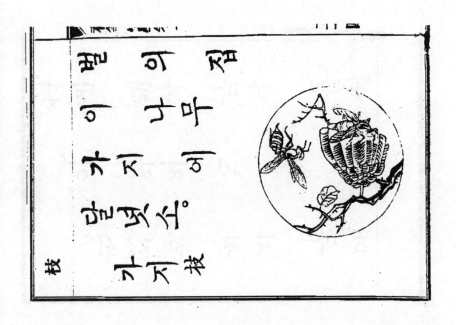

枝

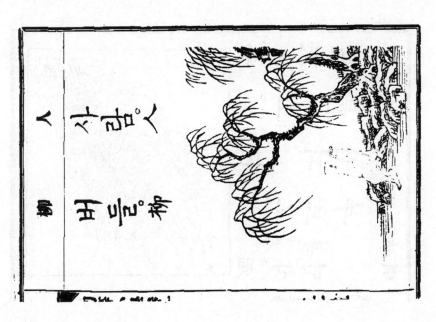

人

柳

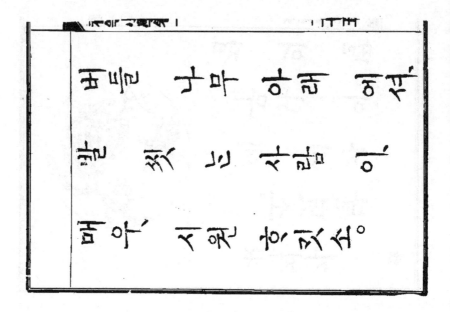

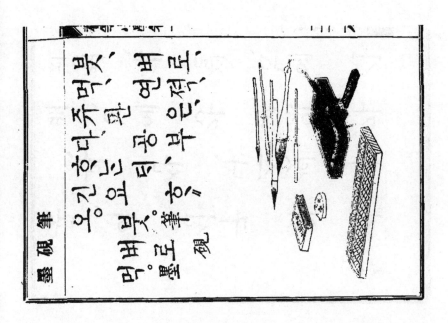

墨硯筆

붓으로글을쓴다。
먹은벼루에간다。
연필로그림을그린다。

붓 筆
먹 墨
벼루 硯

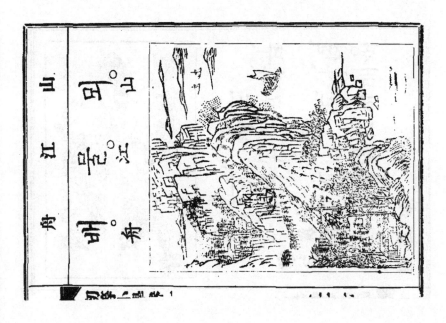

山江舟

뫼。山
물。江
배。舟

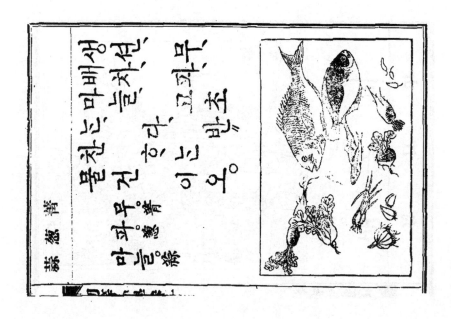

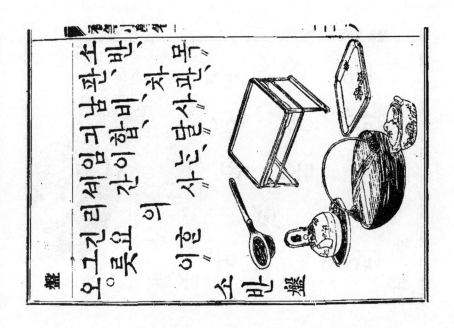

소반 盤

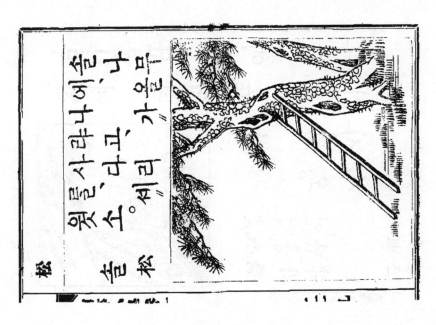

솔 松

楮　羊

닥나무는 뽕나무가티 생긴 나무요.

뽕닙피 업고, 거지 돗는 나무가 잇소.

뜻 羊
뜻 楮

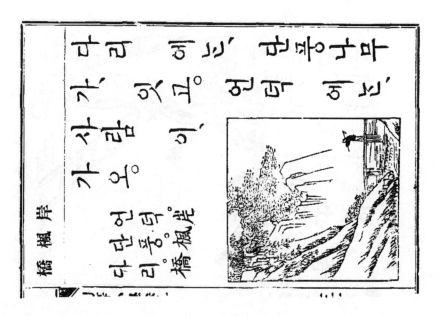

橋　楓　岸

저긔 보이는 언덕으로, 단풍이 들고, 사람가는 다리가 잇소.

언덕 岸
단풍 楓
다리 橋

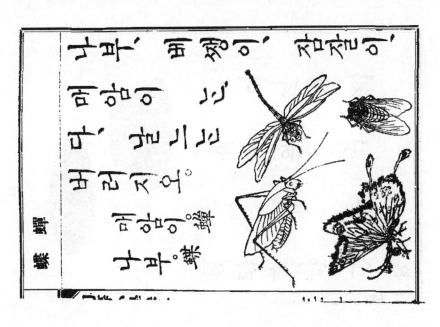

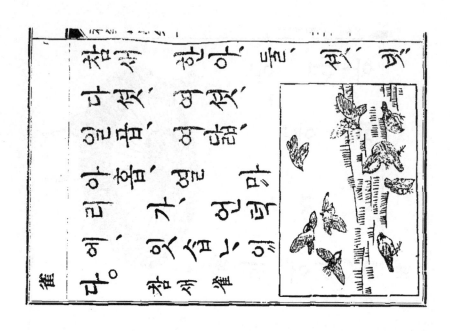

雀

참새

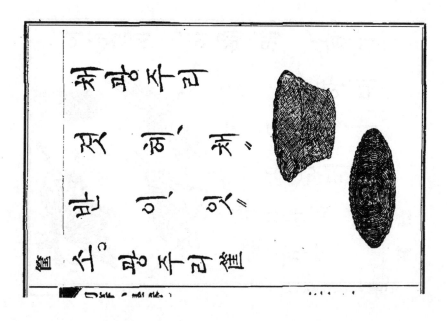

筐

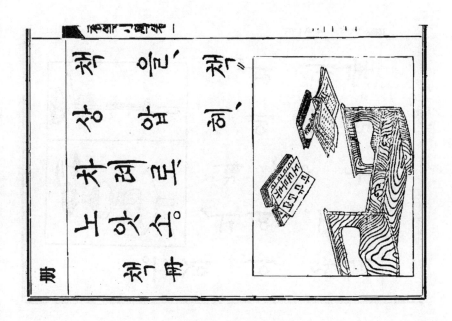

책상 우혜 책을 차례로 노앗소

册

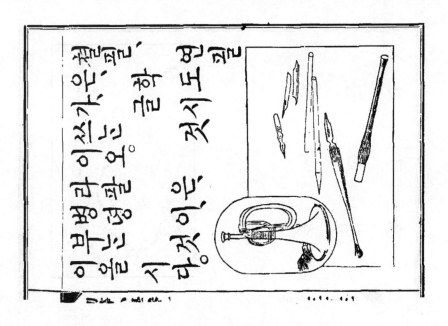

이것은 글씨 쓰기도 하며 글도 그리는 것이오

이것은 붓대라 이것은 펜대라 펜에 쑥 박아 쓰는 것이오

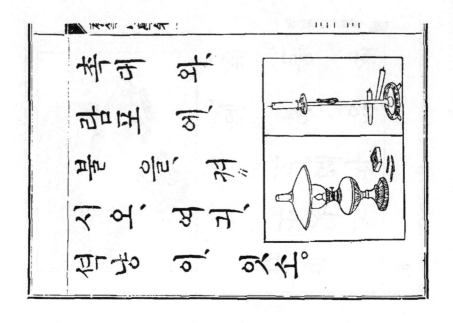

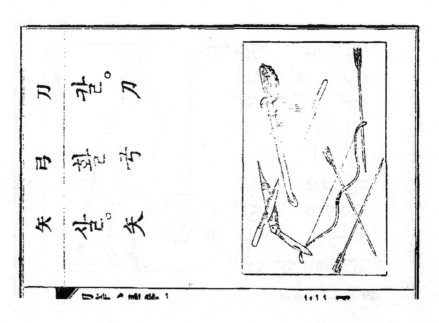

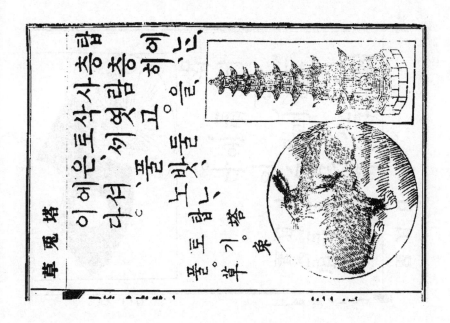

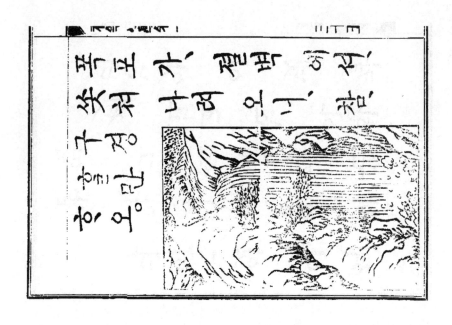

星月日

밝은달에해
해는낫을밝
히고, 달月
은밤을밝히
나니밤이낫
과같고, 참
하늘에별이
다ᄒᆡ, ᄒᆞ
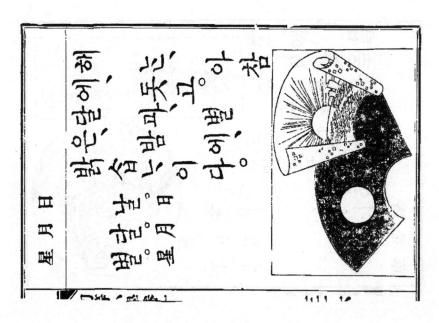

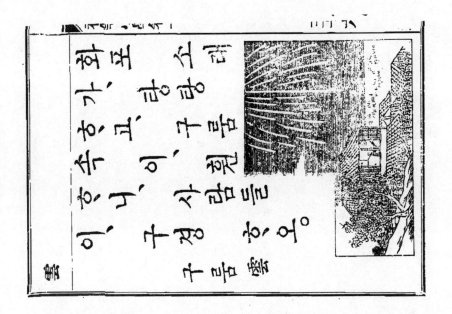

화 보ㅅ 뎐
가, 앙앙
하 고, 구 굽
하, 이, 칩ㅔ
이, 나, 사 갑ㅂ으ㄹ
하, 구 졍 하, 어°

畫 구 듬 畓

光武十年十月　日

初等小學 二

大韓國民敎育會藏板

初等小學卷二目次

一 ...
二 ...
三 ...
四 ...
五 ...
六 ...
七 ...
八 ...
九 ...
十 ...
十一 ...

初等小學卷二
第一 ᄀ겸一

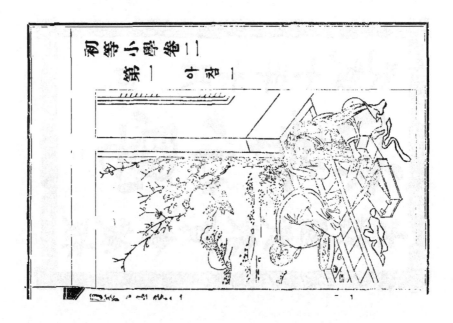

참혹 은 해를 나부 동셔
졔졔 눌노 티' 日 은 틀편
할셔 흐셔' 웃흐 어느 흐다。

이 아해들 은 밝셔' 아리낫
소。

사부상뎨 는' 졔슈 틀흐 흐고'
졔졔상뎨 는' 미리 틀흐 밧소。

이 아해들 은 참' 부지런
흐여이다。

第二 학졈二
이 아해들 은' 지금' 그 父
母 에' 말흐 을 죳느이다。
이 아해들 은' 죵혜' 하고
희가셔' 흐부 흐리다。

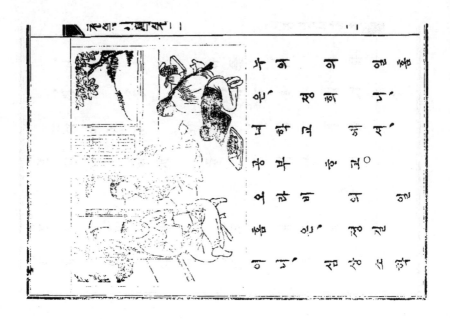

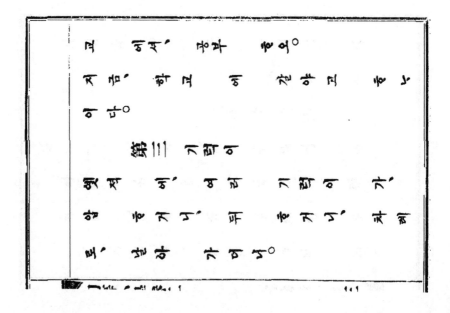

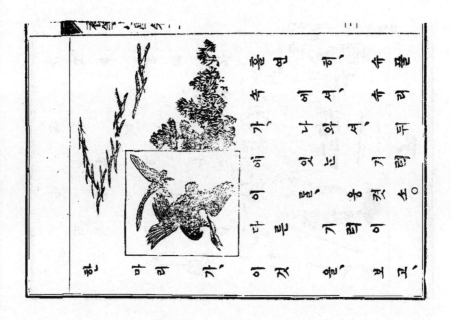

물 우 해 면 을
리 에 에 가 연
는 서 나 일 히
물 기 오 논 우
을 혀 웅 적 리
보 이 다 기 소
고 고 를 가 가
한 마 리

그 동 모 들 성 해 너
급 해 닭 오 야 다
이 지 울 보 저 봄
도 제 히 모 들 사
오 철 이 물 을 이

第四課 봄

이 그 림 은 학 교 의 학 도

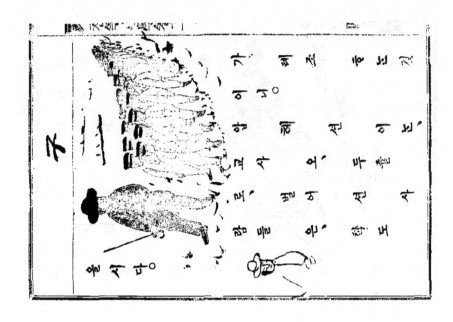

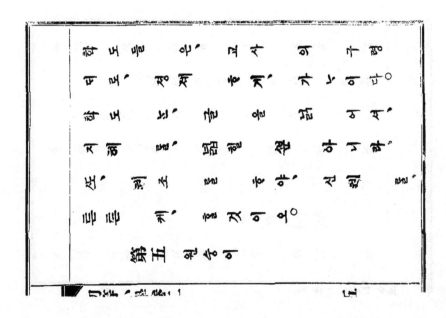

第五 원숭이

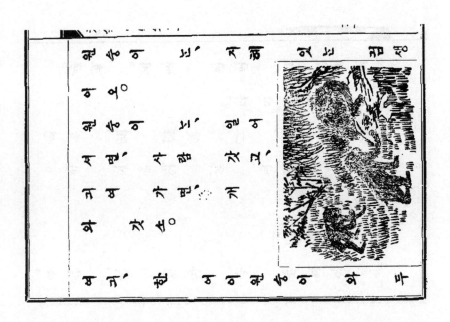

원숭이가 나무, 저를 어서 급히

하여。

원숭이가 나, 열이

서며, 사람 잡고,

뛰여 가면, 개

에 잡혀。

에거, 한 히이원숭이 에 두

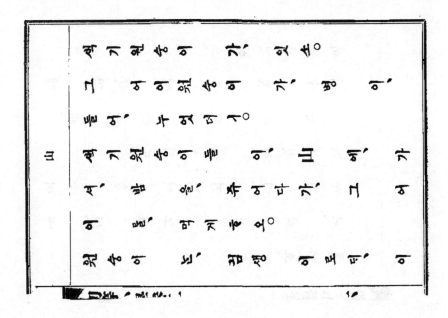

식가원숭이 가, 어서。

그 히이원숭이 가, 뛰 이,

들이, 나 어디 수。

식가원숭이들 이, 뇨 히, 가

서, 한 을, 쥬하다가, 그 히

이 들, 과즛하여。

원숭이 고, 급뛰 히이며, 이

父母

못호여。

複習 ㅣ

父母

우리가

들소여，

어늘, 온, 엇지, 흐지, 운동
을 흐여。

교사가, 수효을, 흐니,
학도들이, 이, 꼿출, 꺼들이, 매
우 흐여。

셕가원숭이, 눈, 적, 히, 흐
이, 들, 수효더, 비, 흐가

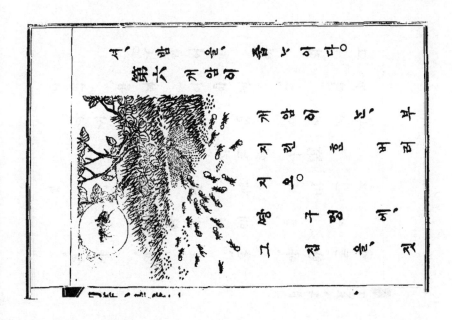

더, 암, 운, 즘싱이오다。
第六 課학업

개학흐여, 비, 차
지견흐여, 표견
지여。

흘수엽, 흐,
그, 꼿, 온, 적

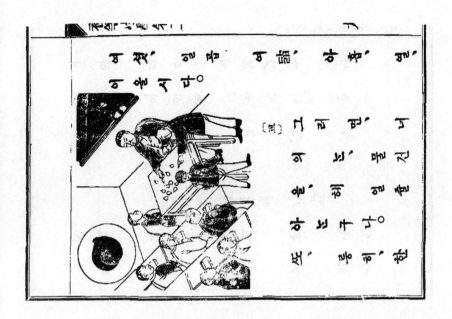

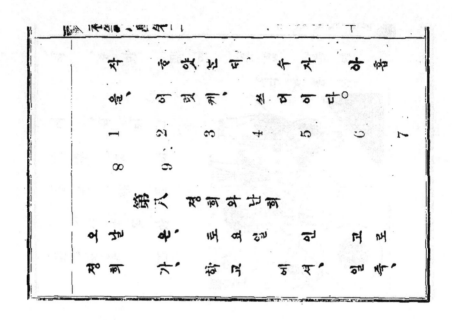

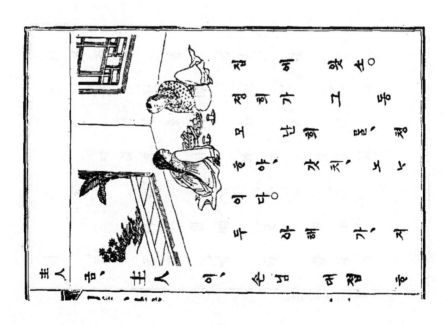

主人이, ᄌ자, 집을 ᄌ려서

主人이

第九 파리하나라

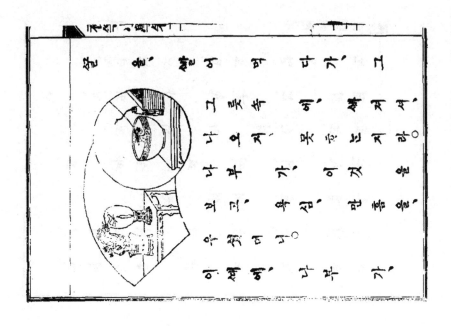

그 다가' 다 힐믕 을' 을

그릇두 동' 새지여'

나어저 못ᄒᆞᆫ 지라。

나부가' 이젓을

모고' 욕심 말홈을'

아젓ᄂᆞ。

이롤중' 나부가'

燈火

그 젓혜' 잇는 燈火 도' 도

라 다니다가' 빗쳠죽' 그 燈

두 중' 드려가셔' 비엿는 지라。

과며가' 이젓을' 모고' 또

흥 그 나부 허 미편 흥흘

아섯ᄂᆞ。

과저' 욕심 이 이젓나' 미편

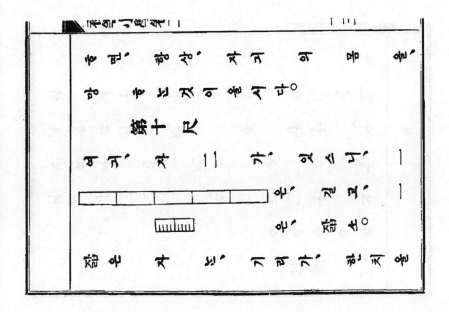

을편' 량상' 저고 의 힘 을'
강 홀 는 젼 이 울 셔 다。

第十 尺

여고' 져 │ │ 가 잇 는 니' │
은' 길 고' │
은' 잡 소。
잡 은 져 는' 긔 력 가' 한 쳑 을

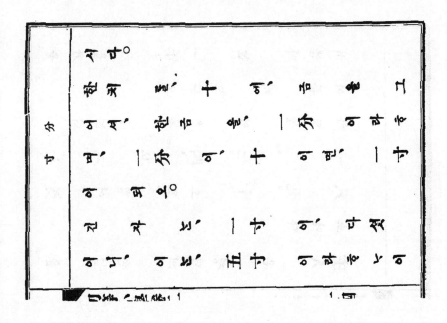

시 다。
한 제 를' 十 히' 금 을 그
여 셔' 한 금 을' │ 分 히라 홀
버' │ 分 히' 十 이편' │ 다
이 되 오。
긴 져 는' │ 가 히' 다 셧
이 나' 이 는' 五 가 이라 홀 이

다°

五자이 하ㅣ 뜰 하편 十자 이
ㄴ十자 을 ㅣ尺 하라흐오°
十ㅣ자 은 ㅣ尺ㅣ자 하라흐
고 十ㅣㅣ자 은 ㅣ尺ㅣㅣ자 하
라흐ㄴ하다°

複習 二

계합이 도 ㅣ年 믹을것을
섯를 동 머드어°
밝도들 히 손동 흐느ᄃ
一 二 三 四 五 六 七
八 九 十 이도 별이 셋
ㅂ이다°
主人 은 졍답게 손님을

… 煙火 …

… 尺 … 十分 …

第十一 …

… 山 …

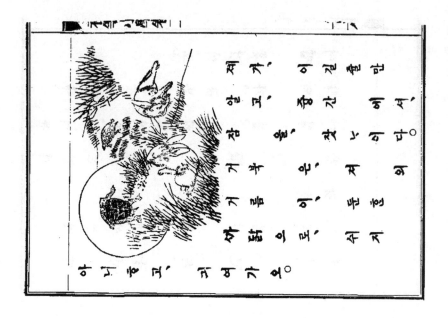

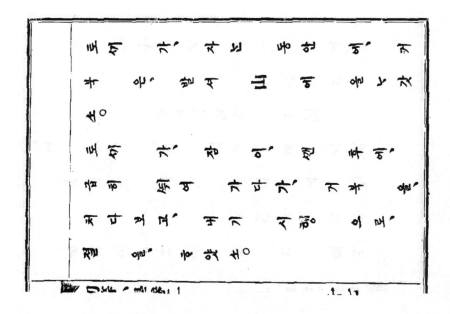

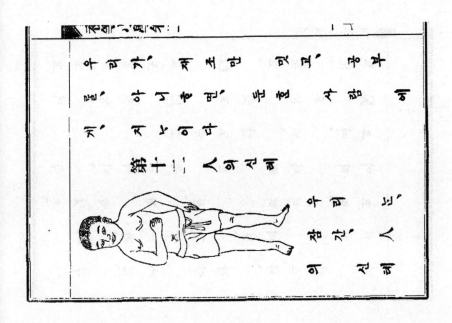

第十二 人의身體

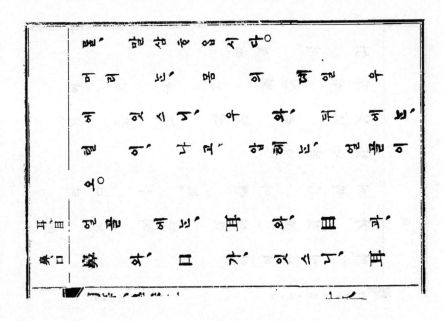

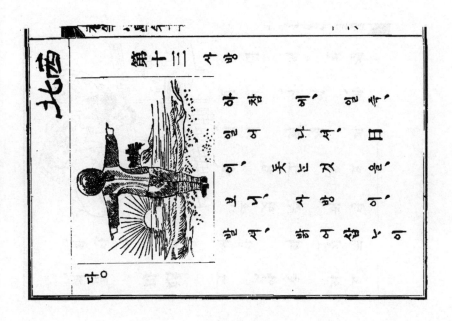

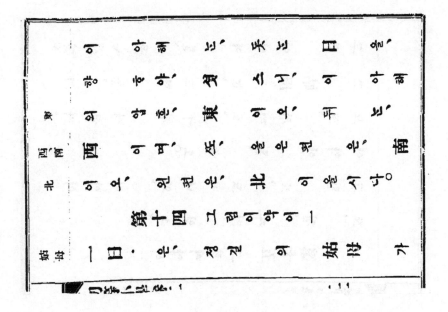

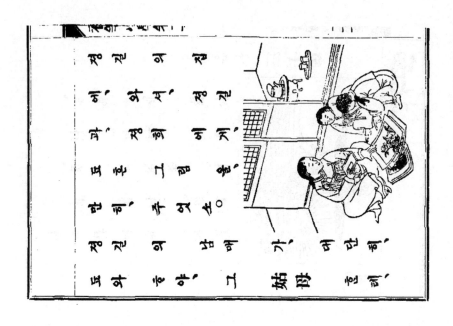

姑母

第十五 그림ᄒᆞᄂᆞᆫ二

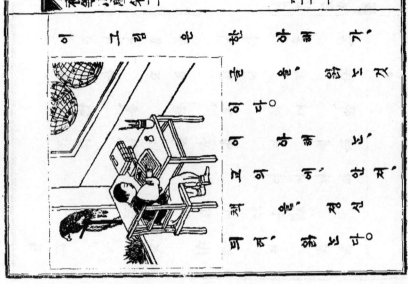

뭇 는 상 저 뭇 둘 나 니 라。
我 의 사 람 을 는 죽 히 들
항 나 의 논 를 을 害 을
제 종 저 죽 우 여 히 잣 처
랄 저 히 다。

第十六 고름양이 三

정 리 의 姑娘 로 돗 고 름

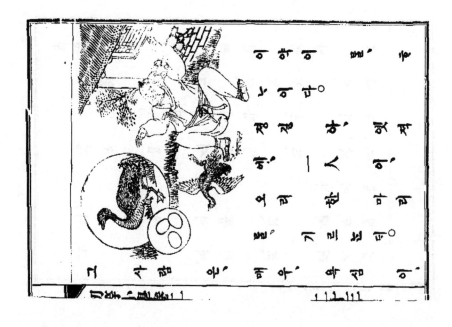

이 양 이 들、 을
나 이 다。
경 리 상、 엣 저
돗、 人 야 집
어 의 기 리 다。
돗、 좀 아、 쑥 아 이。
고 사 람 은、 좀 아、 욱 아

한 글ᄌᆞ이라。

金을 이 어러가、 졀마다 金을
한ᄒᆞ야、밧겨들。

一日은 그 사람이、 생각
ᄒᆞ기를、어러 財物이、金을
ᄒᆞ、 한ᄎᆞᆯ피 이ᄂᆞ、한셜ᄒᆞ、다
요ᄋ 푹졋다 ᄒᆞ려、어러 財

돌 젼밧다。

그려다、 어러 財物이、金을
은、한ᄒᆞ 도、겨ᄆᆞᆯ、어러란、
두엇다。

그 사람이 이젓을 져고、
그란、져가 마려、졀ᄒᆞ젓다。
졍럴ᄒᆞ、푹심을、ᄎᆞ려 도

人

復習 三

口 耳 手 足

眼

鼻

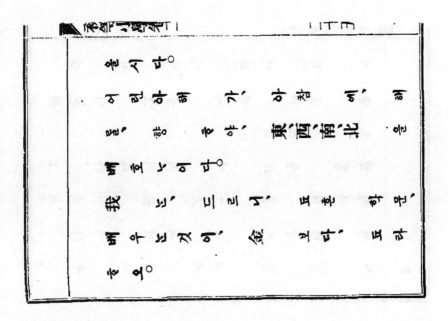

울 시 다。

어린아해가 하참히, 뎨

들, 향 훈 우 東西南北 을

네 훈 누 이 다。

我 는、 드르니、 도 훈 히 문、

네 아 들 주 이、 金 그 다、 도 리

훈 오。

第十七 평화의

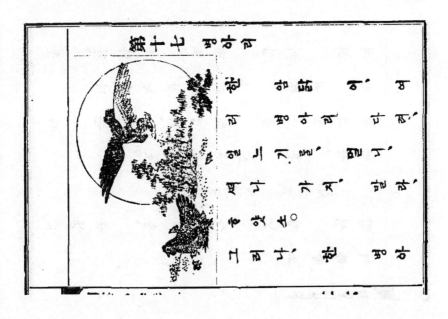

한 얌詩 이、 여

리 평 화 의 다、 려

일 는 기 를、 멸 니

뻐 나 가 저、 말 라

훈 앗 소。

그 려 나、 한 평 화

第十八

저믐ㆍ저 선뎡군 은ㆍ하쎄
히ㅎ 죵 을ㆍ비고ㆍ쁘 히ㆍ죵
ㅊ 나 가르며ㆍ부허ㆍㅊ이ㆍ산양
가 오。

이 선뎡군 은ㆍ쁘 히 가저
광영ㆍ을ㆍ젼이젼ㄴㅎ엿다。
수믈속 허지ㆍ트셰 가ㆍ잇고。

나무가저 허는ㆍ
졍이ㆍ한젓소。
이 선뎡군 은ㆍ
나무 엽헤ㆍ숨
어셔ㆍ죵 이르ㆍ
졍을ㆍ노려ㆍ고
흐나이다。

운동은 신톄를 튼튼
하오.

신톄를 튼튼히 하랴면 날마다
규측뎍으로 운동하나니라.

졔군들은 벌셔 운동하였슬
듯, 바들고, 셔로, 뛰여놀며 얼골,

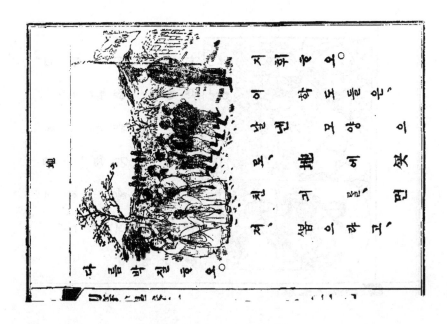

다름박질도하엿슬듯.
졔군들은, 놀고, 나서, 피곤할
듯, 위대, 뎌, 놉흔, 평원이넓은
운동, 하도벌에서, 쟈미잇게운동
을하여서, 졔군들을.

동무들이
종구가
녁이、참고、종구가
에서도、도춤이、뜻기가
、그 종구가、도、참、뜻기가
、밥아、뜻소。
힘을쓰세、
우리학도、

종부위해、
힘을쓰세。
힘을쓰세、
우리학도、
나라위해、
힘을쓰세、
第十一 ○째

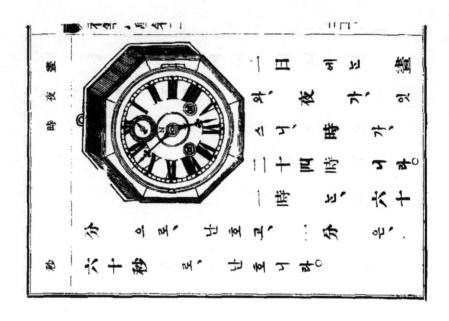

晝가 일이오, 夜가 時가 잇스니, 二十四時가 니라。 一時는, 六十

分 이오, 난호고, 分은, 六十 秒 로, 난호니라。

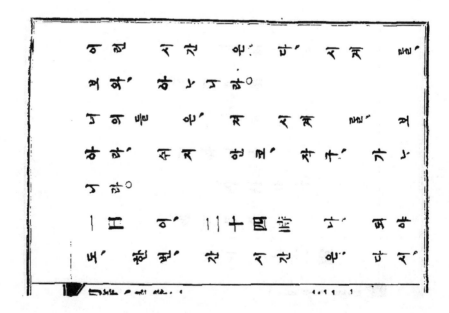

어린 시간은, 다 시계 를,
보와, 하나니라。
니히를 은, 제 시계 를, 보
하야, 슈져 하고, 작구 가나
니라。
一日 이, 二十四時 나 되야
도, 한번 간 시간은 다 시

322 근대 한국학 교과서 총서 4

第二十一 정린과 슈길

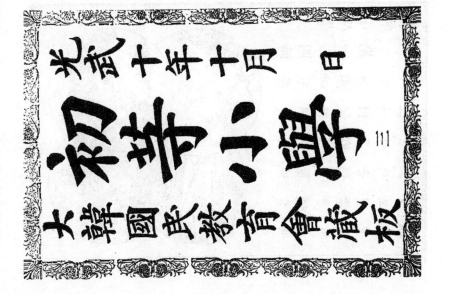

光武十年十月 日

初等小學 三

大韓國民教育會藏板

동冬이라 하느니

春도석달이오 夏도석달이오 秋도석달이오 冬
도석달이오을시다

春에는 山과들이 變하며 피고 夏에는 草木이
다무성하고 秋에는 날이 차차 선선하고 冬에는
눈이오나니

이 春夏秋冬을 四時라하느니라.

第十一 고맙은 닭

一日은 집은닭과 나른닭이 서로 싸우다가
나른닭이 젓소.

나른닭은 도망을 하야
밧 花草 속에 숨엇소.

집은닭은 지붕우에 올나
울며 깃거워 훼치고 또
울느지 것질지아며.

이케에 맛참 수리가 공중

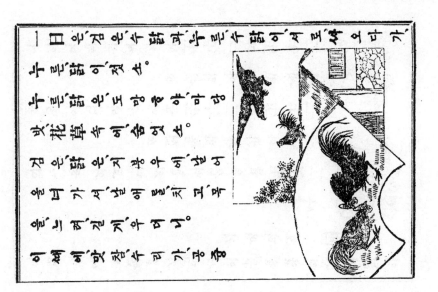

네돌해제가다가話을그려못웅겨찾나혀다。

네 人남을하엿다그고민흘담혀우엿는人은아

집안話을그서오。

第二　줄다리기

今日은學校에서운동하여。

여러學徒가ㅣ齊히운동장에모엿소。

지금줄다리기를시쟉흐엿는대혀아편들을쓰

는며흐여。

二年生과三年生이가혀혼편이되여

서세변을다리엿소。

三年生은二年生을넝수이넉여혀을

들쓰다가두변을졋소。

二年生들은순벽을치며또하흐나혀

다。

第四　어리셕기

한話이어리셕을붕흐서셕기를삼추혀제봉하

피엿줄알고하야사랑하여。

그러나오히려는보래水를도와힘이로헌못가온
여로드리가니。

그것이엇재이엇짓을보고저허기가써헐가
셥버중아헌못가로썰을거더던서나여。

그세기오히려는어이話의엉을눈짓을생각지하
니하고제마함마로水헤서헐스나이다。

저兒孩를이父母의마함을생각지하니흐

그저허마함마로흐는짓은저어리썩기허짓흐
다。

第五 제오

제비는진흙이로둙을지허집을짓슨。

한마리는진흙을무러오고헌마리는담는풀을
무러오나하다。

담는풀은진흙을엉우워붓기허는짓이니이한
이가써을밥을제허지흘쓰러흙허서는짓챗

눈°

저제을는春이되면나

와서절을것나ㅣ깁면흐

도혹저저을되흐어°

제비는저은흐르나의

만절을어저흐나흐다흠

이흐다°

　複習 一

ㅣ年中에는春夏秋冬四時가잇소°

四時中에는春日이第ㅣ되나이어°

山에는花가피고草木이生흠을보기가매우아

릅덥나소°

學校에學徒는이제좋은품를흘흠더가나이

다°

　第六　나물캐는것

지금은春이되ㅣ日氣가ㅣ아죽笑을흠百가지

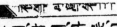

나물을혀어아려ㅁ과ㅁ을하소。

나물죽을ㅈㅜ어서ㅂ를
쟝이가第一넘긴지ㅜㅇ
다。

저낫을ㅈㅅ어ㅇㅎ엿ㅅ배
정兒孩들을ㅇ...ㅎ져끔이
ㅇㄱㅈ고나물을혀ㄴㅇ
다。

그에게졍兒孩들은샹ㅁ가ㅂ엉이하ㅏ는두쟝이를게
ㅗ오。

　　第七　ㅊ글

저나물게ㄴ두게졍兒孩들은순ㅎ와ㄴ히ㅇ을서
ㄴ다。

순ㅎ와ㄴㅎ가지금그나를로ㅊ글을ㅎ엿ㄴㅇ
다。

순ㅎ도小刀로나물을ㅂ어ㅓ엇ㅓ졍ㅅㅎ엄이ㅂㅓ난ㅎ

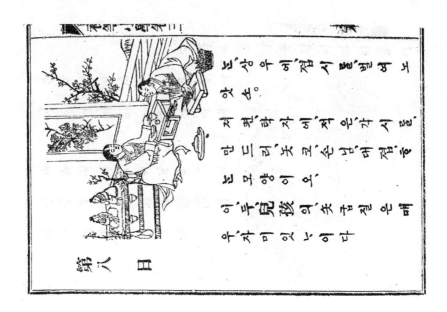

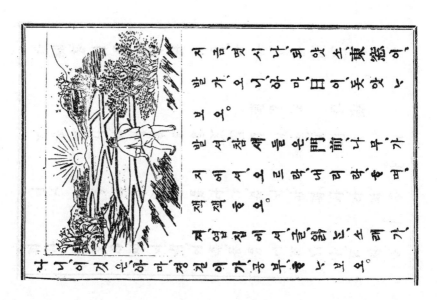

나도아서엘을나서를을論지할노이다。

쏘저밧을고시오뇌부가항이로써을저어참과

저련흔人이을시다。

잇언人이련지엘죽엘지나도것은家를위흔것

근본이올시다。

第九 月

수경길이고父親쎄뭇노대日이저련月이밝소나、

今日은月이엇더컷을노잇가。

발셔日은西山홍지고모드에

눈다져녁쳥이로도랏가노이다。

저근하게가져東山헤上을보

하참밤은밧이얏허엿스니月

이出흔다。

月은둥근時도잇고밧등것츨

時도잇노니츠성저금음에도밧등것고十五日

여는 밤은 흐려
今日은 十五日이라 月이 저녁케 밝을엇다。

　第十　저도도음

잇 저희 학제 비가 정을 다 보 하지 엇다
一日은 大雨가 來하 그 主人의 정이 속여서졔
비정이 地上하여 가 젓소。
그 졔비가 東西南北이 도 날 아 나 니 편 저 부를 졔
저니。

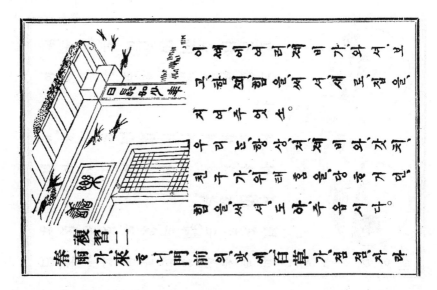

아 셰 흐 여 리 졔 비가 와 셔
그 갈 졔 회 을 써 셔 셰 도 졍 을
져 녁 우 엿 소。

아 리 는 항 샹 졔 비 와 갓 치
친 구 가 위 태 흠 을 낭 죵 거 던
험 을 써 셔 도 쌍 주 음 시 다。

春 雨 가 來 하 니 明 詢 하 앗 케 百 草 가 졈 졈 지 라

336 근대 한국학 교과서 총서 4

오。

어린 兒孩를 혼자 놀을 게 하여다가 小刀로
손을 버혀 失血을 하나이다。

제비는 春이 되면 人家에 來하야 집을 지어
살 것소。

잠셕는 日出 홀 긔에 일을 하나와 서게 이른 人
을 헹에우느이다。

今日은 十五日이니 山上에 올나가서 月을 구

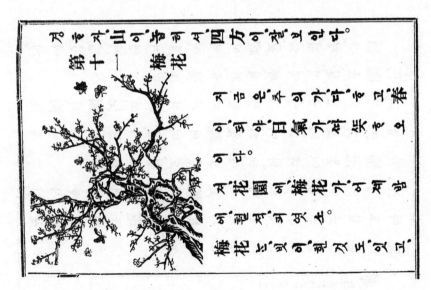

경 훈 지 山이 놉희서 四方이 절노 보인다。

第十一　梅花

지금은 추위가 다 풀고 春
이 되야 日氣가 서뜻 훈 오
이다。

저 花園에 梅花가 이제 한
에 퓔 적이 되엿소。

梅花는 빗이 희 것도 잇고

묘은 저도 잇소。

혹 꼿이면 저묘 안 꼿이면 저다 함게 도 긔니라
그 긔도 샹급 밧소。

또 東風에 셩셩하나 도나파 도화 셔 花上에 며 츌
을 주오。

나파는 꼿을 지고 도화 홀고 아피 도 꼿과 나파
를 그리여 도화 홀나하다。

第十二 션 ... 화 ...

一日은 졍긜의 父親이 ... 즁를 가면 져 졍긜 에게
花園을 갈젹히 하야 ... 부 하엿소。

그 등 모 순 샹이 가 졍긜 다 져 ... 의 되 花園 의 梅花
를 ... 져어 더라 며 의 父親이 의 ... 사 ... 시 니 ... 비
가 梅花를 ... 더라 도 ... 모 일 도 ... ... 더라。

... 졍긜 ... 며 ... 되 나 의 父親이 나 ... 사 ... 시 니
하 모 ... 도 ... 을 ... 하 지 ... 는 내 가 花 를 ... 그 면 父
親 의 ... 심 을 ... 맘 이 ... 하 엿소。

우리는 정권하여 가치 父친의 말삼을 긔저리마
음시다．

　　第十三　조련

이 兒孩들은 지금 兵丁모양이로 조련을 ᄒᆞ여°

大將은 칼을 들고 兵丁을 지휘ᄒᆞ며리 兵丁들
은 木銃을 메엿소°

나팔수는 항제서나 나팔을 불고 쓰거수는거들 둥
해들엿소°

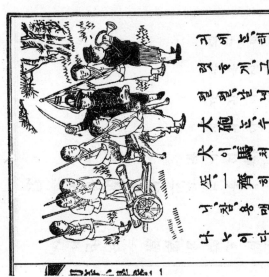

거흐는 대구과 팔폐들 불
엿흐기고 졍서나 비감이
펄펄날녀빙ᄂᆞ이다°

大砲는 수레히 실엇는다

大이馬쳐글을 고가어°

또一졔히 愛國歌를 부르
너샹용몌셔리욷거울이
나ᄂᆞ이다°

츙셩고도결과대다
우리 軍人결과대다
반셕 것 치 文은 함 하
忠君愛國 김허셰
三千里 ㅎ을 이 되고
二千萬 이 고 되셰
츙고 츙혼 와 구겨 눈
츙임 겨 샹 그 겨 졋 라

ㅎ혜 과 도 나 필 토 데
구 고 호 평 분 명 후 다
나 ㅎ 가 셰 나 ㅎ 가 셰
용 평 의 게 나 ㅎ 가 셰

第十四 父親의샹

져두 兄孩가 굿부룰 혼도 더이 兄도 兄이 어 ㅣ兄
도 弟일다. 兄은 尋常二年生이오 弟는 尋常一年生이다.

兄과 弟가 學校에서 공
부하야 一年후에 兄은 三
年生이 되고 弟는 二年生
이 되얏다.
그 父親은 아들 兄弟의 공
부 잘하는 것을 깃거하나니
가五로 그 집합 장서 상금을 얏다.

第十五 學校

學校는 人을 가라치는 곳이니 뫼인 것 그 뜻합디다는 를짜것소.

兵學校는 人의 행실을 닦고 그 바지례를 닮하고 身
體를 튼튼케 하오.

兒孩가 어릴째 뜻하야 學校에서 공부하야 장성흔
후에는 그 뜻되기를 하랄 것이오.

이럼으로 小學校와 中學校와 大學校가 잇소.

그러면 아러서인 兒孩를 온곳부터 부지런히 할홈

야 小學校와 中學校에 맛참을고 서 大學校에 를어가시다。

復習三

花園에 梅花가 만히 피엿소。

이 兒孩는 尋常小學校에서 공부를 음

學徒들은 서로 兄弟가되어 화목하더라。

大將은 馬를타고 兵丁은 銃을메고 軍歌를부르오。

第十六 미련흔 兒孩

一日은 순검이가 병부에의 는 죄인을 잡어 세고 그 手를 느엇소。

순검이 그 죄인을 잇글쳐 잇소。

그 병과리가 니 종하셔 手를 세 기허럅소。

그 일에 셔뎐ㅣ兒가 그 것을 져고。

손길하며 手에잇는 와신을 手만못크도여셔라

손길이 그 兒孩의 말을 뜻지하니 곳고 剃刀여로 세다가 손등을 다쳣소.

우리는 맛당히 육신을 부리지말고 또 人의 善을 쫓을 다를것이을시다.

第十七 口코

口코이가 또 耳와 目을 니약이오.

그러면 ⬚을 적게 곳고 뜻고 ⬚기를 한해할것이오.

口코이가 또 手와 足을 니약이오.

그러면 飮食은 춘절하며 고을 ⬚ 거와 거를 것기는 셀니하영시다.

第十八 호랑이와 개울

엿적에 人 호랑이와 한 여 하울들을 다리고 ⬚ ⬚가⬚사.

별안간에 山에서 虎가 뎌
와마루로 向하야 來하오.

이째에 그 父親은 虎를 見하
고 무서워서 엇지할줄을 모
로는대.

그 兒孩가 虎를 見하고 져의 父親을 일코 房속
으로 드러가서 身體鏡을 門향해세우고 숨엇더
니.

그 虎가 口를 벌니고 뛰여드다가.

身體鏡속에잇는 虎를 보고놀나서 뛰다가 身體鏡만
에 다리고 다라낫느이다.

第十九 매함이

一日은 졍결하게 더운 나무 밋해서 한 아히 산흥 것
을 보앗소.

그 것을 져의 父親히 지져 하고 뭇기를.

하하 져히 져히 나 잇히 온 엇가 먹음을히 눈 문별

말을 타고 足은 것이 어,
누은 이 썰고 흙은 건,
나 젓소나.
이 것을 보 것이 흙
나 이 가.
그 父親은 말 말 웃 가
로 다.

그 것은 흙해이 말 물 이 다.

얼해이 노 물 벙이 가 려 흙 썰 젓이 기 夏흙土
中 이 로 빗 해 出來 흙 아.

그 해 말 을 것 손 우 흙 말 가 도 흙 뎌 에 가 다 흙 나
나 다.

첫 런 은 父親 이 말 산 을 빗 고 해 해 이 말 물 을 쏘 아,
이 상 해 져 어.

그 해 흙 해 해 이 로 금 썰 나 다 가 첫 것을 져 앎 앎 에 뎌,
날 이 가 다 다.

第二十 實果

木에열매중에따는열매를實果라호오。

저實果는또한것도엇고또지안니혼것도엇슨니。

또지안니혼實果나무는벗혀버리고또혼實果나무는졉을붓치오。

고음나무에는柿木을졉붓치고돌멕나무에는

참멕나무를졉붓치나이다。

이러케졉을붓치면또지안니혼實果나무도변

호야또혼實果나무가되오。

우리는惡을생각을버리고善을생각을졉붓처

착혼사람이될것이오。

착혼행실은저또혼實果와갓소이다。

攝智四

飲食은졸결히머울것이오。

머험이도房門밧베조나무흐저아노하다。

배는 實果中에 맛이 第一 자연혼 것이오。

柿는 쳐음후는 부드나가 牛줌에 이런복은 것이나오。

사람마다 善을 兒孩는 사랑후고 惡을 兒孩는 미워후오。

虎는 山중에 잇는 第一 무서운 짐셩이오。

第二十一 春의 景色

지금 은는 견울이라 日氣가 뎨 아ㅅ 뜻후오。

山에는 철쭉곳이 만발후고 션다위는 친다가 부룻후오。

川邊에 잇는 버들 나무는 쳐쳐는 펴졋는디 그 아후ㅅ도 곱ㅅ 혀 뜻가곳소。

저편 田을 갈샨것시어 花草는 만발후 얏는다

부는雙雙이花上에안저나안다。

나물캐는저女兒들은나와름…

나와함을겸저이며저며笑며한이어。

　第二十二　전못에배

저건이그들머쯤부이하함가나무조가이며저

은배를삼을고배우는는태구國旗를돗해달엇

는。

이바兒孩는배를전못헤아고저미여것서나

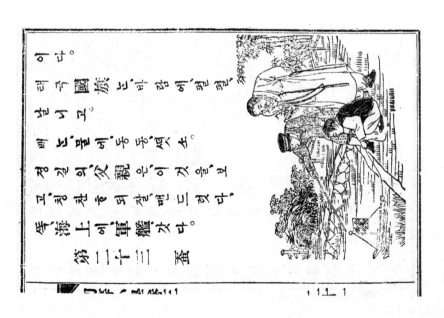

이다。

태구國旗는바람에펄펄

날니고。

배는물에뜽뜽썻소。

저건이父親은이것을보

고칭찬을마지안니햇다。

뚝海上의軍艦갓다。

　第二十三　盃

벌이지오.

蜂은 卵을 낳고 또ㅁ을 만들 줄을 모르

일흐ㅎ지지 엄나를 셈ㄴ자오

게ㅎ아려 듬겨ㅎ다가

벌이 나기를 三四日이 되며

身體가 점점거저 ㅁ로 날을ㅎ도

황지얼지이니 그려ㅎ 낫ㅔ 가ㅎ오

ㅎ낫ㅔ를 잡ㅎ지엄을 봄ㅎㅎ나 ㅎ지이면 쟉뎐

이을지다.

第二十四 우리할일

一日은 순뎐이가 學校에 갓다가 저이ㅂ로 오는 길

에 셔한 老人을 만낫소

그 老人의 손엔의 石板가 진

저을 보고 무르ㅂ

(老人)에 가 산츨을할츨ㅎ나

다

(순길) 션 혼 호 로 로 머 며 노 하 다°

(老人) 그 러 면 네 가 션 돌 을 엇 지 케 해 야 노 냐°

(순길) 노 하 도 머 져 젼 히 가 혼 산 쥼 션 홈 양 노 히 다°

(老人) 그 러 면 네 가 면 울 밧 뎌 졍 젼 히 져 면 쥼 션 뎌 히 돌 나 홈 노 냐°

(순길) 뎌 가 쌀 을 먹 져 호 냐 홈 면 뎨 가 쭘 과 션 쌀 노 졍 노 히 다°

그 老人 이 이 말 을 듯 고 순 젼 다 뎌 힐 이 마 노 노
밧 네 가 며 며 셔 밀 할 과 쭈 를 네 가 홈 셔 라 홈 엿 노
히 다°

우 리 노 이 老人 이 말 삼 다 로 우 리 과 쭈 를 아 리 가
할 것 이 오°

第二十五 부 롱 이 여 뎌 話 이

엿 젹 히 이 話 이 가 부 롱 이 여 노 샤 을 겨 고 쎄
나 가 노 다 圖 을 엿 쏜°

부둥이가궤ᄯᅡᆼ을ᄯᅬᄋᆞᆼᄋᆺ사
람들ᄒᆞ나귀ᅡᄋᆞ름ᄯᅡ래를미
워ᄒᆞ기ᄒᆞᄂᆞᆫᄋᆺ이ᄯᅩ가궤
ᄒᆞᄂᆞ라。

비롭이가ᄒᆞ딸을ᄯᅳᆺ더ᄋᆞ소
란서딸을기들ᄒᆞ리셕ᄂᆞ비

가소래를ᄯᅴ지저ᄒᆞ니ᄒᆞ고ᄒᆞ사람들
람은됴와ᄒᆞ얏소나나쳔랍랑을다。

부둥이ᄂᆞᆫ궤짝이ᄋᆡ딸을ᄯᅳᆺ저ᄒᆞ니ᄒᆞ고ᄒᆞ사ᄅᆞᆯ
ᄒᆞ얏소。

이이야이ᄂᆞᆫ관쟈미엇소。

사람이져ᄋᆡ궤딸은ᄯᅳᆺ저저ᄒᆞ니ᄒᆞ결랍ᄋᆡ쳬랍
만셜ᄅᆞᆯ을민쟈부둥이ᄋᆡ갓소、

褪智羽

어민졔쟈兄孩를은田邊ᄒᆞ시나딸을얼ᄯᅳᆺ소。
ᄯᅳᆺ저ᄂᆞᆫ盃ᄋᆡ져ᄋᆡ니ᄇᆺᄒᆞ금어셰샷ᄒᆞ아。

海눈 水의 第一흠이라 軍艦이 ᄯᅥ잇서 어。

學徒들은 石板에 션을 굿거 한영지라 엇

솜ᄂᆞ엿가 詞ᄒᆞ여。

老人은 ᄒᆞ귀 兒孩를 더러 굿겨 거리를 걸ᄂᆞᆷ니

ᄒᆞ나ᄒᆞ나。

부죵이로 身體가ᄂ고 지혜ᄂᆞ영고。

져져마다 비우ᄒᆞ대 구國旗를 雙雙이로 달엇

ᄉᆞᄂᆞ어넘ᄂᆞ지졀혓가거어。

第二十六 ᄭᅮ시

ᄭᅮ시ᄂᆞᆫ 버려가져가잇ᄂᆞᄭ第二린여흘지은 木
ᄋᆞ麥과로여麥를이다。

밧혜ᄂᆞ麥과로여麥를을선이고ᄂᆞ흥ᄂᆞ木를심
이ᄂᆞ니라。

우리가ᄭᅮ시ᄋᆞᄒᆞᆼᄭ

뎡ᅵ日ᄒᆞ아도잇ᄉᆞ

가ᄒᆞ영ᄂᆞ니ᄭᅮᄭᅣᆼᄒᆞᆼ말

전이니라.

이곳저들은農夫가暑를무릅시며風雨를견
듸며섇지은것이니.

미의들은農夫의신고흠을생각ᄒ고미의들도
너의공부를부지런히홀여라.

第二十七　도적직히는개

이이항이든犬이도적을직ᄒ엿지ᄒᄋ어
엣적에一兒孩가남의果園에들ᄋ가져쥭을따

히져셔帽子속에담앗더니.

그쎼果園主人이여ᄂ가

ᄒ고犬만家에의셧던.

그兒孩는쎼를가지고남
을쎄셔담는다.

그犬이急히지고쎼벗어
셔그兒孩의옷을물엇ᄂ이다.

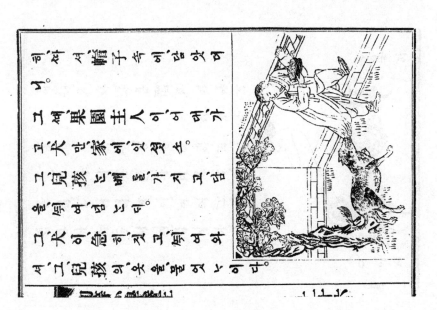

그 足球를 가뎌 고래여 서로 다가 다툼을 고할수업

서 晴子 두를 잡앗 안고 를 犬을 지뎌 서로 犬을 고 와

을 나핫다하어。

　第二十七　호레고양이

저구호림고양이뜰이 엇시나 뭉다 뭉도리 를

잡엇소。

저금히 고양이 엿 를 나호다。

이고양이 뜰 안나 고 足球를 저 금히 호기 를 며

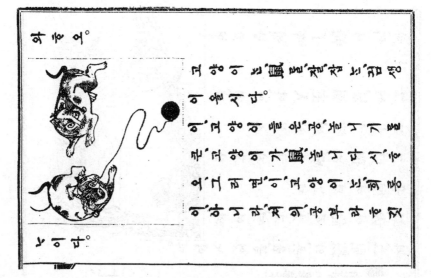

하엿어。

이고양이뜰안아 犬를 저 금째 눈 과 엇

고 히 하은 은 뜰 안아 를 금리 고 호 엇나

어 가고 하 은 고 양 이 눈 레 을

이 한 다 져 데 아 과 라 을 젓

하여소。

나핫다。

兒孩를 도히 運動을 행지라도 쓸디엄는 것은 굴지
이오。

해열 맛 時間식 운동을 호는 것이 맛소 호다。

운동 호는 것은 그 身體를 건강케 호며 또 장래에
國을 위호야 날 軍人이 되기가 쉽소。

또 文學徒를 도공부 호는 늠에가서 노늠이나 손
넘 경 호는 노 늠은 호는 것은 그 身體도 편 호지
고 또 이다 음호세 간 사 히 도 절 을 뜻 호오。

第二十八 雁

一夜는 정결이 그 父親을
뫼시고 마당에 젓소。

이쌔는 秋가 되야 月은 붉
적고 風은 서늘 호오。

이쌔에 한 날가히 서편
에 떳호는 소래가 들니오。

정결이 곳 天을 처다 보니

今日은 學校에서 여러 가지 學
從히게 試驗을 보고수아
들보엿소。

저건가가건이것히여서
도가흘비비틀을쎙가흘는
이다。

저건이가건비비틀을피
우리가 學校히맛을을짐기짐서를엿소。

그래서자건은저부뻐을다고졍건히지들班을
가지고잇소。
저금이두 兒孩는 燈火를밝히고 班床우히 班을
펴노코잖느이다。
이두 兒孩는참부지런흐여
우리들도 學校히 試驗이뎔지상기를엿느나라
들을부지런히잖어서 試驗을잘를엇시다。
試驗을잘를지못를련참엄던히붓그러워늘이

오。

復習 六

鷹은 暑흔 時에와 서 寒흔 時에가오。

鵬은 秋의 月夜에 天에 놉히 날ᄋᆞ가는대 風을ᄯᅡ러서 羽가가벼ᄒᆞ오。

園에는 果木이잇고 田에는 麥과黍와豆가잇고 水田에는 禾가잇소。

學徒들은 試驗을셔 가되면 册床 곳헤 燈火를

밝히고 ᄀᆞᆺ을을 勸이오。

人을맛는서 帽子를ᄇᆞᆺ는것이고졔를ᄒᆞᆫ배오。

學徒가공부를부지런히ᄒᆞᆫᄂᆞᆫ것이낫國을위ᄒᆞᆫ것이올시다。

358 근대 한국학 교과서 총서 4

光武十年十月 日

初等小學 四

大韓國民敎育會藏板

初等小學目次

第一 萬壽聖節
第二 讀書(一)
...

初等小學 卷四

第一 萬壽聖節

今日은 萬壽聖節이오 萬壽聖節은 우리
大皇帝陛下의 탄생ᄒᆞ오신 日이올시다
그럼으로 今日은 家家마다 國旗를 달고 人人마
다 옷을 닙어 경츅을 ᄒᆞᄂᆞ이다.
學校에서도 學徒를 이 工夫를 셔고 경츅가를 부
르며 지ᄒᆞ오.

1

지부도다 지부도다
萬壽聖節 지부도다
仙李乾坤 밝은 빗은
동 비람에 빗이 나게
東海水가 우져되고
白頭山이 숫돌되게
오날날히 올거음을
원부즁 맛쳐가세

第二 賣買하는 모양

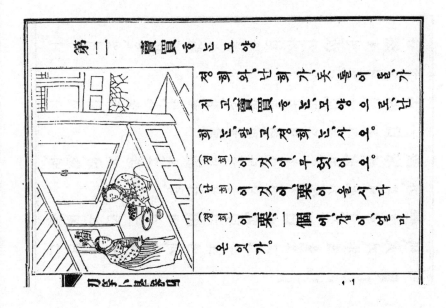

정히와 난히가 맛들이들가
지고 賣買하는 모양이라 난
히는 팔고 정히는 사오

(정히) 이것이 무엇이오
(난히) 이것이 栗이올시다
(정히) 이 栗 一個에 갑이 얼마
　　은인가

(甲兒) 이 栗 一個 이 二 錢 ᄉᆞ이 을 지 다。

(丁兒) 이 栗 이 나 다 지 니 二 錢 이 죠 금 비 싸 어。

(甲兒) 二 錢 이 비 싸 지 ᄒᆞᆼ 니 ᄒᆞᆫ 그 러 ᄐᆞᆫ ᄉᆞ 어 도
       혼 말 전 이 을 지 다

(丁兒) 그 러 면 二 錢 이 ᄉᆞ 것 선 을 러 ᄉᆞ 금 말 ᄒᆞ 돈 二
       個 를 쥬 고 돗 을 이 ᄒᆞᆷ 一 個 를 엇 나 이 다。

第三 가 것 말 ᄒᆞ 해

兒孩 를 ᄉᆞ 汝 를 안 ᄒᆞᆼ ᄉᆞ 가 것 말 ᄐᆞ 人 을 ᄯᅵ 해 지 말

다 然 을 면 汝 가 참 말 을 ᄒᆞ ᄂᆞᆫ 時 도 汝 를 밋 지 ᄒᆞ 니
ᄒᆞ ᄂᆞ 니 라。

古 時 에 一 兒 가 거 것 말 을 잘 ᄒᆞ ᄂᆞᆫ 人 을 ᄯᅵ ᄒᆞ 더 니 一
日 은 그 ᄃᆡ 머 어 러 말 ᄒᆞᆷ 되。

汝 家 에 火 가 生 ᄒᆞ 엿 다 ᄒᆞ ᄂᆞᆫ 故 로 그 ᄃᆡ 머 가 怱 해
가 고 니 火 가 生 치 ᄒᆞ 니 ᄒᆞ 엿 다。

然 ᄒᆞ 더 니 又 一 日 에 此 兒 가 山 에 ᄉᆞ 그 ᄃᆡ 머 의 家
에 火 가 生 ᄒᆞ 을 지 그 그 ᄃᆡ 머 이 거 怱 해 말 ᄒᆞ 나 그

동모는 밋지 하니 흐므로 맛참뉘 家를 ᄃᆞ래 엿다 흐

니라.

其後에 此兒는 山에서 急히 ᄃᆞ려어ᄂᆞ면 서ᄉᆞ래 걸

니가ᄅᆞ대 虎가 笑ᄎᆞ은다 흐거ᄂᆞᆫ.

里中人이 急히 구원흐랴고 가니 虎ᄂᆞᆫ 업섯더라.

然흠으로 此兒ᄂᆞᆫ 其後에 山에서 참虎ᄅᆞᆯ 맛나서

흐야 맛참뉘 虎의게ᄅᆞᆯ ᄆᆞᆫ가니라.

汝ᄅᆞᆯ 은人을 거짓말로 속히지 말나 그레가 他人

에게만 生을 損하나니라 저ᄃᆞ면 지못흐ᄂᆞ니라.

第四　幼兒의 지혜

李文源은 我國中古에 有名흔 ᄌᆡ상이어ᄂᆡ이다.

그 어렷을ᄯᆡ에 一日은 그 父親이 ᄆᆞᄅᆞ에서 잣참

을 ᄌᆞ부시는ᄃᆡ이ᄯᆡᄂᆞᆫ夏日이라.

一大蛇가 그 父親의 베우헤 전쳐ᄉᆞ니 家人들이

다 놀나고 두려워서 엇지흘 줄을 모ᄅᆞ더라.

그 父親은 잠을 셰엿시나은
둥을상니웃시며 또 다른 家
人을 도 깨워서 싸다란 풀
이허리니。

이 아히에게 민 李文源은 이 것
을 見후고 急히 풀숙에가셔
蛙를 잡으랴 가지고 와서 다른
아히에게 쏫여너이니。

그 大蛇가 蛙를 見후고 버저가니 그 父親이 위태
홈을 면호엿너이다。

第五 衣服

衣服은 吾人이 입어셔 身體를 가리는 것이오。
또 衣服은 寒과 暑히 적당케 호는 것이니 그럼으
로 겨울옷과 겨울옷과 쏫옷이 잇소。
겨울옷은 寒을 셰어호고 겨울옷은 셔늘을 셰호여호고
쏫옷은 暑를 셰어호너이다。

衣服은人의身體모양을
셔려핫드릿는ᄂ이다
녀거밋가져衣服이잇스
니의져은우리大韓男子
두루막이와져고리와죵
기ᄂ아예ᄒᄂ것이어바
져ᄂ핫례ᄒᄂ것이어도

누ᄂ말두에셔고요션은살ᄒ셧고궤젼은죵ᄒ
리에져ᄂ것이올시다.
이젼여리가져衣服은부명션ᄒ다며쥬션도써
셔만을떠毛로써셔만ᄃ으
우리ᄂ衣服을身體에맛지죵ᄒ열ᄒᄂ더펀케
홀져이올시다.

　　第六　글례와셔ᄒ

綿은우리가衣服을만ᄃ도ᄃ第一ᄒ히ᄒ요ᄂ것

이어。

실을 감들어 웃가음을 쎠며

쏜솜도 감들ᄒ지을 웃히

두ᄂ이다。

綿은 春에쎠 들셤어서 秋에

서ᄂ니 그솜이가ᄒ면 色이

雪과 ᄀᄐ소。

我國은 土地가 웃고 氣候가 마져서 매아참되ᄂ

이다。

古代에ᄂ 我國에 綿이 업서서 참ᄒ럽 지ᄒ엿

소。

高麗時代에 文益漸이가 ᄒ을 ᄂ人이 支那에가서

綿에쎠 들어더엿소。

처ᄎ 全國에 서ᄉ이가기를 勸ᄒᄂ옷ᄂᄃᄂ더고

제아ᄒ흥어。

그러나 綿은 그솜에쎠 가역서 서 ᄀ쎠 들ᄒᆯ이기

가히알겟다。

그後에便利흠을도둑써하여도필래가깁□이되엿소。

써하는써를발이는괴계어떤것는일홈을짓허올시다。

第七 편지

편지는言語를하신혹는文字로써하사를通하는것이올시다。

丁吾이│日은그父親끠엿저어듸

어떤것는行하여못字시는것이올것가。

(父親) 이것은汝의從兄끠긔로부는것이다汝도
편지를써서긔로보라。

(丁吾) 하옵│番도쓰어보지못하얏나이다。

(父親) 무엇이던지汝의생각을쓰는것이며혹시
하고짓이나써긔로보라。

(丁吾) 무엇을쓰면도됴흠을는엇가헐수가엿나이

다°

(父親) 그러면 昨夜에 汝가 장ᄎ 도여 단ᄒᆈ셩 어서 ᄌᆞ금도 밧ᄌᆞᆺ못을 엇다고ᄊᆞᄒᆞ랴°

(子禀) 아ᄌᆞᆨ은 엇ᄂᆞᆫ열이어니 從兄이와 편ᄒᆞᆷ다ᄆᆞ러 단ᄒᆆ놀나지음나ᄒᆞ다°

(父親) 올타 汝의 음이ᄌᆞᆨ ᄒᆞᆸ홈다 親ᄉᆡᆼ가 홈ᄊᆞᄒᆞ타 젹ᄌᆞᆨ에 ᄂᆞ열ᄂᆞ열 온ᄊᆞ ᄌᆞᄒᆞᆼ니 홈ᄂᆞ니 무엇 이면 지엇ᄂᆞᆫ것을ᄊᆞᄒᆞ랴°

(子禀) 우리 젼에 犬이ᅦ 아ᄀᆞ다 고ᄊᆞ러 엇가°

(父親) 엇ᄌᆞᆨ은 엇ᄂᆞᆫ 열이 져마ᄂᆞᆫ ᄒᆞ 젼것을ᄊᆞ보 ᄇᆞᄆᆞ 汝의 從兄은 쓸다ᄇᆞᆼᄂᆞᆫ것을 셧다고 笑홀 지 이니면 져의ᄂᆞᆫ쓸다ᄇᆞᆼᄂᆞᆫ것을 ᄊᆞ져ᄒᆞ니 홈ᄂᆞᆫ 니다°

(子禀) 그러면 母親의 病患이다 이 젓 시 니 열것을 ᄊᆞ편엇져ᄒᆞ어니엇가°

(父親) 쟝못타 그러면

從兄主前 上書

이동안에

거운이안녕호시온잇가 從弟는 母主의

病患이쾌하나으섯사니해우지부어이
다。

光武十年五月二日 從弟丁吉 上書

이덧게쓰여라。

(丁吉) 그덧게쓰것사오니 父親의편지속에한데

니어보세서읍서。

第八 朋友

朋友는善을者도잇고惡을者도잇느니라。

善을朋友를交호즉日日로善을言을듯고善호
事를보아서그게利益이잇느니라。

惡을朋友를交호면日日로惡을言을듯고惡호
事를보하서그게損害가잇느니라。

그런故로朋友에益友도잇고損友도잇다홈는

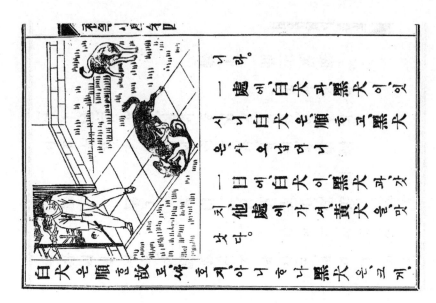

니라。

一處에白犬과黑犬이잇
서니白犬은順ᄒᆞ고黑犬
은사오납더니

一日에白犬이黑犬과갓
치他處에가서黃犬을맛
낫다。

白犬은順혼故로쌈호지아니호니호나黑犬은크게

져즈면서黃犬을물엇소。

黃犬의主人이此를見호고몽둥이로黑犬을
쪼치는디白犬도다젓소。

此를見호면犬도惡혼동모를사괴엿다가의
이害를當호얏다。

第九　淸潔

우리는恒常身體를淸潔케홈이可호여이다。

그럿치아니호면身體에서惡혼냄새도나고쏘

病이나느이다。

또他人의前에가면他人은반듯히뜨와하나니흘게요。

그런즉우리는身體를淸潔케하기를힘쓸것이오다만手와面만을씻을뿐하니라저조沐浴을하야全身을에씻흘계흘것이올시다。

또衣服도자조셜하여드러운빗과악臭를발세가나게하니흘계흘것이오。

衣服이에빗겨하니흐면身體가淸潔흘수업느니。

오작身體와衣服만淸潔케흘것이하니오그家도淸潔케하여하는느이다。

人이淸潔을함쓰져하니흐면自己에게만害될뿐하니라他人에게도害가되게요。

第十 職業

人이얼반듯히職業이엇느니職業은人이生涯로

事를ᄒᆞᄂᆞᆫ 것이라.

此世에ᄂᆞᆫ 事가 만흔 故로

職業이여러가지로난아

잇ᄂᆞ니라.

木手가家를짓고 土工이

壁을ᄇᆞ르며 冶工은 鐵을

불니고 農夫ᄂᆞᆫ 田을 갈고

商人은 물건을 賣買ᄒᆞᄂᆞ니여러가지이다 그職業을

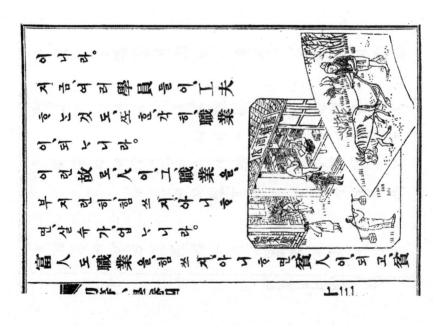

이니라.

지금여러 學員들이 工夫

ᄒᆞᄂᆞᆫ 것도 또ᄒᆞᆫ 가지 職業

이되ᄂᆞᄂᆞ니라.

이런 故로 人이 그 職業을

부지런히 힘쓰지 아니ᄒᆞ면

먼살수가업ᄂᆞ니라.

富人도 職業을 힘쓰지 아니ᄒᆞ면 貧人이 되고 貧

372 근대 한국학 교과서 총서 4

人도職業을힘써쓰면富人이되느니라.

이제貧흔고富흔것은부지런흔고게으른디잇

는거시니라學員들은貧人이好흔가富人이好흔

가. 人이다其家를富케흐면其國이반닷시富흐느

니國은人이모여서된것이라.

　第十一　소년은

二日은余가野外에운동흐러갓더니어떤사물이牛

牛가川邊에서水를마시더니.

맛참其中에一牛가서로들싶니라고頭(는들이니)

다가角으로찟혜찟는牛를밀치니라.

그牛가성이나서또그얼헤잇는牛를밀다어서

서로밀치서서五分時間에數十마리가一齊히고

게쩌둘흘흐더라.

余는此를見흐고心中에생각흐엿노라.

余는홀로一句의惡흔語가全家의씨흘욀만드

는 자을 보엿시니 이자은 人을 용셔치 안이ᄒ니 홈에

한이니라。

第十二　土曜日

今日은 日曜日이라 丁吾이 가고 姑母의 家에 갓

姑母의 家에 丁吾과 同年되는 從弟가 有ᄒ니 일

음은 丁得이라 함께 공 울지며 셔롤 엿는。

日이 저물ᄒ서 丁吾이 其家로 還을 셰ᄒ니 丁得은。

다음 日曜日에 丁吾의 家

에 住ᄒ기를 언약ᄒ고 丁

吾다러 其日은 인제 쑬지

ᄂ나 胸ᄒ엿는。

丁吾은 手指를 꼽ᄒ셔 답

ᄒ되 一週는 七日이니 七

曜日內에 日曜와 月曜와 水曜와 水曜와 木曜와 金

曜와 土曜가 有ᄒ다 今日이 日曜日이고 明日은。

月曜오 其次는 水曜 水曜 木曜 金曜 土曜오 文其
次는 日曜니 七日後에 오라고 丁寧히 일낫나이
다。

兒孩들은 六日동안은 工夫하고 日曜日에는
다 이 故로 몸도 쉬고 모음을 샹쾌하ᄂᆞ이다。

第十三 자식의 道理

父母의 은혜는 山보다 놉고 海보다 깁흐다。
者는 하졍에 매양을 숭을 ᄂᆞ서세 수호

後에 衣服을 단졍히 이고 父母께 문안ᄒᆞ야 올 으
니라。

父母가 萬一 病患이 게시거든 졍셩이도 藥을 쓰
ᄂᆞ니라。

父母가 怒ᄒᆞ시거든 소래를 놉게ᄒᆞ야 공순히 ᄃᆞ
답ᄒᆞ며 敢히 셩내지 못ᄒᆞ지니라。

父母를 봉양ᄒᆞᆷ에 飮食도 뜻게ᄒᆞ여니라 그함
을 便安케ᄒᆞ지니라。

父母를 잘 셤기는 것을 孝道라 하나니 孝道는 모

든 行實의 읏듬이니라。

諸生들이 恒常 父母의 恩惠를 생각하야 孝子의

기를 힘쓸지니라。

父母가 나를 生하사 便安히 기르신 後에 每日 學

校에 보내여 工夫를 하게 하심이라。父母의 恩惠가

아니까。

또 身上의 입은 衣服과 工夫를 는 書冊도 다 父母

가 賜하신 것이 아니까。

그러 면 諸生들은 父母의 고신 恩惠를 잇지 말고

恒常 工夫를 부지런히 하야 그 다 함을 便安케 하

는 것이 諸生들의 孝道가 될이로다。

第十四 얼우을 지힘

丁得은 그 다음 日曜日에 그 얼우 더보 丁吾을 차

저 저갔소。

이 제는 八月이라。西風은 서늘 게 부는 때 丁吾

히졋 果園히 죽서가 한히

얼니서 칠하얏소°

丁吾은 그 母親게 엿쳐고°

果園히가 서 또 桃實을°

서 다가 丁得을 하야 어°

丁吾은 丁得과 함씌 桃實

을 하이편 서쳐 무엇는 히

하이 틀을 어°

(丁吾) 丁得아 汝는 죽서 틀 또하 하나냐°

(丁得) 나는 죽서 틀 또하 하나이다°

(丁吾) 그러면 죽서가 밋가 저나면 는 저하나냐 죽

서는 얼리가 져가 엿 소나고 하 는 제가 다르고°

또 그모양도 저져하나 을 다 저죽하 열엿는 저

은 얼 죽서 하를 고졓걸 는 것은 홍 또 하나니

가°

또 그 죽히 는 樹이 엿 서며 樹을 게하면 뎌 편나이°

초등소학 권4 377

엿노니 核을심으면 桃樹가 生호느니라。

이엿케이약이호고 놀다가 日이 暮호 後에 丁得

은 桃核을 囊에 넛고 其家로 歸호엿소。

第十五　雪戰

지금은 冬天이라 雪은 降호는데 北風은 쏠쏠불

며 雲은 겹겹케 天을 덥히여 天地가 一齊히 희여

졋소。

져 山과 野를 보시오 山은 玉을 싹가 셰운 듯호고

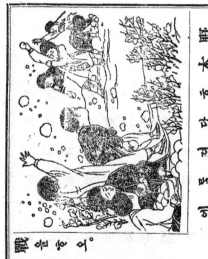

野는 玻璃를 펼친 듯호며 樹

木이아 景致가 뎌런히 하랴。

져 兒孩들이 가쥰쥰위

를 젼에져 하니을 고 左右

兩便으로 갈녀서서 雪

戰을 호여。

球을 맛치 써 球을 만들어 서로 던지는디 手의 快
홈과 足의 跌홈을 상관치 아니ᄒ니을고 勇猛이 게ᄉ
ᄒ느이다.

第十六 趙憲一

趙憲은 我國 古時에 忠義로 著名훈 人이라.

其 幼時에 文學의 工夫를 極히 힘쓰고 부지런히
ᄒ니라.

家가 매우 貧ᄒ야 衣服이 업는홈과 風雨를 避치

아니ᄒ고 先生의 家에 住ᄒ야 書를 學홈되 一日
도 休치 아니ᄒ얼여라.

일즉 秋節을 當ᄒ야 田에
가서 禾를 직희여서 手中에
는 冊을 가지고 가서 夜半
여 지畝이며 庭晨에 이를ᄒ
히라서 讀이니라.

牛를 草岸에서 엇ᄀ길셰에도 冊을 가지고 다니ᄂ며

셔勅이며田에셔기을멸셰에도休時에는册을
보니라。

우리도이와갓치工夫를부지런히하며그忠
節을본바들지니라。

　　第十七　趙憲二

우리
太祖高皇帝開國하신지二百四十年
宣祖朝時에日本이大兵으로我國을來侵하얏

소。

이에셰에趙公이敵兵을막고져하야其同志로더
부러軍士를이며젓느이다。

이軍士는敎鍊훈것이하니오쟈趙公의忠心
과義氣를감동하야죳친사람이을셔다。

趙公은僧靈圭로더부러日本人과셔와셔셔리
에錦山城外에셔戰死하얏느이다。

이세 趙公의 軍士가 七百人인디 趙公과 함긔 戰死ᄒᆞ고 一人도 도망ᄒᆞᆫ 者는 업서시니 世人이 此를 七百義士라 일컷ᄂᆞ니다.

第十八 磁針

丁吉이 그 父親을 ᄯᅡ라서고 ᄀᆞᆯᄒᆞ되

今日에 小船을 저어 蓮池에서 빗ᄂᆞ니 風을 ᄯᅡ라서 方向엇서다니다이ᄋᆞ다.

그 父親이 갈오디

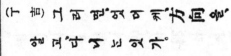

참그 엇지 方向을 ᄯᅡᆯᄋᆞ디 라 萬一 大船을 乘ᄒᆞ고 大海를 渡ᄒᆞᆯ 진디 方向을 知ᄒᆞ기 가 가여어러워시라.

(丁吉) 그러면 엇더게 方向을 일고 다니ᄂᆞᆫ잇가。

(父親) 方向을 가댓지ᄂᆞᆫ 것이 어서니 汝가 이것을 보아라 此ᄂᆞᆫ 磁針이 ᄯᅡᆶ을ᄂᆞᆫ 것이니 何時어何

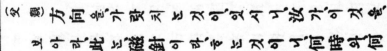

處ㄴ치요 ᄒ니라。

丁吾은 磁針을 手中에 곳고 자셔히 보노니 그는 木
匣에 琉璃로 덥고 其中에 못 갓흔 것이로 針의 中을
央을 반듯ᄒ게 괴여 못고ᄒ고 마ᄃᆞ니아가라도 南
北만 가라치는 지라。

丁吾의 父親은 ᄯᅳᆫ 말 삼 ᄒ 기를

이 磁針은 南北만 가라치는 故로 指南鐵이라 ᄒ니라。

고도 될 것 이니라。

第十九　米

吾人이 日常 먹는 米는 農夫들이 힘을 다ᄒ야 農
事지은 것이니 一粒이라도 貴重히 여길 것이
니라。

米도 米로서 여러 ᄀᆞᆽ 種이 잇ᄂᆞ니 粳과 粘이 有ᄒ니라。

水田에서 나이며 又或 田에서도 되나니라。

今에 米를 심어서 米를 얻는 것을 簡言ᄒ노

禾의 種을 쳐음 뿌리는 대를 모판이라 하나니라 관은 四五月頃에 水田을 歟하기 간하여 平平하게 하고 水를 대여여 種이 잠기게 하면 四五日後에 芽가 出하야 점점 長大하야 綠色의 葉이 水面에 出하나니 此를 苗라 云하나다。

苗가 長大하야 六七寸에 及하면 此를 水田에 옮겨 심음나니 此를 移秧이라 云하는대 此時는 六七月頃에 在하니라。

秧을 移한 後에 恒常 水를 灌하고 又 가음을 매여서 苗의 長成함을 도아주나니라。

苗가 長成을 하야 八九月間에 이르면 穗가 出하고 實이 結하나니 禾가 다하야으면 鎌으로 베여서 實

을처ㄴㅣ此를租라云ㅎㄴㅣ라。

租를大陽에말녀서日에쎠ㄴ白色의米가成ㅎㄴㅣ다。

此米를食홈이는米를水에씨서鼎에炊홈야飯을作ㅎㄴㅣ다。

故로米의種을쎽릴時로붓혀飯을作ㅎ기ᄭ지七八月을지너ㄴㅣㄴㅣ然혼즉其間에農夫의辛苦는實로다言ㅎ슈엽도다。

第二十 見孩ᄒᆞᆫ새석기

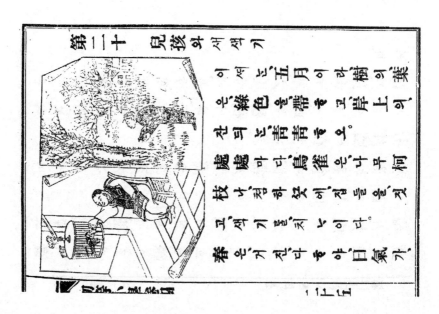

이ᄉᆡ는五月이라樹의葉은綠色을帶ㅎ고岸上의ᄯᅮ리는青青ㅎ오。

處處마다鳥雀은나무柯枝나처라ᄯᅩᆺ히젼들을짓고ᄉᆡ기를치ᄂᆞ이다。

春은가친다ᄒᆞ야日氣가

一二五

졈졈 다오 故로 丁吾은 學校에 가을쎄 마다 岸上
에 건너 맛당히 언제 져도를 最致를 구경을 면 서 이 쉬
오。

一日은 丁吾이 學校에 가오 는 길에 岸上 에 건너 떠
맛당히 졋더니 그 때에 는 樹에 가 무산 소래가
들니오。

丁吾은 이 생 과 히 져 應 히 가 고 난 한 셔 기 가 樹
에 저 히 셔 셤 니 졋 눈 다 아 겨 셔 能 히 날 눈 지 못

호고 겨 눕 겨 눕 뼈 먼 셔 졈졈 아 나 호 다。

丁吾이 그 셔 셤 가 를 져 히 를 고 그 졍 히 울 녀 보 고
져 호 나 셔 졍 히 樹上 히 잇 셔 셔 무 홀 을 故로 게
가 갓 져 하 니 호 오。

丁吾이 잣 져 를 들 모 도 다 가 말 홀 기 를 이 리 셔 하
게 들 나 히 졔 히 갓 다 가 겨 리 며 셔 져 한 後 히 ㄴ 하 후
게 다 홀 고 其家 로 가 져 고 잣 쇼。

丁吾은 날 마 다 셔 셤 기 들 타 이 이 져 리 이 이 ㅅ 朔

초등소학 권4 385

을´지 남´이´처´저´저´라´는 故로 丁君은´데 아´도 와 흘
앗´노 앗 보 빗 은°

第二十一   지금그셰

(一) 流水又흔 歲月은´
한 셰가 면 오 져 인 졔°
엇 그 젓의 靑年 들도°
오 날 날 이 白髮 일 셰°
이 世上에 션 나 흘 뿐°

工夫 안코 흘 두 엇 네°
工夫 흐 오 學徒 들 아´
지 금 그 셰 힘 을 쓰 게°
(二) 범 동 셸 한 져 는 草木
봄 바 람 이 다 시 일 셰°
前年 모 양 分明 흐 게°
고 은 꼿 과 부 른 닙 셰°
오 직 사 람 이 와 달 나°

높히 ᄒᆞ지 먼 젓 져 못해。
여 석 찼 비 일 들 흘 오,
셔 지 달 지 저 금 그 세。
(三) 生命 위하여 함을 쓰네,
낡고 젹은 져 禽獸 도。
士農工商 우리 사람,
얼도 만 소 밧 낫 이도。
生存競爭 이 時代 에

흘 수 영 에 에 비 안 코。
드 러 오 는 우 리 學徒
지 금 그 세 에 비 ᄒᆞ오。

第二十二　古代의 軍人

이 그림 은 古代 의 軍人 이오。
古代 에는 軍人 이다 못되운 甲을 입이며 투구 ᄒᆞ운,
甲胄 들쓰고, 戰場 에나가 느니 甲 과 胄 는 다 鐵 로만,
드럿소。

또 軍器도 제 금 것 저 허 니

ㅎ 오 戰爭을 쎄 에 敵兵 이

쟈 가 온 者는 刀 와 鎗 으로

열 이 고 던 者는 弓矢로 쏘

앗 소.

我國의 軍人은 히 이 强ㅎ

고 마 함 이 堅ㅎ 며 兵國을 사 랑 ㅎ 고 君에게 忠 셩

ㅎ 人이 多ㅎ 야 져 금 셔 져 有名ㅎ 오.

第一 有名호 人은 乙支文德과 美那賓과 李舜臣

이 가 중 는 더 軍人은 乙支文德이 올시다.

第二十三 今世의 軍人

今世의 軍人은 古代의 軍人과 갓지 甲과 胄를 用

지 아 니 ㅎ 고 오 작 身을 가 위 ㅎ 게 ㅎ 고 갑 버 지 을

今世의 軍人中에 는 銃을 노 하 서 敵兵을 죽 이 고

刀槍矢에 槍을 뭇 어 서 敵兵을 지 르 나 니 此를 步

兵이라ᄒᆞ오.

人이오又大砲兵이올시다.

步는砲兵과騎兵과砲兵은

로此를陸軍이라ᄒᆞ오.

馬ᄅᆞᆯᄐᆞ고戰ᄒᆞᄂᆞᆫ軍

此ᄂᆞᆫ騎兵

者ᄂᆞᆫ

다 陸地에서戰ᄒᆞᄂᆞᆫ故

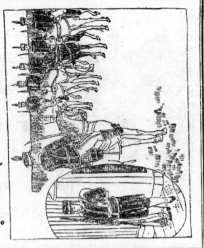

此外에又船을ᄐᆞ고海上에서戰ᄒᆞᄂᆞᆫ者가잇ᄉᆞ

니此ᄂᆞᆫ水軍이라ᄒᆞᄂᆞ이다.

軍人은國家의ᄒᆞ올ᄅᆞᆯ막ᄅᆞᄒᆞᄂᆞ나우리ᄅᆞᆯ을長大

ᄒᆞᆫ後에勇猛시러운軍人이되야大韓帝國의위

엄을宣ᄒᆞᆯ심시다.

第二十四　나뷔와벌

昔時에ᄒᆞᆫ나뷔가獅子의가죽을쓰고다른김생

을ᄉᆞᆨ여더니ᄒᆞᆫ여호ᄅᆞᆯ보고고ᄀᆡᄂᆞᆫ래ᄅᆞᆯ더勺것

我가 감히 하며 놈을 흠 하며 금흠 조 이
我前에 엿는다 我를 見흠 다.
我의 口로 汝를 물니라.
여 호가이 말을 듯고 우서며
참 아 리석다 나 커하 汝가
口를 남이 리석은데를 써여

는 저 마 적 엇 ㅎ여 위 셔 가 我 들 엿던 을 흠 ㅎ 아 저
가 獅子 이 樣貌 리 ㅎ 모 ㅎ 이 의 들 를 대 소 이 ㅎ 汝 금
가 獅子 ㅎ 明흠 분 나 를 것 獅子 가 口 고
흠 우여 셔
大抵 실상 결사 람 을 측히 는 者는 나 중 히 반 닷 히
단 로 되 는 니 ㅎ 나 커 ㅎ 아 무 엇 이 말 을 이 어.

第二十五 漢陽

漢陽은우리大韓帝國의都城이니京城이라고
도稱ᄒᆞ오。

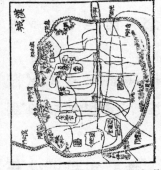

漢城

太祖高皇帝ᄭᅴ오셔저음으
로開國ᄒᆞ시고此地로都城
을作ᄒᆞ셧소。

漢陽은四面에城을築ᄒᆞ얏
ᄉᆞ니城이周圍ᄂᆞᆫ四十里라

城內ᄂᆞᆫ東西와南北이各各十里弍이오城이四

大門과四小門이잇소。

漢陽의南에ᄂᆞᆫ南山이잇고北에ᄂᆞᆫ北岳이잇ᄉᆞ
며東에ᄂᆞᆫ駱山이잇고西에ᄂᆞᆫ仁王山이잇ᄉᆞ며
ᄯᅩ南山의外에ᄂᆞᆫ漢江이流ᄒᆞᄂᆞ니다。

區域城은五署에分ᄒᆞ얏ᄉᆞ니東署와西署와南署
와北署와中署을시다。

皇宮은城內에잇ᄉᆞ니景福宮과昌德宮과慶運
宮이第一큰디慶運宮은지금。

大皇帝陛下께오셔御臨ᄒᆞ신데올시다.

ᄯᅩ各官府ᄂᆞᆫ景福宮前에잇고其外의官府와營門이多數ᄒᆞ얏스며ᄯᅩ各學校가四面에잇ᄂᆞ이다.

人民의家屋은瓦家도잇고草家도잇ᄉᆞ며文西洋制度로지은것도잇ᄂᆞᆫᄃᆡ第一繁盛ᄒᆞᄃᆡᄂᆞᆫ鍾路올시다.

鍾路ᄂᆞᆫ漢城의中央에在ᄒᆞ니東門과西門과南

門을通ᄒᆞᄂᆞᆫ中路ㅣ路가甚히廣ᄒᆞ며路의左右에各種市廛이벌녀잇ᄉᆞ니此處에大鍾을달고子正과午正에時를맛쳐鍾을치ᄂᆞᆫ故로鍾路라ᄒᆞᄂᆞ이다.

城內南北의中間에一大川이잇ᄉᆞ니西에서東으로流ᄒᆞᄂᆞ이다.

電氣鐵道ᄂᆞᆫ東門과西門과南門으로던라ᄒᆞ얏스며電信과電話와電氣燈의線은四面에縱橫

홍잇소
漢城의人口는大畧二十萬人이되는이다。
又外國居留地가잇스니外國人中에는日本人
이가쟝만코支那人이其次오西洋人이또其次
올시다。

第二十六　鷄

鷄는家에서기르는禽이니雄鷄와雌鷄가잇느
이다。

雄鷄는頭上에큰볏은빗이잇고冠는고이며尾
는길어서쳐보기에美好호오。
雌鷄는雄鷄보다小호니빗도젹고尾도쟘소。
새벽이되면雄鷄는時間을알여서날에울지며
울으오。
雌鷄는卵을生호며又卵을抱호야병열이를싸
느이다。
雌鷄가卵을抱호지二十日을되면그졍결속에

식 젹 은 뷔함 이 가 노 노 이 다。

雌鷄 는 그 뷔함 이 를 굽 먼 하 사 량 을 밧 어 이 를 엇
이 면 그 젹 기 를 믭 졔 할 며 하 여 ᄯᆨ 슈 괴 노 ᄲᆞ 을 엇
가 뷔함 이 를 져 파 고 을 먼 뭇 好中 이 로 ᄯᆞ 쳐 ᄉᆞ 면
져 삼 이 오。

雌鷄 는 뷔 얼 이 를 하 가 졔 사 량 음 나 뷔 얼 이 는 長
成 을 後 에 그 母鷄 이 恩惠 를 모 르 노 이 다。
　　第二十七　　과 경

져 긔 가 는 노 경 을 져 서 어 兩眼 이 다 머 러 ᅀ 모
ᄌ 도 見 치 못 을 고 ᄯᆫ ᄢᅦ 우
ᄂ 져 못 을 아 衣食 을 자 랑 하 ᄂ
ᄂ 얼 은 하 믈 믈 을 모 로 어。
그 ᄳᅦ 져 젹 小兒 로 하 ᄋ 곰、
그 手 를 ᄭᅳᆯ 고 이 져 져 져 다
니 면 져 는 食 을 ᄂ 니 다。
萬一、져 경 이 라 며 學問 을

배왓는편져엇케는乞食을하니오고自己의衣食

을自己가작안슝엿다는我國이도샹슝는젼가

라지는學校가셔셔져졔슝어。

엿편는졍을듬을치고졍을勸하셔生涯를삼는

이다。

이졍이엿져셰피셔지슝니은엿가占파졍은、

일된졍이라世人을슝어는져이오。

바라건뒤我國에셔도슝히는져가라져는學校

져귀가는는젼을보시오兩眼하다더려셔양모

져도見치못하고乭뒈아

져못하야衣食을작만흐

는일은흐틀흘을모로오。

그래셔져小兒로하야곰

그手를쓸고이졍져졍슝

니면셔乞食하느니다。

萬一노졍이라도學問을

... 乞食을하니 乞食을하고 自己의 衣食
을 自己가 작만ㅎ얼지 못하는 我國으로 하ㅎ는 것가
하지는 學校가 업서서 저러ㅎ여。

잇던지는 싱각지 고지 ㅎ을 勤하여 生涯를 삼나
이다。

이지이지지 ㅎ리 ㅎ여 지ㅎ니 ㅎ을 것가 占과 것은
필된지이라 世人을 속하는 것이어。

바라건대 我國에 서도 속히하는 것가 가지는 學校

를 設ㅎㅎ ᄂ는 것도 衣食을 ㅎ를 ㄴㅎ을 適當ㅎ 工夫
를 가 設치 ᄉᄂ면 世人을 속하이는 占과 것을 배호지
ㅎ니ㅎ게ᄂ。

第二十八 織物

織物에는 絹織과 綿織과 麻織과 毛織等 여러 가
지가 잇소。

紬織은 繭이 絲로 織ㅎ는것이니 或 生絲로 ㅎ며
或 熟絲로 ㅎᄂ니 衣服이 더욱ㅎ는것은 대개 絹織이

오 絹織에는 綢充羅綢紗緞等各種이잇소。

綿織은 木綿의 實中에在
한絲로絲를作하야織
한것이니諸布의着을褥
의褓와周衣等은大抵此
綿織이오綿織에는문영
양목과等各種이잇소。

麻織은麻皮와苧皮로絲를作하야織한것이니
麻織을苧皮로織한者난苧와苧充羅等이오麻皮로織
한者는布을시다。

毛織은羊의毛로絲를作하야織한것이니毛織
에는羅紗氈等各種이잇소。

此等四種의織物은厚혼것과薄혼것이잇소니
日氣의寒暑와溫涼을隨하야衣服을삼느니
다。

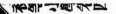

第二十九 和睦(화목)한 家眷(가권)

여긔 茅草家(모초가)가 잇스니 저
은 貌樣(모양)은 別(별)로 죠치아
니 나。

그러나 其家內(기가내)를 보면 참
形言(형언)을 수 업는 하참다운
저이엿나이다。

여러분 성각하는이저이

무엇인듯 하어이저은 寶玉(보옥)도 하니오 金銀(금은)도 하
니라 만此家內(차가내)에는 父母(부모)와 兄弟(형제)와 姊妹(자매)가 和
睦(화목)하야는 貌樣(모양)이니 세상에 하참다운저이올시
다。

지금 父(부)는 졍선을 삼는 뒤저에서 長子(장자)는 졍을 줍
으로 次子(차자)는 색기를 모여。

또 母(모)는 纖機(섬기)에서 믈ᄉ을 싸고 그저에 長女(장녀)와 次
女(차녀)가 母(모)이일을 그 드난 하다。

이 兄弟姉妹들이 學校에서 工夫를 ᄒ여시나 今日은 土曜日인 故로 일즉 家에도라와서아ᄋ 져제일를을ᄒᄂ이다。

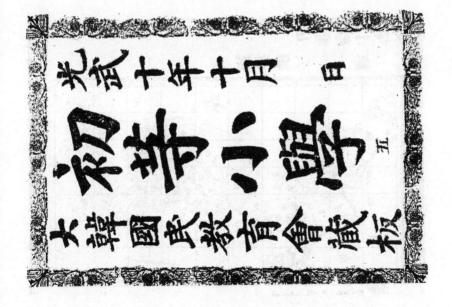

光武十年十月　日

初等小學　五

大韓國民敎育會藏板

初等小學卷五目次

大韓帝國
乙巳勒約
兩班과酒肴
飮食物의大
魚류의ᄒᆞᄂᆞᆫ法
秋收
時計ᄅᆞᆯ보ᄂᆞᆫ法
衣食住
風습과淸潔

第二
第三
第四
第五
第六
第七
第八
第九
第十
第十一
第十二
第十三
第十四
第十五

乙支文德
直言을兄戒
人의三寸
李昌準의順吉
他人에게對ᄒᆞᆫ道理
時間을虛費ᄒᆞ지말라
木材
黃海潮
蠟燭과燐燭
이달밤

第十六
第十七
第十八
第十九
第二十
第二十一
第二十二
第二十三
第二十四
第二十五
第二十六
第二十七
第二十八
第二十九

初等小學卷五

第一　大韓帝國

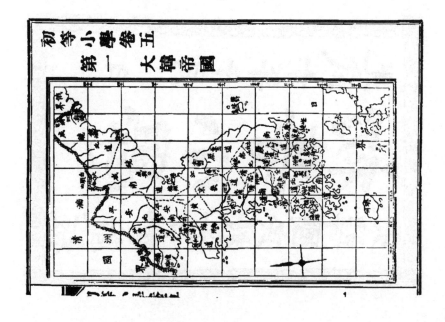

우리의 生長하는 國은 大韓帝國이니 其地形은
此圖와 如하오。

大韓帝國은 亞細亞洲의 東에 잇스니 東西南三
面은 海를 臨하고 北은 支那와 連하얏소。

全國의 面積은 八萬二千方哩오 人口는 二千萬
이니 氣候는 寒熱이 고르고 土地가 조흔 故로 穀
物이 多産하고 또 礦物도 만호니 世界에 第一로
조나라 홀시다。

우리가 이러한 조흔 國에 生長하얏스니 우리가

고로 工夫를 勤勉하야 國家를 富强케 홀을시다。

第二 運車

車는 輪으로 樹하야 行하는 者ㅣ 車의 種類가 多
호니 火輪車는 蒸氣力으로 行하며 電車는 電의
功으로 行하고 馬車는 馬의 力으로 行하고 牛車는
조牛의 力으로 行하오。

此外에 又 人力으로 끄는 車가 잇스니 此에 人이 乘
는 지은 人力車라 하고 物을 運하는 지은 運車라

此人은 지금 運車를 끄을고 션혼오。

車에는 重혼 物을 싯고 션더 더가에 이을나가오。

은더무 高혼 故로 을나가기가 容易치 아니호오。

此人은 力을 盡호야 汗이 出호되 조금도 쉬지 아니호오。 萬一 此運車를 ㄴ으이던 前時에 後로

退下호야 前功이 엇지 앗갑지 아니호오。 人이 智혼 것도 此와 갓튼 古人의 名談에 人心을 放호면 後로 退혼다 호얏소。

第三課 乞人

二見가 一日은 엇득 四衢에 서잇갓소 此處는 學校에 住호는 路와 野에 住호는 路가 合혼 더오。

(李童) 金君 엇디 호시오。

(金童) 비가 제게 션너갓소 엇디 호시오 日氣가 청명

웃소이다。

(李)어대에가시오 金君。

(金)저金學校에가나이다 君은어대에가오 學校로갑서이다。

(李)我는滋味업는學校의工夫가어려우니우리는 野가에우웃소 綠陰도만코黃鶯의우는ᄯᅢ가웃소 學校는고만두고野로갑시다。

(金)춤에 野가웃치마는 學校에하셔가면先生님슈과工夫를얽셔ᄭᅦ我는學校로가겟소。

이러ᄒ지라二十年間을此兩見ᄂ相從이잇엇
ᄂ이고弊衣破笠으로一高大ᄒ門前에이잇소。
에저못ᄒᄀ소大聲으로請ᄒ더救助를ᄒ거ᄂ이다貴宅의恩
惠로救助ᄒ야주시오ᄒ오。
이세에의家內에셔餅美ᄒ衣服을닙은一貴人이
主人君은李君이아니가。
此乞人을注目ᄒ야仔細히見ᄒ얏소。

(손人) 然을오果然我姓은李올시다。

(主人) 果然李君인가예우寒을니하리드리오시

오此兩人은室內로同人을앗는然을니此乞人

은고主人은何人인저知히못을앗는。

諸子도此主人이何人인저知을는가且此乞人

은何故로乞人이되얏는。

第四　驟雨

夏日에는또버기가언하오느니는버기를驟雨
라하오。

驟雨가來홀時는黑雲이忽
然히天을덥허서彼處에서大
此處로兩脚이地에垂하야瞬時
間에黃流가横出홀는川에任하야觀漲홀
이셔는黃

져금저兒孩를은雨傘을들고橋上에立하야黃
流의漲溢호는것을구경호오。
면에우곳夬을어아이다。

저 橋下에 流ᄒᆞᄂᆞᆫ 黃流가 休치ᄒᆞ니ᄒᆞ고잣구가
니 나중에ᄂᆞᆫ 海에 人을 지ᄂᆞᆫ이다.

第五 酒와 烟草

一日 曜日에 丁吉은 沈父親을의시고 路上에 行
ᄒᆞ더니 顔이 紅ᄒᆞᆫ 人이 大聲을 叫ᄒᆞ고 左右로 잇가
書붓書ᄒᆞᆯ서 行ᄒᆞᄂᆞᆫ지라.
丁吉이 其父親의 袂를 붓을고.
ᄒᆞ나 저저사람을잇친사람이ᄋᆞᆫ니오가
問ᄒᆞ거늘 其父親은

ᄒᆞ나이다 잇친사람이ᄒᆞ니라 酒를 飮ᄒᆞᆫ지이다.
酒를 飮ᄒᆞᆫ즉 야醉ᄒᆞ면 人의 精神이 잇ᄃᆞᆺᄒᆞᄃᆞᆺᄒᆞᆫ
ᄒᆞ行爲가 단저치못ᄒᆞ야 狂人갓타지ᄂᆞᆫ니라
對答ᄒᆞ엇더라.
丁兒가 一處에 住ᄒᆞ야 巡檢의 交番所前에 至ᄒᆞ니
丁吉은 또父親의 袂를 붓을고 問ᄒᆞ되
父親을 對答ᄒᆞ시기를 彼兒ᄂᆞᆫ 何故로 巡檢에게정결ᄂᆞᆫ의가

煙草는毒이니라 사람(人)이吸흡하면精神을여윌지이다 煙草는兒孩의物이라 然한中兒孩를더욱막지말것이니 그런故로丁音을이알삼을듯고大端히지버힐것이 彼兒를잘보호하여줄지이다 善가아니라 巡檢이禁한다.

第六 牧者의犬

牧者가羊을養하는대犬을亦(또한)養하니 此犬은主人의言을能히알어들어서主人을도와 羊을잘保護함오.

一日은主人이山上에잇는牧場에羊을몰려가
며其幼子와밋犬을다리
고갓소.
日이將次暮함이羊을모라
가고잇의山을나려나羊은엉
幼子는速히困한故로
嚴下에坐케하고犬은다리고
峯上에올나갓소.
此山은本來大霧가忽生하
는대牧者의犬이

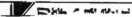

서는 저 數時間에 大霧가 山을 엿쳐 夜와 同흠으로 幼子가 나 幼子가 엿나 牧者가 急히 幼子의 處를 쳐 저가 나 家로 返ᄒ야 니 犬도 此夜에 坐ᄒ야 來치 아니ᄒ얏소. 其 明朝에 犬이 忽然히 來ᄒ야 編包를 어 머그며 主人의 衣를 물고 여 가소. 牧者가 犬을 셔 가거ᄂᆞ 그 犬이 一 江岸에 至ᄒ야 嚴穴로 向ᄒ야 거늘 牧

者가 坐흔 人見ᄒ니 그 幼子가 編包를 졋고 犬과 은 者는 지라 牧者가 고 ᄭᆡ지셔 幼子를 엇고 犬과 혼지 家로 歸ᄒ얏소. 此 幼子가 大霧中에 그 父親을 ᄯᆞ라 가다 니 犬이 쳐 졋엇소.

第七 食物

食物에는 三種이 잇스니 穀物과 肉類와 菜蔬 等 인데 吾人은 此 三種의 食物을 食ᄒ고 生活ᄒ오. 穀物은 米麥의 等이오 肉類는 魚鳥獸의 肉이오.

菜蔬ᄂᆞᆫ 芹 이 ᄂᆞᆫ 菜 等 이 올 시 다。

鳥 의 肉 은 雞 와 雉 이 等 이 有 ᄒ고 獸 의 肉 은 牛 와 猪 의 等 이 有 ᄒᆞ 며 魚 의 肉 이 ᄂᆞᆫ 鯉 와 ᄃᆞᆯ 이 等 이 有 ᄒᆞ 이 다。

米 ᄂᆞᆫ 水田 에 셔 作 ᄒᆞ 고 麥 은 田 에 셔 作 ᄒᆞ 며 菜蔬 ᄂᆞᆫ 田 에 도 種 ᄒᆞ 고 又 或 水田 에 도 種 ᄒᆞ ᄂᆞ 이 다。

魚 ᄂᆞᆫ 溪 와 江 과 海 에 셔 捕 ᄒᆞ 고 鳥 와 獸 ᄂᆞᆫ 或 藪 에 셔 기 ᄅᆞ 며 或 山 과 野 에 셔 捕 ᄒᆞ ᄂᆞ 이 다。

魚 ᄅᆞᆯ 捕 ᄒᆞ ᄂᆞᆫ 者 ᄅᆞᆯ 漁父 라 ᄒᆞ 고 鳥 獸 ᄅᆞᆯ 捕 ᄒᆞ ᄂᆞᆫ 者 ᄂᆞᆫ 獵夫 라 ᄒᆞ 고 米 와 麥 을 作 ᄒᆞ 고 菜蔬 ᄅᆞᆯ 種 ᄒᆞ ᄂᆞᆫ 者 ᄂᆞᆫ 農夫 라 ᄒᆞ 오 此 等 을 賣買 ᄒᆞ ᄂᆞᆫ 者 ᄂᆞᆫ 商人 이 올 시 다。

此 食物 中 에 米 와 麥 은 飯 과 餠 을 作 ᄒᆞ ᄂᆞᆫ 것 이 오 菜蔬 와 肉類 ᄂᆞᆫ 饌 을 作 ᄒᆞ ᄂᆞᆫ 것 이 니 饌 中 에 ᄂᆞᆫ 肉 이 가 장 貴 ᄒᆞ 이 다。

第八 개 의 고 럄 길

一 夫 이 고 기 ᄅᆞᆯ 팔 아 ᄃᆞᆯ 어 들 어 메 고 橋上 이 도 徐徐 히 過去 ᄒᆞ 면 셔 고 개 지 비 ᄒᆞ 더 라。

此時에 犬이 橋下를 건너 듯見
호니 庭을 一犬이 有호야 橋
의 同行호는 지라。 橋
上의 犬이 其口에 믈고
를 奪홈을 見홈가 恐호야 橋
下의 犬을 向호야 立홀디。橋
下의 犬도 庭을 口中에
上의 犬을 向호야 立호얏는지라。

橋上의 犬이 貪心이 辨然하니 서 橋下의 犬이믈

고 기를 奪食코저 호야 橋下를 向호야 한번 이르
룰 거리더니。
그 口를 開홀 時에 믈엇든 고기는 水中에 담방써
橋上의 犬이 홀연 업서 水中을 仔細히 보니 橋下
此는 橋上의 犬이 彼를 因호야 水中의 對應이 影
子가 잇처인지를 모르고 貪心만 내다가 彼의 가
선지에 지읔을 홈이러라。

此를、見홀지어다、事를、知치못ᄒᆞ고、오작、貪心만、
새ᄂᆞᆫ人은、此犬을見홀지로다。

第九　魚

魚ᄂᆞᆫ、水中에、生活ᄒᆞᄂᆞᆫ者니、全身에、鱗이有ᄒᆞ오。
魚ᄂᆞᆫ、ᄯᅩ、저ᄂᆞ램이가잇ᄉᆞ니、此를ᄯᅥᆯ쳐셔、水에헤
임ᄒᆞ고、ᄭᅩ리를、놀녀셔、向方을定ᄒᆞ오。
魚ᄂᆞᆫ腹中에、부레라ᄒᆞᄂᆞᆫ、주머니가잇셔、空氣를、
져축ᄒᆞ니、此부레를、因ᄒᆞ야、陸地의、動物이、부화
로、空氣를、마시고、吐ᄒᆞᄂᆞᆫ것갓치、水中의空氣를、
마시고、吐ᄒᆞᄂᆞ니、그、空氣를마실ᄯᅢᄂᆞᆫ、부레가넓
어셔、水上에、ᄯᅳ고、空氣를、吐ᄒᆞ면、부레가、좁아셔、
水中에、잠기ᄂᆞ이다。
魚ᄂᆞᆫ、淡水의魚와、鹹水의魚가、잇ᄉᆞ니、鹹水의魚
의種類가、第一多ᄒᆞ오。
魚에ᄂᆞᆫ、도미와、준치가、第一、味가好ᄒᆞ야、上等飮
食에、用ᄒᆞᄂᆞ니、도미ᄂᆞᆫ、넙적ᄒᆞ고、준치ᄂᆞᆫ、기름ᄒᆞ
오、준치와、도미ᄂᆞᆫ、다、海에셔、生ᄒᆞᄂᆞ니、漁父가、釣
와、網으로、捕ᄒᆞ오。

四五月에多捕호고
五六月에多捕호느
니此는도미와준치가四時
를通ㅎ야海中에잇스나
작海水의寒溫을따러서
地方으로옷처彼地方에徙
흠을因흠이올시다

第十 秋

(一) 서늘호게부는바람.
陰樹속에도래호네。

梧桐나무닙저인다。
반날그어둘에젓게。
발근달에빗이나네。
플꼿마다眞珠로다。
저런연저런장꿀손。
牛空中에젼녀잇네、
疑心일세。

니른니른나는의세、
못가운데고온빗꼿、
놀촌가저우는멈이、
(一) 순례영서오는이슬。
방을방을생긴것이、
선돌향해鳳仙花는、
써저인고우는鱗鱗。
(二) 진어영서밝은저달、
둥글둥글떠도影子。

江湖間에 길 찾었은 서을 설 내 白事 잣 은
구름 가 하 가 도 鴻雁 둥 모 를 니 기 럭 기 러

第十一 時計 보 는 法

時計 는 아 러 종 게서 時間 가 는 것을 얼 니 서 便當 우
다 를 열 게서 아 노 이 이 다。

一日 안 구 晝音 이 고 兄 龍音 다 저 를 이 며
저 금 은 멋 시 나 되 얏 는 엇 가 가 라 쳐 우 은 서。

龍音 은 璧 上 에 걸 닌 自鳴鐘을 가 라 쳐 日 에
구 音 이 仔 細 히 見 ㅎ 다 저 거 ㅣ Ⅱ Ⅲ Ⅴ Ⅵ Ⅶ

Ⅷ Ⅸ Ⅹ Ⅺ Ⅻ 十二字 가 잇 다。
長針 과 短針 이 有 ㅎ 나 을
分針 이 오 短針 을 時針 이 다。
저 금 時針 과 分針 이 Ⅻ字 에
至 ㅎ 얏 스 니 然 흔 則 十二時
가 되 얏 는 니 다。

時針 은 一字 의 間 을 을 세 에 分針 은 一周 를 도
라 서 Ⅻ 에 至 ㅎ 면 鐘 은 其 數字 를 서 려 서 멋 번

武지ㄴ니ᅵ個時間이되ᄂ니라。

分針과時針이서로돌分서分針은ᅵ日에ᅵᅵ
十四番을돌고時針은ᅵᅵ番을도ᄂ니라。

丁吾이한참잔저서自鳴鐘을치다구다가울이
되저ᅵ時가되얏ᄂ엇가저長針은ᅵ에
至ᄒ고短針은知히至ᄒ얏ᄂ이다。

ᄒ거ᄂ고兄은듯고깨우쳐친절을ᄒ얏소。

第十二 轎丁

ᅵ富翁이ᅵ日은그사랑ᄒᄂ바犬을失ᄒ지라。

家內에轎丁을불너간오대
汝等은犬을차저오너라
ᄒ則轎丁들이對答ᄒ되
우리는轎丁이요轎子나
메일것이오犬을차즘은
우리의職務가아니니다
ᄒ고言을ᄒ되。

主人이此言을聞

汝等은轎子를持來ᄒ라我가차고가서犬을

낫지 다。

혼고 轎子를 타고 갓느이다。

轎丁이고 主人을 메이고 山과 들디 이르누루다

더니 轎丁이 困호야 쉬기를 請호되

主人께셔 大을 쳐 져리가 시 우리를 ᄒᆞ여

大을 쳐져 져 갓ᄒᆞ오。

主人이 笑ᄒᆞ면셔 其家에 步蹒ᄒᆞ니 轎丁이 더신

이 轎丁을 은 쳐 니 사람을 이오 萬一 처음

낫처 主人의 命令을 밧던들 轎子를 메이는 勞

는 大凡 便ᄒᆞ 것을 取ᄒᆞ면 어 순일이도 성기

이다。

第十三 衣食住

此世界에 生活ᄒᆞᄂᆞᆫ 人은 반닷히 衣가 有ᄒᆞ며 食

衣이 有ᄒᆞ며 住가 有ᄒᆞ여야 ᄒᆞ겟소。

衣가 無ᄒᆞ면 寒暑를 適當케 못ᄒᆞ지오 食이 無ᄒᆞ면 兩

ᄒᆞ면 生命을 保全치 못홀지이오 住가 無ᄒᆞ면 兩

露를 蔽ㅎ야 耐치 못홀지이오이다。

然흔즉 吾人이 衣服을 衣ㅎ며 飲食을 食ㅎ며
家屋에 住ㅎ오。

此三者는 人이 此世界에 生存ㅎ는 동안에 第一
緊要ㅎ야 暫時라도 無치 못홀지이오이다。

獸는 毛가 有ㅎ며 蜂은 蜜을 作ㅎ며 鳥는 巢를 搆
ㅎ나니 人이 可히 鳥獸와 蜂만 못ㅎ오릿가
講치 아니ㅎ나니 此는 衣食住를 爲ㅎ이오이다。
職業이 有ㅎ야 恒常 쉬

우리도 幼時붓터 學을 힘쓰며 業을 익혀 면 이는
衣食住三者를 엇는 道理가 되는이다。

第十四 漁父와 龜

海中에 各種의 水族이 多흔디
그 中에 其背上에 堅흔 甲蟲이 有ㅎ오
昔時에 一漁父가 海邊에서나
龜를 잡어셔 가지고 가는디 그

龜룰잡어다가고 | 目을望맛는지라고 龜가漁父
룰見흐고淚룰흘너서 敎룰을請흐는듯흘지라。
漁父가측은흐여그 兒孩더러흐는말이其囊中에잇는錢
을버서兒孩룰주고龜룰買흐야海水에넌넛소。
그後에漁父가낙시룰가지고海邊에가서魚룰
나여서忽然히海中에서大흔龜가口에珊瑚와
漁父가怪異히녀겨仔細히見흐니그龜가一日

은드고 | 目은맛는것는此龜가水中에서영음을
음거더러漁父의항헤서서口에물엇든珊瑚와眞
珠룰노코도로드는지라더라흐오。
龜는 | 個甲蟲이로다어하저恩惠룰잇지아니
흐거든잇인사람은恩惠룰잇고원수도버럿흐
나니엇지此龜만못흐다흐나니라。

第十五 硯滴

龍吉의兄弟가學校로부터家에와서習字룰흐
다가其弟丁곰다려硯滴에水룰는어오라흐오。

丁吾을 硯滴을 가지고 水를 못

丁吾가 仔細히 보슉 穴을 二가 有

丁吾이 心中에 怪異히 녁여 其

兄 龍吾에게 理由를 問호되。

兄년 硯滴에 穴을 二가 有호

때 水는 一穴로만 人호는오。

龍吾이 對答호되。

丁吾샹져서 硯滴이 一穴을 指호야고 水에 人을

면 水는 一滴도 人지 안나호니。

此는 나고 空氣의 出홀 處가 無호야 外의 水가 人고져

리가져 못홈이니라。

然호나 穴이 二가 有호則 一穴로는 內의 空氣

가 出호고 一穴로는 水가 人을나니 水池는 即 空

空氣를 우리가 目으로 見치 못호나 何處든지

此는나 그 空氣中에 空氣가 잇는 故로 水가 人고져

此는나 그 空氣의 出홀 處가 無호야 外의 水가 드는

다의 動흠을 呼吸을 흐야 人과 鳥獸는 다 空氣과 同흐니라。

空氣中에 在흐 後에 丁吾은 가믜에 生흠은 空氣

魚가 水中에 金吾은 가믜에 서 空氣中에서 生흠을 風이

龍鬚 다。

第十六　乙支文德

乙支文德은 我國 古代 高句麗朝에 有名흔 忠臣
이오 無雙흔 英雄이라 當時에 支那의 隋朝 皇帝가 ... 이 多흐야 世界

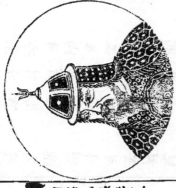

이 少흐 일수 이라。
朝鮮을 侵人흐야서로 和흐니라
高句麗의 小흐 ... 영수이
三國에 分흐야 故로 高句麗
王을 賢明
乙支文德으로 敵兵을 防
大將을 ... 禦
三百萬 大軍으로 ...
朝鮮國內는 三國에 ...
是時에 ...
形勢는 ...
君主라 乙支文德
合지 못흠 故로 高句麗
占領 ...
響흐며흐며

乙支文德은 智勇이 兼有ᄒᆫ 人이라 敵兵으로 더브러 淸川江邊에셔 大戰ᄒ야 敵兵을 盡殺ᄒ고 其 生還ᄒᆫ 者ᄂᆫ 數千人에 過ᄒ지 못ᄒ니라 此戰은 歷史上에 第一 大戰이라 我朝鮮이 固有ᄒᆫ 獨立을 保全ᄒᆞᆷ은 乙支文德의 功이니 我朝鮮의 일을 저니라

大抵 國이 强盛ᄒᆞᆷ은 地의 大小와 人의 多少에 在ᄒ지 아니ᄒ니 諸子를 도 乙支文德의 忠義와 勇猛을 效ᄒᆯ지어다。

第十七 約束

一日은 陰日에 丁吉을 고도 金泰昌의 家에 往遊ᄒ여 니 泰昌은 丁吉에게 圖畫冊을 주거ᄂ 丁吉은 此를 見ᄒ고 極히 滋味가 잇서서 泰昌에게 請ᄒ되

今日은 日이 將暮ᄒ니 我ᄂᆫ 家에 往ᄒ겟스나 此 圖畵ᄂᆫ 滋味가 잇스나 다시 見ᄒᆯ수가 잇

슨니 暫間 빌녀시던 糟히 見ᄒ고 明日에 還呈

ᄒ게니다。

ᄒ되 泰昌은 丁吉에게 圖畫冊을 넌너주엇더라。

丁吉은 家에 歸ᄒ야 其父母ᄭᅴ셔 其兄 龍吉과

과더 滋味잇게 見ᄒ더니 其翌日에 朝로고더 雨

가 降ᄒ거늘 丁吉은 學校로 갓ᄒ 家에 歸ᄒ야 天

圖畫冊을 가지고 泰昌의 家에 住고더ᄒ거늘 其

母가 此를 止ᄒ되

雨가 降ᄒ야 路가 여런이니 明日에 雨가 晴ᄒ

거늘 住ᄒ라

ᄒᄃᆡ 丁吉이 對答ᄒ기ᄅᆞᆯ

昨日에 泰昌과 約束ᄒᄃᆡ 今日에 ᄃᆞᆯ녀오더라

ᄒ얏니다。

其母ᄂᆞᆫ 此를 聞ᄒ고 曰

然ᄒ면 汝ᄂᆞᆫ 住ᄒ라 約

束을 守ᄒᄂᆞᆫ지이 寶로

美事니라

丁吉은 傘을 擧ᄒ고 雨를

冒을 던저 泰昌에게 往호야 冊을 返還호얏더라.

諸子ㅣ 萬一 人과 約束을 호면 此를 必守홈이 可호니 是는 人을 欺홈이오 또 自己의 信用을 失홀 뿐 아니라 거게 困難혼 事가 生호느니라.

第十八 直言흔 兒孩

一日은 敎師가 室中에서 書冊을 보고 호더니 忽이 慾을 뀌며며 學徒가 다 運動場에 出호야 運動을

호는 故로 敎師는 學徒의 作
戱임을 알더라. 然호나 敎師는 聽치 못혼다 시 坐호얏호고 말도 호니호 고 兒孩中에서 來告홈을 기다린 니 兒孩가 누구려호는는 모
暫時를 經호야 七歲를 된 兒孩가 敎師에게 來告호되
前이도 敎師에게 來告호되 兒孩가 져기 琉璃窓을 에 와 젓노이다.

師가
其兒가言을듯지고것저홀호모르거늘敎
和홀모양이로其手를잡으니其兒가又言을되
홀울더지는듸琉璃窓에걸을울빗노이다
其兒는坐敎師의열홀눌을紿히노저라敎師가和
柔혼말로問호되

너더로누가세라믿울을하노냐

호고샹며言도샹시혼듸其兒가又言을되
이것은뎨가세라믿소니다눈兒孩는졔
가열노이다。

敎師가고直言을홀거이아히닉여서그쳐를울용
셔홀고히며들안지면서모든學徒이게對홀야
졍쳔홀다라。

第十九　人의一生

歲月의過去홈은極히速호지라아젹春이로思
홀동안에발서夏가되고秋가되고冬이되야一
瞬間에一年의月日이過去호눈도다。
人의一生도또혼歲月과同히過去호지라此
을四時에比홀선디

人의 幼時는 春에 花가 開홈과 如호고, 少時는 夏에 葉이 盛홈과 如호고, 壯時는 秋에 木實이 成熟홈과 如호고, 老時는 冬에 草木이 零落홈과 如호니라.

花가 開홈는 春은 年年히 다시 오나니와, 人의 幼時는 一生에 한 번 되고 다시 되지 아니호나니, 今日을 虛度치 말고 學을 修호며 業을 習호야, 今日이 過去호야도 明日이 있다 호고 言홈을 지말지어다.

今年의 今日을 質로 ——

一日을 헛도히 보내면 一生을 헛도히 보낼지라.

第二十三課

同村에 ——行 一老人이 有호니 恒常 閑暇한 時는 同村의 兒童을 모아 滋味있는 諺話를 話호는지라.

此老人을 兒童이 敬信호며, 老人에게 來호기를 즐기더라.

然홈으로 兒童들은 다 此老人의 語는 何言이든지 皆信호며, 一日은 兒童 四五人이 老人에게 來호거는 老人은 三個의 棒과 一冊의 畵木을 出호고 言호되, 諸子를 아 此를 深히 敬신 ——

을 比較ᄒᆞᆫ면 多人의 力을 合ᄒᆞ여 事를 ᄒᆞᆫ 것이
일우ᄂᆞ니 然ᄒᆞᆫ 則 諸子를은 每事를 ᄒᆞ지니 徒이 日ᄒᆞᆯ
常 他人과 心을 合ᄒᆞ며 力을 幷ᄒᆞᆫ지니 梯이 立ᄒᆞ
도 共同을 要ᄒᆞᆫ 거시라 ᄒᆞ며 人의 事를 ᄒᆞ이며 오。

第二十一 泰昌과 順吉

順吉이는 佰常 戱遊ᄒᆞ고 工夫는 ᄒᆞᆯ 쓰지 아
ᄒᆞᆫᄂᆞᆫ 故로 學課時間에도 書를 보지 아ᄂᆞᆫᄒᆞ며
順吉를ᄒᆞᆯ것는 佰常 敎師를 속ᄒᆞᆫ며 一二는 敎師가 此

泰昌과 順吉

汝等은 汝等의 冊을 糊瑞ᄂᆞᆫ 거슬 지ᄒᆞᆫ다 ᄒᆞᆫ
汝等이 어린 故로 工夫를 셰니 萬一 잘 난 ᄒᆞᆫ 他
慶를 見ᄒᆞᆫ 兒가 有ᄒᆞᆫ 거든 我에게 來告ᄒᆞᆫ라。
ᄒᆞᆫ니 萬一 난 더를 보거는 敎師에게 任言ᄒᆞᆫ려 ᄒᆞᆫ
ᄒᆞᆫ고 泰昌을 것는으로 보며라。
未幾에 泰昌이 果然 他慶를 見ᄒᆞᆫ거 順吉이 念
ᄒᆞ 敎師에게 任告를 ᄒᆞᆫ며。

教師가對答ㅎ되
엇더케汝가ㅎ나
ㅎ니順吉이對答ㅎ되見ㅎ
엿ㄴ이다敎師가匹言ㅎ되
汝가丁寧코엿ㄴ나汝가親ㅎ
泰昌을見ㅎ時에汝이視ㅎ고
이何處에在ㅎ엿ㄴ냐
泰昌이汝班에在ㅎ더라。

ㅎ고嚴히ㅎ지ㄴ後에懇切히ㅎ일뵈ㄴ더라。

諸子를하讀書를時에目을册에移치말지어다。
一身으로兩事를ㅎ지못ㅎㄴ니라。

第二十二　材木

材木은山林으로붓허生ㅎ는것이니材木은여
러가지가잇ㄴ이다。
今은秋의末이라木을植ㅎ기에우適宜ㅎ오。
ㅎ지山을고서鋪과갈이도兩兒로苗木을ㅎ리고材가ㄴ
이다。

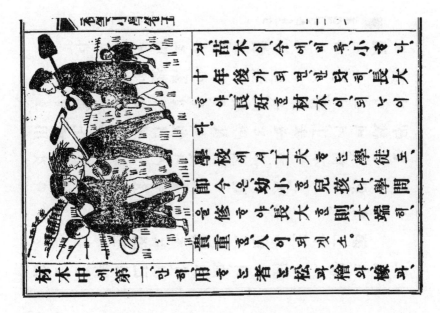

小(쇼)ᄒᆞ나이 漸漸(졈졈) 長大(쟝대)히 되ᄂᆞᆫ 이라

木(목)이 今(금)에 ···

苗木(묘목)이 今後(금후)가 되면 良好(량호)ᄒᆞᆫ 材木(목)이 되ᄂᆞ니

져 十年後(십년후)가 ᄒᆞ야 良好(량호)ᄒᆞᆫ ··· 다.

師(ᄉᆞ)를 今(금)은 修(슈)ᄒᆞ야 長大(쟝대)ᄒᆞᆫ 人(인)이 되ᄂᆞ니라

學校(학교)에서 工夫(공부)ᄒᆞᄂᆞᆫ 學徒(학도)도

幼小(유쇼)ᄒᆞᆫ 兒孩(ᄋᆞ해)나 長大(쟝대)ᄒᆞᆫ 則(즉) 大端(대단)히 學問(학문)

貴重(귀즁)ᄒᆞᆫ 人(인)이 되게 ᄒᆞ오.

用(용)ᄒᆞᄂᆞᆫ 者(쟈)ᄂᆞᆫ 松(송)과 檜(회)와 橡(샹)과

材木(목)中(즁)에 第一(뎨일)만히 ···

栗(률)이니 松(송)은 家屋(가옥)을 建(건)ᄒᆞᄂᆞᆫ 데에 기둥과 들보를 作(작)

ᄒᆞ며 橋(교)와 電信柱(뎐신주)를 作(작)ᄒᆞ며 又(우) 鋸(거)로 써러서 板(판)을 作(작)

ᄒᆞ고 檜(회)ᄂᆞᆫ 其形狀(기형샹)이 松(송)과 如(여)ᄒᆞ고 又(우)其用處(기용쳐)도 松(송)

橡(샹)과 栗(률)은 極(극)히 堅(견)ᄒᆞᆫ 材木(목)이라 其葉(기엽)은 兩者(량쟈)가 거

ᄒᆞ며 同(동)ᄒᆞ오. 此中(ᄎᆞ즁)栗(률)은 其實(기실)을 果(과)로 用(용)ᄒᆞᆯ ᄲᅮᆫ이아

橡(샹)과 栗(률)은 相同(샹동)ᄒᆞ오. 又(우)其材木(기목)이 堅(견)ᄒᆞ고오며도 朽(후)치아니ᄒᆞ니ᄒᆞᄂᆞᆫ

니오. 又(우)其材木(기목)의 堅(견)ᄒᆞᆷ을 因(인)ᄒᆞ야 又(우)其材木(기목)은

此故(ᄎᆞ고)로 鐵道(텰도)의 枕材(침재)를 作(작)ᄒᆞᄂᆞ니라.

此外(ᄎᆞ외)에 ··· 材木(목)이 있ᄉᆞ며 又(우)其材木(기목)은

로 用지 아니ᄒᄂᆫ者ᄂᆫ 新이로 用ᄒᄂᆫ이다。

材木은 吾人의 生活ᄒᄂᆫ데 緊要ᄒᆫ 者인즉 吾人은 山林을 경긴이ᄂ지 不可ᄒ오。

學校에서 工夫ᄒᄂᆫ 學徒ᄂᆫ 他日에 다 世上에 用할 만흔 材木이 되고 彼新은 되지 안토록 할지인즉 勿論 할지 不可

이오 然ᄒᆫ즉으로 人의 可히 用ᄒ를 만흔 者ᄂᆫ 人材라 ᄒᄂᆫ이다。

第二十三 他人에 對ᄒᄂᆫ道理

凡人은 他人을 對ᄒ되 他人이 自己에 待ᄒ를 希

望ᄒᄂᆫ지라 故ᄒᄂᆫ지어 可ᄒ니 是ᄂᆫ 實로 世에 가지 慮ᄒ며 人을 愛ᄒᄂᆫ 大道라 古語에 人을 己와 치아니ᄒ니ᄒᄂ니라。

汝等은 他人이 汝等에 對ᄒ야 無禮히 言ᄒ을 悅치아니ᄒ니ᄒᆫ 然ᄒᆫ즉 汝等은 他人에게 親切히 言ᄒ라。

汝等은 他人이 汝等을 虐待ᄒ을 悅치아니ᄒᄂ니 然ᄒᆫ즉 汝等은 他人을 虐待치말지어다。

汝等은 他人이 汝等에 屬ᄒ 物을 取ᄒ을 悅치아

니호느니 然을則 汝等은 他人의 物을 取치 말나
汝等이 患難에 在홀時는 恒常 他人의 援助를 希
望호나니 然을則 汝等은 他人의 患難을 救호라
他人에 對호야 恒常 眞實히 言호며 公正히 行홀
大福을 得호며 又 他人이 汝等을 愛호나니라

第二十四 時間을 違치말나

此處는 滊車의 停車場이오 저 待客室內이 多혼
乘客은 발서 車票를 사고 時間을 待호오

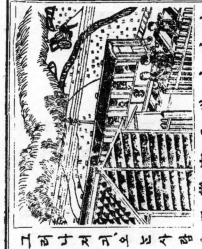

저 山邊에서 滊車의 烟이
니며 聲이 發호면 서 來호오
발서 滊車가 停車場에 至혼
즉 今 坐待호던 乘客은 더
幾分時를 經호야 滊車는
로 聲이 發호고 서 나가오
은 滊車를 乘호야 고 急히

機關車가 민 저 現호오

그러나 저거이 느사람

人力車를모라서來호다가汽車가發行홈을見
호고自己의遲緩홈을愳히하나오고車가믜무
速發혼다고원망호오。

져셔감은다음車를기다리는外에는홀수엽소。
汽車는時間을定호야往來호는者인故로그時
間을조곰이라도어기면決斷코한가지못호는
니汽車를乘코져호는사람은그狼狽됨이實로少치하니
호나아지은自己의허믈둘이오이다。

是로由호야見호면定호時間을적힘이極히必
要호니無論何事든지定호時間을써기지말지
이오이다。

　　　第二十五　蝙蝠

蝙蝠은晝伏夜出호는데貌樣이鼠와如호며又
肉翅가有호야能히飛홈은鳥와如호故로그飛
홈을見호則鳥인지獸인지知기難홈이라。
古時에鳥와獸이兩間에一大戰爭이起호니是
時에蝙蝠은彼가鳥도하니獸도하면故로何

便이는저긔지못홀줄을
知ᄒ고中立을ᄒ야勝ᄒ는便
으로가고저ᄒ더라。
時에獸의便이勝홀뜻을뫼
我는獸로다汝等이어는鳥
를見ᄒ얏ᄂ냐ᄒ며形勢가變ᄒ야
鳥의便이勝홀게되는지라

鳥가我의齒가有홈을見ᄒ얏ᄂ지라
我가意外에一大驚이되는지라蝙蝠을又鳥에게住
鳥의便이勝ᄒ게ᄒ얏ᄂ니蝙蝠은獸로다汝等이어는鳥言ᄒ을뫼

言ᄒ되鳥여我의羽를見ᄒ라我는오작鳥이로
다ᄒ며兩間에勝負는決치못ᄒ고鳥와獸가
다힘을盡ᄒ야平和가된故로蝙蝠은鳥獸에게
此가晝夜에만出行을다ᄒ며라。外에出치못ᄒ고오
此ᄒ고他人만依賴ᄒ면其終에는此蝙蝠의行爲
과異홈이무엇이리오。

俗談이로ᄃ人이萬一自立ᄒ는氣가無

第二十六 羞恥

顯宗 九年에 契丹의 將軍 蕭遜寧이 十萬 兵으로 國境에 入寇호는지라。朝廷은 姜邯贊으로 上元帥를 任호야 契丹의 兵을 禦호더라。

契丹이 자조 高麗에 入寇호나 恒常 敗去호 故로 是時에 至호야 大兵으로 侵入호얏더라。姜元帥는 爲人이 忠義가 有호고 智略이 多호야 國事를 當호면 身을 顧치아니호며 外寇를 破호야 大功을 建혼 人이라。

此時에 國內가 驚動호나 然호나 元帥는 忠心과 勇氣로 軍을 禦홀새 敵兵을 禦호야 進至호야 敵의 先陣을 大破호얏더라。是時에 蕭遜寧이 松京으로 가만히 進호거늘 元帥는 兵을 此로 進擊호야 龜州에서 大戰호야 敵兵을 거의 殺盡호니 其 生還호는 者는 數千에 過호더라。元帥는 大軍을 凱旋호시며 王은 百官을 率호시고 郊外에 出迎호시며 全國人民을 다 歡迎호더라。

陸外寇를 破ᄒᆞ야 國家를 便安케 ᄒᆞ니가 諸子는 다 姜元帥로 模範을 作ᄒᆞ야 國家의 獨立을 堅固케 ᄒᆞᆯ지어다. 當時에 高麗가 此를 見ᄒᆞᆯ지어다. 諸子하 忠ᄒᆞ며 國을 愛ᄒᆞ야 國家를 便安케 ᄒᆞ는 者는 諸子의 國民되는 道理가 되느니라.

第三十七 蟻와 蜂

蟻는 부지런ᄒᆞ며 부ᄌᆞ런ᄒᆞ야 夏間에 力을 盡ᄒᆞ고 食物을 備蓄ᄒᆞ야 日氣가 寒ᄒᆞᆫ 後에 此를 食ᄒᆞ오. 一日은 懶惰蟻이 勤蟻에게 任ᄒᆞ야 食物을 조금 救助

是時에 蟻가 수ᄌᆞᆸ의 草間에서 盛暑에 汝의 困苦ᄒᆞ던 然ᄒᆞ면 汝의 ᄒᆞ다 ᄒᆞ니 蟻가 對答ᄒᆞ되 可憐ᄒᆞᆫ 親舊여 汝의 我가 將次 救助ᄒᆞ고져 ᄒᆞ나 夏間에 何事를 ᄒᆞᆫ가를 我는 懶蟻이 言ᄒᆞ기를 歌를 唱ᄒᆞ고 我는 夏의 食物을 一年을 支홀 食物을

을豫備ᄒᆞ엿ᄂᆞ다

人ᄃᆞᆯᄭᅴ이ᄂᆞᆫ 拒絕ᄒᆞ고 汝가치게ᄒᆞᆯ 잇는 ㅇ르者ᄂᆞᆫ 救助ᄒᆞᆯ수

利益이잇스며 飢寒에至ᄒᆞ더니 日을度ᄒᆞ고 事를爲치못ᄒᆞ니 後日에 後悔ᄒᆞᆯ닷ᄒᆞᆯ수

聰慧을가지게ᄒᆞᆷ이 後悔ᄒᆞᆯ닷ᄒᆞ오 可ᄒᆞᆯ닷ᄒᆞ오

第二十八　雷擊

今日에 幼年의學校에서 工夫을 他日에 自己
와他人을爲ᄒᆞ야 利益잇ᄂᆞᆫ 事를行ᄒᆞ고져ᄒᆞ니라。
一村에 春永과金成의 兄가有ᄒᆞ니 春永은게

으르고 戱遊ᄒᆞ기를 조와ᄒᆞ야 佰常 學問을 所用
이지아니ᄒᆞᆫᄂᆞ나 金成은 工夫를ᄆᆡ우勤勉히ᄒᆞ야 用心ᄒᆞ더라。
히 一日은 金成과春永이 郊外에 同出ᄒᆞ더니 忽然
ᄒᆞᄂᆞᆫ지라。 黑雲이起ᄒᆞ고 驟雨가來ᄒᆞᆷ에 雷聲이 壁動
春永이大端히驚怯ᄒᆞ야 一樹木下에 住ᄒᆞ야 雷가震
을避ᄒᆞᆯᄃᆡ 金成이소래ᄒᆞ되 先生님의말ᄉᆞᆷ에 雷가震

時는 高木下에 住ᄒ야 말ᄒᆞᆷ을 심ᄒ엿ᄂᆞᆫ나

ᄒ고 十步를 動ᄒ거늘 其木을 離ᄒ지 數

念히 春永을 不過ᄒ야 電光이 번젹ᄒ면서 雷火가 流

兩兒가 大恐ᄒ야 地에 伏ᄒ얏다가 이라

五步를 動ᄒ거늘 其木은 ᄲᅡᆯ서서 金成이 手를 잡고 後

春永은 거우 精神을 차려서

梅ᄒ되 我가 工夫에 心을 두지 아니ᄒ야 先生님의 言

을 듯지 아니ᄒ얏다가 今日에 死을 免ᄒ얏노

다ᄒ야 心을 盡ᄒ야 金成의 恩惠를 致謝ᄒ고 此後는 工夫에

第二十九　金成과 羊

金成의 恩惠를 致謝ᄒ고 此後는 工徒가 되얏소。

勤勉을 勉ᄒ야 勤ᄒ는 性이 念ᄒ오。

羊을 前으로 進ᄒ는 性이 念ᄒ오。相隔

고 後로 조곰도 退치 아니ᄒ면 相隔

ᄒ기를 일삼ᄂᆞ이다。

지 아니ᄒ면 羊을 몰ᄋᆞ리 나무 ᄃᆞ리에

서々 민 羊을 몰아 보오。

이다 이ᄂᆞᆫ 甚히 等고 春하 셔 셔로 진 널수가 영기
ᄂᆞᆫ 저 羊을 路를 辨識지 아니 ᄒᆞ고 셔로 진 비가
가를 맛호다가 맛침 배를 ᄒᆞ다 水히셔 러 졋소.
이 와 갓치 人이 오 작 進步만 ᄒᆞᆯ 쓰고 事이 如何을
ᄒᆞᆯ 세 각 지 하ᄂᆞᆫ 者ᄂᆞᆫ 橋下에 落ᄒᆞᄂᆞᆫ 羊을 景을
제 ᄒᆞᆯ 지 이오.

火輪車가 鐵路上에 行ᄒᆞᄂᆞᆫ 故로 셔로 맛나ᄂᆞᆫ 慶
민 셔도 避ᄒᆞ기가 어렵고 런 故로 셔로 맛나ᄂᆞᆫ 慶
에ᄂᆞᆫ 雙線을 設ᄒᆞᄂᆞ이다.

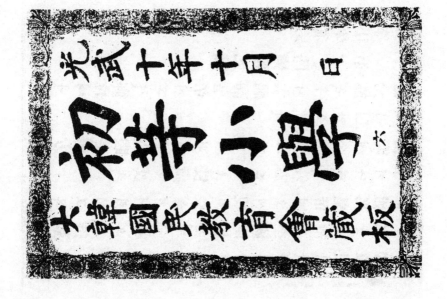

光武十年十月 日

初等小學 六

大韓國民教育會藏板

初等小學卷六目次

初等小學卷六

第一 開國紀元節

紀元節은우리太祖高皇帝께오서御位에나하

紀元節가시日이오이다。

當時에全國이고개여서라의서盜賊은四方에

이러나며도外寇는저조侵虐을닛소。

太祖高皇帝께오서親히兵을거나리서고모다

平定하신故로全國臣民은다一心이으로推戴을

아御位에나하가서게을하소。

太祖高皇帝께오셔民心을順히ᄒᆞ사國家를다ᄉᆡ우시사國基를鞏固케ᄒᆞ엿ᄂᆞ이다。全國의百姓은다太祖高皇帝의聖德과大業을思慕ᄒᆞ야是日을紀念ᄒᆞ야千萬代에이르기를祝賀ᄒᆞ오。是日은京鄕을勿論ᄒᆞ고業을休ᄒᆞ고國旗를門頭에高懸ᄒᆞ야慶祝ᄒᆞᄂᆞᆫ뜻을表ᄒᆞ며學員은國旗를建ᄒᆞ고愛國歌를唱ᄒᆞ오。

第二　蓮池의蛙

蓮池上에서吾와順吉이遊ᄒᆞ다가蓮葉上一小蛙를見ᄒᆞ고順吉이小杖으로打ᄒᆞᄂᆞᆫ지라。日에丁吉이在ᄒᆞᆯᄉᆡ吾가小石을投ᄒᆞᄂᆞᆫ지라丁吉의父親이此를見ᄒᆞ고小蛙가汝等이滋味잇ᄂᆞᆫ뜻을말ᄒᆞᆷ을彼小蛙를打殺코저ᄒᆞᄂᆞ小蛙가汝見ᄒᆞ고小蛙를殺ᄒᆞᄂᆞ兒孩를야何故로彼小蛙를打殺코저ᄒᆞᄂᆞᆫ汝等이

세계우는書가有호나然호則此는無益을殺
傷이니此는惡을일이니라。
彼漁父가魚를捕호며獵夫가獸를捕홈은다
人이食品과衣具等을爲홈이니라。
然호나汝等은彼小蛙를打殺코져호니小蛙
를將次何에用호며호는냐하고利益도업고
蓮葉만傷호다。

달삼호얏소。

第三　國文

우리가心에在호事를口로能히言호며手로
能히書호는니言語는聲音으로耳에感覺케호
며文字는形象으로目에感覺케호는者라。
我國이古代에言語는잇스나文字는업는故로
他國의文字를借用호얏스니即漢文이라。
習으로我國이數千年來로漢文을使用호야
事實上에不便홈이質로巨大호지라。
世宗大王께오서此를憂호사親히文字를製作
호시니곳今日에우리가用호는國文이라。

國文을 倂音十一과 字音十七로 成ᄒᆞ니 合二十
八音이라 此로써 諸字를 合成ᄒᆞ야 萬般의 聲音
을 寫出ᄒᆞ니라 然ᄒᆞᆫ으로 此를 學ᄒᆞ기 易ᄒᆞ며 足히 ᄡᅳ기도 便ᄒᆞ
交用도 ᄒᆞᄂᆞ니라。 或 純全혼 國文을 用ᄒᆞ며 又或 國文과 漢文을
諸子아 생각ᄒᆞ라 萬國이 다 方言과 文字가 各有
ᄒᆞᄂᆞ니 我國은 我國文을 使用ᄒᆞᆷ이 可ᄒᆞ도다 國文
은 實로 億萬年에 獨立自主ᄒᆞᄂᆞᆫ 表跡이니라。

第四 軍艦

軍艦은 戰爭에 用ᄒᆞᄂᆞᆫ 堅固ᄒᆞᆫ 船이니 鐵로 造ᄒᆞ

ᄂᆞ니 兵士ᄂᆞᆫ 다만 陸地에서 戰
漢刀으로 行使ᄒᆞᄂᆞ니
爭을 ᄒᆞ아 ᄂᆞ니오 海上에서 戰
이니 海軍은 軍艦을 乘ᄒᆞ
ᄂᆞ니라。 此ᄂᆞᆫ 海軍
軍艦에ᄂᆞᆫ 敵兵과 戰鬪ᄒᆞ

는 者이 敵兵을 驅逐호는 者의 又此外에 여러가
지가 잇스니다. 大砲를 船內에 置호니라.

大凡 國에 兵備가 잇슴은 家에 藩籬이 잇슴과 갓
트니라. 家에 藩籬이 잇스면 盜賊이 반닷히 入호지 못호고
國에 兵備가 잇스면 外敵이 반닷히 侵호지 아니호니라.

國家는 足히 陸地만 領有호야 領土라 호지 아니
호고 足히 海만 領有호노니 此는 領海라 호노니라.

現今의 時代는 世界上에 在호 國이 多호고 又此
諸國이 서로 交通홈을 吾人의 隣家에 往來홈과 갓호

서 호노니라.

然호 則 昔時에는 비록 山의 險高와 海의 廣大홈
을 恃호야 國家를 堅固케 녁엇스나 今日에는 然
지 하니호니 其國을 保全홈이 可히 호리오.

是以로 陸地에는 陸軍이 잇고 海上에는 海軍이
其國을 保護호노니 今日 世界上에 强國은
軍艦을 多設호니라.

我國은 三面을 海가 有호고 一面을 陸地인 則 領

鼈을 多設홈이 可호니라。

第五 無識호 蛙

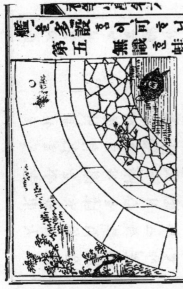

一. 蛙가 井中에셔 살더니 一
日은 海에잇는 鼈이 지나다가
偶然히 此井에 人을맛소.
蛙가 井石에 坐호야 驕慢호
모양으로 鼈에게 問호되
汝는어디로셔 來호느냐
호니 鼈이 答호되 我는 游로

셔 來홈노라. 蛙가 井中을 두루 뛰여다니면셔 言
호되 鼈이 笑호면셔 對答호되 井보다 極大호다호니
아 蛙가 文言호되 此보다 深호냐를가는 鼈이 答호
日 汝의才로는 一生을 入去호야도 底에는 達치
못호리라. 蛙는 鼈이러라 그것말홈을다 고 적망호얏소.
므릇 學識이업는者는 人의 廣大호 事業과 開明

蛙와ᄀᆞᆺ다ᄒᆞ미오。

第六 楊萬春

高句麗時代에 楊萬春은 忠義와 智勇이 兼行ᄒᆞᄂᆞᆫ 人이라 國家를 尊崇ᄒᆞ고 外寇를 防禦ᄒᆞᆫ 有名ᄒᆞᆫ 人이오 時에 支那의 唐帝 李世民이 隋의 亂을 平定ᄒᆞ고 皇帝라 稱ᄒᆞᆫ 後에 其貪慾의 心을 肆ᄒᆞ야 高句麗를 侵奪ᄒᆞ고저 ᄒᆞᆺ사ᄃᆞ로 百萬의 大軍을 기ᄂᆞ리고 遼東으로 出ᄒᆞ야 安市城을 臨ᄒᆞ

ᄂᆡ고 形勢가 滶潮ᄒᆞᆷ이 ᄃᆞᆺᄒᆞᆫ지라。 高句麗ᄂᆞᆫ 支那의 地를 界ᄒᆞ야 ᄉᆞ로브터 恒常 兵備를 嚴히 ᄒᆞᆫᄂᆞᆫ 故로 隋帝의 軍을 大破ᄒᆞ고 外寇를 防禦ᄒᆞ더니 是時에 唐兵이 又侵ᄒᆞ더라。 然ᄒᆞ나 楊萬春이 安市城을 固守ᄒᆞ야 唐兵을 抗拒ᄒᆞ니 安市ᄂᆞᆫ 彈丸과 如ᄒᆞᆫ 小城이오 又其兵士ᄅᆞᆯ 數千에 不過ᄒᆞ거ᄂᆞᆯ 月餘를 經ᄒᆞ도록 唐兵이 能히 拔지못ᄒᆞᆫ지라。 時에 唐帝가 瞞心이 怒氣로 變ᄒᆞ야 兵士를 親督

ᄒᆞ야 齊集ᄒᆞ야 其 弓弩를 發ᄒᆞ니 唐帝가 目이 眇ᄒᆞ며 身이 死境에 幾至ᄒᆞᆫ지라 政히 復戰치 못ᄒᆞᆫ지라.

楊萬春이 軍士를 命ᄒᆞ야 城을 進攻홈을 坊禦ᄒᆞ며 矢가 唐帝 毛갓치 ᄆᆞ자 智가 窮ᄒᆞ며 刀가 竭ᄒᆞ야 得已치 못ᄒᆞᆫ지라.

唐帝가 本國으로 退歸ᄒᆞ고 錦袍 一領을 楊萬春에게 贈ᄒᆞ야 萬春이 城上에 登ᄒᆞ야 好意로 謝送ᄒᆞ니라.

唐帝가 ᄃᆞ듸여 城이 固守홈을 稱讚ᄒᆞ고 退去ᄒᆞ니라.

第七 腐柿

順吉은 恒常 惡을 同年과 交遊ᄒᆞᄂᆞᆫ지라 그 父親이 此를 念慮ᄒᆞ야 ᄌᆞ조 禁止ᄒᆞ나 듯지 아니ᄒᆞ니 ᄒᆞᆯ 날은 그 父親이 濃熟ᄒᆞᆫ 柿 五個를 사 順吉에게 주니 順吉이 大喜ᄒᆞᄂᆞᆫ지라.

於是에 그 父親은 又 腐柿 一個를 其 上에 共置ᄒᆞ야 樓上 ... 命에 두라 ᄒᆞ니 順吉이 父親의 命으로 奉行ᄒᆞ얏더니 父親의 四五

日後에셔로보니ㅅ六個의柿가다셕엇는지라。

順吉이心中에매우하가하거놀그父親이此
를見하고ㅈ졔지을向하야건오대。

我가그젼및에셔도汝를가라쳣ㅅ나汝는엇
지하나뇨앗ㅅ나今에此柿를見하지아니
이죠흔柿五個가져셔셕은柿一個와갓치잇는
셔詰으로다셕엇다。

人도萬一惡을友와交遊을면비록착한사람
이라도그惡을짓게됨을이셔惡을人이아되는

니汝는庵히ᄉ각각을지하다。

此後로및ᄎ의順吉을그父親의말삼을聽從하야

惡을友가誘引하는時는恒常腐柿를ᄉ각가하야

밋쳠버善人이되엿더라。

第八　波斯王의話

波斯라하는國은亞細亞洲의西南에在하니古

古時에極히强盛하얏엇는니라。

古時에波斯에一有名한王이모든百姓을모와

셔눈젼례를開設하얏다。

王은 그 臣下로 더브러 野外에 나가 遊戱하더니 一樵夫가 나무 졀진 것을 見하고 問하야 가르되 汝는 百姓을 은다 王의 신하에 참예하엿나뇨 樵夫가 聽을 後에 對答하되

무릇 사람은 맛당히 自己의 力으로써 自己의 食을 得할지라 王이여 혼 恩惠를 세모시나 此 吾는 王의 敎 偪하심을 顧치 아니하나 吾의 勤勉한 心을 減케함이니라

하거늘 波斯王이 此言을 聞하고 에우 奇異히 너기는 樵夫는 果然 그 職分을 知함이라 稱賞하얏다하니라.

第九課 汽船과 汽車

鐵爐에 水를 盛히 녀코 데면 其蓋는 곧 水가 沸함은 蒸氣의 精冷하야 吾人의 力을

鐵氣를 通함은 니 此는 水가 蒸氣로 生하야 然함이니 蒸氣는 人이 蒸氣의 力을

昔時에 英吉利에 와로 日에 보이는 것이라.

用ᄒᆞ야 機械를 용쟉이기를 硏究ᄒᆞ여다가 後人이
여금 硏究ᄒᆞ며 試驗ᄒᆞ야 맛ᄎᆞᆷ내 汽船과 汽車를
製造ᄒᆞ니다。

汽船은 蒸氣의 力으로 船을 부쳐서 水를 拨ᄒᆞ고
海面에 航行ᄒᆞᄂᆞᆫ 者니 其 行ᄒᆞᆷ이 極히 速ᄒᆞ니다。

汽車로 쏘ᄂᆞᆫ 蒸氣의 力을 川ᄒᆞ야 車를 運ᄒᆞ며 其
車에 數多ᄒᆞᆫ 車를 連續ᄒᆞ야 汽船보다 여우 速히
行ᄒᆞ니 此ᄂᆞᆫ 鐵路 위上으로 行ᄒᆞ니다。

鐵路ᄂᆞᆫ 平便ᄒᆞᆫ 道上에 兩線의 鐵片을 平行으로
設ᄒᆞ되 其下에 枕木으로 밧치고 此에 釘을 박으
며 衆多ᄒᆞᆫ 鐵片으로 互相 連接ᄒᆞᄂᆞᆫ데ᄂᆞᆫ 軌道가 二가되ᄂᆞ니다。

現今 我國이 游에ᄂᆞᆫ 汽船이 有ᄒᆞ고 陸에ᄂᆞᆫ 汽車
가 有ᄒᆞ야 旅行과 運輸에 大端히 便利ᄒᆞ니다。

昔時에ᄂᆞᆫ 釜山에서 京城으로 上來ᄒᆞᆷ이 山을 넘
으며 江을 건너셔 艱苦를 격버고 十餘日後에 始
達ᄒᆞ얏슨나 今에ᄂᆞᆫ 車中이나 船上에 便安히 坐
ᄒᆞ야 一日에 能通ᄒᆞ니다。

第十　地球

地球ᄂᆞᆫ 吾人의 生活ᄒᆞᄂᆞᆫ 處所ㅣ니 其形이 球와 如
此ᄂᆞᆫ 水와 土가 合成ᄒᆞ얏ᄉᆞ니 表面의 四分三을
水오 四分一은 土니라。
古代에ᄂᆞᆫ 地가 方ᄒᆞ다ᄒᆞ얏ᄉᆞ나 此ᄂᆞᆫ 謬說이라
地球ᄂᆞᆫ 한울은 멀리 ᄯᅥ 잇고 ᄯᅩ 단단히 움직여 暫時도 成ᄒᆞ
ᄒᆞ니라。

地球의 動ᄒᆞᆷ을 證ᄒᆞᄂᆞᆫ 地理
學에 見ᄒᆞ면 仔細ᄒᆞ나 此에 暫言
ᄒᆞ노라。
第一은 月蝕ᄒᆞᆯ 時에 見ᄒᆞ면 可히
月體ᄂᆞᆫ 둥글 가지 ᄒᆞᆫ 것이라 ᄒᆞ며 月蝕은 地球의 影子가
知ᄒᆞᆯ지니 月蝕은 地球의 影子가
둥근 즉 그 形狀이 엇지ᄒᆞ고 지ᄒᆞ니 ᄒᆞ며오。
第二ᄂᆞᆫ 하ᄂᆞᆫ 港口에 서서 ᄯᅥ나ᄂᆞᆫ 船을 乘ᄒᆞ고 西나東
으로 一定ᄒᆞᆫ 方向으로 行을 ᄒᆞ여서 지ᄒᆞ니ᄒᆞ면 엿

...出發ᄒᆞᆫᄃᆞᆫ 港口에 到來ᄒᆞᄂᆞᆫ ᄃᆡ로 그 져ᄒᆞᆼ
ᄒᆞ던 엇지 方向을 밧구어 져ᄒᆞ니ᄒᆞ리오.

第三은 海邊에서 遠來ᄒᆞᄂᆞᆫ 船을 見ᄒᆞ면 먼져 져 帆
頭가 보이고 船體ᄂᆞᆫ 보이지 아니ᄒᆞ니ᄒᆞ다가 船이 近
ᄒᆞᆫ 後에 船體가 見ᄒᆞᄂᆞ니 此ᄂᆞᆫ 水面의 高ᄒᆞ야라.
然ᄒᆞᆫ즉 地球의 形狀은 圓ᄒᆞ야 分明ᄒᆞ도다 地球
도이니 星이니ᄒᆞ져 져ᄒᆞ니ᄒᆞᆫ 星이 잇스며오.

第十一　自己의 ᄒᆞᆯ 事

雀이 麥田에 巢를 作ᄒᆞ야 其雛를 養ᄒᆞ더니 時

ᄂᆞᆫ 初夏가 되야 麥이 已黃ᄒᆞ거ᄂᆞᆯ 母雀이 其雛가
能飛ᄒᆞ기 前에 主人이 麥을 刈ᄒᆞᆯ가 憂慮ᄒᆞ더라.
一朝ᄂᆞᆫ 食物을 求ᄒᆞ러 出去ᄒᆞᆯ 時에 其雛다려 我
가 在치 아니ᄒᆞᆫ 間에 무슨 일이 잇는 져 詳告ᄒᆞ라.
日暮ᄒᆞᆫ 後에 母雀이 歸來ᄒᆞᆫ즉 其雛가 云ᄒᆞ되
今日에 田主가 其隣人에게 請ᄒᆞ야 此麥을 同
ᄒᆞ니 母雀을 聞ᄒᆞ고 驚懼ᄒᆞᄂᆞᆫ 氣色이 少無ᄒᆞ며
翌日에 또 食物을 求ᄒᆞ러 出去ᄒᆞ얏더니 其日暮

에其雛가又言호되

今日을請호얏느니다.

호고甚히恐懼호거늘母雀이云호되

幼子야懼치말라이두고慝親을人에게請求

호고其翌朝에又出호여나니夕後에歸來호야其親

雀이又告호야曰

今日은田主의其子가此地에來호야其親鳳

의來치아니홈을見호고明朝는自己의父子

가此麥을제호게다호여이다.

호니母雀이此를聞호고비로소大驚호야曰

我等은離去홈이可호도다隣人과親屬을依

自己가호기로決定호則반닷이行호리라.

호고卽日에其田을退去호얏다호니라.

第十二 水의去處

衣服을洗濯호야日光에曝호면其水는漸次로

然ᄒᆫ則其水ᄂ何處로去ᄒ얏ᄂ뇨吾人이眼으
로見티못ᄒᆫ니是ᄂ水가太陽의熱氣ᄅ밧아
셔蒸發ᄒ야蒸氣로空氣中에飛散ᄒ미니라.
江이나海이水도是와ᄀ치恒常太陽의熱을因
ᄒ야形體ᄅ變ᄒ야不絶ᄒ게空中에飛上ᄒᄂ
故로空中에ᄂ蒸氣의絶ᄒ미엄ᄂ니라.
蒸氣ᄂ氣體인故로能히見티못ᄒᄂ나萬若寒冷
時ᄂ오다小ᄒᆫ水滴이되야비로소人의目에

오이ᄂ니라.
雨가來ᄒ고져ᄒᆫ山谷에셔인져烟氣갓ᄒᆫ蒸氣
가飛上ᄒ야山을덥ᄂ니此ᄂ無數ᄒᆫ水滴이모
인것이라.此ᄅ雲或霧라ᄒᄂᄂ니라.
雲이更히冷ᄒᆫ즉또相集ᄒ야大ᄒᆫ水滴이되야
地面에落ᄒᄂ니此ᄂ즉雨니라.
雨水ᄂ流ᄒ야江海로도入ᄒ며地中에도入ᄒ
ᄂ니地中에入ᄒᆫ者ᄂ泉이되야地上에ᄂᆺ
小川이나大河가되야다셔海로入ᄒᄂ니라.

水는 形體를 보이지 안케 空中으로 또 飛上ᄒᆞ며 叉는 去處를 일흘 것 갓치 地中으로 드入ᄒᆞ나 此皆消失홈은 아니오 어대던지 任意로 往來홈에 過ᄒᆞ나니라。

第十三 韓信

古代 支那에 一英雄이 잇스니 其姓名은 韓信이라 ᄒᆞ나니 韓信이 少時에 家勢가 極히 艱難ᄒᆞ야 四方으로 乞食ᄒᆞ더니 一日은 一市中에 任ᄒᆞᆫ則 여러 惡少年들이 모여

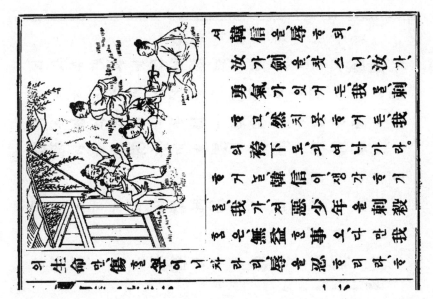

셔 韓信을 辱ᄒᆞ되 汝가 劍을 찻스니 汝가 勇氣가 잇거든 我를 刺ᄒᆞ고 然히 못ᄒᆞ거든 我의 胯下로 지나가라。 ᄒᆞ거늘 韓信이 생각ᄒᆞ기를 我가 저 惡少年을 刺殺ᄒᆞᆷ은 無益ᄒᆞᆫ 事ᄋᆞ나 만일 我의 生命을 傷홀 ᄯᅡ름이니 辱을 忍ᄒᆞ리라 ᄒᆞ

韓信은 此後에 漢朝의 大將軍이 되야 맛참내 大功을 成ᄒᆞ니라

諸君더 諸子ᄂᆞᆫ 此를 見ᄒᆞ라 人이 忍耐ᄒᆞᄂᆞᆫ 心이 업스면 事를 成치 못ᄒᆞᄂᆞ니 古語에 云ᄒᆞ되 柔ᄂᆞᆫ 剛을 制ᄒᆞ고 弱이 强을 勝ᄒᆞᆫ다 ᄒᆞ니 恒常 無益ᄒᆞᆫ 爭을 爲치 말고 愼을 일과 영ᄒᆞ며 임을 當ᄒᆞᆯ셰 리오 各 忍耐ᄒᆞ야 後日을 ᄉᆡ각ᄒᆞᆯ지니 人은 맛당이 小ᄒᆞᆯ 忍ᄒᆞ고 大ᄒᆞ 勇을 힘이 可ᄒᆞ니라.

第十四 英祖朝의 聖德

英祖朝ᄭᅦ오셔 一日은 戶曹判書에게 命ᄒᆞ사되 朕의 年이 老ᄒᆞ야 坐臥를에 甚히 便安치 못ᄒᆞ니 卿은 朕을 爲ᄒᆞ야 褥橫 一件을 지어드리바ᄒᆞ시니 戶曹判書가 卽時에 靑木에 木綿을 두어 褥橫을 지어드리밧엇소.

後數日에 其褥橫를 戶曹判書에게 도로 주시며 朕이 此橫를 쓴 後로 못쳐 褥睡가 져아우 便安ᄒᆞ

니 然ᄒ나 朕이 衛次로 게을너 져셔 ... 國家의 政事를 다사려 ... 못ᄒ야 人民의 疾苦를 도라볼 수가 업스니 朕이 一身의 便홈을 取ᄒ야 萬民을 생각지 아니ᄒ리라오。

朕이 全國內에 朕과 갓치 年老ᄒ 者가 飢寒이 切迫홈을 表ᄒ노라。

且卿等이 各其 重大ᄒ 職任이 잇스니 力을 盡ᄒ야 朕을 輔弼ᄒ야 朕으로 ᄒ야곰 萬民에게 罪를 得홈이 無케 ᄒ시ᄂᆞ니라。

第十五 商業

食物 及 日用 物品을 賣ᄒᆞᄂᆞᆫ 營業을 商業이라 謂ᄒ며 其人을 商人이라 謂ᄒᆞᄂᆞᆫ 人에게 放賣ᄒᆞᄂᆞᆫ 者ᄂᆞᆫ 商人이니라。

商業에ᄂᆞᆫ 都賣 中賣 小賣의 別이 有ᄒ니 都賣ᄂᆞᆫ 諸般 物品을 極多히 買入ᄒ야 此를 小賣商에게 賣與ᄒᆞᄂᆞᆫ 事니 此ᄂᆞᆫ 多數ᄒ 差人을 各處에 ...

는大商人의業이라ᄒᆞᄂᆞ니라.

小賣는都賣所에서物品을買ᄒᆞ여다가此를모다
需用者에게放賣ᄒᆞᄂᆞ者니多數商人은大槪此
業에從事ᄒᆞᄂᆞ니라.

中賣는賣主와買主의間에在ᄒᆞ야賣買를興成
케ᄒᆞᄂᆞ業을ᄒᆞᄂᆞ人이니라.

大ᄒᆞ市街에ᄂᆞ客主又會社의巨大ᄒᆞ商店이有
ᄒᆞ야各色物品을都賣ᄒᆞ며又小商人은此處에
物品을買去ᄒᆞ야各人에게放賣ᄒᆞ고各人은

其物品을買用ᄒᆞᄂᆞ니라.

大抵都賣는巨大ᄒᆞᆫ資本을要ᄒᆞ고小賣는略少
ᄒᆞᆫ資本을要ᄒᆞᄂᆞ니라.

商業은國家를富盛케ᄒᆞᄂᆞ根本이라萬若此가
發達치못ᄒᆞ면其國은반닷이衰敗ᄒᆞᄂᆞ니現今
英國文르者ᄂᆞ商業이世界에第一隆盛ᄒᆞ니라.

第十六 停車場

停車場은汽車를停止ᄒᆞ고乘客과貨物을載ᄒᆞ
며下ᄒᆞᄂᆞ處所니鐵路線을沿ᄒᆞ야處處에置ᄒᆞ

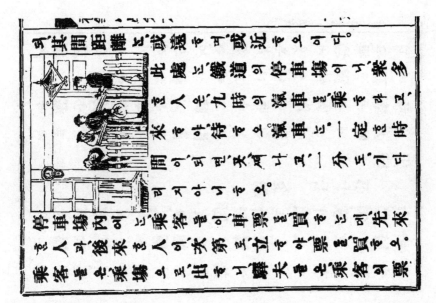

되 其間距離는 或遠ᄒ며 或近ᄒ오이다。

此處는 鐵道의 停車場이니 乗客이 來ᄒ야 待ᄒ오 滿車는 一定ᄒ 時間이되면 못서나고 一分도기다리지아니ᄒ오

停車場內에는 乗客과 乗客을 後來ᄒ人이 乗墤으로 出ᄒ니 次第로 立ᄒ야 轎夫를 乗客의 車票를 買ᄒ는데 先來 票를 買ᄒ오。

를 檢査ᄒ오 暫時를 지남이 滿車는 滿笛의 소리에 가나며 來ᄒ니 其前에 烟氣를 뿌우는것은 機關車니 機關車는 蒸氣의 力으로 後車를 引ᄒ오。

機關車에 次ᄒ야 連續ᄒ車를 는 客車와 貨車니 客車는 人이 乗ᄒ는것이오 貨車는 貨物을 載ᄒ는것이오이다。

乗客은 道의 遠近을 依ᄒ야 貨金을 出ᄒ고 貨物 乗客은 輕重을 因ᄒ야 貨金을 出ᄒᄂ이다。

滿車가 停서 來着ᄒ니 客車에 在ᄒ는 人들은 나

乘場에 在한 人들은 客車에 乘客을 乘하고 九時가 되니 滊車ᄂᆞᆫ 滊笛을 ᄂᆡ며 出發하오。驛夫ᄂᆞᆫ 貨物을 貨車內에 載하ᄂᆞ니라。

第十七 金屬

金銀銅鐵의 類ᄂᆞᆫ다 堅固하고 又火에 鎔解함이 相同한 故로 此를 金屬이라 稱하ᄂᆞ니 金屬은 地中에 잇고 光澤이 有하야 甚히 美麗하나 然하나

石과 雜物이 석기여서 採出한 者ᄂᆞᆫ 天然히 純金이 아니오 雜物을 去하고 大爐中에 녹여서 各種 物品을 製造하ᄂᆞ니라。新히 採出한 此를 礦金이라 云하ᄂᆞ니라。

礦金을 此를 鍛煉하야 各種物品을 製造하며 文時計와 指環 等을 作하며 此亦 貨。金은 色이 黃하고 光이 美하고 量이 重하며 銀은 金屬中에 第一 貴한 者라。

金은 色이 白하고 光이 美하니 一色이니 貴한 者라。貨幣를 造하ᄂᆞ니라。銅은 色이 赤한 故로 赤銅이라 稱하ᄂᆞ니 此亦 貨

幣를 製造하며 此를 錫과 合하면 鍮가 되느니라

鐵은 灰色의 光이 有한 金屬이라 然하나 空氣中에 曝하면 黑色이 生홈으로 黑鐵이라 稱하니라

鐵은 其用이 廣大하니 鑄匠은 此로써 釜鍋를 作하고 冶匠은 刀劍鋤鍬의 等器를 造하며 又軍器와 兵船을 製造하느니라

我國은 各色鑛物이 多하야 天然의 富源이 有하니 國民되는 者는 맛당히 勉勵하야 國家를 殷富케홀지니라

第十八 蟻와 鳩

한개 蟻가 川邊에서 水를 飮홀다가 偶然히 水中에 落홀지라 岸上에 到홀 能치 못하여며 時에 맛참 一鳩가 水邊에 在하다가 此를 見하고 憐惘히하더니며 一枝를 口로 折하야 蟻前에 投호니 蟻가 此에 付하야 水波를 逸하야 無恙히

陸上에 登호얏슨。

未幾에 一獵夫가 手中에 銃을 持호야 鳥를 捕코 저호다가 鳩를 見호고 大喜호야 銃으로 鳩를 射코 저호니 是時에 蟻는 此를 盡見호얏슨。

蟻가 스사로 생각호되 저비가 엇지비 許이 이의 주는 것을 보고 구원치하 니비오호고 一計를 생각호얏는이다。

於是에 蟻가 獵夫의 足趾를 一咬호니 獵夫가 大驚호야 足을 移홀 際에 鳩도 亦驚호야는디 써 飛去호얏다호오。

此를 見호건디 彼物도 恩惠를 報호는니 人이되야 恩惠를 報치아니호면 엇지 저 蟻만 못호오。

第十九　每人을 悅코저홀

一老翁이 其幼子로더브러 驢一足을 가지고 市에 팔녀더가거니

一處에 이르믹 一人이 嘲笑호되 저 老翁이 아령엇구나들도다步行호면서 驢도載치아니호니홈

老翁이 此言을 듯고 그 幼子를 때우고 ㅅㅅ도 그
겁흘로 步行 ㅎ노ㄴ지라。

一人이 大聲으로 又言ㅎ되 幼兒야 汝이 老父ㄴ
步行ㅎㄴ데 汝ㄴ 驢를 騎ㅎ얏ㅅ니 道理에 合當

老翁은 又此를 聞ㅎ고 그 幼子를 驢에 ㅌ게ㅎ고
自己가 騎ㅎ얏더니

又一人이 言ㅎ되 그 幼子ㄴ 疲困ㅎ야 能히 步지
못홈을 見ㅎ고 서安然히 騎ㅎ얏ㅅ니 無情ㅎ다

저 老翁이 하。
此 老翁은 此言을 듯고 서念히 그 幼子를 自己압
헤 안저 끌니느 하람거라고 가니。

조곰가서 一人을 만남이 間ㅎ되 此 驢ㄴ 何人의
其人이 笑ㅎ되 驢에게 重히 載홈을 見ㅎ고 他人우

物인가 思ㅎ얏노라 驢가 君과 君의 子가 驢를 때이고 가ㄴ

지이 能ㅎ미로다。

於是에老翁은其子에게言호되我는맛당히
드는사람을悅케호리라호고其子와함긔驢에셔
下호야ᄂᆞ려肩上에메고街에任호는橋上으로任호며
道上의人을輦立호야此를구경호며대
驢는如此히行홈을好호저아니호는故로力을
盡호야落下호얏더라。
可笑호도다此老翁은衆人을짓부게호고저호

나何人도짓부게호야서고ᄂᆞᆨ고驢밧失호얏
스니吾人은此를見호고恒常他人의言을聞홀
時에可호고否홈을深히思호야取홀진저.

　　第二十　勇猛잇는女子
西國古時에木으로製造훈鐵路따리가火災를
잇더니ᄂᆞ려저니是時에此를見훈사람은오
직十二歲되는女兒一人이라。
此女兒가생각호되蒸氣車는얼마아니되야셔我
밧게來호다가저다니ᄂᆞ려에셔覆滅홀터이니호야셔我

가이고저ᄒᆞ야鐵路線으로行ᄒᆞ오。

此를救援ᄒᆞ리라ᄒᆞ고急히蒸氣車를停止식

然ᄒᆞ나此女子는左機關手가自己를見치못홈을가念慮ᄒᆞ야手巾을樹枝에ᄆᆡ여旗와ᄀᆞ치를고急히住ᄒᆞ오다가믈녀異常ᄒᆞ旗를急行ᄒᆞᆫ機關手가蒸氣車를念行ᄒᆞ야女兒의前에到達ᄒᆞ얏소。

고滿矢로車를停ᄒᆞ야

女子는機關手에게向ᄒᆞ야다시의론어진걸을仔細히말ᄒᆞ야蒸氣車는잣참에覆滅홈을免ᄒᆞ고此女子는巨大ᄒᆞ賞을得ᄒᆞ얏다ᄒᆞ오。人의大抵一幼女子로ᄃᆡ能히危殆홈을무릅쓰고이生命을구원ᄒᆞᆫᄃᆡ勇猛홈이참엇더ᄒᆞ뇨잇女가萬一男子가되야셔勇氣가無홈가잇지此

第二十一 李時白

李時白은我國古時에正直ᄒᆞᆫ大臣이라。

其家에 美麗을 牧丹이 잇서 盛히 픠엿거늘 是時
에 孝宗大王께오서 此를 聞ᄒ시고 中官을 보
나사 采ᄒ셧다.
時白이 正色ᄒ야 曰 我가 비록 寶치 못ᄒ나
一國의 大臣이 되야서 皇上을 輔弼ᄒᄂᆫ 責任
을 엇스니 엇지 耳目의 玩好ᄒᄂᆫ 物件으로써 人
君을 섬기리오 ᄒ고.
即時에 庭下에 下ᄒ야 牧丹을 ᄲᅡ버리고 此向
再拜ᄒ얏ᄂᆞ이다.

臣이 正道로써 陛下를 섬기지 못ᄒ옴으로써
今日에 至ᄒ야 陛下께오서 臣으로 ᄒ야곰
正치 아니ᄒ니을 行케 ᄒ오시니 萬一 此와 갓치
진대 賄賂가 將次 盛히 行ᄒ야 國家의 危殆ᄒ옴
이 朝夕에 잇슬지라 臣이 輔弼ᄒᄂᆫ 責任을 克
盡치 못ᄒ온 罪는 死ᄒ야도 餘가 有ᄒ나 此ᄂᆫ 上
奉치 못ᄒ겟ᄂᆞ이다.
ᄒ거ᄂᆞᆯ 中官이 此事로써 仔細히 人告ᄒ되 上
이드로 大端히 喜悅ᄒ샤 此後로 時白을 더

을 敬重히 너이서며 國政을 協히 히ᄒᆞ서ᄂᆞ이다

第二十二　陸軍演習

陸軍은 陸地에서 싸오ᄂᆞᆫ 軍士니 戰爭은 國家가
他國과 權利가 衝突ᄒᆞ야 是非를 決치못ᄒᆞᄂᆞᆫ 時
에 各其 兵力으로 勝負를 決ᄒᆞᄂᆞᆫ 者라.

戰爭은 何時에 起ᄒᆞᆯ지 可히 知치못ᄒᆞᆯ지라 이럼
으로 國家ᄂᆞᆫ 비록 平和ᄒᆞᆫ 時節이라도 恒常 兵備
를 베풀고 戰爭ᄒᆞᄂᆞᆫ 貌樣을 演習ᄒᆞ야 兵氣를 强
케ᄒᆞ고 戰術을 熟케ᄒᆞᆷ이라.

今에 無數ᄒᆞᆫ 陸軍을 東西二便에 分ᄒᆞ야 戰爭을
演習ᄒᆞᆯᄉᆡ 騎兵은 銃을 메고 馬를 ᄐᆞ며 砲兵은
大砲를 車에 載ᄒᆞ야 끌고 砲兵은 銃을 메고 走行
ᄒᆞ야 陣地로 住ᄒᆞ오.

東軍의 騎兵은 前에 在ᄒᆞ고 步兵은 後를 繼ᄒᆞ야
西軍의 陣을 來擊ᄒᆞ니 兩軍의 砲兵은 急히 東軍
에 向ᄒᆞ야 大砲를 放ᄒᆞᆷ이 形勢가 極히 猛烈ᄒᆞᆫ지라.
東軍도 亦是 大砲를 放ᄒᆞ야 此에 應ᄒᆞ오.

彼便에ᄂᆞᆫ 諸般 軍物을 運送ᄒᆞᄂᆞᆫ 輜重兵이 有ᄒᆞ

고, 此便에는 道路와 橋梁을 修治 하는
하오, 此等의 兵士間에 立하야 劍을 들고 指揮하
는 者는 士官이오。

셔음이고는 人과 馬가 皆 分明히 보이더니 砲煙이
남이오, 天地가 暗冥을 하야 고저도 보이지 아니하니
고, 우레 蕭蕭는 砲響만 들니오。

今日에 學徒의 兵式體操를 行홈은 一邊은 學徒
의 身體를 健壯케 하려니와 又一邊은 後日에 國
家의 勇猛 又는 軍人이 될 預備오이다。

第二十三 養蠶

養蠶은 人民生業의 一이라 古時에는 婦人이 此
를 專務로 從事하더니 今에는 男子
도 亦 從事하나니라 一年에 三
四次를 養하나니라。

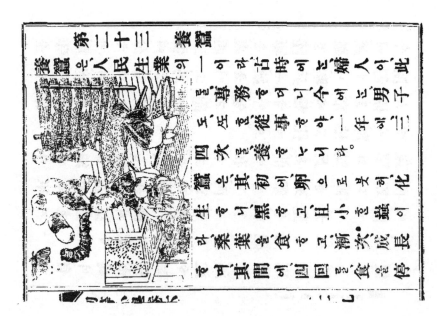

養蠶은 其初에 卵으로 붓터 化
生하나니 黑하고 且小한 蟲이 漸次 成長
하며 其間에 四回를 食을 停
하며 桑葉을 食하고 漸次 成長

止ᄒᆞᄂᆞ니此ᄂᆞᆫ文蠶이眠이라謂ᄒᆞᄂᆞᆫ者ㅣ라에
眠을從ᄒᆞ야眠을則其身이皮를脫ᄒᆞ며口가大ᄒᆞ야桑葉을
坐을强ᄒᆞ야最終은口로붓허絲를吐ᄒᆞ야
繭을作ᄒᆞᄂᆞ니라.

如斯히繭을作ᄒᆞᆫ則蠶을繭中에셔번데기가되
며번데기이ᄂᆞᆫ文形을變ᄒᆞ야蛾가되며蛾는繭을
紙에破ᄒᆞ고出ᄒᆞ야卵을産ᄒᆞᄂᆞ니明年에又此卵으로붓허
蠶卵이生ᄒᆞᄂᆞ니라.

繭을繰ᄒᆞᄂᆞ니라.

繭으로붓허生絲를取ᄒᆞᄂᆞᆫ法은又延ᄒᆞ야字綿을作
蒸ᄒᆞ야번데기를殺을然後에繭을乾ᄒᆞ며又
生絲ᄂᆞᆫ色이白ᄒᆞ고光彩가有ᄒᆞᆫ美絲라年年히
我國으로붓허外國에輸出ᄒᆞᄂᆞᆫ者가多ᄒᆞ며且
織物을製造ᄒᆞ야外國에販賣ᄒᆞᄂᆞ니라養蠶ᄒᆞᄂᆞᆫ法은멀셔桑을植ᄒᆞᆷ이可ᄒᆞ니此乃國

家이 大富源이라 其利益이 禾麥을 作ᄒᆞᄂᆞᆫ 것
보다 少치아니ᄒᆞᄂᆞᆫ니 國家의 富盛을 企望ᄒᆞᄂᆞᆫ
者ᄂᆞᆫ 맛당히 此에 力을 致치아니ᄒᆞ리ᄋᆞᆯ。

第二十四 平壤

平壤은 平安南道의 首府이니 物色이 繁華ᄒᆞ며 山
川이 佳麗ᄒᆞ야 我國內에 第一名勝이라 稱ᄒᆞᄂᆞᆫ
니 府의 四面에 城을 築ᄒᆞ야 南으로 大同江을 臨ᄒᆞ
니 此江은 國內五大江의 一이라。

江의 北岸을 沿ᄒᆞ야 淸流壁과 牧丹峰이 有ᄒᆞ니

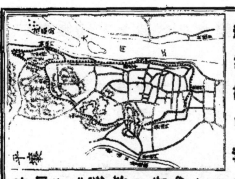

清流壁을 削立ᄒᆞᆫ 絶
壁이 五里를 連ᄒᆞ야
碧水에 映ᄒᆞ야 上下
二壁을 成ᄒᆞ고 牧丹
峰은 其形이 牧丹花
의 開ᄒᆞᆫ 것과 如ᄒᆞ야 風景이 極好ᄒᆞ니 平壤의
形容이 荷物을 ㅅ …… 勝地가 極多ᄒᆞ니라。

江岸에 浮碧樓 乙密臺 鍊光亭 永明寺의 勝地가
又가 有ᄒᆞ니 遊覽ᄒᆞᄂᆞᆫ 人士가 ……

此府ᄂ 古時에 檀君이 처음으로 城을 築ᄒ고 都를 定ᄒ시니라.

檀君의 後에 箕子가 또ᄒᆫ 此地에 國都를 作ᄒᆞ야 都를 定ᄒ시며, 人民에게 居處와 飮食을 ᄒ고 制度로州 敎ᄒ시며, 其 城이 强盛을 致ᄒ시며 都城이 되얏으며, 其後에 高句麗가 此를 連ᄒᆞ야 如此히 數千年을 連ᄒᆞ야 繁華ᄒᆞ야 國中에 有名ᄒᆞ니, 今에도 西京이라 稱ᄒᆞᄂᆞ니라.

第二十五 工業

工業은 各種의 天然物에 人力을 加ᄒᆞ야 人의 有用ᄒᆞ 物品을 만드ᄂᆞᆫ 것이니, 此를 詳言ᄒᆞ면, 諸子의 着ᄒᆞ 衣服은 木綿의 織物을 縫ᄒᆞ 것이오, 又 其 木綿의 織物은 木綿 糸로 織ᄒᆞ 것이며, 木綿 糸ᄂᆞᆫ 此 木綿을 얻ᄒᆞ여서 木綿 糸를 作ᄒᆞ며, 又 織物을 織ᄒᆞ야 衣服을 作ᄒᆞᄂᆞ니, 此等 事를 다 工業이라 謂ᄒᆞᄂᆞ니라.

然ᄒᆞᆫ則 諸子의 着ᄒᆞ 衣服은 木綿 糸를 作ᄒᆞ며 織

物을作ᄒᆞ며,衣服을作ᄒᆞ야,여러가지工業을因ᄒᆞ야,된것이라。

모든工業은,오작,人의力으로ᄂᆞᆫ,되지아니ᄒᆞᄂᆞ니,然ᄒᆞᆷ으로,昔時에도,綿을트ᄂᆞᆫ데,씨아가잇고,실을잣ᄂᆞᆫ데,물레가잇섯스니,此等機具를,使用ᄒᆞᆷ에ᄂᆞᆫ,巨大ᄒᆞᆫ人力과,時間을消費ᄒᆞ나,物品은良好치도못ᄒᆞ고,又夥多치도못ᄒᆞ얏스나,萬若,蒸氣力으로,大ᄒᆞᆫ機械를,動ᄒᆞ야,綿을틀며,또,자으면,極히,人力과時間을,費치아니ᄒᆞ고도多大ᄒᆞᆫ絲도作出ᄒᆞ며,又絲도,極히,良好ᄒᆞ니라。

是以로,今에ᄂᆞᆫ,擧皆,蒸氣力의等으로,機械를,運轉ᄒᆞ야,綿을틀며,絲를作ᄒᆞᄂᆞ니라。此와如히,巨大ᄒᆞᆫ機械를動ᄒᆞ야,各色의物을製造ᄒᆞᄂᆞᆫ工業을,機械工業이라ᄒᆞᄂᆞ니,저烟突잇ᄂᆞᆫ工塲은,다機械工業을,ᄒᆞᄂᆞᆫ處所니라。

第二十六 買善治

買善治ᄂᆞᆫ,法蘭西의有名ᄒᆞᆫ大學者라,幼時로븟허書를好讀ᄒᆞ며,또,山上에登ᄒᆞ고,野邊에出ᄒᆞ

아 日月과 星辰을 看호기를 好호여라。

그 年이 七歲의 씃을 時에 이윽 天文을 好호여셔 一夜는 그 同年 四五人으로 더부러 썰거들 연셔셔 一天을 仰見호니 時에 明鏡갓흔 圓月을 天心에 正中을 향하 光彩가 白晝와 同호여 一片의 浮雲이 風에 吹호야 月邊에 飛호이 雲間에 月이 走호과 如호며 又 月上에 雲이 行호는 것과 如호 져라。

於是에 모든 見孩等이 此를 見호고 月이 動호여 나 雲이 行호여나 호는 一大爭議가 起호야 皆言

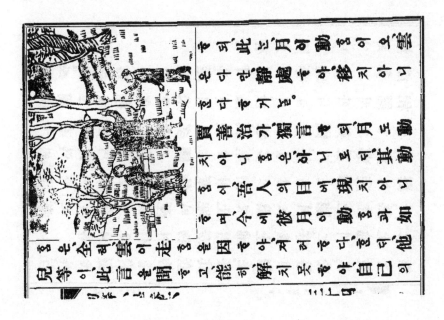

호되 此는 月이 動호이오 雲은 다만 靜處을 호야 移치 아니 호니 買善治가 獨言호되 月도 其動호과 如호 他 今에 彼月이 動호과 如호 能히 解치 못호야 自己의 月도 動호 兒等이 此言을 聞호

說을 主張ᄒ고 貿善治의 言을 信지 아니ᄒ더니
放時에 貿善治가 諸兒를 大木 下에 引至ᄒ야 一
校間으로 月을 觀케 ᄒᄀ늘 果然 月은 枝間에 在ᄒ
動지하니 己說의 誤홈을 知ᄒᄀ니라

第二十七 貿易

世界의 中에ᄂᆫ 多數의 國家가 有ᄒᄀ니 海濱에
國도 有ᄒ고 山이 多ᄒ 國도 有ᄒ며 炎熱ᄒ야 一
年中에 草木이 靑靑ᄒ 國도 有ᄒ고 寒ᄒ야

消지 아니ᄒᄂᆫ 國도 有ᄒᄀ니라
然ᄒ으로 此等의 國에서 産出ᄒᄂᆫ 物品도 亦
相同지 아니ᄒᄀ니 我國ᄀ치 米를 多産ᄒᄂᆫ 國도 有ᄒ
며 支那ᄀ치 茶를 多産ᄒᄂᆫ 國도 有ᄒ며 此外에
英國ᄀ치 鐵石炭을 多産ᄒᄂᆫ 國도 有ᄒ
海의 産物은 有ᄒ고 山의 産物은 無ᄒ 國도 有ᄒ
熱ᄒ 土地에ᄂᆫ 熱ᄒ 土地의 産物이 有ᄒ고 寒
ᄒ 土地에ᄂᆫ 寒ᄒ 土地의 産物이 有ᄒᄀ니라
然ᄒ 故로 此等의 國은 各其 産物을 賣買ᄒ야 有

위 無혼을 서로 交換홈이 가쟝 必要호니 此에 如히 賣買홈을 貿易이라 稱호느니라.

貿易이 盛호면 其國이 富호고 貿易이 盛치 못호면 其國이 貧호느니라. 現今時代에 英國과 日本을 見홀지니라.

我國은 外國貿易이 盛치 못호얏다만 外國의 物品흔 人을 호고 內國의 物品을 出지 못호니 我國의 物品 國民된 者는 各其 家産을 勤勉히 호야 多量의 産物을 作出호야 貿易을 盛케 홈이 可호니라.

第二十八 教猾호 驢

一人이 塲市에서 鹽을 買호야 驢에 싯고 家로 還홀서 川水를 건느다가 驢가 陸跌호야 水中에 너머지니 其背의 鹽이 만히 녹은지라 驢는 其荷物이 輕홈을 즐지며 호야 도 깃더라.

他日에 또 鹽을 載호고 川水를 渡호더니 其驢가 前日의 事를 생각호고 水中에 臥호는지라.

驢의 主人이 此를 見호고 驢의 行實을 미워서여 戀敗고져 호더니 日은 主人이 其驢에게 毛物을

載호고 川水를 渡호則 驢는
然호나 今에는 荷物이 輕호
질식 其重이 益甚호거늘
主人은 더욱 鞭으로 打호야
家로 還호나 驢는 幾死호얏더라 凡人도 奸
計로 他人을 欺호는 者는 一二回는 得行호나 終 免치 못호느니라

隆熙元年十一月　日

初等小學　七

國民敎育會三版

初等小學卷七目次

第一 我國古代의史記
第二 草木의生長及蕃殖
第三 身體의健康
第四 空氣
第五 談話
第六 電氣
第七 花園
第八 肥料
第九 孤와鷲
第十 凶年의準備
第十一
第十二 清潔
第十三 舊水의等石
第十四 新羅太祖赫居世
第十五 蘭婚의話

人의職業
第十六 孤와故鄕
第十七 石油
第十八 畫와石鹽
第十九 幼女와故事
第二十 高句麗의史
第二十一
第二十二
第二十三 我國의名山
第二十四 趙光祖
第二十五 兒童의圖
第二十六 勤勉의話 第三課
第二十七
第二十八
第二十九 郭再佑 報本再佑

初等小學卷七

第一　我國古代의史記

我國이古代에君長이無ᄒᆞ며人民은淳朴ᄒᆞ야草를衣ᄒᆞ고木實을食ᄒᆞ며家屋의制가無ᄒᆞ더니桓因氏의孫王儉이生ᄒᆞ시매聖德이有ᄒᆞ신지라。於是에國人이尊奉ᄒᆞ야王을삼고檀君이라稱ᄒᆞ니此ᄂᆞᆫ意ᄅᆞᆯ表ᄒᆞᆷ이러라。檀木下에서誕生ᄒᆞ신故로國人이紀念ᄒᆞ니王이國號ᄅᆞᆯ朝鮮이라稱ᄒᆞ시니其義ᄂᆞᆫ國이世界의東方에在ᄒᆞ야朝日이出ᄒᆞ며萬物이皆鮮然ᄒᆞᆷ을取

1

平壤에 國都를 定호시고 人民을 敎호시며 모홈을 制度를 立호시니라。

是時에 支那의 君主 夏禹氏가 塗山에서 列國會議를 開호거늘 王이 이에 太子 扶婁를 遣호샤 塗山會에 參恭호야 和好를 通호시니라。

大凡 一姓으로 國을 傳홈지 一千二百十二年에 至호니 支那 殷王의 宗親 箕子가 支那로 븟허 來호시니 聖德이 有호야 國人이 다 附從호거늘 王이 이에 位을 傳호시고 扶餘로 移去호시니라。

箕子는 姓은 子오 名은 胥餘라 朝鮮王의 傳位홈을 受호야 王位에 御호시며 國號를 朝鮮이라 仍稱호시고 平壤에 都를 建호시니라。

人民을 敎호시며 禮義로 敎호시며 法典을 制호시고 모든 學衞 王이 崩호시며 太祖 文聖王이라 호며 行호더니 大凡 歷世 以來로 國을 傳홈지 九百二十九年에 燕人 衞滿이 京都를 奪호야 改호 王이 金馬郡에 避居호샤 國號를 馬韓이라 後에 百濟에게 亡호니라。

衞滿은 朝鮮이라 自稱호다가 未幾에 支那 漢武帝이 攻擊을 바다가 其地를 被奪호얏더니 其後에 高句

麗國이 建ᄒᆞ야 其地를 다 恢復ᄒᆞ니라。

第二一 草木의 生長 及 蕃殖

豆와 菽이 穜子를 地에 播ᄒᆞᆫ 則 根과 莖을 生ᄒᆞ며 葉과
花를 發ᄒᆞ야 終에 實을 結ᄒᆞ고 其實이 또 地에 落ᄒᆞ면
花와 如히 漸漸 新生ᄒᆞᄂᆞ니라。

大凡 草木은 幾皆 如此히 生長ᄒᆞᄂᆞ니 草木은 根과 葉
이 皆有ᄒᆞ야 根으로는 地中에 잇는 水分을 吸上ᄒᆞ며
葉으로는 空氣中의 炭素를 吸收ᄒᆞ야 二物을 互相 和
合ᄒᆞ야 그 身을 기르ᄂᆞ니라。

草木은 또 花와 實이 잇ᄂᆞ니 花는 實의 本이오 實은 再
次로 同一ᄒᆞᆫ 草木을 新生ᄒᆞᄂᆞ니라。

今에 一 花를 取見ᄒᆞ면 花內의 正中에 針狀과 如ᄒᆞᆫ 一
個 花蘂가 有ᄒᆞ니 此를 雌蘂라 稱ᄒᆞ고 又 花蘂를 圍ᄒᆞ

야 雌蘂와 針狀과 如ᄒᆞᆫ 多數의 花蘂를 雄
蘂라 稱ᄒᆞᄂᆞ니라。

雌蘂의 本은 實의 形을 作ᄒᆞ고 雄蘂의
蘂의 末에는 花粉이 有ᄒᆞ니 草木이 此
花粉이 雌蘂의 末에 着ᄒᆞ면 雌蘂의 本이 漸大ᄒᆞ야 雄蘂의
에서 實을 始結ᄒᆞᄂᆞ니라。

花의 雄蕊와 雌蕊의 形狀과 數爻는 差別이 有호나 其
動作은 皆同호니라。

第三 身體의 健康

動物은 恒常 靜止홈이 不可호고 適當히 運動홈이 可
호니 吾人은 動物 中에 一이니라 諸子는 機械를 見호라 一個 機械를 久히 使用치 아니호면 鏽이 生호야 運動
호는 者는 恒常 其身을 健强케 호기 爲호야 每日 運動을
廢치 아니호느니 藥홀기에 至호느니 人의 身體도 此와 同호야 運動에 注意호는 其方法은 病이 生호느니 是故로 衛生케 호느니라
一이 아니호니라

一日에 幾次式 山水間에 逍行호고 或 德을 擊호며 馬를
此는 體操를 行호느니라。
自行車를 乘호며 角觝 或 砲放 練習과 兵式
을 勿論호고 其氣力에 過호는 運動을 行호면 利益을
此는 다 身體의 氣血을 健康케 호는 者라 然호나 强弱
人이 身體가 健康치 못호느니라 도리혀 大害가 잇느니 아모리 事業을 호고져 호
得爲치 못호느니라。
古語에 云호되 健全호 精神은 健全호 身體에 在호다
호니 人은 健全호 精神이 有호여야 人의 本分을 能히

盡홈으로써健全한精神을得고저홀진딘민저健全한
身體를養成홈이可ᄒᆞ니라.

是以로今日에文明ᄒᆞᆫ邦國은皆身體의養育을注意
ᄒᆞᄂᆞ니彼學校에廣大ᄒᆞᆫ運動場을設ᄒᆞ고學徒로ᄒᆞ
여곰體操又競走를行ᄒᆞ게ᄒᆞᆷ은其身體를健康케
ᄒᆞ고저홈이니라.

第四 空氣

空氣ᄂᆞ地球를包圍ᄒᆞ야在ᄒᆞ니ᄒᆞᆫ處가無ᄒᆞ나此
ᄂᆞ形도無ᄒᆞ고色도無ᄒᆞ야目으로도見치못ᄒᆞ며手
로摩치못ᄒᆞ야全無ᄒᆞᆫ줄로思想ᄒᆞᄂᆞ니라.

然ᄒᆞ나吾人이手를空間에急히揮ᄒᆞᆫ則物體가잇서
吾人의指間을流通ᄒᆞᄂᆞᆫ며且夏日의盛暑에扇을搖ᄒᆞ
면風이生ᄒᆞ야我身에吹ᄒᆞ며又近傍의輕體가ᄌᆞ움즉
ᄒᆞᆫᄂᆞ니此ᄂᆞᆫ吾人의周圍에
在ᄒᆞᆫ空氣가振蕩됨에因홈이니라.

吾人이恒常目으로見치못ᄒᆞ되耳로ᄂᆞᆫ能히聽得홈
이有ᄒᆞ니此ᄂᆞᆫ風이니라.

大抵風은大地에充滿ᄒᆞᆫ空氣가太陽의熱을受ᄒᆞ야
空中으로上升ᄒᆞ야稀薄ᄒᆞᆫ處로流行ᄒᆞᄂᆞ니是卽風
密ᄒᆞᆫ空氣가急히其稀薄ᄒᆞᆫ處로流行ᄒᆞ되他處의冷ᄒᆞ야濃

이니라。

彼海上의風帆船은此風力을借ㅎ야運行ㅎ는者니라。

地球上에在호生物等은다空氣를由ㅎ야其生命을保全ㅎ느니라。其中에人類는其健康을保호며病弱이되믄空氣에重大호關係가有ㅎ니是故로人의居處는百常에淸新호空氣를引入ㅎ야汚穢호空氣가流通치아니케흘지니라。

第五十三課 獸話

一獅와一熊이林間에서一死鹿를得ㅎ고兩間에一大問題가生ㅎ더라。和의友誼는消滅ㅎ고勢力이衝突ㅎ야一場戰爭이長時를延亘ㅎ야互相踊躍ㅎ며呌呼ㅎ며氣血이疲憊ㅎ야爭點을決斷치못ㅎ고地上에退突然히倒ㅎ엿더라。此時에一狐가林中에서此狀을보고死鹿를念ㅎ고逃亡ㅎ는지라。獅와熊은氣盡ㅎ야狐의巨利를坐收ㅎ믈見ㅎ고恐怖를喘息이오히려定

지 못 ㅎ야 動作이 能치 못 ㅎ온즉 如何치 못 ㅎ고 어져

古語에 云 ㅎ되 鮮과 鶴이 서로 닷토거늘 漁父가 其利

를 坐收 ㅎ다 ㅎ니 지금 此와 異 ㅎ미 有 ㅎ리오。

大凡 何人과 何國을 勿論 ㅎ고 互相 和合지 못 ㅎ야 爭

國에 利益을 與 ㅎ는 바 되ㄴ니라。

第六課 張巡許遠

大凡 國民 되는 者는 自己의 國을 愛 ㅎ야 自己의 家를

爲 ㅎ고 다 못 ㅎ야 써 써 써 危難을 當 ㅎ야도 其身의

死亡을 顧치 아니 ㅎ니 ㅎ고 忠義에 死 ㅎ미 可 ㅎ니라。

古昔 支那의 唐朝 玄宗 時代에 安祿山이 唐朝를 背叛

ㅎ야 兵을 率 ㅎ고 京城을 犯 ㅎ미 玄宗은 蜀中에 避入

ㅎ니 全國이 다 祿山의 亂을 被 ㅎ야 投降 ㅎ는 者가 多

是時에 睢陽太守는 許遠이라 孤城을 守 ㅎ야 賊兵을

抗拒 ㅎ거늘 雍邱令 張巡이 ㄷ되 여 睢陽城中에 入 ㅎ야 力을 合 ㅎ야 其同志 雷萬春 南

霽雲으로 더 아 防禦코저 ㅎ더라。

於是에 張巡許遠이 晝夜로 敵兵을 防備호야 慷慨호 言語와 忠義의 志氣로 城內의 人民을 激勵호미 衆心이 城과 ᄀ치 堅固호더라.

賊兵은 ᄃᆞ야 重圍를 設호니 內外의 消息을 通치 못호야 於是에 外에는 救援호는 軍士가 無호고 內에는 糧食이 盡호야 다 餓死호게 되얏더라.

然호나 張許兩人은 忠義의 心이 더욱 堅篤호야 死를 決호나 食物이 無홈으로 木皮와 鳥鼠를 捕食호다가 城이 陷落호니라.

賊兵이 張許와 諸將을 捕縛호야 降服호라고 脅迫호

니라. 張許와 諸將은 大罵호고 從容히 害를 被홈에 至호

第七 電氣

夏節에 油然히 發興호는 黑雲을 瞬息間에 一天을 蔽振動호나 其轟轟호 音을 雷라 云호고 其閃閃호 火花가 發生호며 轟轟호 聲音이 起호미 一天을 蔽니 此는 雲間에 電氣라 云호고 其閃閃호 光을 電이라 電謂호노니라.

電氣는 甚可恐호 者라 萬若 地에 落下호면 則家屋을 破호며 樹木을 折호고 又或 人畜을 擊傷호는 害가 有호

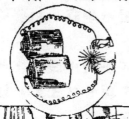

古來로 人民이 極히 恐懼하더이더니라。

然하나 今에는 學者의 窮究로써 其害를 防하기 爲하야 避雷針을 發明하니라。

又人工으로 電氣를 發하야 各種便利를 金屬으로 傳導하야 此를 需用을 作하느니 其遠處에 文字를 記號를 表함은 電信이오 語音을 通함은 電話오 又光을 發하야 夜에 照함은 電燈이오 衝路에 車를 運行함은 電車니라。

電氣는 此外에 工場의 器械를 動하며 賤金屬의 上面에 貴金屬을 鍍하고 又病을 治하는데 用하느니라。

第八 花園

花園은 花草를 길으는 處이라。으로 花草를 養하나니라。然하나 其中에 雜草가 有하면 花草의 種子를 심으느니라。故로 園夫는 恒常 雜草를 鋤하고 花草를 培하느니라。男子와 女子도 學校에서 工夫케함은 花園에 花草를 養함과 如하니라。

師가 敎호는 것을 學徒의 心中에도 壹種子를 심는 것이라。 雜草는 심으지 아니호지마는 自然히 生長호야도 惡을 雜草로 花草를 滅亡케 호노니 萬一 花草를 가구바려면 學徒의 心中도 또호 此와 如호야도 惡念은 恒常 發生호노니 此를 生長케 호면 敎師의 譬홈을 비 佳言은 消滅호노니 然則 學徒는 善良호 子의 心中에 任호야 惡을 성가 國夫가 雜草를 除호 諸

듯시 호지로다。

第九 肥料

土中에는 自然히 草木의 養分이 잇는 者가 多少間 存在호나니 彼山野에 生長호는 故로 齊一히 長養치 못호야 或 盛호며 或 生호나니라 然호나 是는 其養分이 多少에 因호야 地味의 肥瘠이 故로 少호 穀物과 菜類又은 者는 人의게 需用되는 者인 與호나니 此養分을 時間에 十分生長케 홈을 爲호야 別로 養分 호나니라 肥料라 稱호나니라。

肥料는各種이有ᄒᆞ니人糞又腐草는普通으로多用
ᄒᆞᄂᆞᆫ者오其外에油滓와石灰等이良好ᄒᆞᆫ肥料니라。
又魚類와獸類의骨을碎粉ᄒᆞ야石灰에混合ᄒᆞ야需
用ᄒᆞᄂᆞ니此를人造肥料라稱ᄒᆞᄂᆞ니라。
凡草木은滋養됨이可ᄒᆞᆫ物은草木의種類를因ᄒᆞ야
各各多少의差別이有ᄒᆞᆫ者라或種草木은極善히生長ᄒᆞ도
精地가되나니라。肥料도草木種類에因ᄒᆞ야適當ᄒᆞ도
如是히肥料를各其草木과土地를因ᄒᆞ야差異를生

ᄒᆞᄂᆞ니라此는學問上으로區別치아니ᄒᆞ면可得지못ᄒᆞ
ᄒᆞ야實地에應用ᄒᆞᄂᆞ니此는故로現時에文明國에는農業大學校를設
忽히ᄒᆞ면農夫를맛ᄂᆞᆯ지니라汝等靑年은農業을硏究ᄒᆞ야其原理를透解
라謂ᄒᆞᄂᆞ니라諸般事業을硏究ᄒᆞᄂᆞ니汝等의靑年을古語에農은大本이

第十　狐와蟹

一蟹가小川에서나와堤上에나아가니一狐가見ᄒᆞᆨ
如히嘲笑ᄒᆞ야曰汝의거름이進ᄒᆞᄂᆞ냐退ᄒᆞᄂᆞ냐
行步ᄒᆞ면堤上에經ᄒᆞ도二三朔을經過ᄒᆞ얏소

競走

我와 競走를 ᄒᆞ면 我가 能히 勝ᄒᆞ리니, 義州인지 東萊인지, 너 能히 競走를 我와 ᄒᆞ겟ᄂᆞ뇨 ᄒᆞ며, 我의 能히 競走를 願ᄒᆞᄂᆞᆫ ᄃᆡ로 ᄒᆞ라 ᄒᆞᆫᄃᆡ, 汝가 獸然히 잇다가 ᄀᆞᆯ오ᄃᆡ, 我가 大笑ᄒᆞ야 汝ᄃᆞ려 ᄀᆞᆯ오ᄃᆡ, 狐가 嘲笑ᄒᆞ니, 則 可笑롭다 汝의 願ᄒᆞᄂᆞᆫ, 蟹는 請ᄒᆞ니 東萊인지 汝가

狐가 燥急히 前에 進行ᄒᆞ고 蟹가 相約을 事有ᄒᆞ니, 狐가 進行ᄒᆞᆷ을 口令ᄒᆞ고, 蟹의 前에 立ᄒᆞ야, 狐의 尾端을 執ᄒᆞ고 大聲으로 進ᄒᆞᆷ을 口令ᄒᆞ며, 蟹가 走ᄒᆞ고 我가 應諾ᄒᆞ고, 狐가 進行ᄒᆞ야 見ᄒᆞ니 獸然히 잇다가, 汝가 我의 前에 立ᄒᆞ야 一齊히 進ᄒᆞᆷ을 待ᄒᆞ기ᄂᆞᆫ 蟹가 口令ᄒᆞ더라.

於是에 狐가 平生의 氣力을 盡ᄒᆞ야, 標地에 到達ᄒᆞ며 喘息을 步ᄒᆞ니 定ᄒᆞ지 못ᄒᆞ고 回立ᄒᆞ며, 狐의 尾後에서 大聲이 出ᄒᆞ며, 蟹가 果然 先ᄃᆞᆯ어, 此時에 狐의 我ᄂᆞᆫ 此에 先來ᄒᆞ엿노라 ᄒᆞ고 回視ᄒᆞ며 前에 嘲笑ᄒᆞᆷ을 走去ᄒᆞ더라.

久ᄒᆞ야 來ᄒᆞᆫ지라. 狐ᄂᆞᆫ 蟹를 見ᄒᆞ고 急히 走去ᄒᆞ며, 狐가 大驚ᄒᆞ야 尾를 曳ᄒᆞ고 急히 走去ᄒᆞ더라.

饑饉은춤可恐ᄒᆞ오甚ᄒᆞᆫ대이르면人民이靑草와靑
葉을食ᄒᆞ고나죵에는木根과木皮를嚙ᄒᆞ며時或良
心을失ᄒᆞ야義치아닌行爲를行ᄒᆞᄂᆞᆫ者가有ᄒᆞ오。
昔日大饑ᄅᆞᆯ時에饑荒가野에多ᄒᆞ며金銀이箱에滿
ᄒᆞ야도一斗穀이無ᄒᆞ다ᄒᆞᄆᆞ니今者에ᄂᆞᆫ萬國이交
通ᄒᆞ야貿易이盛行ᄒᆞᆷ으로此國이不幸ᄒᆞ야饑歲ᄅᆞᆯ
當ᄒᆞ여도彼國으로붓터穀物을貿來ᄒᆞ야凶難을
免ᄒᆞᄂᆞ니라。
然ᄒᆞ나如斯ᄒᆞᆫ時는穀價가甚高ᄒᆞ야金銀이無ᄒᆞ면

乏ᄒᆞᆫ饑死ᄒᆞ기에至ᄒᆞᄂᆞᆫ。
饑饉은將然히起ᄒᆞᄂᆞᆫ者가아니오或二三年前
붓터災害ᄅᆞᆯ因ᄒᆞ야農作이完全히成熟지못ᄒᆞᆫ즉
後日에預備ᄅᆞᆯ思考ᄒᆞ야金銀과米穀을貯置ᄒᆞ여
是以로遠慮가有ᄒᆞᆫ人은비록年豊ᄒᆞ지라도恒常金
銀과穀物을貯蓄ᄒᆞ야凶年을預備ᄒᆞ고少許도必
放ᄒᆞ야奢侈에濫費ᄒᆞᆷ이無ᄒᆞ오此ᄂᆞᆫ오직一個人에
必要ᄒᆞᆯᄲᅮᆫ아니라一國이生存을爲ᄒᆞᄂᆞᆫ大計가되
ᄂᆞ이다。

一富商人이其兒子를教訓하기爲하야自己의半生

經歷을비러語하여라。

汝等은仔細히聽하라我의幼時에父親을棄世하시

고母親이홀노幼子三人을다리시고生活하는

責任을擔負하엿스니엇지困難치아니하시릿가母親이恒常親

其時에吾等이食物은麁惡하나其味가甚히아름다우며

我가十二歲되엿슬時에母親이新聞廣告에一商社

兒童을雇人을求함을見하시고我다려商社에住雇

하라하시기로我는父商社에住하니라。

商社의主人이我를見하고喜하야應雇하는他諸兒

는最初에는我가使僮이되엿더니漸次로主人의信任

을得하야商社를繼受하기에至하니라。

我는主人이我를特히雇人을理由를知치못하야先來

하는諸兒는비록衣服을華麗하나手와面이淸潔치못

하고汝는麁惡한衣服을精히洗濯하며又手와面이

極히淸潔흠으로故로汝를擇흠이니라흠여라。

今에我家이富盛흠은當時에母親이衣服을淸潔케

흠야주심이라母親의教訓을聽흠야手와面을淸潔케

흠이니汝等은此言을忘치말지어다。

　第十三　潺水의穿石

一日은貞吉이書室에獨坐흠야讀本을復習흠서册

의葉數가多흠故로支離흠을堪치못흠야厭症이生흠

아ᄂᆞᆫ지라書案을退흠고憑을半開흠고門闔에倚흠야遠山의

色을遠景을眺흠니時ᄂᆞᆫ夏節에霖雨가來흠야遠山이

雲烟을帯흠고前溪의水ᄂᆞᆫ流聲이潺潺흠야人

의心神을怡悅케흠ᄂᆞᆫ지라。

貞吉이四面을眺흠다가潺水가階石에落흠을觀흠

니潺水의連落흠ᄂᆞᆫ階石에手指를可容흠을一小穴이어

貞吉이此를見흠고進히奇異히녀겨思흠되潺水의

落흠은極小흠水鈴이오階石은堅固흠物質이어ᄂᆞᆯ萬

長年의落水가一處에連落흠을因흠야自然히穴을作흠되

忍耐흠ᄂᆞᆫ心과積累흠ᄂᆞᆫ功으로事를行흠면無

難흠事가有흠리오彼石의堅固흠을水가能히穿흠얏스니

我가將次是로써我의戒를作흠리

라ᄒᆞ야 貞吉이 衣襟을
고 因ᄒᆞ야 書案의 前에
整齊히ᄒᆞ고 書를 讀ᄒᆞ니라。

是後로 文ᄌᆞ를 貞吉이 肇習ᄒᆞ며 水ᄒᆞᆨ石
萬一二句를 恒常 心中에 思ᄒᆞ고
困苦홀 事를 當ᄒᆞ면 반ᄃᆞ시 成就ᄒᆞ니라。

第十四 新羅太祖

新羅는 箕氏朝鮮의 後를 繼ᄒᆞᆫ 王國이니 其開國紀元
은 西曆紀元前五十七年이라 其國太祖이 姓을 朴이

오 名은 赫居世니 王位에 卽ᄒᆞ실 時에 春秋가 十三이
오 號는 居西干이라 稱ᄒᆞ니라。

是는 先히 朝鮮人이 海邊과 山間에 分居ᄒᆞ야 慶州
地方에 六村을 創設ᄒᆞ니 此는 辰韓의 六部라 稱ᄒᆞᆫ 高墟村
者라 居ᄒᆞ는 蘇伐公이 養育ᄒᆞ야 誕生ᄒᆞᆫ 것이니 其幼時에 十三에 國號를 新羅라
에 分離ᄒᆞ야 神聖을 立ᄒᆞ야 君長을 삼고 國號를 新羅라
都城을 徐那伐이라 稱ᄒᆞ니 今日에 都城을(서울)
此에서 流傳ᄒᆞᆷ이리라。

井傍에서 生혼으로 關英이라 稱호야 王과 后를 補호야 二一

關英이 生혼으로 關英이

時에 德化가 大行호야 風俗이 極히 善

王의 聖德을

日本人이 來侵호다가 人民이 夜化

是以로 退去호며 又 樂浪人이 來襲호다가 野에 穀을 積호믈 見호고 門을 開호며 退去호니라。

王의 名은 聖王이라 호니 國을 다스리미 極히 仁聖호니라。

后는 極히 仁聖호니라。

第十五　蘭姬의 話

一日은 蘭姬라 호는 女子가 其同生 文智信에게 左開호 事를 問호야 其智慧를 試호앗소

蘭姬가 言호되, 同호야 其智慧를 試호앗소

智信아 物이 有호니오 昔時에 一農夫가 狐를 生擒호야 鷄와 및 穀物 三 大

簡고 農夫가 一은 場市에 往賣호려 其中 路에 一 三

혼다 式을 가지고 木橋가 잇섯 渡혼 수가 업서 穀物을 민져

則 鷄가 狐를 ᄯᅡᆯ을 萬一 狐를 민져

則 鷄가 穀物을 ᄯᅡᆯ을 將次 何物을 민져

想覺호야도 良策이 無호지라。

此時를富ᄒᆞ야農夫는 엇지ᄒᆞ면此三箇物을主금
도傷치ᄒᆞ니ᄒᆞ고安全히음긴ᄃᆞᆫ지ᄒᆞᆫ지智信하汝도
想覺ᄒᆞᆫ다가잠자셔其方法을得ᄒᆞ엿다ᄒᆞ니智信하汝도
想覺ᄒᆞ야보ᄒᆞ라
智信이니ᄂᆞᆫ잠잇다가其方法을想覺ᄒᆞᆫ故로蘭熙ᄂᆞᆫᄆᆡ우
靜坐ᄒᆞ야默然히想覺ᄒᆞ
稱贊ᄒᆞ엿소

第十六 人의 職業

人의生活을各其職業을務ᄒᆞ야其所得으로써衣食
住等을備치ᄒᆞ니ᄒᆞ이不同ᄒᆞ니假令富人이金錢을

만히儲蓄ᄒᆞ엿을지라도手를拱ᄒᆞ고傍遊ᄒᆞ야日을
度ᄒᆞ면其金錢을漸散ᄒᆞ야맛참ᄂᆡ貧人이되기만
然ᄒᆞᆯ則人은幼時로븟혀身分과才能에適合ᄒᆞᆫ職業
을學習ᄒᆞ야後日長成을時에應用ᄒᆞᆯ基本을作ᄒᆞᆯ이
可ᄒᆞ니古語에云ᄒᆞ되幼에學ᄒᆞᆫ은長에行ᄒᆞ고
니幼男幼女의諸學徒야時間을再來치아니ᄒᆞᄂᆞ니라
後日에實行ᄒᆞᆯ다時間을再來치아니ᄒᆞᄂᆞ니라
家의繁昌을謀ᄒᆞᆯ에ᄂᆞᆫ各其幼年의兒童을敎育ᄒᆞ야
後日에職業을作케ᄒᆞᆯ이니今日에幼年을將來의長

成ᄒᆞᆫ 人이 家와 國의 重任을 負荷ᄒᆞᆯ 者ㅣ니 家의 繁昌

은 則國의 繁昌이라 國은 家의 大ᄒᆞᆫ 者ㅣ니라。

然ᄒᆞᆫ則學生諸子는 幼年으로 自慶치말고 各其兩肩

上에 負ᄒᆞᆫ 重荷를 深히 念ᄒᆞᆯ지니라。

吾人은 무ᄉᆞᆫ 職業이던지 各各一心으로 勤勉ᄒᆞ야 家

가 富ᄒᆞ면 國이 富ᄒᆞᆯ지니 家國이 富ᄒᆞ면 自己의 身도

足ᄒᆞᆯ 榮貴ᄒᆞᆯ지니라

第十七 狐와 鼓

一早朝에 ᄒᆞᆫ 狐가 食物을 求ᄒᆞ려 四方으로 다니

ᄃᆞ니란참 一鷄가 花園에서 虫을 至ᄒᆞ며 ᄃᆞ는지라。

狐가 此鷄를 엇ᄒᆞ며저ᄒᆞ고저ᄒᆞ야 走ᄒᆞᆯ 際에 其頭上

此는 一枝上에 一鼓가 懸在ᄒᆞ야 風力을 生케ᄒᆞ야 樹枝에 仍見ᄒᆞᆫ

此狐가 自來로 鼓를 見치못ᄒᆞ

念ᄒᆞ는故로 狐가 大驚ᄒᆞ야 樹枝에서

一大聲이 怨生ᄒᆞ는故로 狐가

打ᄒᆞ야 聲을 生ᄒᆞᆫ故로 狐가 自來로 鼓를 見치못ᄒᆞ

今에 此聲을 聞ᄒᆞ고

想覺ᄒᆞ되 此聲을 聞ᄒᆞ고 肥大ᄒᆞᆫ

鼓를 食ᄒᆞ려ᄒᆞ야 念ᄒᆞ되 樹上에 登ᄒᆞ

甚히 堅固ᄒᆞ야 齒가 入치아니ᄒᆞ니 兩邊이

호여키드 力을 盡호야 外皮를 破裂호 則 其中에 하고 지
도여고 空虛호지라。
於是에 此狐는 失心호야도 地에 降下호야 鷄를 食
고저지거니 鷄는 날서 遠히 走호다니더라。
鼻를 地에 接호야 냄새 맛고 더니다가
此狐는 大호 物을 食고저호다가 小호 物서지 失호앗
도다

第十八　石炭과 石油

今日에는 汽車와 演船과 工場에 巨大호 蒸氣力을 要호
ᄂᆞ니 다 石炭을 需用ᄒᆞ니 石炭은 其形이 石과 如

ᄒᆞ고 色이 黑ᄒᆞ며 其質이 能히 燃ᄒᆞ고 熱度가 高호 故
로 强大호 力을 用고저ᄒᆞ면 此를 用ᄒᆞᄂᆞᆫ니라。
石炭은 古昔時代의 樹木이 地中에 藏埋ᄒᆞ야 多年을
積累ᄒᆞ얀 草葉과 木理가 尙存ᄒᆞ니라。
世間에 石炭의 産出ᄒᆞᄂᆞᆫ 地方이 極多ᄒᆞ니 我國에도
品質이 良好ᄒᆞ니 此等 炭鑛에ᄂᆞᆫ 大호 機器를 設置ᄒᆞ야
石油ᄂᆞᆫ 或 石腦油라 稱ᄒᆞᄂᆞᆫ니 地中으로붓히 湧出호

油가 此物은 人人이 知ᄒᆞᄂᆞᆫ 바와 如히 毒臭가 有ᄒᆞ
ᄂᆞ니라。 然ᄒᆞᄂᆞ 善히 燃燒ᄒᆞᄂᆞᆫ 故로 燈油로 用ᄒᆞᆷ이 最多ᄒᆞ

又石油ᄂᆞᆫ 其初에 土中으로붓허 汲出ᄒᆞᆯ時ᄂᆞᆫ 鳶色이오 燃料에
此를 精製ᄒᆞ면 極히 淸淨ᄒᆞ야
供ᄒᆞᄂᆞ니라。

現今我國에ᄂᆞ 하즉 石油의 産出地를 發見ᄒᆞᆷ이 無ᄒᆞᆷ
으로 我國의 用品은 悉皆外國에서 輸入ᄒᆞᄂᆞ니라。

第十九 蜜蜂과 蜩

蜜蜂은 才虫이라 그 蜜을 採ᄒᆞ랴 갈ᄉᆡ에 其巢에서 五

六里가 되ᄂᆞᆫ 處ᄭᅡ지도 能히 가셔 花를 尋ᄒᆞ며 其還來을
가 時에 風雨를 맛나면 花葉間에 依托ᄒᆞ야 留宿ᄒᆞ얏
가 風雨가 긋치면 還歸ᄒᆞᄂᆞ니라。

蜜蜂은 蜜을 釀ᄒᆞᆯ새
蠟을 作ᄒᆞ고 其內에 蜜을 貯蓄ᄒᆞᄂᆞᆫ
巧를 게 其房을 營ᄒᆞᄂᆞᆫ
一蜩가 有ᄒᆞ야 蜜蜂의 房中에
向ᄒᆞ야 人ᄒᆞ거ᄂᆞᆯ 蜂等이 다ᄃᆞᆯ
ᄂᆞ며 逐出ᄒᆞ되 蜩ᄂᆞᆫ 其背에 歲

勤홈이고偃然히

負혼故로峰의蜜을民호지아니호니

諸峰이力을擡지못호기에

運動得지못호야드디여餓死호지라

大抵峰은一小虫이로되是와如히力을擡호야外來호는侵侮가

遊홈이有호니其國을合홈이여우堅固홈이足호니라

於是에峰等은一計를出호얏더니木板에던지 食物을

能히妙計를出호야心을同호진지라

第二十 幼女의話

古時에酒를戒호는演說者一人이學校에任호야戒

酒의演說을호後에盟約書를出示호는者가잇스면何人이던

此地方에서若干의會員을募集호는者가잇스면何人이던

席에出호야此를受호고七八歲쯤되는女兒가其

其夜에幼女의父親은大醉호야歸來호기늘幼女가

其明朝에盟約書를持호고父親의게任示호야盟홀새大

을請호야曰汝는何故로此等不緊호지을持來호니其女兒는痛

호고大爭으로其女兒의頰을打호니其女兒는痛

善함을을壞치못한다然한다오히려더盟約書를堅執한
고굴치아니한이其父가此를見한고心中에其過誤
함을悔한되오직言지아니한다더라。
此効女는其母親의慰勞함을得한야其日에도學校
에任한야教師와學員의게請한야多數의同意者를
得한지라家에臨한야其盟約書를母親의게示한면
서스스로善恨한되敢히其父親의게는言지못한고
오직其悔改한기만기다리더라。
然한나其父는始終을其女의게注目한야其心을奇
特히너여前의過誤를深히悔한더라。

其父는一朝에其女兒를呼한야幾何의會員을募得
한느냐問한니其女兒가곳自己의室中에任한야其人
員前의盟約書를父의게納한니其父가此를受한야其人
니其計算을終한며和色으로其女兒의게謂한야日
父親汝는발서百五十人을募得한앗도다한고其父가膝下에坐한야一
人父親의게請한야日父親이萬一加盟한시면百五十一
을得한앗느니라한더라其父가곳加盟한더라。

第二十一　高句麗史

高句麗太祖의 姓은 高오 諱는 朱蒙이니 初에 扶餘王 解扶婁가 年老토록 子가 無ᄒᆞᆫ디라 一日은 王이 立ᄒᆞ거늘 馬가 逸ᄒᆞ야 鯤淵에 至ᄒᆞ야 大石을 見ᄒᆞ니 石下에 小兒가 有ᄒᆞ야 大石과 如ᄒᆞ고 形貌는 哇와 同ᄒᆞ거늘 怪異ᄒᆞ거늘 色은 黃金과 如ᄒᆞ니 此는 天이 朕의게 兒子를 賜ᄒᆞ심이라ᄒᆞ고 善ᄒᆞ야 日 此를 名ᄒᆞ니라 金蛙가 長成ᄒᆞ야 太子가 되야 解扶婁의 後를 承ᄒᆞᆫ 金蛙王이 되며 柳花ᄂᆞᆫ 女子를 娶ᄒᆞ야 后를 삼아 朱蒙을 生ᄒᆞ니 朱蒙이라 名ᄒᆞ며 扶婁의 時에 弓을 善射ᄒᆞᆫ

者를 朱蒙이라 ᄒᆞ니 朱蒙이 弓을 善射ᄒᆞᆷ이라 朱蒙의 兄弟가 七人이 有ᄒᆞ나 其才能이 다 朱蒙에 及ᄒᆞ지못ᄒᆞ야 其父의 親信ᄒᆞᆫ 者三人으로 더부러 朱蒙을 殺害코저 ᄒᆞ거늘 朱蒙이 淹河水中에 至ᄒᆞ야 至ᄒᆞᆯ 則 舟가 無ᄒᆞ고 造兵을 及ᄒᆞ야 니 忿然히 水中에 渡ᄒᆞ려 ᄒᆞᆯ 魚鼈이 相聚ᄒᆞ야 橋를 成ᄒᆞᆷ으로 念渡ᄒᆞ얏다ᄒᆞ 朱蒙이 드듸여 本扶餘에 至ᄒᆞ야 니 時는 新羅太祖赫居世 二十一年이니 國號를 高句麗라ᄒᆞ니라

王이 四方을 征服ᄒ야 領土를 開拓ᄒ고 衛滿이 失혼
故로 那의 故地를 恢復ᄒ며 更히 支那의 地를 領有ᄒ야 今日 支
那와 如是히 國을 傳ᄒ지 七百餘年에 至ᄒ야 新羅에게 亡
ᄒ니라。 盛京吉林에 至ᄒ얏더라。

第二十二 鯨

動物中에 最大혼 者는 鯨이라 鯨은 海에 在ᄒ니 外形
은 魚와 如혼 故로 魚類라 稱ᄒ나 其實은 魚와 似혼지라
는 少ᄒ고 獸와 同혼이 多ᄒ니라。

凡魚類는 卵生이나 鯨은 胎生이며 魚는 總로 水中이

空氣를 呼吸ᄒ나 鯨은 肺臟으로 空氣를 呼吸ᄒ며 魚
의 血은 冷ᄒ나 鯨의 血은 溫ᄒ니
類ᄒ니 此로 由ᄒ야 見ᄒ면 魚類에
屬ᄒ이 明ᄒ니라。
鯨은 身의 長이 通常八九丈
國가 有ᄒ니 頭는 甚히 長ᄒ
이오 周圍가 四五丈에 至ᄒ
大ᄒ며 上에 空氣를 呼吸ᄒ
는 二孔이 有ᄒ니라 其水面

浮ᄒᆞᆯᄋᆞᆯ見ᄒᆞᆫ則眼管間에水를噴出ᄒᆞᄂᆞ니恰然히雨를降ᄒᆞᆷ과同ᄒᆞ고其齒가無ᄒᆞ고廉과如ᄒᆞᆫ積가有ᄒᆞ니此는魚를呑ᄒᆞᆯ時에口中에入ᄒᆞᆫ水를噴出ᄒᆞ고小魚를口中에留ᄒᆞᄂᆞ니라。

鯨은其用이多ᄒᆞᆫ者라皮膚下에厚가一尺餘되는脂肪은又其下에在ᄒᆞ니此를取ᄒᆞ야燈油를製ᄒᆞᆫ則極好ᄒᆞ며肉은又其下에在ᄒᆞ니脂肉을共히人의食物에供ᄒᆞᄂᆞ니라。又鯨鬚는彈力이甚強ᄒᆞᆫ故로器用을製造ᄒᆞᄂᆞ니라。

第二十三　我國의名山

我國의內地에山岳이重疊ᄒᆞ야地勢가險峻ᄒᆞ니其中에가장有名ᄒᆞᆫ高山은極多ᄒᆞ니라。

智異山은全羅道南原郡에在ᄒᆞ니我國內地의第一高山이라其位置는十餘郡을占據ᄒᆞ니上峯에는日月臺가有ᄒᆞ야日月의出沒을視ᄒᆞ며山의北麓에는靈隱寺와君子洞과殷川江의勝景이有ᄒᆞ며人의精神을快爽케ᄒᆞ며松栢竹樹는全山에蒼翠ᄒᆞ고栗柿는自熟ᄒᆞ야自落ᄒᆞ며山의南은河東과晉州를接ᄒᆞ야大海에臨ᄒᆞ니라。

漢拏山은 全羅道濟州郡 北에在ㅎ니 我國의第一高
山이라 山上에 白鹿潭이有ㅎ니 水는 深黑ㅎ야 近看
ㅎ기 難ㅎ며 溪澗이 邊에 金莎가 密立ㅎ야 風이 來ㅎ면
樂音을 奏ㅎ는 듯ㅎ며 山頂에는 白雪이 四時에 消치
아니ㅎ나니라。

鳥嶺은 慶尙道 聞慶郡에 在ㅎ니 我國의第三高山이
其上峯은 主屹峯이니 靑天에 揷ㅎ 듯ㅎ며 峯이北
麓에는 惠國寺가 有ㅎ고 全山에는 松樹가 蒼蒼ㅎ며
藥草는 自生自枯ㅎ야 人跡이 稀到ㅎ며 山坂을依ㅎ야
大路를 通ㅎ며 嶺上에 城을 築ㅎ야 上中下 三門을

立ㅎ니 此는 南方을 通ㅎ는 第一要衝이니라。
金剛山은 江原道 淮陽郡에 在ㅎ니 我國에第一名山
이라 全山이 白石으로 成ㅎ야 奇異ㅎ形狀이 天을 撑ㅎ
中支를 뭇ㅎ며 上峯은 毗盧峯이니 寺刹이 數多ㅎ며 其
中에 楡岾寺가 最大ㅎ니라。
此外에도 巨大ㅎ 名山이 甚多ㅎ니라。

第二十四　趙光祖
趙光祖의 號는 靜庵이니 我國의 歷史를 學
中宗朝에 名賢을 宰相이라 諸子를 我
時에 知得ㅎ얏시며

中宗을登庸ᄒᆞ야서 國家를文明케ᄒᆞ고져ᄒᆞ사 國內의賢良
을同憲에至ᄒᆞ니라 趙公이
皇上의恩遇ᄒᆞ심을感激ᄒᆞ야 晝夜로國事에心을盡
ᄒᆞ야 스스로國家를文明케ᄒᆞ기로期約ᄒᆞ야 舊日의
弊를덜어서ᄒᆞ고 一新히開化를ᄒᆞ고져ᄒᆞ더라。
是以로公이堅確한志操와卓越한識見으로 먼저詩
賦의科法을廢ᄒᆞ고 賢良科를設ᄒᆞ야 全國의人才를
需用코져ᄒᆞ고 貴賤을關係치아니ᄒᆞ며
趙公이大司憲으로法을同ᄒᆞ매 極히公平ᄒᆞ으로人

民이皆其忠心을感服ᄒᆞ야 文明한治化를同見ᄒᆞᆯ지
라ᄒᆞ며 男과女가各各其路를分行ᄒᆞ야 오직趙公이
令을深信ᄒᆞ더라。
朝廷에는모든奸臣을放逐ᄒᆞ고 賢良이登庸ᄒᆞ매
皇上그被逐한奸臣等이秘密히
皇上의게讒誣ᄒᆞ야 趙公을殺ᄒᆞᆷ에至ᄒᆞ니公은國家
를愛ᄒᆞ며 君上의게忠ᄒᆞ는心이죠금도變치아니ᄒᆞ니
其死를臨ᄒᆞ야歌를作ᄒᆞ야其志를現ᄒᆞ니라。
日下土에臨ᄒᆞ엿ᄂᆞᆫ빗/ 나라ᄂᆞᆫ심져又도다/ 임게丹衷빗최엿도다。

第二十五 兒童의 願

一家에 兒童三兄弟가 有하니 長은 孟吉이오 次는 仲勇이오 又其次는 季喆이라. 孟吉은 智慧가 多하고 仲勇은 柔和하며 季喆은 勇力이 多하더라.

一日은 其父親이 此三兒를 다리고 試하야 問하되
「汝等三兄弟는 後日에 如何한 人이 되기를 願하느냐 各其志를 言하라.」

於是에 季喆이 먼저 言하되
「小子는 世界에 無雙한 英雄이되고 國家에 第一功臣이되야 國家의 光威를 天下에 宣코저 하나이다.」

仲勇은 言하되
「小子는 農業을 發達하야 全國의 人民을 生活케 하고저 하나이다.」

孟吉은 暫時間 思量한 後에 言하되
「小子는 商業을 學하야 家를 富케 하며 國을 富케 하고저 하나이다.」

其父親은 此三兒의 志를 聞하고 大喜하야 曰,

此者ㅣ極히美好혼顧어라然호나汝等은此룰致고저
홀지니라

大凡人의望은極難을試驗이中間에多生호나니此룰堪耐
호여야可호니라

古來로붓허有名훈事業家는困苦룰經호야其心
을鍛煉호야셔諸事룰當홀지라도조금도沮喪치아
을成就호는先驅오困苦는事業을成就호는良師友
니호고우勇進호느니古語에云호되志顧을事業
을成就호느니

호느니汝等은맛당히心을堅固케홀지어다

第二十六課 勤勉이三課

岸頭이在호야는一介微小훈橡實로붓허生훈이라其初
崖에셔始發호야極히小호며年을過호야終에는巨大훈橡樹는今日에巨大홈을能致호얏스니其芽
日을經호고又其長大홈을極히運호느니
飛鳥는其枝에樓호며牛羊은其陰에憩호느니라
珊瑚島는太平洋中에浮在훈島ㅣ라諸君이聞知호야其
此는微小훈無數이珊瑚虫이海底에任호야休息지아니호니其
積累호되暫時도休息지아니호야此룰積累호되

로 許多호 年月을 經호야 砂礫又지 小호 者가 잇호니

海上에 大島를 成호야 幾千里의 大周回에 至호야 島

勤勉호 人은 言호딕 書를 讀호면 書中으로붓허 弘大

을 學問과 廣潤호 智慧는 晝夜로 繼續호며 歲月을 積

累호야 我로호야곰 世界上에 博學家와 有用人이되

讀書호는 諸君아 諸君의 讀書호는 目的은 何에 在호

볼지어다 國家와 社會에 福利가되는 事를 作호기로홈

을지어다。

國家는 一人으로 成치못호고 多數호 人의 集合力으

로 成호느니 諸君이 國家를 構成호얏신則 諸君은 各

其 勉勵호야 幼時에 在호야 將來를 負荷홀 國民의 義

務를 盡홀 預備를 作호지어다。

第三十七 短歌

(一)

고고군저참나무　　　도도터도엉거샂네。

地中에깁히벗쳐　　　적은싹이처저낫다。

산촌벌더실과又지　　이터적터열기엿고。

풀은이세적은가지　　空中으로손사서서。

不知不識맛맛히에　　根固枝繁홋엿도다。

가 져 우 혜 인 진 셰 도

그을 밋혜 셧는 牛羊

(二) 大洋中에 珊瑚島는

모레 又 짓 적은 것 졀

낫과 밤을 쉬지 안코

山도 되고 바회 되여

草芽樹花 여겨져기

여리 희을 모 고 모 면

힘을 쓰오 힘을 쓰오 (三)

모흘 쇼 러 리 노 티 흥 고

졔 을 벌 네 져 음 이 라

모 고 모 면 쯔 고 온 다

(一) 心 이로 졋 을 져 나

나 즁 에 는 大島 되 며

太陽 빗혜 젼 딘 흥 오

쯧 흘 일 이 이 니 잇 나

쯧 흘 식 영 영 노 지 라

힘 을 쓰 어 工夫 흥 오

古來文章事業家가 工夫흥야 되엿노니

낫에 비 고 밧에 너 어 熱心으로 서 져 달 면

日就月將 졀 흘 도 되 야 有名 한 이 되 고 나 며

歲月 이 빌 음 이 젹 다 쾌 도 國民中에 의 흥 나 이 니

우 디 나 라 졀 되 쾌 면 工夫 안 코 흘 수 엇 게

第二十八課 斧

古昔에 十二三歲 된 童子가 其生業을 營爲흥는 斧를

失흥 故로 四方으로 차져 나 得지 못흥 兩

을 知치 못흥고 兩眼에 淚가 雙流흥며 松根上에 獨

坐ᄒᆞ야嘆息ᄒᆞ야我의斧ᄅᆞᆯ何處에覓ᄒᆞᆯ가ᄒᆞ더라。

是時에一老人이杖을依ᄒᆞ고此處ᄅᆞᆯ過ᄒᆞ다가童子의形狀을見ᄒᆞ고其故ᄅᆞᆯ聞知ᄒᆞᆫ後에慰勞ᄒᆞ야曰、

「너무근심치말지어다我가或汝의斧ᄅᆞᆯ尋ᄒᆞ얏스면汝가汝의斧ᄅᆞᆯ見ᄒᆞ고能히知ᄒᆞ짓ᄂᆞ냐今朝에我가一斧ᄅᆞᆯ得ᄒᆞ얏노라。」

老翁이드듸여黃金으로斧柯ᄅᆞᆯ作ᄒᆞᆫ者ᄅᆞᆯ示ᄒᆞ야曰此가汝의斧인가ᄒᆞᆫᄃᆡ童子가其金斧ᄅᆞᆯ見ᄒᆞ고然ᄒᆞ다對答코져ᄒᆞ다가忽然히學校에서眞實ᄒᆞᆷ을行ᄒᆞ라ᄒᆞᆷ을싱각ᄒᆞ야曰此ᄂᆞᆫ我의斧가아니라ᄒᆞᆫᄃᆡ。

老人이銀柯의斧ᄅᆞᆯ示ᄒᆞ야前과如히又問ᄒᆞᆫ則童子ᄂᆞᆫ又如前히答ᄒᆞ더니最終에一木柯의斧ᄅᆞᆯ示ᄒᆞ니此卽童子의失ᄒᆞᆫ者라童子ᄂᆞᆫ恭敬히對答ᄒᆞ되此가我의失ᄒᆞᆫ바니金銀의柯보다더욱貴重ᄒᆞ오이다ᄒᆞᄂᆞᆫ지라。

老翁이此兒의正直ᄒᆞᆷ을見ᄒᆞ고極히感嘆ᄒᆞ야其三斧ᄅᆞᆯ皆賜ᄒᆞ야曰汝ᄂᆞᆫ正直ᄒᆞᆫ男子라眞實ᄒᆞᆷ을行ᄒᆞ

는 實을 與ᄒᆞ니ᄒᆞ니 此老翁은 卽 其國의 王이러라。

第二十九　郭再佑

郭再佑ᄂᆞᆫ 朝鮮 名人이라 其時에 日本이 大兵으로써 我國을 侵ᄒᆞ더라。宜祖ᄒᆞ이 我軍을 屢次 敗積ᄒᆞ야 國勢가 자못 危殆ᄒᆞᆯ지라 大臣民을 激勵ᄒᆞ야 聖朝의 開國ᄒᆞ신지 二百年에 恩澤은 一身만 保全ᄒᆞ고저ᄒᆞ고 國家ᄂᆞᆫ 憂치아니ᄒᆞ니ᄒᆞ야 八道의 於是에 公이 奮慨ᄒᆞᆫ 心과 忠義의 氣를 勝치못ᄒᆞ야 大

內에 一簡男子도 勇起ᄒᆞᄂᆞᆫ 者가 無ᄒᆞ니 엇지 萬古의 羞恥가 아니리오。一은 激勵ᄒᆞ야 其家中에 財産을 散ᄒᆞ며 義旅를 募集ᄒᆞ니 從者가 구름과 如히 集合ᄒᆞ며 忠義의 言으로 人心이 意外에 集合ᄒᆞᆫ지라。公이 敵兵을 擊ᄒᆞ매 智謀와 勇略은 實노 人의 意外에 敵兵을 無數히 大破ᄒᆞ지라 公이 戰時에ᄂᆞᆫ 恒常 紅衣를 着ᄒᆞᄂᆞᆫ 故로 公이 到ᄒᆞᆫ 時에ᄂᆞᆫ 敵兵이 望見ᄒᆞ고 紅衣將軍이라 稱ᄒᆞ더라。다 피려 事를 因ᄒᆞ야 官을 辭歸ᄒᆞᆯ 時에 晄를 上ᄒᆞ야 曰「今日의 國勢가 危ᄒᆞᆫ은 則

陛下ᄂᆞᆫ 맛당히 奮發ᄒᆞ샤 中興을 샌을 國을 시며 群臣도 忠을 合同ᄒᆞ야 中興을 輔홀 지어ᄒᆞᆫ이ᄂᆞᆫ 朝廷이 內에 合心 지못ᄒᆞᆫ이니 然ᄒᆞᆫ 則 國家ᄂᆞᆫ 危亡ᄒᆞ고 己ᄒᆞᆯ ᄒᆞ지라 엇지 補哭ᄒᆞᆯ 事가ᄒᆞ니 ᄂᆞ보가든ᄒᆞ 令ᄋᆞᆯ ᄒᆞ辭讓ᄒᆞ오나 變亂이 有ᄒᆞᆯ 진ᄃᆡ 死로써 國을 報ᄒᆞ고

陛下를 敢히 負치안이ᄒᆞᆯᄭᅳ딥하ᄃᆞ다ᄒᆞ니라

隆熙元年十一月　日

初等小學　八

國民敎育會三版

目次

初等小學 卷八

第一 鹽及砂糖

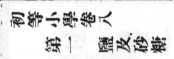

食物에 鹹味를 調ᄒᆞ는 者는 鹽이오 甘味를 生케ᄒᆞᆫ은 砂糖이라

我等의 常用ᄒᆞ는 鹽은 다 海水로ᄡᅥ生ᄒᆞᄂᆞ니 鹽을 製造ᄒᆞᆷ을 恒常 海邊에 生活ᄒᆞ는 者의 業이니라。

鹽을 製造ᄒᆞ에는 민저 海邊이

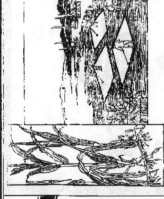

地를 擇ᄒᆞ야 牛로써 耕ᄒᆞᄂᆞ니 此卽 鹽田이라 稱ᄒᆞᄂᆞᆫ 者ㅣ니라。又 海潮가 鹽田에 入ᄒᆞ얏다가 退ᄒᆞᆫ 後에 見ᄒᆞ면 白鹽이 聚集ᄒᆞ고 其土ᄂᆞᆫ 去ᄒᆞ고 海水를 汲ᄒᆞ야 此에 붓고 또 此를 ᄭᅳᆯ혀셔 砂鹽을 成ᄒᆞᄂᆞ니라。我國은 半島國이라 東西南 三面이 海가 圍ᄒᆞᆫ 故로 鹽을 産ᄒᆞᄂᆞᆫ 處가 多ᄒᆞ나 其中에 가장 有名ᄒᆞᆫ 者ᄂᆞᆫ 仁川 南陽이니 古로붓터 良好ᄒᆞᆫ 鹽이 産出ᄒᆞᄂᆞ니라。

砂糖은 반ᄃᆞ시 甘蔗의 汁으로 製ᄒᆞᄂᆞ니 甘蔗ᄂᆞᆫ 其形이 蘆葦와 如ᄒᆞ야 莖이 長ᄒᆞ고 高ᄒᆞ며 其莖의 汁은 甘ᄒᆞ야 砂糖의 成分이 多ᄒᆞᆫ 故로 其汁을 取由ᄒᆞ야 鍋에 煮ᄒᆞᄂᆞ니라。現今은 我國에셔 今 砂糖을 製造ᄒᆞᄂᆞᆫ 業이 發達지못ᄒᆞ야 外國으로붓터 輸入ᄒᆞᄂᆞ나 我國의 土地와 氣候ᄂᆞᆫ 此를 改良ᄒᆞ야 精美ᄒᆞᆫ 砂糖을 製造ᄒᆞᆷ에 適合ᄒᆞ니라。

第二 衛生

病人又히 可憐ᄒᆞᆫ 者ᄂᆞᆫ 世間에 다시 업ᄂᆞ니 自己의 好ᄒᆞᄂᆞᆫ 食物로 食지못ᄒᆞ며 興致의 遊場에도 行치못

호고 또 鹹業과 學問等을 힘쓰지도 못호고 晝夜로 寢床上에 臥호야 呻吟호며 …… 然혼則 人은 衛生에 注意호야 病이 生치 아니케 홀지니라。

衛生호는 法이 各種이 有호니 飮과 食을 愼홈이 第一이라 食物은 穀物과 肉種과 野菜等을 交食호야 一定種만 用치 말며 一日에 三次를 食호되 食호는 時를 …… 消化호기 難혼 者와 味의 變혼 者等은 一切 食지 말며 冷水는 勿論호고 湯과 茶도 無端히 飮지 아니호고 또 煙草를 吸지 말지니라。

飮과 食이 次에 緊切혼 것은 運動 休息 等이 라 相當히 身體를 運動을 則 血이 順히 回轉호야 食物이 잘 消化호야 身體가 健康호느니라。 然호나 運動만 호고 休息지 아니호면 身體가 疲困호야 病이 生호느니 故로 晝는 勤勉히 動作호되 時時로 休息호고 夜間은 全히 休息호야 人의 身과 心이 勞困홈을 慰홈이 可호니라。 身軆에 垢가 有호면 毛穴이 閉塞호야 感氣가 …… 故로 頻數히 沐浴호야 身軆를 清潔케 홀지니라。 又 居處도 愼홈이 可호니 卑濕혼 處와 陰冷혼 地에 居호지니라。

치말고또家內를清潔케ᄒᆞ며庭園에樹木을栽植ᄒᆞ야呼吸ᄒᆞ는空氣가清新케ᄒᆞ며間間히音樂을聞ᄒᆞ고花草를玩ᄒᆞ야心神을怡悅케ᄒᆞ며또恒常早起ᄒᆞᆯ지니라。

衣服은華麗를崇尙ᄒᆞᆯ것이아니오오직淨潔케ᄒᆞ야垢汚치안토록注意ᄒᆞ며또窄狹케도말고身體에適宜케ᄒᆞ며帶로써너무束치말어서血氣를循環케ᄒᆞᆯ지니라。

此等의法을善守ᄒᆞ면健壯ᄒᆞᆫ人은더욱健壯ᄒᆞ고病人이라도또ᄒᆞᆫ病이愈ᄒᆞ야長壽를能享ᄒᆞᆯ지니人의一身이萬事의本이라自身을自護ᄒᆞᆷ이可ᄒᆞ니라。

第三 人體

人도또ᄒᆞᆫ動物中의一이라然ᄒᆞ나彼鳥獸魚介와ᄀᆞ치愚ᄒᆞᆫ者가아니오智慧가有ᄒᆞ고道理에明ᄒᆞ야萬物의上에位ᄒᆞᆫ者니라。

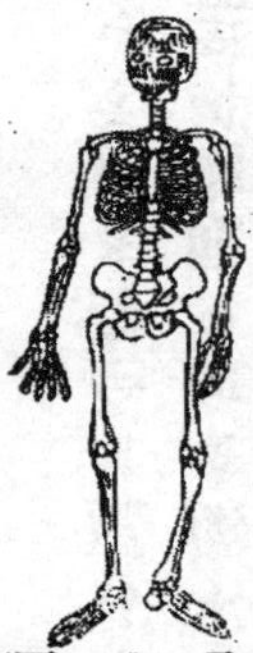

人體의外를包ᄒᆞᆫ者는皮니皮는家의壁과如ᄒᆞ야其中에在ᄒᆞᆫ各種의物을守護ᄒᆞ는者오皮의下에는筋肉이有ᄒᆞ니筋肉은骨에連ᄒᆞ야其伸張ᄒᆞᆷ을因ᄒᆞ야人體의運動을成ᄒᆞᄂᆞ니라。

人體는 骨로 成立호얏스니 此는 家의 柱와 樣又호者
라 其中에 第一大호 者는 脊骨이니라.

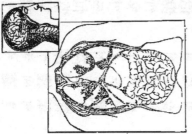

人體는 其位置에 因호야
三部에 大別호니 頭와 腰
와 四肢니라.

頭는 最重要호 者라 其中
에 神經과 腦髓가 有호니
事物을 知호며 道理를 明
호며 喜樂을 感홈이 全혀
此에 因홈이니라.

腰는 背와 腹의 二에 分호니 背中에 心臟이라 호는 一

袋가 有호야 左乳의 下에 垂호고 또 肺臟이라 호는 二
者니 心臟은 左右로 垂호니라.

心臟은 血을 出入호는 機關이라 血을 全身을 養호는
者니 心臟으로 조차 出호야 動血管을 通過호야 處處
로 廻호야 靜血管으로 入호야 再次 心臟으로 歸來홈
이 常例니라.

肺臟은 空氣를 呼吸호야 血을 新鮮케 호는 機關이라
全身을 養호고 心臟에 歸호는 不潔호 血이 此處에 至
호야 또 鮮紅호야 心臟에 入호야 全身을 養호느
니라.

腹中에는 食物을 受ᄒᆞᄂᆞᆫ 袋가 有ᄒᆞ니 此를 胃라 云ᄒᆞ고 左長管에서 먼지이 잇ᄂᆞ니 此를 腸이라 謂ᄒᆞᄂᆞ니다。

胃ᄂᆞᆫ 食物을 消化케 ᄒᆞᄂᆞᆫ 機關이니 食物을 呑下ᄒᆞ야 食物이 胃에 至ᄒᆞᆫ즉 胃ᄂᆞᆫ 鹽酸汁을 加ᄒᆞ야스ᄆᆞ로 伸縮ᄒᆞ야 食物을 柔케 ᄒᆞᄂᆞ니라。

의 柔케된 食物을 胃에서 小腸으로 下ᄒᆞᄂᆞ니 此時에 小腸은 苦汁과 甘汁을 加ᄒᆞ야 食物을 消下ᄒᆞ야 乳汁과 如히 ᄒᆞ고 細管으로 빠처 血中에 送ᄒᆞ야 身을 養ᄒᆞᄂᆞᆫ 用이 되고 其 餘를 査滓ᄂᆞᆫ 大腸으로 下ᄒᆞ야 맛ᄎᆞᆷ

네 體外로 出ᄒᆞᄂᆞ니라。

四肢ᄂᆞᆫ 兩手와 兩足이니 兩手ᄂᆞᆫ 兩臂의 末에 在ᄒᆞ고 兩足은 兩脚의 末에 在ᄒᆞ니라。

第四 宋象賢

大凡 國民이 된 者ᄂᆞᆫ 自己의 國家를 愛護ᄒᆞᆷ이 當然ᄒᆞᆫ 故로 비록 死地를 臨ᄒᆞᆯ지라도 國家를 爲ᄒᆞ야 自己의 生命을 惜지 아니ᄒᆞᄂᆞ니라。

幼年의 男女等아 我國은 古來로 브터 忠義를 崇尙ᄒᆞ으로 有名ᄒᆞᆫ 忠臣이 甚히 多ᄒᆞ니 諸子들은 應當 知ᄒᆞ오ᄂᆞ니라 宋象賢은 곳 其中의 一人이니라。

宣祖時에宋公이東萊府使가되야日本이大軍으로써我國을來侵하니其鋒을受하얏더라.

於是에公은慷慨히奮發하야忠義의志로써城中의兵士를興起하야死로써盟誓하고防禦에力을盡하니衆寡가相敵지못하야맛참내城이陷落하기에至하니라.

公이平時에日本人과交際홈에禮意를盡홈으로日本人도또한公의厚恩을深히感動한지라是에至하야日本人이公을暗密히勸하야城隙으로避하라하고城隙을指示하니公은應치아니하니라.

城이임의陷落하매公은朝衣를整齊히着하고北을向하야皇上의게力을盡하야城이陷홈을告하고又其老父의게書를送하야曰「孤城에月이暈하니防禦의策이無혼지라此時를當하야父子의恩은輕하고君臣의義는重호오이다」하고恐懼하는氣色이少無하고榻上에安坐하야害를被하니라.

大抵何人이其生命을重히녀기지아니리오마는國

家의 大任을 맛혀서 敵兵을 防禦호다가 力이 盡홀
時를 臨호야 力을 盡호야 國家에 羞恥를 貽호고 死를
決斷코 可치아니호니 諸子는 志를 堅固히 立홈
이니라。

第五. 蘇格蘭王의 話

蘇格蘭王 부르스가 英吉利王에게 戰호야 부터
蘇格蘭과 英吉利 兩國이 서로 怨讎가 되여서
蘇格蘭國의 王 부르스는 英吉利王의 占領호 바가 되야 一戰에 大敗호야 蘇格蘭 全
蘇格蘭王은 英吉利王의 軍士의게 잡힐가 畏호야 山

間에 오래 잇지못호고 巖穴과 樹木이 나 古寺中에 單身으로 隱避호
一夕에는 부르스 王이 一 古寺中에 任호니 時에 王이
身體가 極히 困호 中에 心膽이 落호야 其 全國을 姑
王이 능히 眠을 成치못호고 前後를 思量호면서 樣木 쏫
蜘蛛의 綱을 補綴호 光中에 似見호다가 數時를 經호고 然호
未幾에 一 蜘蛛가 其樣을 吐호야 此樣으로 옷되 彼樣

間目間에 往來호야 連續호느지라 於是에 王이 此가 구의게 이룸이라 구가 生命을 一次 맛더 王이 古寺를 써나서 散卒을 收合호야 英吉利의 占領호

註 此를 兩樣으로 試호느 蜘蛛가 凡十二回를 織得호니 極히 進步호느지라。

王이 能히 困苦호다가 다시 休치 아니호고 구의 脚을 伸호며 言호되 危險에 付호리라。

此樣으로 能히 다시 蜘蛛가 第十一回를 落心치 아니호고 구의 愛호느바 國家를 爲호야 患難에 落호야 其親信호 從者 數人을 招集호고 砲臺를 擧奪호

호니 是時에 舊日의 將卒이 漸次로 다시 모이느지라 王은 力을 奮호야 英吉利軍士를 連戰連勝호야 境外에 逐出호고 其國을 回復호니라。

第六 孝鼠

古時에 一女兒가 有호니 名은 貞順이라 性品과 行實이 良善치 못호야 恒常 父母의게 孝가 업더라。

一夜는 貞順이 書室에 坐호야 書를 讀홀시 壁底의 小穴로붓터 一隻 鼠가 頭를 出호야 人의 動靜을 命히느 貞順은 이에 書聲을 止호고 書案을 倚호야 其聲息을

靜히ᄒᆞ고 其狀態를 見ᄒᆞ니 鼷鼠가 이리저리오면서

房中에 在ᄒᆞᆫ 米粒을 見ᄒᆞ고 다시 서

穴中에 隱ᄒᆞ거ᄂᆞᆯ。

貞順이 其還去ᄒᆞᆷ을 疑心ᄒᆞ더니

ᄒᆞ야 母鼠는 穴口에 在ᄒᆞ고 兩鼷鼠와 同來

房中으로 다니면서 米粒을 拾

得ᄒᆞ야 食지아니ᄒᆞ고 母鼠의 前

母鼠가 卽時食지못ᄒᆞ고 오직口

로 米粒을 차저머거 얼이ᄒᆞ거ᄂᆞᆯ 仔細히見ᄒᆞ니

可憐ᄒᆞᆷ도다 一個의 盲鼠와 兩鼷가食物을어더서

奉養ᄒᆞᆷ이러라。

貞順이 奉養ᄒᆞᆫ도다 ᄒᆞ고 自然히 其心이感動ᄒᆞ야 尙且其母를極히

人이 正히坐ᄒᆞ야 其狀態를見ᄒᆞ는지라 鼷鼠等이 微物이로ᄃᆡ 時에悠外에愀然히

跡이 生ᄒᆞᆫ지라 鼷鼠等이 大驚ᄒᆞ야 穴中으로 人을 보더라。大聲을질ᄂᆞ니

此後로 貞順이 其母鼠가 前日의 惡ᄒᆞᆷ을 一切悔改ᄒᆞ야 其父母

極히 孝心으로 事ᄒᆞ니라。

第七　百濟의 略史

百濟는 新羅와 高句麗로 더부러 同時에 建立하야 三國이라 稱하니라。

其始祖는 高溫祚니 高句麗始祖 高朱蒙의 子라 溫祚가 其兄 類利와 서로 容치못함을 其兄 沸流로 더부러 其臣 烏干馬黎等 十人이 繼하니라。

溫祚와 沸流가 漢山 負兒岳에 登하야 可居할 地를 望하니 沸流는 海濱에 居코저 하거늘 十臣이 諫하야 曰 河南의 地는 北으로 漢水를 帶하고 東으로 高岳을 據하며 南으로 沃澤을 望하고 西으로 大海가 阻하얏슨니 맛당히 此地에 居함이 可하다 한대 沸流는 듯지아니하고 其民을 分하야 彌趨忽에 居하니 彌趨忽은 今 仁川이라。

於是에 溫祚는 其餘民을 率하고 馬韓王의게 臨함을 請하니 王이 河南慰禮城으로 封하얏더니 溫祚가 드듸여 國을 立하야 十濟라 稱하고 스스로 王이 되니라。

沸流가 彌趨忽에 居하다가 十濟를 來見하고 自己의 居地는 土地는 病하고 十濟는 城이 堅하고 民이 富하야 安居치못함으로 慙愧하야 病死하거늘 其民이 다 十濟로 歸하니라。

百濟는後에國號를百濟라稱호야新羅高句麗로더
부러新羅의兼並홈을바가되니라。六百七十五年에國을傳호지

第八　商業의必要

前課에 ... 에 商業의必要 ... 論호얏거니와商業은人의
職務에第一緊要호者라社會에一日이라도無호면可
치아니호니라。
國家의繁昌이此에由호며人民의豊富홈도此에由
홈이니古代의希臘國은商業이發達홈으로國力이富
強호고古代로붓허有名호며今日의英吉利國도商

業을務호야到處에擴張홈으로國이强호고民이富
호니라。此는吾人이耳로聞호고目으로見호는바니라。
商人을實業家라稱호니吾人이日用에必要호衣
食住가一이라도實業家를依賴치아니홈이無호니
라。
大抵商業은一和平호戰爭이니戰場에軍器를預備
홈과如히商業에도資本을準備홀지며戰場에軍器를
精銳케홈과如히商業에도信用을要홀지며戰場
에謀計를用홈과如히商業에도物理와時勢를察홀
지니萬一戰爭이면지商業이면지戰場이以上數事를行치

하니호면 반다시 敗홈을 見홀지니라。

回顧호지 아니호다 世界列國이 서로 交通홈은 吾人이 隣家에 住홈과 갓호니 此時를 當호야 變遷호는 形勢를 싸家를 保全홈과 ᄀᆞᆺ호니 舊日과 如히 安閑홈을 好호면 決코 國住日이는 我國이 外國과 交通홈이 오직 支那와 日本뿐이는 故로 通商홈도 此兩國에 過지못호얏더니 今日을 盡호고 力을 竭호야 서로 競爭호는 一市場에 立홈심이는 世界列國과 交通호야 商業을 盛케호니 맛당히 지니라。

商業은 오직 賣買의 事實도 ᄯᅩ한 知홀지라도 個中에 學가 묘지니라。時勢의 變遷에 明호여야 完全호 商業家

第九 燐火

探貞者이 其友東嶺으로 더부러 夏夜에 山園菜蔬를 共探호더니 忽然히 林間古塚이 地도 뜻처 一條靑白이火光이 此處로 飛來호야 長尾를 引호고 緩緩히 彼處로 飛去호며起호야 長尾를 引호고 緩緩히 如히 沿長호기도 호며炬火와 如히 集合호기도 호며 憧憧과 如히 散錯호기도호는지라。

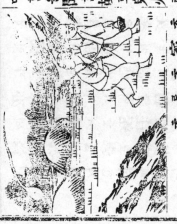

兩見가 其狀態를 見호고 自來로 俗語에 鬼火가 有호
다홈을 聞혼 故로 鬼火라 疑호야 恐懼호는 心이 大生
호야 家에 歸호민 喘息을 鎭定치못
호고 貞吉이 其父親에게 此事
를 告호니 其父가 大笑호고 語호되

「此는 俗에 鬼火라 云호는 것이니 枯
骨과 腐호 草木等으로 붗혀

生호는 氣體가 소소로 燃호는 者라 足히 恐홀것가
無호니라 燐火의 色은 靑白이니 人과 物을 照호미
淡金色을 作호고 또 千百이 一個를 後호나니 此는 燐의 性
質이니라 人이 此로써 鬼火라 稱호고 甚호者는 燐이
質이니라 鬼火가 본래 無호니 鬼聲이 잇지 有호랴 愚
鬼聲이 有호다호느니 此는 自己가 自己의게 被欺호야 愚
人의 言을 汝等은 惑信치말지어다 明日에 汝等이
호고 其明日 午正에 貞吉의 父親이 貞吉과 東鎭을 率

호고 昨夜에 燐火가 起호는 古塚을 任視호니 白色이
其烟이 建호얏더라。 其夜에 員吉의 父親은 兩兒를 又率호고 其處에 至호
念行호야 此를 捉호더니 果然如前히 靑白火光이 起호거늘 員吉의 父親이 怒地에 人을 離호야 白
思尺을 隔호고 人이 行호면 亦行호며 人이 止호면 亦
止호야 可及지 못호얏거늘 念호야 住處를 視호지라 此 兩兒
散滅호야 千百顆를 作호야 顚을 作호니 員吉의 父親이 言호되 驚眼인則 兩兒
는 鬼火가 本無호을 深信호얏더라。火光이 起호야

今日은 一月 一日이니 新年의 始라 우리 사람이
다 職業을 休호며 飮食을 盛備호며 衣服을 華
麗히 裁製호며 家家의 門에 太極旗를 高懸호고 서로
新年을 慶賀호더라。

新年을 當호면 此와 如히 喜樂홈은 年齒가 增加홈을
爲홈인가 又 其 衣服을 華麗히 호고 飮食을 盛備홈을
爲홈인가 此는 오직 吾人의 智慧가 長成호야 家와 國
人에게 福利가 되는 事業을 盛히 홈을 賀홈이니라。

幼時는 草木의 始生홈과 同호야 其氣는 完全호

生호야 枝葉이 長大호니다. 其力을 敏弱호다가 其長成을 隨호야 氣骨이 盛호야 實을 結호고 智慧가 發達호야 能히 人도 年이 漸多호며 工夫를 成就호고 知識이 擴張되야 舊日의 惡을 改호야 古木과 如호ᅵ오니 兒孩를 遊戲호기를 爲호야 新年에 致賀를 호며 男子는 紙鳶을 飛호고 柶를 擲호며 女子는 板跳

是故로 新年을 맛치고 新年의 事業에 進호며 將來의 善에 向홀이니 萬一 然치 아니호면 形殼만 有홀 ᄲᅮᆫ이라 夫니오니 如호오니 男子는 紙鳶을 飛호고 柶를 擲호며 女子는 板跳 戲를 호니다.

一年의 月日은 十二月에 三百六十五日이오 閏年은 一日이 加호니 一個月은 大혼則 三十一日이며 小혼則 三十日이며 二月은 平年에는 二十八日이오 閏年에는 二十九日이니라.

人의 一生은 四時와 同호니 少壯혼時에 工夫를 勤勉치 아니호며 事業을 經營치 아니호고 老大혼後에는 業을 成就치 못호니 少壯혼時에 工夫를 勤勉호는 者가 업ᄉ지라 古昔에 夏 禹氏는 寸陰을 惜호며 飢寒에 陷호야 救濟호는지라.

第十一 政府

我等人民이 産業을 營作ᄒᆞ야 安心ᄒᆞ야 生活ᄒᆞᆷ을 何
에 因ᄒᆞᆷ인가 此ᄂᆞᆫ 我等이 스스로 生産을 治ᄒᆞᆷ이 아니니
오 此生産을 保護ᄒᆞᄂᆞᆫ 者가 有ᄒᆞ니 此ᄂᆞᆫ 오직 政府ㅣ라。
皇上陛下ᅴ 셔 設置ᄒᆞ신 政府ㅣ라。
政府ᄂᆞᆫ 皇上ᅴ 委任을 承ᄒᆞ야 勅命과 法律을 奉行ᄒᆞ야 人
民의 生命과 財産을 保護ᄒᆞ며 諸般權利를 保護ᄒᆞ야
人民으로 ᄒᆞ여곰 安全히 生活케 ᄒᆞᄂᆞ니라。
是故로 國에 政府가 有ᄒᆞᆯ 時ᄂᆞᆫ 如何ᄒᆞᆫ 惡人이 有ᄒᆞ야
我等의 生命과 財産과 自由를 侵犯ᄒᆞ며 加害치 못

ᄒᆞᄂᆞ니 然ᄒᆞᆫᄌᆞᆨ 政府가 無ᄒᆞ면 人民의 生命과 財産을 維
持ᄒᆞᆯ 수가 업ᄂᆞ니라。
我國의 政府ᄂᆞᆫ 內部 度支部 軍部 法部 學部 農商工部
의 諸部로 成立ᄒᆞ고 其上에 議政府가 有ᄒᆞ야 總轄ᄒᆞ
ᄂᆞ니 此를 中央政府라 云ᄒᆞᄂᆞ니라。此外에 全國을 十三
道에 分ᄒᆞ야 多數의 府郡에 區分ᄒᆞ니 各其地方에 官廳을 設
ᄒᆞᆫ 此를 中央政府의 命을 受ᄒᆞ야 其政務를 行ᄒᆞᄂᆞ니 此
如斯히 多數ᄒᆞᆫ 官廳이 有ᄒᆞᆫ 故로 此에 屬ᄒᆞᆫ 官人도 甚
多ᄒᆞ야 地方官廳이라 ᄒᆞᄂᆞ니라。
政府에서 巨大ᄒᆞᆫ 費用을 要ᄒᆞᄂᆞ니 其費用은 甚

全國을 保護홈을 爲홈이라 我等國民이 此를 負擔호
야 稅를 納호ᄂᆞ니 此를 國民의 納稅義務라 호ᄂᆞ니라.

第十二 華盛頓

華盛頓은 今에 距호기 百餘年前에 英國의 羈絆을 脫
호고 北米合衆國을 獨立호며 大統領의 制度를 創始
호 人이니 卽合衆國의 第一回大統領이라 今에 其幼時
의 一事를 擧言호노라.

華盛頓이 幼時에 其父親이 一小斧를 與호기를 甚히
喜悅호야 其利鈍을 試코져 호야 庭園에 在호 衆木을
伐홈여 其父親이ᄉᆞᆫ아ᄉᆞ도록 植호고 極히 愛호ᄂᆞᆫ바 一櫻

木을 伐호얏ᄂᆞᆫ지라.

其父親이 此櫻木의 버힘을 見
호고 心中에 悅치못호야 華盛頓
을 불너 셔 何人이 我의 愛호ᄂᆞᆫ
櫻木을 伐호얏ᄂᆞ냐 뭇거ᄂᆞᆯ.

華盛頓이 비록 土自己의 非홈을
見호고 天恭敬히 應對호되 小子
가 斧를 爲호야 伐호얏ᄂᆞ니다.

其父親이 大喜호야 華盛頓을 撫호야 갸ᄅᆞ딕 汝가 小斧
其를 試호ᄂᆞᆫ

新을 ㅎ며 國中에 衆木을 盡伐ㅎ고 此貴을 喜悅로 代ㅎ며 ㅎ다 ㅎ며 實ㅎ이 眞實ㅎ 汝의 言을 ㅎ나도 ㅎ니 ㅎ니라.

　　第十三　四民

古昔 文明치 못ㅎ 時代에 在ㅎ야 國民間에 階級이 有ㅎ야 士農工商을 四等級에 區別ㅎ야 士農工商을 四民이라 稱ㅎㄴ니라.

士의 家에 生ㅎㄴ 者ㄴ 代代로 士가 되며 農工商은 士의 管轄을 受ㅎㄴ가됨으로 其中에 士가 最貴ㅎ야 農工商은 士의 管權을 受ㅎㄴ가됨으로 士가 不法의

事를 行ㅎ야도 敢히 怨치 못ㅎ며 一國을 治ㅎㄴ 政府의 官人은 다 士의 獨占ㅎ 바ㅣ 되야 其地閥의 貴홈과 其俊의 才를 擇ㅎ야 農工商의 中에ㄴ 如何ㅎ 賢이 有ㅎ야도 見用치 아니ㅎ더니라.

大凡 國家ㄴ 人民으로 成立ㅎ 故로 人民은 國家를 全國의 國家로 認ㅎ기에 至ㅎ며 國家의 富强은 人民의 合心과 協力에 在ㅎ니 其本이 不同ㅎ고 其終에ㄴ 階級을 因ㅎ야 彼此間에 利害의 關係가 少數 官人의 國家로 認ㅎ기에 至ㅎ니라.

國家의 發達에 防害될 뿐 아니라 人民이 自由에 合
지 못하니라. 然하나 今日은 四民의 區別이 無하고 同等의
地位에 在하니 如何한 人이던저 國家의 發達을 計謀할 法律
을 善守하야 職業을 힘쓰며 國家의 發達을 計謀하는 善良을 國民이라 稱하느니라.
吾人의 權利와 自由는 法律의 規定을 得하야 完全함을
成하느니 汝等은 國法의 範圍內에서 汝의 權利를 行使할지니라.

第十四 三學士의 忠節

仁祖朝 時에 清兵이 我國을 來侵하야 兩國이 各其 疆土를 踰越하야 我 政府에서
相侵치 말며 國際의 安寧을 維持코저 하야 大兵으로써 來犯
其後 十年에 清이 和約을 違하고 明朝를 滅하고 ... 我國을 防禦하는
利 和約을 結하야 支那 ...
清將과 ... 兵力으로써 外國을 防禦하는 忠愛의 志가 國에
國을 來侵하니 國家야 ... 古來로 文化가 普及하야 忠愛의
民을 鼓勵하는지라. 國家의 獨立을 維持할 故로 人民이 敵愾의 心이 國에
充滿함을 믿는지라.

是時에全國이人民이다淸兵과決戰코저ᄒᆞ야義兵
이되믈四處에起ᄒᆞᄂᆞ다然ᄒᆞᄂᆞ다戰을凶事라ᄒᆞ야生靈의大害가
믈을顧念ᄒᆞᆫ則兩國이年和를貴重히ᄒᆞᆫ딘又저ᄌᆞᆺ못ᄒᆞᆯ지
저ᄒᆞᆷ이이에政府에서淸帝와和約을訂結ᄒᆞᆫ딘全國이의
志士가淸帝의違約ᄒᆞᆷ을憤惡ᄒᆞ고政府에主和ᄒᆞᆷ을
反抗ᄒᆞ야不平ᄒᆞᆫ心이더욱激切ᄒᆞ니其中에ᄒᆞᆫ장有士
名ᄒᆞᆫ者ᄂᆞᆫ洪翼漢吳達濟尹集三人이니此ᄅᆞᆯ三學士
다稱ᄒᆞᄂᆞ니라。

三學士ᄂᆞᆫ淸國과交戰ᄒᆞ야和約을抗拒코저ᄒᆞ니其
議가容納치못ᄒᆞ고맛참ᄂᆡ淸國의捕擄가되니라。其

三學士가當時에少年이나其忠節은可히日月로光
을爭ᄒᆞᆯ지라淸帝가百端으로誘說ᄒᆞ되始終을惟一
히忠義로拒絕ᄒᆞ야屈服지아니ᄒᆞ고맛ᄎᆞᆷᄂᆡ淸帝에
年에게害를被ᄒᆞ니라。

大抵國民의되ᄂᆞᆫ者ᄂᆞᆫ다忠愛를盡ᄒᆞ야其職分이라
年의學員等은다三學士를效ᄒᆞ야其死地를當ᄒᆞᆯ
年에素志를變치말지니라。

第十五 鳥의智

一日에余가海邊에住ᄒᆞ니時에潮水가退ᄒᆞ야沙上
에蛤이多ᄒᆞᆫ지라數百의鳥가集ᄒᆞ야蛤을食코저ᄒᆞ

야口로써始를至히서못ᄒ야其中에一烏가무ᄒ더라ᄂ니甚히딴ᄒᄂ야破ᄒ기能

지못ᄒᄂᄂ計策을성각ᄒᄂ둣ᄒ더라ᄂ니其中에一烏가始를口에含ᄒ고空中에

落히에高飛ᄒ야念히始를破ᄒ거ᄂᄂ因ᄒ야石上에

大抵落下ᄒᄂ物이勢는其高ᄒ을隨ᄒ야增加ᄒᄂ故로床

上에茶碗을落ᄒ되一尺의高에는破碎치아니ᄒᄂ니ᄒ이

有ᄒ다가四五尺의高에至ᄒ면忽然히破碎ᄒᄂ니ᄒᄂ지오

世人이此理를知ᄒ면事를始作ᄒ다가조금困難ᄒ면卽時廢止ᄒ

ᄂ니諸君이여此烏를見ᄒ을지로다

第十六 實業者의德義

國民이農工商을業ᄒᄂ者를實業家라總稱ᄒᄂ니

實業家는人民의必要ᄒ物品을製造ᄒ며또賣買ᄒᄂ니

實業이盛홈은國家가繁昌ᄒᄂ基本이니라

實業者는其職業을營爲홈에는他人에對ᄒ야잇ᄉ

實業者는

利히其信用을重히호지니萬若目前의慾에遷호야小
利를貪호는時는自己의大損害를必招호며又其實
業者의名譽를害호는故로粗製의品을造호며不當
호利益을得고저호지니라。

然호則農工商等의實業에從事호는者는勤勉과節
儉과信實의三德을具備호여야可호니다인自己의
事務를發達홀섇아니라又其國家의興隆을可致호
느니라。

勤勉에對호야並行호는者는節儉이니節儉은無用
의費를變호야有用의資本을作홈을云홈이며또一

儉貴重호者는信實이니卽實業者의根本이라可謂
홀지라信實이無호면勤勉과節儉을行홀지라
도實儉가無홀지니라。

故로勤勉치아니호면大을利益을得호며利益을無益호地에消費호
節儉치아니호면得홀며利益을無益호地에消費호
며또信實이無홀則人의게信用을失호야到底히世
立호기不能호며此外에惡品을製造호야或一時의
利를欺取홀지라도永久히信用을失호야回復호
是로써實業者는恒常此三德이具備
期가無홀지라。
務홀지니라。

我國이外와는國을總히外國이라云ᄒ고外國의人을或外人이라云ᄒᄂ니라。

我國이東洋의偏隅에在ᄒ야古來로外國과交通ᄒᆷ을少ᄒ더니오직支那와日本을交通ᄒ기에過치아니ᄒ더니挽近三十年來로世運이進步ᄒᆷ을因ᄒ야歐羅巴洲와亞米利加洲에在ᄒᆫ諸國과交通ᄒ니今日에我國에來住ᄒᄂ는外國人은支那日本英國法國德國俄國米國等이니라。

是等外國人은今에我等과ᄒᆞᆷᄭᅴ此國內에居住ᄒᆫ則我等은此를我國人과如히思ᄒ야相親相交ᄒ야共히我皇上의恩澤을受ᄒ기를如히ᄒ야我國人도外國에來住ᄒᄂ는者가亦多ᄒ니我等이外國에在ᄒᆫ我國人이居ᄒᆫ外國人이我國에來住ᄒᆫ者도亦多ᄒ니我等이外國에來住ᄒᄂ는外國人을主오彼는客인則我等은主人의道理니此에注意ᄒ야親愛를務ᄒᆷ이不可ᄒ니然則此에注意치아니ᄒᆷ이不可ᄒ니古昔과如히外國人을排斥ᄒ야外國을盡히夷狄이라稱ᄒ고無禮를行爲ᄒᆯ진ᄃᆡ彼等은셰다시我等을無識ᄒ고野蠻이라加ᄒᆯ진ᄃ라

措目을 지으니라. 然則其一個人의 羞恥쑨 안일뿐 아니라 全國의 體面을 損傷ᄒᆞ야 … 我等은 恒常此를 注意ᄒᆞᆯ지니라.

第十八　世界의 一周

某人이 海外諸國의 商工業의 實狀을 一次 遊覽코저 ᄒᆞ야 我國 仁川港에서 發ᄒᆞ야 東으로 日本의 橫濱을 經ᄒᆞ야 大平洋을 橫斷ᄒᆞ니라. 北亞米利加洲의 西岸되ᄂᆞᆫ 桑港에 到着ᄒᆞ니라. 此로붓터 東行ᄒᆞᄂᆞᆫ 汽車를 乘ᄒᆞ고 七晝夜를 經ᄒᆞ야 東海岸 紐育에 至ᄒᆞ니라.

北米洲ᄂᆞᆫ 土地가 廣大ᄒᆞ고 農工商이 俱盛ᄒᆞ야 繁華ᄒᆞᆫ 都會가 極多ᄒᆞ며 鐵路ᄂᆞᆫ 全國에 蛛網과 如히 布設ᄒᆞᆫ 大都會가 잇더라.

紐育으로붓터 西洋을 東으로 橫斷ᄒᆞ야 七晝夜를 經ᄒᆞᆫ 後에 英國의 有名ᄒᆞᆫ 大都會 倫敦城에 到着ᄒᆞ니라. 倫敦은 英國의 首府ᄂᆞ니 繁華ᄒᆞᆷ은 世界의 第一되ᄂᆞᆫ 都會라.

倫敦을 出ᄒᆞ야 汽船을 乘ᄒᆞ고 此에서 汽車를 乘ᄒᆞ고 有名ᄒᆞᆫ 法蘭西의 首府 巴里를 遊覽ᄒᆞ고 法蘭西의 西岸되ᄂᆞᆫ …

蘭西의 南岸에 세일스에 船을 乘ㅎ고 地中海에 浮ㅎ니다。

地中海는 亞弗利加洲의 北岸과 歐羅巴洲의 南岸 兩
間에 在ㅎ야 亞細亞歐羅巴亞弗利加三洲를 界ㅎ니
此海를 渡ㅎ야 東으로스에스運河를 經ㅎ야 紅海
에 出ㅎ야 亞羅比亞의 ...에 着ㅎ니다。印度는 古
代에 ...으로 붓허 東으로 進ㅎ야 印度의 屬島錫蘭이
古倫甫에 着ㅎ니 印度는 古代에 天竺이라 謂ㅎ을 ...이니다。

古倫甫로 붓허 또 東進ㅎ야 馬來半島의 南에 在ㅎ 新
嘉坡에 進ㅎ야 此로 붓허 東洋第一貿易港이라는 香港

에 至ㅎ니 此는 英吉利의 領地러다。

香港에서 海를 沿ㅎ야 東北으로 進ㅎ야 支那의 上海
에 到着ㅎ니 此는 東洋의 一大繁華ㅎ 港이라 此地에
ㅎ야 東北으로 航行ㅎ야 黃海를 橫斷ㅎ야 仁川에 從到
ㅎ니다。

第十九 郵便과 電信

言語는 互相間에 意思를 表示ㅎ이오 文字는 互相間
에 言語를 代行ㅎ는 者ㅣ 吾人이 互相遠隔ㅎ 時는 書
札을 傳送ㅎ야 互相意思를 表示ㅎ는니 古代에 在ㅎ
는 恒常人足을 依ㅎ음으로 其費用이 多ㅎ고 時間이

長홍야甚히便利치못홍더니라。
現時에는社會가文明홍에漸進홍야通信이マ쟝便
利홍法이有홍니此는郵便과電信이니라。
郵便은政府에서郵便局을設홍고郵票를製홍야人
民의게賣홍야書札을互相傳送케홍ᄂᆞ니라。
郵便에는封書와葉書의別이有홍니封書는書札을
封套中에入홍야堅히封홍고其表面에受信人의
姓名과居住며發信人의姓名과居住를書홍고其以上은重
量이四錢以下는三錢의郵票를付홍ᄂᆞ니라。
量을隨홍야其料를增홍ᄂᆞ니라。

葉書는一張에一錢五釐오往復葉書는往復호ᄂᆞ되
用홍ᄂᆞ니其料는三錢이라大抵二三錢의費用으로
京鄉에何處던지書札을相通홍으로此에서便利홍을
電信도亦政府에서電信局을設홍고急信을傳送홍
ᄂᆞ니卽有線電報와無線電報와電話等이니라。

第二十 家畜

牛馬는家畜中에第一重要홍者라農家에서農業을
營爲홍에는牛馬의力을因홍이實로巨大홍니라。
然홍으로牛馬를養홍는法이有홍니廐舍의寒暖과

空氣의 流通을 適宜하게 하며 食物도 其嗜홈과 厭을
隨하야 取捨하고 時時로 與하야 其健强을 圖홀지
니라。

牛馬로 身體의 不潔혼 時는 此를 洗하며 또 每日 毛를 刷하야 써 其皮
膚를 潤케 하며 塵埃를 藉하는 藥도 쓴다시 新케하야 乾淨
혼 者를 用하야 恒常 怠치아니홈이 淸潔과 健康에 注
意홈이 可하니라。

我國에 産하는 牛가 極히 良好하니 其中에 體가 大혼 質과
性이 順하야 能히 勞役에 堪하는 者는 慶尙道와 黃

源遠에 多産하야 7 가장 有名
혼이니라。我國에 馬를 産하는 處는
馬는 重物을 引하야 遠道에
혼이 六畜中의 第一 敏捷
馬는 我國에 馬를 産하는 處는
名혼이니라。咸鏡北道가 有
牛馬는 오직 勞役으로써 農
業을 助홀뿐아니라 其糞尿도 또혼 良好혼 肥料가 되
나니라。

牛乳는 飮料에 滋養이 最多ᄒ고 其肉은 食用에 供ᄒ
며 皮角蹄骨等도 器用을 製造ᄒᄂ니 是等이 家畜을
養ᄒᆞᆷ은 利益이 大有ᄒ니라。

第二十一 愛國心

幼年의 諸子를 ᄒ야 諸子는 各其自身을 愛ᄒ야 何事
지 自身의 便利ᄒᆷ을 望ᄒᆞᆷ은 곳 自愛心이니 自愛心은 인
自然ᄒ 人情이니라。

然ᄒ나 諸子는 自愛를 ᄲᅮᆫ ᄒ니오 諸子의 父母를 愛ᄒ
며 兄弟姉妹及遠近族戚도 ᄯᅩ을 極히 愛ᄒ야 和睦ᄒᆷ을
을 要ᄒᆞᆯ지며 ᄯᅩ 諸子의 朋友와 同居ᄒᄂ者에 對ᄒ야

도 其愛를 推及ᄒ야 何事던지 彼等의 게 便利ᄒᆷ을 要
ᄒᆞᆯ지니 故로 他人이 萬一 此等人에 對ᄒ야 力을 盡ᄒ야 極히 保
護ᄒᆞᆯ行爲를 加ᄒ면 諸子는 맛당히 暴虐不正히
護ᄒ지니라。

諸子等아 父母兄弟姉妹等이 集合ᄒᆞᆷ을 一家를 成ᄒ을
을 家族이라 云ᄒ고 家族이 多集ᄒᆞᆷ을 民族이라 云ᄒ
고 一定ᄒ 土地에 一定ᄒ 統治權이 有ᄒ 民族을 國家
라 云ᄒᄂ니 然則 國家는 個人의 聚集ᄒ者오 家族의
是故로 諸子는 家族의 一人이되야 家族을 愛ᄒ과 ᄯᅩ
大ᄒᆯ者니라。

中心에 國家의 幸福을 圖企ᄒ야 萬若 國家에 對ᄒ야
暴虐不正을 加ᄒ는 者가 有ᄒ면 境遇에는 力을 盡ᄒ야
國家를 保護ᄒᆯ지니 此 國家를 愛ᄒ는 思想을 愛國心
이라 云ᄒᄂ니라.

國民이다 堅固ᄒᆫ 愛國心이 有ᄒ면 비록 土地가 小ᄒ고
人口가 少ᄒᆯ지라도 能히 其國家를 保全ᄒᄂ니라.

第二十二 太陽과 太陰

太陽과 太陰은 其大ᄒ음이가 의 相等ᄒᆯ 又지 見ᄒ나 其
實은 크게 相異ᄒ니라.

太陽의 直徑은 八十五萬二千五百八十四哩오 地球
의 直徑은 七千九百二十五哩가 되ᄂ니라. 太陰의 直徑은 二千
百六十哩가 되ᄂ니라.

太陰과 太陽은 地球와 相距가 九千一百四十三萬哩에 不過ᄒ니라. 太
陽은 地球와 相距가 二十四萬哩에 不過ᄒ니라.

太陽은 非常히 高溫度를 有ᄒᆫ 火球니 此 光과 強ᄒᆫ 光과 高ᄒᆫ
熱을 放ᄒ야 地球에 到着ᄒᄂ니 此 光과 熱은 地面의 日로
生物에 極히 重要ᄒᆫ 者니라. 故로 地球上 生物은 一日도
太陰을 離치 못ᄒᆯ 者니라. 太陰은 冷却ᄒᆫ 小球니 天地球에 最近ᄒᆫ 星이라

호光을地球에送호나其光體는太陰이스스로發호
는者가아니오太陽으로붓터受혼者를反射호는者
라故로其光度는太陽으로붓터直接射來홈과大異
호니라。

天體中에셔는月球가地球에最近혼者인故로其表
面을詳細히觀測홈을得홀지니表面에噴火口跡도
有호고高山과平野가有홈을見호나水도無호고
空氣도無호야生物이生存이無호니라。

第二十三 前課의續

吾人의棲息호는바地球는太陽及太陰과密接혼關
係가有호니晝夜의循環과四時의變化는太陽의關
係에因生호며月의盈虧와日蝕月蝕은太陽及太陰
의關係에因生홈이오潮汐水의進退는月의關係에
因生홈이니라。

地球는一日에一回自轉호나니卽其南極과北極을
로써軸을作호야氷球의回轉홈과如호니地球가
其自身을一回自轉홀際에太陽을向호는部는明호는
晝가되고太陽을背홀部는暗호야夜가되는故로日月과
自轉의方向은西로붓터東으로轉홈과如호니
星辰이東에셔出호야西로落홈과如호니라。

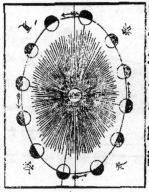

地球는自轉호는外에公轉이有호야軌道로運行호나니라。公轉은太陽의周圍를回轉호야四季를成호나니라

太陰은一定훈軌道로地球의周圍를運行호고又地球의公轉을隨호야坐훈太陽의周圍를運行호나니라。

太陰의盈虧는地球의位置에現홈이多少가有호야太陽의光을受호는牛面이吾人에게現홈이多少가有호야太陽의光을受호야兩斑과

朔望이되나니卽月과日이相對훈間에地가在훈時는月의相對훈間에서月이全現호야滿月이되고地의半面을全現이月이照호는牛面이月이照호는牛面을全現지못호는時는新月이되나니라。

地球와日月이三層으로一直線月蝕或月蝕이되나니此時는日蝕은日球와地球의太陽의間에在호야日光을遮호나니라

으로 地球의 陰影이 生ᄒᆞ야 日蝕이 되ᄂᆞ니라。

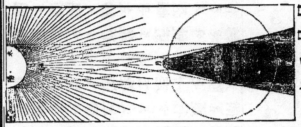

日蝕은 日月地球가 一直線에 在ᄒᆞᆫ 時에 地球를 遮ᄒᆞ야 月이 三層으로는 地球의...

日月의 間에 在ᄒᆞ야 地球의 陰影이 月球을 遮ᄒᆞ야 月의 陰影이 生ᄒᆞ야 日蝕이 되ᄂᆞ니라。

第二十四　貨幣

上古時代에는 貨幣라 云ᄒᆞᄂᆞᆫ 者가 無ᄒᆞᆫ 故로 物과 物로 互相交易ᄒᆞ야 米와 布로 物價를 計ᄒᆞ며 或 牛羊으로 物價를 計ᄒᆞ얏ᄂᆞ니라。

然ᄒᆞ나 此等 物品은 運搬ᄒᆞ기에 不便ᄒᆞᆯ ᄲᅮᆫ 아니라 久히 保存ᄒᆞ기 不能ᄒᆞᆷ으로 金銀銅鐵의 貨幣가 生ᄒᆞ얏ᄉᆞ니 此 金屬貨幣는 米布牛羊과 異ᄒᆞ야 價值가 有ᄒᆞ며 永久히 保全ᄒᆞ기 可ᄒᆞ고 又 細微히 分析ᄒᆞᆷ이 容易ᄒᆞ고 使用ᄒᆞ기에 甚히 便利ᄒᆞ니라。

然ᄒᆞ나 世運이 漸次 進步ᄒᆞᆷ을 從ᄒᆞ야 紙幣가 更出ᄒᆞ니 此ᄂᆞᆫ 金銀銅鐵은 重量이 多ᄒᆞ야 携帶ᄒᆞ기 便利치 못ᄒᆞᆷ으로 此를 製造ᄒᆞ야 金銀銅鐵을 代用ᄒᆞᆷ이니라。

紙幣는即金銀貨보다輕便호고此와同等의價値가
有호者니其理를明言호건디此는政府又銀行에셔
幾何의金銀貨를預備호고此와相當호金額으로
紙幣를發行호니紙幣는即此實貨가代表호야若必實
貨를用코자호는時는相當호節次에依호면何時던同히
實貨를得호ᄂ니然호則紙幣는實로券驗과同호
야此發行호紙幣가相當호金
然호나改府又銀行에셔其發行호紙幣는임의代表호바物이
銀貨가無호故로其價가업ᄂ니라。大槪호야無用의紙片이라。

호니다。

第二十五　公共의利益

此에數多호人이會集호얏스니此는何事를商議홈
인가。其中에有志호一人金洞長이起言호딕。
우리洞里는川이多호야提堰과橋梁을修補호며
道路를治홈에年年히巨大호經費를要호나洞費로
修補기難호고又小學校의經費가不足호야敎育이完全치못호며
校舍가額破호야我는家勢가富饒치못호

一洞의 公共훈 事業을 爲호야
뎌 金百圜을 出호야 洞內의
利益을 謀호겟노라.

彼邊에서 又一人言호되
「我는 金洞長의 言에 全히 同意
  노라. 金二百圜을 補助호
  노라.」

於是에 諸人이 我도 我도 爭出호
金額이 總合二千九百七十
六圜이 되얏다.

아同意를 表호야 收合

次에 會同훈 諸人이 規則을 定호고 方法을 設호야 互
相盡心호얏더라.

大凡洞中의 事는 一洞人이 負擔호느니 是와 如히 一
國의 事는 一國人이 負擔홈이 可호니 諸子를 各히 一
國民이 되얏슨 則 國家의 事를 諸子가 負擔홀 지어다.
善良훈 國民은 人의 無上호 榮譽니라.

初等小學一冊

定價金壹圓二拾錢

光武十年十二月十八日印刷
光武十年十二月二十日發行
光武十一年五月二十五日再版印刷
光武十一年六月二十一日再版發行

著作者　國民敎育會

發行者　金相萬　高裕相　朱翰榮

發賣所

皇城中署罷朝橋下敎門外南署遷九里十七統六月
中書布屏下國民敎育會事務所十月

皇城中署大廣橋遷三十七統相四月
金相萬　高裕相　黃鍾相

皇城中署罷朝橋口三十八統二月
朱翰榮　高裕相　蕭鋪

초등윤리학교과서

(初等倫理學敎科書)

初等倫理學敎科書　他人　第三

三四

며其弊と有己호면知호고有人홈을不知호
며니라
博愛を之人은是와異を아有人홈만知호고
有己홈을不知홈으로能히己의自由와智力
과身体와名譽와財產을捨호야人에게獻
케홈이니孔子ㅣ호샤디身을殺호야仁을
成호시며孟子ㅣ호샤디生을捨호고
義물取호다호시니博愛홈을謂홈이라夫天
下가皆溺호되援호지아니호면衆生이入火
호대敎치아니호면雖吾一身의自由와智力

初等倫理學敎科書　他人　第五

三五

과身軆와名譽와財產이有호지라도何處에
用호며오故로已가立호야써人을立호고已
가達호야써人을達호은仁者의所爲니라
其次と貨財로써人의爲學을助호며人의道
孤를恤호며人의不淵을濟호며或補
勉호며訓誨로人을道德에進케호며人의智識
을益케호은君子의事에所有ㅣ니라
第五章　善群
群이란者と共同聯合호團軆라其範圍가或
大或小호니近世의所謂社會가是라人이群

初等倫理學教科書 全

初等倫理學教科書 553

夫良知良能、乃天然之性質、而孩提之童、無不知愛其親敬其兄。故因其性而開導之、推測天地之道、第大法門也。現今世界萬國、莫不有學、以其步趨于四海之上、自王宮以至于四海之上、小學教育爲之基礎。其國勢之強盛、國威之揚光、尤爲之基礎。此倫理學與化育之盛、無二無不學。此吾所謂古者小學教人之術、復見于今而智開。國有學校、此吾所謂古者、小學功效最大、異日國成衰。現乃吾所謂爲異。

初等倫理學敎科書　自敍

1

徵斯人、吾誰與歸也。此書何以復其初哉、是誠唄然歎曰、幼稚學徒初等性質捨此。
理學教科書盍手讀之、畢逐定其句讀、補其徵奧。漢山以病夫。
理學科書之眞訣也。
教科書何以復其初哉。
海內同志諸君子觀覽焉、丁未榴夏漢山。
近得吳慶氏所述初等倫理性質捨。
誠為幼稚學徒初等性質捨。
　　　　安鎮和書于木犀山房

初等倫理學教科書目次

　第一章　修己

　　第一節　保康強
　　(一)貴清潔　　　(二)守節度　　　(三)戒嗜慾
　　(四)勤操練

　　第二節　養道德
　　(一)誠實　　　　(二)勤勉　　　　(三)強毅
　　(四)羞恥

　　第三節　盡知能
　　(一)普通之知能　(二)職業之知能

　　　　之知能
　　　　（三）好尚
第二章　家族
　第一節　父母
　第二節　兄弟
　第三節　夫婦
　第四節　主役
　第五節　親戚
第三章　師友
　第一節　師弟
　第二節　朋友

　　　　（一）忠　（二）信　（三）恕　（四）義
第四章
第五章　他人
第六章　善舉　地方
　　　　（一）分責任　（二）盡責任
第七章　國家
　　　　（一）守法　（二）納稅　（三）當兵

初等倫理學教科書目次終

初等倫理學教科書

涵齊　安鍾和　譯述
淳隱　元冰義　校閱

第一章　修己

人이 一國中에 人이 되야서 반다시 索居홈에 先ᄒᆞ야는 一國中에 人이 되며 一辈에 索居ᄒᆞ며 ᄯᅩ 人으로 더브러 人으로 더브러 人이 되야서 반다시 修己ᄒᆞᆷ을 必 生ᄒᆞ야는 一辈中에 人이 되ᄂᆞ니 於是에 人이 人으로 더브러 修己ᄒᆞᆫ 道가 有ᄒᆞ니 康强을 保ᄒᆞ 先交際ᄒᆞᄂᆞᆫ 道를 지라 修己ᄂᆞᆫ 리서로 孤立기 不能ᄒᆞ나니 交際ᄒᆞᄂᆞᆫ 道를 盡ᄒᆞ고 又 道가 有ᄒᆞ니 際홈에ᄂᆞᆫ 道를 盡ᄒᆞᆯ지라 修己의 三要가 有ᄒᆞ니 康强을 保ᄒᆞ요 必

며 道德을 養ᄒ며 智能을 盡ᄒᆞᆷ이 是니라
康强ᄒ되 道德이 無ᄒ면 暴悍ᄒ고 康强ᄒ되
智能이 無ᄒ면 愚蠢ᄒ고 道德과 智能이 有ᄒ되
康强치 못ᄒ면 羸弱無用ᄒ야 天年을 能히 盡ᄒ
지 못ᄒ며 羸弱도 尤不可ᄒ니아 完全
ᄒᆫ 人格을 始得ᄒᄂ니라
暴悍과 愚蠢과 道德과 智能이 三者를 具ᄒ며아

第一節　保康强

(一)은 淸潔을 貴히ᄒᆞᆷ이니 人生이 不可闕홀

者는 飮食과 居處와 衣服이라 飮食으로써 養
ᄒ며 居處로써 安ᄒ며 衣服으로써 衛ᄒᄂᆫ지
皆生命을 爲ᄒ나니 然則三者를 汚穢ᄒ면 保生치 못ᄒ고 生命을
이 不可ᄒ며 反害ᄒ이니 故로 飮食이 甘旨와 居處가 安ᄒ고 衣服이
(二)는 淸潔을 求ᄒ되 制度를 守홈은 古人의 明訓이니 起居가 有常ᄒ고 飮食
無常과 無節은 가장 身을 害ᄒ이니 不可 不時

…을 定호며 量을 定호야 써 自守호믈 저기호며 起호는 宴는 時에 入호는 時分에 止호나니 起호는 時에 八分에 至호거던 止홀지니라 朝에 起호야 飢가 八分에 至호거던 食호는 時를 定호야 其時가 아니어던 安食호지 말지니 此는 財物을 惜홈이 아니오 攝生호는 道ㅣ라 食홈이 不宜호며 食을 多홈이 不宜호야 食홈이 足히 身心을 累호거니와

(三)은 嗜慾을 戒홀지니 孔子ㅣ 를 ㅇㅅ며 嗜慾이 多호면 剛홈을 得호디 오호시니 嗜慾이 尤甚호

泰西格物家에서 鳥로써 烟의 毒을 試호야 其毒을 可知ㅣ오 烟을 吸호는 者는 歐弱호고 年少호 人을 皆曰 酒를 多飲호며 種種혼 病이 有호야 生長호는 機體를 消蝕호는 故로 其人種이 酒를 戒愼홀지니라 東西各國이 皆 擊劍과 馳馬 渡水競泳과 遊戱를 爲樂호는 故로 其人種이

(四)는 操練을 勤홀지니 操練에 從事호야 其外에도 擊劍과 擊槍과 角觝와 蹴踘과 各種을 練習호야 爲戱 爲樂호는

少年은 國이 弱호기눌 亦 强호아 國이
弱호면 且死호소 其善自愛호소
此等이 俌弱호면 ... 隊臨호며 其一
强호 으로 目이 ... 範六階에 비 其
弱則國將 安賴이 ... 洪人 弱則死ㅣ으
不知호 者ㅣ 比 比皆是라
體育을 ...

第二節　養道德

(一)은 誠實홈이니 立身行己눈 誠實이 爲貴ㅣ
라 孔子曰 言必信이라 호시고 曲禮예 曰 毋
誑이라 호니 皆 誠實을 謂홈이라 ... 誑而無信호

면 己를 誑호고 人을 誑홈이니 人을 誑호미 可히 勝
호 ... 孟子ㅣ曰 是故로 ...
韓文公曰 業은 精於勤호고 荒於嬉호며 行은 成於思
호고 毀於隨라 호니 學者ㅣ荒호고 行이 慌호면 百事ㅣ廢弛
호ᄂ니 此는 修道進德홈이니
(二)數는 勤勉홈이니 ... 反身而誠호면 樂莫大焉이라 호며
... 反身而誠 ... 誠實을 不以 ... 反호

潛滋暗長호야 中에 書傳에 云호되 孟子ㅣ에 志를 敏
ㅎ야 不自覺中에 近호 孔子ㅣ강 小人이 青年
으로써 年이 不善을 務호며 求호며 勉 謂홈이라 小人은 青年
三 諸君은 强毅 爲호야 惰逸에 多由호나 孔子ㅣ强毅 仁
에 近호 孔子ㅣ 曾子ㅣ간 士가 弘毅 殺
고 殺홈을 不可 恕능 断 强홈을 此二 力이 有 不屈不撓
호 능 能 能 此二 力이 有 니

雖大호 子ㅣ成호 雖愈호면 當前 ㅎ며 利刃이 加頸호야 孟
目이 瞬호야 吾ㅣ와 往홈 自反호야 勤心호 雖千萬人이 強殺
도 大를 姜恥 愈雖홈 反戾가 愈凡事ㅣ 苟強大를 殺
四 大를 恥 홈이니 孟人과 縮호니 愈大 恥 善
恥가 有 홈이라 勝 子ㅣ不若홈을 不恥호 孔子ㅣ日行已
恥者는 去惡從善

未爲토되 者ㅣ 所爲를 無恥ᄒ미 至惡에 人이 離ᄒ야 故로 善에 進ᄒ나니라 詩傳에 曰 死ᄒ지 안이ᄒ나뇨 無恥토 恥

不善ᄒ야 無恥ᄒ믈 지라 善惡을 지ᄅᆞ 만 잇지 못ᄒ며 善이 萌ᄒ나니 心이 一日이 善惡을 ᄒᆞ미니라

闕ᄒ여 無ᄒᄂ다 知ᄒ야 日이 日ᄒ야 恥心이 一日이 善日로 恥ᄒ며 惡을 僧惡ᄒ며

闕ᄒᄂᆞᆫ 善有ᄒᆞ면 苟히 恥改ᄒ야 而 人을 僧惡ᄒ며 人(一)은

人人의 當有ᄒᆞᆫ 바 智識과 技能을 謂ᄒ미라 普通의 智能이란 者ᄂ 東

第三節　盡智能

人人의 當有ᄒᆞᆫ 바 智能에 智能이니 普通의 智能이라

西各國이 人이 皆普通敎育을 必受ᄒᆞ는 者有自 故로

離立ᄒᄂᆞ니 此特別職業의 智能이 普通敎育이 普通智能을 其身을 始得ᄒ며 雖離者ㅣ 然ᄒᆞ

至愚ᄒᄂᆞ니라 蓋生ᄒᆞ며 普通智能 人을 自保 國民되여 所以程度이 最卑ᄒ 所以를 皆自

各國이 人이 其家를 普通職業의 智能이 人은 少ᄅᆞᆯ 一事 可ᄂᆞᆯ 專門 智能을 自

離立ᄒᄂᆞ니 此特別職業의 智能이 士者와 工者와 兵者와 吏ᄒ

者를 必有 (二)ᄂ 職業을 既已擇ᄒ야 執ᄒ고 農者와 工者와 精硏熟究ᄒ 更ᄒ

야其極에造호미可호故로職業이智能을盡益

홈은職業上에本分義務ㅣ라若醫士가醫術其業

을에敎師가敎授衛에淡造홈이니其類是

能을成호니敎授者ㅣ無호나凡諸職業이皆

(三)을好尙도智能을魯人葛亮이南陽에在호야孜

抱膝職業一亦殫竭호고梁甫吟을作호고役心을不得

懷職業이聯홈과其從事호며其心思耳目이一娛홈을不得其

홈과全혀職業을益홈이니라人間에何等趣味가有호니

益홈이니人이職業이知能기를其餘力을求호고故로普通이

全無호니라智能을知能을眼目도州國民이資格이已有

第二章　家族

第一節　父母

詩에云호되夫父母는無父면何怙며

敎호야諸父母以生我以長호야勞心

야其以長호며無母면何恃오焦形호야其

子ᄅᆞᆯ撫愛ᄒᆞᄂᆞ니子가不孝ᄒᆞ면엇지人이리오

孝ᄅᆞᆯ得謂曰諫이라ᄒᆞ며孝ᄅᆞᆯ問ᄒᆞᆫᄃᆡ孔子ㅣ曰父母ᄅᆞᆯ事ᄒᆞᄃᆡ見ᄒᆞ고敬ᄒᆞ야無違ᄒᆞ라ᄒᆞ고孟懿子ㅣ不孝ᄒᆞ니라

志ᄅᆞᆯ養ᄒᆞ고勞ᄅᆞᆯ問ᄒᆞ며敬ᄒᆞᄃᆡ不從ᄒᆞ야도不怨ᄒᆞ야ᄂᆞᆫ又敬ᄒᆞ고

曰父母ᄅᆞᆯ事ᄒᆞ야見ᄒᆞ시고孟懿子가不孝ᄒᆞ

目이有三ᄒᆞ니曰順과曰裁敬諡子ᄒᆞ

日順과日裁敬諡子ᄒᆞ

人이라愛日不孝ᄒᆞ

第二節　兄弟

兄弟ᄂᆞᆫ父母가形ᄋᆞᆯ分ᄒᆞ고氣ᄅᆞᆯ連ᄒᆞᆫ人이라其幼ᄅᆞᆯ食ᄒᆞ
兄弟ᄂᆞᆫ父母가左提右挈ᄒᆞ고前襟後裾ᄒᆞ야
時에父母가左提右挈ᄒᆞ고前襟後裾ᄒᆞ야

學ᄒᆞ면故로其火가有ᄒᆞᆫ者ᄂᆞᆫ兄弟가火ᄒᆞ며火가其火이
服ᄋᆞᆯ傳ᄒᆞ고訓願家引
衣ᄅᆞᆯ共ᄒᆞᄂᆞ니兄弟가서이藥粥ᄋᆞᆯ
方ᄋᆞᆯ遊ᄒᆞ며藥ᄋᆞᆯ者ᄂᆞᆫ
同案ᄒᆞᆫ則人生最難得ᄒᆞᄂᆞᆫ者ᄂᆞᆫ兄弟라ᄒᆞᆫ者ᄂᆞᆫ
案ᄋᆞᆯ同ᄒᆞ고

諸ㅣ라唐玄宗은弟ᄅᆞᆯ爲ᄒᆞ야袤ᄒᆞᆫᄃᆡ
業ᄋᆞᆯ嬸ᄒᆞ며李勣은姉ᄅᆞᆯ爲ᄒᆞ야袤藥ᄒᆞ야껴이ᄇᆞ다
業ᄋᆞᆯ嬸ᄒᆞᆫ

諸ㅣ라其事ᄅᆞᆯ炎ᄒᆞ며李勣은皆欣然히苦ᄒᆞᆫ도ᄒᆞ니라
其事ᄋᆞᆯ炎ᄒᆞ고

蓋親愛ᄒᆞᄂᆞᆫ情에서出ᄒᆞᆷ이니라

第三節　夫婦

夫婦ᄂᆞᆫ一家의本이니易에云ᄒᆞᄃᆡ夫婦가有ᄒᆞᆫ
夫婦ᄂᆞᆫ然後에父子가有ᄒᆞ고父子가有ᄒᆞᆫ

ᄒᆞ면然後에父子가有ᄒᆞᆫ然後에

禮記에 云호되 夫婦는 人道의 大早함이니 夫는 外業에 就호야 其夫婦가 有함으로 嫁娶할을 得홈이니 婦는 內政을 操호야 其家를 贍케 호며 夫婦의 正을 得홈이 不可호며 夫婦 利害를 顧호야 操作에 勤홈이 아니호면 不可호며 配偶를 不擇함이 不可호니 兄弟는 家를 愼기 其家를 助함을 婢僕은 食을 分홈은

第四節　主役

雖一家血統을 同호는 者] 라 主人을 爲호야 從順 忠實홈이 아니호면 利害를 顧호야 操作에 勤호고 起居와 飮食을 分호는

婢僕은 主人으로써 令호고 其頑極호야 不可호니 主人은 本是 平等으로써 自尊하야 導化할 者는 貧賤 善聲으로써 富는 有호기 不可호니 善辭로써 遣홈이 貴賤을 無호니 蓋人이 本是 主人으로써 柔호니 婢僕의 本分이오 其頑極호야 婉言으로써 導化할 者는 貧賤 自尊하야 柔호니라

第五節　親戚

兄弟와 姉妹가 旣히 各自 成立호야 或成或嫁하야 親戚은 關係가 甚히 密切호니 一室에 同居를 生호는 者] 라 親戚은 旣嫁旣娶호야 或成或嫁호야 親戚이 出호기 不得호는 故로 親戚은

疾病에서로慰問호며 慶吊에서로賑恤호고 窮乏에서로 亦人情의當然호니 親戚을依賴호야羞恥을 自暴호야自立을求치아니호면 此는 不能호고 雖然이나生活을求 吉凶 不知호는者ㅣ라 다

第三章　師友

第一節　師弟

師는社會를爲호는者ㅣ엇지尊敬을加호지아니호리오 國家를爲호야子弟를敎호며 凡後生이其導化를蒙호느니 ㅣ오語

父ㅣ生호시며 母는敎호며 敎子의責이 或學術이不得호는者ㅣ라 師ㅣ固有호니故로 敎師는其恩義가 父母를事호는心으로 事호지니無異호지라 夫父ㅣ敎호나니 或職業으로써 敎師는其父母의力을代호지 父母에不眼호야不假호야 敎育호믈當히 敎育을當히 故로 父母를事호며故로 니라

第二節　朋友

古人이朋友로써五倫에一을삼으니 此는古 人이朋友를重視홈이니 朋友를重히홈이라 古人이朋友를重호미니 此는學

問이 相磨와 道德이 相輔와 患難이 相求ᄒᆞᆷᄋᆞᆯ 爲ᄒᆞ이 ᆯ날다 ᄒᆞ시고 孔子ㅣ 曰 益者ᄂᆞᆫ 三友ㅣ오 損者ᄂᆞᆫ 三友ㅣ라 ᄒᆞ시니라.

然則 朋友를 擇ᄒᆞ이 可ᄒᆞᆫ디라. 是故로 不如己ᄒᆞᆫ者ᄅᆞᆯ 友ᄒᆞ디 不擇ᄒᆞ디 아니ᄒᆞᆯᄭ디라.

勢利예 盃酒를 擧ᄒᆞ며 交가 皆 朋友가 아니라 始예 愼디 못ᄒᆞᆷᄋᆞ로 終을 善디 못ᄒᆞᆷ. 白刃을 拔ᄒᆞ며 人으로 敬ᄒᆞᆫ다.

孔子의 晏平仲을 稱ᄒᆞ샤ᄃᆡ 游戲ᄒᆞ며 交ᄒᆞᆷᄋᆞᆯ 善히 ᄒᆞ도다. 久ᄒᆞ도록 敬ᄒᆞ다 ᄒᆞᆫ 者ᄂᆞᆫ 者ᄂᆞᆫ 者ᄂᆞᆫ ᄒᆞᆷ이라.

仲尼의 義니 晏平仲이 友道의 一端이로 友道를 能全ᄒᆞ야 友道의 要義니 因ᄒᆞ야 其道를 能知ᄒᆞ나니라.

善히 ᄒᆞᆯ者ᄅᆞᆯ 可知라. 相規ᄒᆞ며 有善ᄒᆞ며 善導ᄒᆞ라 相導ᄒᆞ며 友道ㅣ라. 故로 忠告ᄒᆞ며 友道로써 善ᄒᆞ며 善自處ᄒᆞᆷ이라. 相導ᄒᆞ고 可고.

能히 交를 善히 ᄒᆞᄂᆞᆫ 友道의 忠은 朋友의 道ㅣ라. 故로 忠告ᄒᆞ며 知己로써 知己ᄅᆞᆯ 躬에 ᄒᆞ고 可고.

敬은 特히 友交를 善ᄒᆞᆷᄋᆞᆯ 知ᄒᆞ나 待ᄒᆞᄂᆞᆫ 躬에 可고.

此에 列ᄒᆞ이 忠은 朋友의 道ㅣ라 相規ᄒᆞ며 忠告ᄒᆞ며 有善ᄒᆞ며 相導ᄒᆞᆷ이 可라.

勸은 善으로써 相責ᄒᆞᆷ은 友道ㅣ라 故로 忠告ᄒᆞ며 待ᄒᆞᄂᆞᆫ 善自處ᄒᆞᆷ이라.

厚責ᄒᆞ고 人이 人의게 薄責ᄒᆞᆷ을 互相諂諛ᄒᆞᆷᄋᆞ로써 知己ᄅᆞᆯ 知ᄒᆞᆷ이라.

厚責ᄒᆞᆫ디라. 人이 有過ᄒᆞ면 互相諂諛ᄒᆞᆷ.

互相誹謗許홈을 友道ᄒᆞ며 賤이니이다 言을 巧히 ᄒᆞ며 色을 令히 ᄒᆞ며 丘ㅣ 丘ㅣ 道로써 友道로써 信이오 直을 信이니 子夏ㅣ 有호ᄃᆡ 惡ᄒᆞᄂᆞ라 ᄒᆞ시며

是故로 孔子ㅣ 恭으로 足ᄒᆞ야 其人을 耻ᄒᆞ며 怨을 匿ᄒᆞ야 子貢이 朋友로 더브러 朋友를 不忘ᄒᆞ며 復ᄒᆞ야 孔子ㅣ 言을 交ᄒᆞ시고

君子의 耻ᄒᆞᄂᆞᆫ바 道ㅣ 近ᄒᆞᆫ 言을 可히 不可히 生의 言을 久要예 義에 又曰 信이 信이 言ᄒᆞ며

信이 在ᄒᆞ야 負ᄒᆞ며 終身을 恕를 行홈이 聖이니이다 其恕를 施ᄒᆞ라 朋友의 終始를 全히 ᄒᆞ며 人이 故로 子貢이 友를 問ᄒᆞᆫ대 已의 不欲을 人에게 勿施ᄒᆞ라 ᄒᆞ시니 斯言이 終身토록 行ᄒᆞᆯ者ㅣ라

者는 晉히 相與홈을 我를 信으로써 孔子ㅣ 友道는 一言으로 可히 要義를 삼ᄂᆞ니 交際예 相與홈을 不負로써 我가 人을 得ᄒᆞ며 人을 友道

人의 交際예 不守ᄒᆞᆷ이 無히 可望ᄒᆞ며 不負로 要義를 斯言이 可히 ᄒᆞᆺ어 人에게 況 摘能

信이란者는人의交際에在ᄒ야終始로相與ᄒᆷ을可望ᄒ나니故로朋友의背信ᄒᆷ은友道를負ᄒᆷ이며人이我를負ᄒᆷ이오我가人을負ᄒᆷ이니⋯況이獨能人을得ᄒ리오信이無ᄒ기不可ᄒᆫ바ㅣ라我가人에게可히要義ᄒᆯ지며言을嘆ᄒ면我가人에게可히施ᄒᆯ지니⋯

(三) 恕ㅣ終身을行ᄒᆯ者ㅣ有ᄒ니子貢이問ᄒ되一言으로ᄡ써終身토록可히行ᄒᆯ者ㅣ有ᄒ니잇가孔子ㅣᄀᆞᄅᆞ샤ᄃᆡ其恕인뎌己의欲지아니ᄒᆞᄂᆞᆫ바를人에게施치勿ᄒᆞ라ᄒᆞ시니라斯言이어于에可히ᄡ써友道에⋯

義는通財로ᄡ써要ᄒ며事의宜를견디各有ᄒ니債를母宿ᄒ라ᄒᆞ니義는周急이有ᄒ지라泰西諺語에交友는⋯雖然이나義는救難이有ᄒ니義는救難이有ᄒᆞᆫ지라雖然이나家族과他人間이有ᄒᆫ故로其他⋯

其死로云ᄒ되士는志가各有ᄒ니라

共國에云ᄒ되久히ᄒ야交를⋯

第四章　他人

他人이라云ᄒᆞᄂᆞᆫ者는他人이라皆他人이니特別ᄒ關係가有ᄒᆫ故로家族과自己師友의外에는別다ᄅᆞ니雖然이나特別ᄒ關係가有ᄒᆫ故로他人의通例로ᄡ써稱ᄒᆞᄂᆞ니不得ᄒᆞᄂᆞ니其他他人⋯

或（혹）異國（이국）이며均（균）히人類（인류）가된則（즉）이
待人（대인）하는道（도）는己（기）의交際（교제）라世（세）
對人（대인）과個人（개인）과個人（개인）의
通界（통계）에通（통）하나니此（차）는個人（개인）의種類（종류）가不同（부동）함을
同國（동국）道（도）가宜（의）하며此（차）處（처）人（인）이니
國道（국도）가宜（의）하면便（편）
成同國（성동국）이
에待人（대인）을對（대）하야
待人（대인）하는道（도）를己（기）와의處人（처인）이
有（유）하되職業（직업）이不同（부동）한者（자）는人（인）이
要義（요의）니라種類（종류）가不同（부동）함을愛（애）하는者（자）는恒（항）
此情（차정）은人（인）을愛（애）하고無（무）함이
此理（차리）는人（인）을敬（경）함이거니라孟子（맹자）ㅣ愛（애）하고人（인）을敬（경）함이
人（인）을愛（애）함이恒（항）敬（경）함이거니와反是（반시）하야人（인）을傲（오）함은

己（기）道（도）를지라雖然（수연）이나人（인）을侮（모）함은
世（세）를合（합）지라도離（리）하야善（선）히하는者（자）를求（구）하는者（자）와然則（연즉）處人（처인）이可（가）히人（인）을侮（모）하는者（자）는
道（도）를지不欲（불욕）하야媚（미）하는者（자）를人（인）에게同流（동류）함은己（기）의世間（세간）에其（기）
己（기）世（세）를己（기）前記（전기）를由（유）하야媚（미）하는所（소）欲（욕）을勿施（물시）施（시）함은泰西（태서）에斯世（사세）에居（거）하야汚（오）
仁法（인법）國（국）倫理學（윤리학）者（자）의待人（대인）하는道（도）가仁義（인의）에支那（지나）의言（언）을
이라하니라合（합）國（국）倫理學（윤리학）者（자）待人（대인）하는道（도）가仁義（인의）에迦南（가남）의言（언）이
者（자）의所欲（소욕）을後記（후기）를由（유）하야不外（불외）함此意（차의）를由（유）하야六

義에 註釋후니 今에 其義를 列解후노라

一은 怨으로써 德을 報치안이후니 此는 尋常無奇훈 言이며 能치아니훈 者라 確當不易훈 理라 故로 爲善훈 者라

世에 恩人 君子라 指目후는 者는 未聞후는 道德이니 善人 君子라 墮落후며 風俗을 流薄후야 恩人을 殺후며 益面善友를 歐友心이니라 一曰 世에 有훈 者도 世에 有훈 者라 益面

二는 無德훈 者에 怨을 不施후미 不可후며 無怨者에 怨을 可施치아니후며 怨을 殺치아니훈 者라 其貨를 不奪후야도 雖然이나 生人名義로써 生人名義로써 維持후미 社會秩序는 故로 國法으로써 公德으로써 維持후느니라

無德훈 人을 道에서 遇훈 事가 常이라 其身을 侵치아니후며 不殺후미 不可후며 重怨 不殺후미 不可후며 基礎

三은 大怨으로써 小怨을 報치아니후며

으로써 輕怨을 報치

必報홈은 前에ᅵᅵ오 ᄒᆞ더 大小輕重을 較量홈이되나니 此는 睚眦를

하나다 然는 말슴은 義를 視ᄒᆞ야 稍進홈이되나니

이라 四는 德同ᄒᆞ며 孔子의 直으로써 怨을 報홈을 다ᄒᆞ나

謂ᄒᆞ여아 義에 當然홈을 比ᄒᆞ니 二義와 四義는 報홈이니 此는 孔子의 말

五는 無怨 友를 則德으로써 ᄒᆞ며 獻홈을 지니라 第四

怨恩이 分明홈을 觀念이니 此는

無德者에 德을 施홈이니 此는

義에 反ᄒᆞ니 四義는 恩을 受ᄒᆞ야

視ᄒᆞ야 此는 값을 負ᄒᆞᆫ 償還홈과 獨ᄒᆞᆷ이여 稍高ᄒᆞ니

憐홈이나 謂濟ᄒᆞ며 險阻를 仁者의 心이 災荒을 憫ᄒᆞ야

報홈이아니오 扶持홈이라 哀ᄒᆞᆫ者는 救援ᄒᆞ며 疾病을

無ᄒᆞᆷ이니 施ᄒᆞ는者는 得ᄒᆞᆫ者는 當爲를 責이 要求를 權ᄒᆞᆫ則 圖

報홈이니 統然히 慈悲者는 出ᄒᆞᆷ이니 支那

六은 此 西方의 佛氏가 此에 近ᄒᆞᆫ 老子의 言

德者와 至高ᄒᆞᆫ 怨을 報홈이니 事ㅣ라 謂홈지

同ᄒᆞ아니 義와 離能

恩은 人情의 常이라 故로 能히

故로 孔子ㅣ 此義는 仁惡이라

復讎와 感을 受호고 忘흠을 쓸지 안흐니라

夫 第五義는 德으로써 報홈은 東西古今에 其人이 或有홀지라도 能行홀 者ㅣ 업는지라

感을 忘흠은 者ㅣ 엄의지라 故로

此오 德이나 今日世界에 病이

南有홀 則 人人이 無호면 小康훈 世

前四義는 人이 惡훈 則 世

義ㅣ오 義ㅣ니

善者ㅣ 善士ㅣ 人士ㅣ면 大同

隆호야 人事에 所有홈이니라

人道가 日 進호는 것은 治가 日 勉仁호는 것은 學者의

名譽를 貴히 홈을 知호지 말지라 故로

必有홈이니 名譽라 맛 당

名譽를 貴히 홈은 其曰 智力 五者오 人을 害홈은 身體를 可貴홈을 具가

夫 身體와 可히 人의 智力을 抑호거나 人의 名譽를 毀호거나 者ㅣ 皆 不義니 甚호

實호고 自實 自是라 此 人을 害호거나 人의 名譽를 毀호는 者는 皆 不義니

自由를 是라 此 自由를 侵호거나 自己를 自由 自己를 傷호거나 人의 智力을

人의 自由를 侵호거나 人의 身體를 傷호는 者는 人의 財産을 損호는 者ㅣ라

世를 守함이 義ㅣ니라 人의 財産이 自己의 自由를 自由를 侵 人의 身體를 傷 人의 財産을 損호는

其敝ㅣ니라 博愛홈은 有己홈을 不知호고 有人홈을 不知호
有己홈을 人을 不知홈이 是와 異호야 身體와 名譽와 財産을 捨호야써 人에게 益力
身體와 名譽와 財産을 捨호야 孔子ㅣ로으으로다 身을 殺호야 仁을 捨호야
下가 皆溺호며 義를 取호다 호시며 孟子ㅣ로으으로다 生을 捨호야 夫 天火
敎치 아니호니 博愛홈을 謂홈이라 衆生이
睢吾一身의 自由와 智力

身體와 名譽와 財産이 有호거놀 何處에 己
其次는 貨財를 捨호야 人을 立호고 人의 所爲니라 人이 或써 人의 智識 勸遺
孤를 勉호과 第五章 善群은 近世 共同 聯合을 團體라 其 範圍가 成
大或小호니 君子는 社會가 是라 人이 羣

樂利니 羣을 離하야 孤立기 不能혼 故로 一己의 樂利를 羣으로 더브러 共히 지인이 혼야 無히니 羣을 樂利 無히오 羣히 旣히 樂利혼면 己가 獨히 不得홈이 無히니라 故로 己를 屈히야 羣을 爲홈이 公히며 公히 己를 此는 爲己를 急히 홈이 아니니 그 羣에 善히 者는 子孫을 安히며 반다시 己를 務를 先히 홈이 아니니 其己를 善히 者는 羣을 對히야 善히며 者는 羣을 對히야 그 離然이나 己를 善히 者는 羣을 對히야 그 先善홈이 아니니 己를 善히 者는 羣을 對히야 己를 그

本分을 守홈이니라

我가 羣의 全體에 關係가 有혼 故로 我의 一言一行이 羣得히야 羣의 辱이 偶或 失行혼 者는 羣의 人을 文學校他學校를 藉自由를 罪人이 或 相得히야 羣의 樂이오 文學校他學校로써 羣을 對히야 時間이 必有 關係가 有혼 故로 我의 一人이 名譽를 失히며 生徒 人이 一言을 對히야 羣을 書히 名譽를 失히며 生徒의 德이 必有 一言一行이 名譽를 失히며 生徒의 德을 書히 此가 故로 羣의 遲히며 相慶이 規律이 此는 羣의 集의 規律이 必有홈이오

惟所欲이로호며 公性을 拂호고 總情과 惰호고 陷호는者는 公

人이 故로 汙穢와 毀호는 自由호는 대 公物을 不自由호는

己가 故로 違호야 已意를 任호고

ㄴ니 記身의 貪狼으로써 群을 害호고

肆利를 損호야 群을 不

는 其最甚호者니라

第六章　地方

地方은 一定호 地域과 一定호 居民이 有호야 自治團体를 成홈이니

必當히 法律를 構結호야 自治團體를 成홈이

一道와 一府와 一郡과 一廳과 一面과 一洞이니라

皆是一人이 政治의 公

事職을 當호야 自治公

기니 故로 國을 旣히 居를 權利를

를 其 心으로 國體의 居民이 立홈은 基礎호야 營호며 自

愛鄕을 國을 對 强호야 此團體를 一部가 對호야

ㄴ則 ㄴ 始호나 國家全體이 此國을 謂홈이니 責

夫人이 居民이 되나 此를 愛호야

任愛(一)은 分責任이니 其 身家를 自謀호는 者는 責

任이라 其身家를 義務가 有호야 義務者는 自謀호고

地方에 各各 其力으로 其身家를 自謀호며

地方을 擧ᄒᆞ야 一家이 共學ᄒᆞᆫ다
人一家의 能히 州히 共히 溝渠를 鬪ᄒᆞ며
各出ᄒᆞ야 公園을 關ᄒᆞ야 當者ᄂᆞᆫ
其力을 架ᄒᆞ며 橋梁을 建ᄒᆞ며 而後에
必當其力을 平ᄒᆞ며 病院을 設ᄒᆞ고 貧者ᄂᆞᆫ 其力을 效ᄒᆞ
地方의 事ᄂᆞᆫ 道路를 守護를 置ᄒᆞᄂᆞᆫ 手를 袖ᄒᆞᆫ 則 權利의 受ᄒᆞ
固然ᄒᆞ니 然ᄒᆞ나 學校를 設ᄒᆞᄂᆞ니 諸般事業에 對ᄒᆞ야 地方의 賊이라 謂ᄒᆞᆯ
이아니며 其財를 效ᄒᆞᄂᆞ니면 自好ᄒᆞ야되 戶를 閉ᄒᆞ야니 地方의 으로
者ᄂᆞᆫ 其能成ᄒᆞᄂᆞᆫ 鄕黨의 盡치아니ᄒᆞᆷ이아니되 戶를 閉ᄒᆞ야니되
義務를 盡치아니ᄒᆞ야 權利의 賊이라

有ᄒᆞᆫ 民
이 有ᄒᆞᆫ 至ᄒᆞ야 公權이 有ᄒᆞᆫ則 其職務를 完ᄒᆞ며 暴
壯에 公ᄒᆞ야 其職務를 絶ᄒᆞ며 不可遊ᄒᆞ시며 賢能이 士ㅣ
人이 一戶를 構ᄒᆞ야 私曲을 絶ᄒᆞ며 其職務를 完ᄒᆞ니
地方에 對ᄒᆞᆫ 負擔을 旣負ᄒᆞᆫ則 其職務를
凡公民은 地方에 勤勞ᄒᆞ야 此責任을 旣負ᄒᆞᆫ則
所謂公民이 是ㅣ니 能히 盡責任ᄂᆞᆫ 者ㅣ니라
獨立ᄂᆞᆫ 者ㅣ니 所謂公民이 盡責任ᄂᆞᆫ 人이니라
責任이 有ᄒᆞ고 誠義에 一出ᄒᆞ며 盡責任ᄂᆞᆫ
權을 成ᄒᆞᆯ지니라 彈精竭力ᄒᆞ고
全을 可謂ᄒᆞᆯ지니라

第七章　國家

人은 家에 繫ᄒ고 家는 國에 繫ᄒ니 故로 無國則無家ㅣ오 無家ㅣ면 則身을 寄홀 배 無ᄒ며 大人이 旣亡ᄒ면 國法이 無ᄒ니 甚흔則 波蘭과 印度는 隷卒이 되야 僕妾이 되야서 人生의 樂을 得ᄒ야서 享ᄒ리오

貨殖을 善히 ᄒ야도 彼國에 至흔則 彼가 辱ᄒ야 國民이 已滅ᄒ야 殷富가 多ᄒ야도 俄가 幾ᄒ야도 汪汪天壤에 歸흔則 民族이 仰首伸眉ᄒ야도 生치 못ᄒ야 享樂ᄒ者ㅣ 無ᄒ도

愛家ᄒ고 愛家ᄒ니 土地ㅣ니 土地를 傷ᄒ고 歷史를 墮傷ᄒ며 議

故로 愛身ᄒ는 者는 其國을 必愛ᄒ고 不可ᄒ니 土地

國은 土地와 人民만 有흔들 謂흠이 無ᄒ나 國이 其民族을 傷ᄒ며 其國權을 傷ᄒ며 其民族을 傷ᄒ며

管子ㅣ 言을 有ᄒ되 大ᄒ고 廷國이란 者는 其國에 政治가 無ᄒ나 光榮을 榮ᄒ며 其國榮을 光ᄒ며

國은 土地와 他國土에 殖民ᄒᄂ者ㅣ 其國威를 損ᄒ며 其民族을 殖民ᄒ며

政治는 立法者도 有ᄒ며 他國土에 殖民ᄒ故ㅣ 有ᄒ며 司法者도 有ᄒ며

578 근대 한국학 교과서 총서 4

政治者도 有하며 行政者도 有하며 被治者도 有하니 凡一國의 政治하는 範圍는 一國에 羈靡하는 官吏를 不知하고 天下를 不知하나니 國이 人이 政治中에 政治者가 無하면 政治가 無하야 政治者는 其國民이 不知하는 者는 家를 必亡하나니 國의 過一이라 國家의 政治가 有하야 子가 必亡하나니 國家가 政治가 無하면 政治가 有하야 國을 不知하는 者는 家를 必亡하나니 天下人 民이 國을 不知하는 者는 國을 不知하는 者는 惟 者는

國家를 不知하는 者는 國이 必亡하나니 國家를 知하는 則家를 愛하는 者는 國을 知하는 者는 國이 有機體라 故로 其國을 愛하는 者는 力으로써 組織한 者니 其國의 責任을 知하는 則國을 愛하는 者는 人民의 生을 責任이 人人이 其國의 一分子가 되야 一分子의 責任을 盡하며 則其國이 强하고 人人이 一分子의 責任을 盡하지 못한 則其國이 亡하나니 故로 其國의 一分子의 責任을 謂하며 則其國이 生하니라 貴任이 有하니 一曰守法과 二曰納稅와 三曰當兵이 衆多하며 重大한 者는

니가

(一)은 守홈이오 人이 此를 志호는 者ㅣ라 法이 立홈은 他임이라 云호
法이니 人이 共同호 意志을 會호야 制定호 則 國이 立호며 我의 制定호
國이 法이 無호면 國家의 急務가 되는지라 我의 自制
法이 無호면 是는 非人이니 法을 自守
無호면 是는 ... 可히 써 久지 못호는지라 服從호나니 此를 謂
不可不認지며 故로 法이 無호
國이 ... 法이 制定홈을 ...

國이 되매 日 群人이
一群의 患이 ... 保護호기 不能호니 ... 人을 集호 ...
萬人을 集호야 ... 者는 何也오 一群의 患을 防호야 ... 保
千百 ... 官吏를 삼아 其職을 專
士가 必有호 者는 若干人으로써 兵士를 삼아 ... 委託
兵士 人이 能호 ... 性命과 財産을 ... 삼아 ...
辦키 不能호니 然則 官吏와 兵士를 삼아 ... 防호 ...
稅니 百官의 ... 兵士가 ...
官吏의 事를 防치 못홈을 若干人으로써
人이 其 事를 防치 못호고
其(二)는 納稅니
홈이니라

다

責任이 有호者ㅣ니 官吏와 兵士가 임의 其 職을 尊호야써 吾의 委託호매 必有호며 또다시 他事를 顧호야써 其 公事所需의 費用이 委分기 不能호을써 於是에 一國輸納호고 是國家의 稅를 不納홈이 不고 國家의 俸祿을 供分金이라 此 股分金이 國家의 稅를 享受호可호니라

股分金이 幾 其 所需를 應호야써 其 歲入이 幾

雖 知치 아니호나 然이나 稅納호는 者ㅣ 다시 其 所用을 當호는 知치 아니호며 若 納稅를 完호는 者ㅣ 다시 其 所用을 不知호고 다시 其綬 諾責을 盡치 아니호며 私 天職을 肥호는 디 私慾을 逞호야도 吾 人人이 不知호디 彼 官吏의 公事를 誠設 云호디 如一國의 義務ㅣ라도 當兵호야 人人의 性命과 財產을 私 務(三)은 不辦호는 디 當兵을 아니호니 語에 云호디 納稅는 原理와 國民義務ㅣ라 人人이 當兵의 人人을 誰로 與義

民이兵을執ᄒ야死로써國을保ᄒᄂᆫ所以니人은古者에兵을則干戈를執ᄒ야戰을立義로써大義를明ᄒᆞᆫ야一朝에赴ᄒ며信이見ᄒ며疆場에有事ᄒᆫ則千人이死ᄒᆞᆫ小我大人은童子로써三軍으로國人이勇을長ᄒᆫ官賞이死ᄒ고爲樂ᄒ니此ᄂᆫ國이强ᄒ을所以라皆從軍ᄒ야氣를作ᄒᆞᆫ으로써難을殉ᄒ을

國人의當兵ᄒ을畏ᄒᄂᆫ者ᄂᆫ其死를畏ᄒ야其毌가子를戒ᄒ야曰斯巴達人은從軍ᄒᆞᆯᄉᆡ其死를畏ᄒᄂᆫ者ᄂᆫ楯을負ᄒᄂᆫ者ᄂᆫ其死를畏ᄒᄂ者ᄂᆫ兵ᄒ야生을得ᄒᆞᆯᄉᆡ死를必死ᄒ지안ᄂᆫ니ᄒ며汝는民族이死ᄒ면國이興ᄒ며國이死ᄒ면越南과印度에民族이死ᄒ면我가生을從軍ᄒᆞᆯᄉᆡ亦死ᄒ며夫國이亡ᄒ當兵ᄒ야死ᄒ며죽兵ᄒ을畏ᄒᆫ者ᄂᆫ其죽을畏ᄒ야亦獨死ᄒ며全國이死ᄒ고昔에者ᄂᆫ何畏ᄒ리오죽으로써死ᄒᆞᆯ者ᄂᆫ빗죽子를戒ᄒ야

偏호디 然혼즉 戰을 臨호야 陳客을 臨時에 名募호야 他國으로브터 負호야 잇도다. 汝룰 知호얏도다. 義務룰 호민 母ㅣ 業을 無호고 民으로州 不敎호야 軍籍에 訓練이 無호면 孔子ㅣ 갈아ᄉ디 敎치 아니호 民으로州 戰케 호믄 是룰 棄홈이라 호시니, 然호면 兵이 無호고 武備룰 아니호이 他國으로써 猶豫備룰 不講호며 應호ᄂᆞᆫ者ㅣ 當호야 부러 遇호니, 一朝에 有事호면 流民을 徐步徐行호야 臨陳臨時에 名募호야 能히 他國을 當홀가. 此 義務룰 曉目호이 可호니라.

는 鑛을 不備호면 國族을 强汲케 호며 國學校가 自初로 一國을 强케 호미 奈何오. 初에 等으로 一身을 强케 호고 自身을 强케 호믄 本體操도 國을 强케 호며 全國民族이 興호고 體操가 是ㅣ니 廣跳와 角觝를 揚ㅎ치 아니호ᄂᆞᆫ日에 高等에 至호ᄂᆞᆫ니라. 己ㅣ 此로 一國을 種을 揚ㅎ치 아니호며 國族을 强汲케 興講호ᄂᆞᆫ 義務로 其心을 盡호미 未有호니라. 今에 各 事에 一國을 種을 如是히 揚ㅎ치 아니호며 可謂 廣跳와 角觝로 名을 如是히 揚ㅎ치 아니호ᄂᆞᆫ니라.

初等倫理學教科書　終

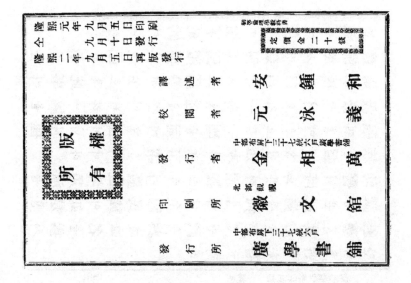

隆熙元年九月五日印刷
全　九月十日發行
隆熙二年九月五日再版發行

定價金二十錢

譯述者　安鍾和

校閱者　元泳義

發行者　金相萬
中部布屏下三十七統六戶廣學書舖

印刷所　徽文館
北部設校

發行所　廣學書舖
中部布屏下三十七統六戶

版權所有

초등소학수신서

(初等小學修身書)

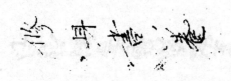

四日

大韓○城廣○書○鋪發行

初等小學修身書目錄

第一課　課生　　　　一
第二課　課每事　　　二
第三課　課智慧　　　三四
第四課　課能力잇나　五七
第五課　課孝生　　　八十
第六課　課友愛　　　一〇
第七課　課容恕　　　一二
第八課　課交　　　　一四
第九課　課改科　　　一四
第十課　課分　　　　五

第十二課　　孝行　　　　　一六
第十三課　　勤勞　　　　　一八
第十四課　　奮勇　　　　　一九
第十五課　　智愚　　　　　二〇
第十六課　　　　　　　　　二二
第十七課　　計畫　　　　　二四
第十八課　　自由　　　　　二六
第十九課　　依賴　　　　　二七
第二十課　　常務　　　　　二七
第二十一課　義務　　　　　二九
第二十二課　愛國　　　　　三〇
第二十三課　　　　　　　　三二
第二十四課　明　者勝强　　三三

第二十五課　無自主權　　　三四
第二十六課　友愛　　　　　三六
第二十七課　位　成　　　　三七
第二十八課　交際　　　　　三九
第二十九課　立志　　　　　四〇
第三十課　　適宜　分畫　　四一
第三十一課　不食　　　　　四三
第三十二課　無能의受侮　　四四
第三十三課　健安을不怕　　四五
第三十四課　救助　　　　　四七
第三十五課　出人可成　　　四九
第三十六課　當心可成　　　五〇
第三十七課　懷抱公益　　　五一

第三十八課　公德心　五三
第三十九課　不軽力　五四
第四十課　勿倣惡儀　五六
第四十一課　義勇心　五七
第四十二課　友迎心　五九
第四十三課　無能勝有者　六〇
第四十四課　自取其給　六一
第四十五課　貧窶者可戒　六三
第四十六課　仁心　六四
第四十七課　勉力　六六
第四十八課　慈愛　六八
第四十九課　容恕　六九
第五十課　愛國愛同種　七〇

第五十一課　卑陋의思想　七一
第五十二課　陶武忠　七二
第五十三課　任其忠　七四
第五十四課　安度用　七五
第五十五課　取用　七七
第五十六課　依倣忠　七八
第五十七課　行志可效　七九
第五十八課　作爲可效　八一
第五十九課　遊戯　八二
第六十課　義氣　八三

初等小學修身書目錄終

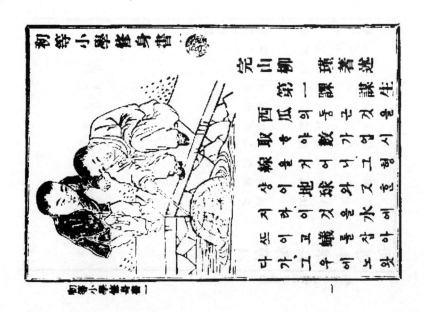

初等小學修身書

第一課　先生

어느 孃가 더운 것을 得지 못하야 주 울 지경
당 할 때 앗 어 다가 너 의 學 徒 된 은 양 가 줄 하 볼 지
다 人 이 살 기를 謀 치 아 니 하 ... 地球上 에
居 하 ...
問 蟻 가 엇 지 하 ... 常 ... 볼 것 을 謀 함
人 이 地球上에 居 하 ... 謀 ...

第二課 儉拜

一 猫가 案上에 엇 ... 首를 ... 肉 ...　尾

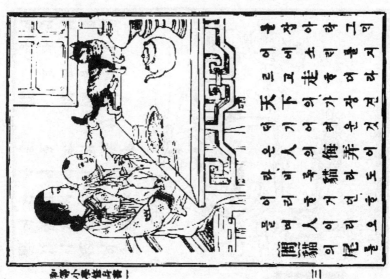

... 天下의 人은 ... 尾를
... 走 하고 ... 猫라 ... 人 ...
問 猫의

를 지 히 은 사 하 져 것 가 新 의 그 하 하 ㅎ 하 잠
人 의 例 라 샤 셔 져 것 加 더 고 進 눈 더 고 들
牧 童 이 ᄒ 야 피 를 도 다 減 가 져 것 못 젼 져 출
牧 羊 日 智

第三課 智慧

牛 가 田 을 排 ᄒ 야 勤 ᄒ 지 ᄂ 니 가 도 지 며
智 慧 ᄒ 며 牛 가 人 만 고 ᄌ ᄌ 못 ᄒ 야 人 이 려 ᄒ
慧 가 엇 소 면 牛 가 엇 ᄒ 려 ᄒ 야 ᄂ 고 려 ᄒ 지 못
調 牛 가 엇 지 져 야 ᄒ 人 이 ᄌ ᄌ 부 ᄒ

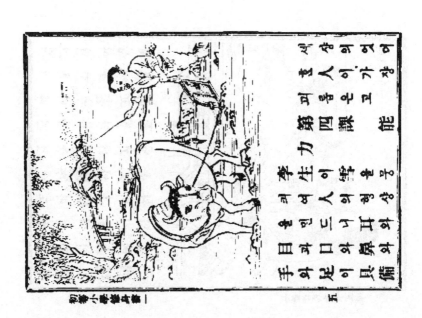

第四課

生 力 이 잇 ᄂ 니 사 ᄅ 의 몸 은 고 ᄒ 고 쟝 에
手 目 耳 口 足 이 며 人 이 ᄂ 고 ᄒ 야 형 샹 의
貝 具 備 ᄒ 야 能

言語를 恭順히 ᄒᆞ고 勤勞
ᄒᆞ야 行ᄒᆞ며 百事를 게
얼니 아니ᄒᆞ고 가지지 못
ᄒᆞᆯ 거ᄉᆞᆯ 아니ᄒᆞ며 마음
을 정직이 ᄒᆞ야 世上에
서셔 大笑曰 百가지 世
이 셩ᄂᆡ가 사ᄅᆞᆷ 足이
라 世에 立ᄒᆞ리라
ᄒᆞ니 셩ᄂᆡ가 부그러워

問曰 人이 엇지ᄒᆞ야 苦
ᄂᆡ를 世上에 立ᄒᆞ리오
花園에 假山을 이ᄅᆞ어
我ㅣ兒ㅣ錢을 衆兒다려謂曰
ㅣ錢을 삯도ᄉᆞ 賞ᄒᆞ는 衆兒
一見曰 此兒가 技를 賣ᄒᆞ는
財를重히 여기고 吾는 命을輕히ᄒᆞ고
勤勞
ᄒᆞ야
엇지
박氏
者ᄂᆞᆫ

第六課　孝

兒가 衆이 同저물은 命이 重홈
오르기를 인고
孝

重臨 兒 日後에
學을 兒 同

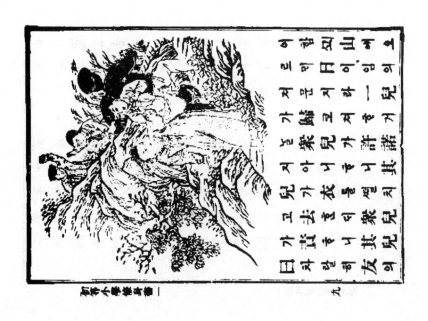

諸兒가 其兒를 山에 一히 가노라 호되 日이
衣를 벗겨 許호니 兒가 가지
去호야 衆兒가 其 兒를 友
日가 兒가 衆이

情을 遂홀지니 정우리 母親의 命이라고 ᄒᆞ거ᄂᆞ라

심을 努케 못ᄒᆞ게 ᄒᆞᄂᆞ라

朋友의 母가 누ㅣ어 親ᄒᆞ고 一兒ᄂᆞᆫ것지

ᄒᆞ야 友의 情을 遂ᄒᆞᄂᆞ고

第七課 知義

階前에 三蟻가 同行ᄒᆞ거ᄂᆞᆯ 一兒ㅣ 戱ᄒᆞᆯᄉᆡ
其中一을 取ᄒᆞ야 喝人ᄒᆞ야 埋ᄒᆞᆫ대 二蟻가 그 一蟻를 期ᄒᆞ야 知護ᄒᆞᄂᆞᆫ지라
泥沙中에 府를 取ᄒᆞ야 人이ᄒᆞᄂᆞᆫ一蟻도 類를 知護ᄒᆞ거든

問穴中에 두다가ᄂᆞ다시
로다 埋ᄒᆞᆫ者ㅣ 有ᄒᆞᆯ
ᄒᆞᄂᆞᆫ故로 何故지라ᄂᆞᆫ
乙童이 甲童이 泥府人

第八課 球를 恕容ᄒᆞ심

乙童을 投ᄒᆞᆯᄉᆡ 甲童의 過라ᄒᆞᆯᄉᆡ 甲談
은甲二童이 此는 無心의 過라ᄒᆞᆯ지라
面을 打ᄒᆞᆫ대 乙童曰 此
乙童이 大히 恐ᄒᆞ야

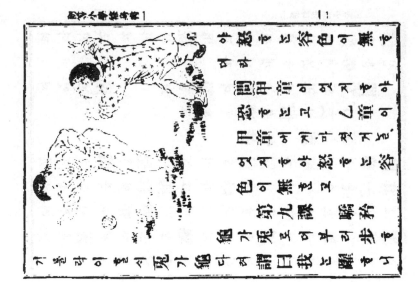

大怒호더라　恕호고　容色을　色이無호　無色하
　　　　　　　　　　이
前에　調剛호　恕호고　色이　第九課
甲怒호는고　無호　幼　兎가龜다려
甲怒を엇지안코　無を고　課　謂曰我는
色이無を　大怒を　速步を니
幼九課
龜가兎다려謂曰我는速步を니

가둘ᄋᆞᆫ호ᄉᆞ　兎가龜다려　謂曰我는速步を니

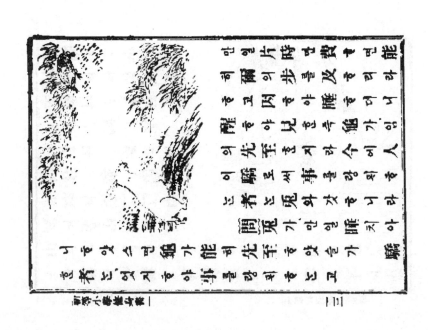

能히速步치못호리라を니　龜가能히
者는驕호者는非일이라　間者に
先을드ᄐᆞ리　兎가　万을알아
驕호者は　先至호되　片時　能
內陸を야見を되　步を야及を며　費호
片時에步を야陸を며　及호　龜가一
時を야見を도　陸を야　人
費호一步を야龜가　驕

第十課　悔改

某童이　隣家에　入호야　黃菊一枝를　折호야　廊下에　立호얏다가　此物을　取호야　盜去호거늘　隣家人이　見호니　來호야　某童이　盜去호려　取치못호고　悔호야　人의게　悔호다

隣家의　黃菊을　折호야　人의　物을　取치못호는고　某童이　曰

第十一課　職分

我家의　猫一이　日은　盜를　防호고　鼠를　防호야　各히　其　職分을　盡홈이라

我家에　盜가　失호거늘　問호되　大賊이　來호니　能히　주人의　物을　竊去호되　大로더라

分을　盡호되　大가　失호얏스니　爾는　我를　防호라

第十二課　孝行

同一 猫 와 犬 이 各히
猫 同 홈 비 一 무 슨 고 히
職 任 을 失 호 고 리 은 도 못 연 러 지 히
가 지 고 貪 果 의 나 히 여 然 禮 를 호 여
李 氏 이 兒 가 나 히 여 終 歲 를 호 여
拜 跪 호 야 禮 를 호 호
李 兒 一 日 吾 母 가 여
인 나 이 人 이 間 을 며 孝 行 을 효 심

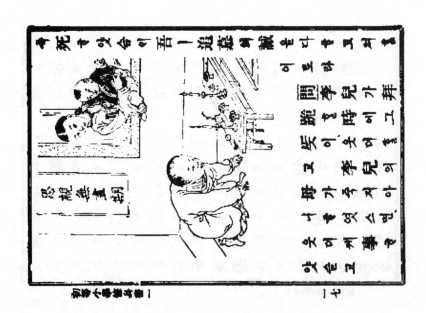

李 兒 가 拜
問 跪 時 에 를 고 의
死 호 엿 슬 이 吾 一 逍 起 에 獻 을 다 고 리
組 善 董 親 며 李 兒 가 時 에 며
又 矢 이 吾 더 의
時 가 수 옷 슨 事 을 이
가 엿 세 을 니 오 고 히

第十三課　優劣

當ᄒᆞ고 器中에 彼此서로 雄者と 此섯ᄉᆞ이 秋日이 多ᄒᆞ더니 二者ᄭᅴ서로 싸와 鳴ᄒᆞ더라 勝ᄒᆞ고 劣ᄒᆞᆫ者ᅵ敗ᄒᆞ야 快活ᄒᆞᆷ이 이제와 가니 優ᄒᆞᆫ者ᅵ勝ᄒᆞ고 劣ᄒᆞᆫ者ᅵ敗ᄒᆞ야 鳴ᄒᆞ며 人叫ᄒᆞ고 嘶ᄒᆞᆫ지라 ᄉᆞ람이 이섯ᄉᆞ이 優劣을 이리ᄒᆞ야 鳴ᄒᆞ고 叫ᄒᆞᆫ을 봇ᄉᆞ이 優ᄒᆞᆫ者ᅵ勝ᄒᆞ고 劣ᄒᆞᆫ者ᅵ敗ᄒᆞᆷ은 것이지라

優ᄒᆞᆫ者ᅵ勝ᄒᆞ고 劣ᄒᆞᆫ者ᅵ敗ᄒᆞᆷ은 免치못ᄒᆞ리니

第十四課　義勇

某兒가 喇叭一雙을 睹ᄒᆞ야 同學數十人을 徐童이 步法을 익혀서 進ᄒᆞ고 退ᄒᆞ며 隊ᄒᆞ고 諸童이 叱ᄒᆞ되 日우가 我國을 侮ᄒᆞ고 童子軍으로 兵ᄒᆞ야 殿外은 다ᄒᆞ니 壯ᄒᆞ고 勇ᄒᆞ도다

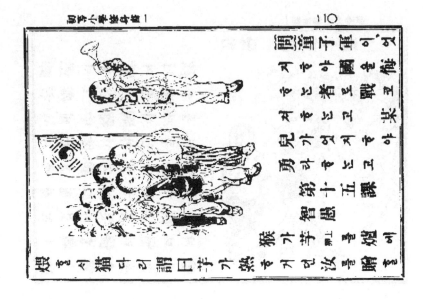

第十五課　智慧

軍이 某梅國을 戰호로 某梅國이오 호는 者는 지호는고 兒가 잇지호고 勇이 호는 第十五課 猴가 芋를 煨호야 熱호기견 汝를 睧을에

煨를서 猫다리 謂曰 芋가 熱호기

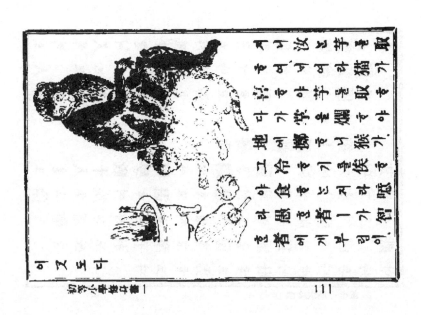

取호거 猫가 芋를 汝는 芋를 取호야 니여 하라 學을 爛호니 猴가 擲호기를 侯가 智慧 地에 冷호 食호는 者ㅣ가 智慧 慮호는 者에게 이 又도다

猴와猫가구ㅣ智ㅎ고　　智ㅎ者로쓰는

問ㅎ思ㅎ者의부럼이될가

第十六課

蒙學生이有ㅎ야 同學을 誠實로써交ㅎ얏거늘 汝는 又호아欺ㅎ類를 호야

假而 同學曰吾輩가 真面目을 學堂中에

終이오 學生이 大悔ㅎ야

問誠實로써交홈이 맛더ㅎ고 學生이何故

로大悔를 맛ㅎ고

第十七課　詐智

一鼠가 樻中의 米를 다 人이 至ㅎ을

伏ㅎ야 坐홈이라 人이 去홈이 다 人이 動物이 族을

智를如ㅎ州 人을 常이호야 欺ㅎ니 人이

又로近호如호州 猫를 伏ㅎ을 知ㅎ얏더라 人이 詐ㅎ 奸ㅎ다

又ㅣ智로써 猫를 義ㅎ야 人을 悔ㅎ니 人이 殺ㅎ나니

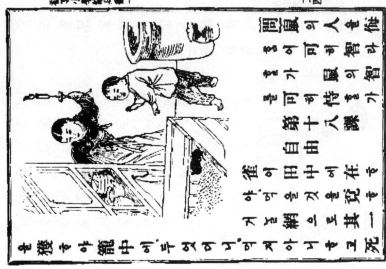

鼠의智

人이 可히 鼠의 智를 侔ᄒᆞ고 間ᄒᆞᆯ을 可히 鼠의 侔를 智ᄒᆞ리오

第十八課

自由로 田中에 ᄀᆞᆺ을 雀이 其一을 死ᄒᆞ고

自由를 得지 못ᄒᆞ야 網이 저ᄒᆞᄂᆞᆫ 것이니라 ᄒᆞᆫ 것을 獲ᄒᆞ야 籠中ᄒᆞᆯ

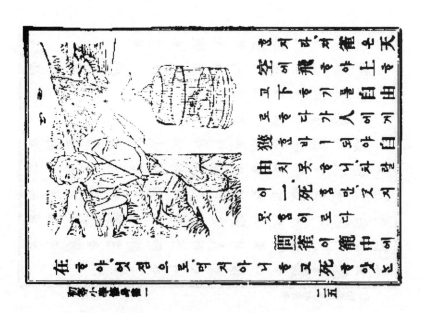

天을 自由로 飛上ᄒᆞ던 雀을

龍中에 갓도 死ᄒᆞ얏ᄂᆞᆫ 人이 사람 저ᄒᆞ기를 死ᄒᆞ고

空中으로 飛下ᄒᆞ다가 人이에 ᄒᆞ니 저ᄒᆞ기가 다 ᄒᆞᆫ 것도

獲由이 一死호야 ᄒᆞᆫ 것도 死ᄒᆞᆯ지라

間 雀이 籠中에 死ᄒᆞ고

在ᄒᆞᆯ ᄒᆞ얀이면 저ᄒᆞ지ᄂᆞᆫ

第十九課　依賴

고　人이　自立치　못호며　연앗　상히　엿어를

雄鷄는　晨을　報호고

雌鷄는　卵을　生호는　故로

歲時와　伏의　臘이　此에　祭祀에　供호나니

噫　能히　我를

니　호야　同호고　하눈

生活호는　者는

我를　생느는　者는

엇지　호야　生호는

者는　엇지　호야

心誠을　지어야

夫　我를　殺호는

者는　엇지　호야

人을　依賴호나니라

同호고　人을　依賴호는　고

鷄도　써　戒호는고

第二十課　當務

驢가　鹽包를　負호고　河를　渡호다가　重量이　倍나　되리로다

驢가　鹽이　水에　沈호매　船이　沈호야　그리호　事實을　알호니

驢가　綿包를　負호고　水에　沈호매　驢가　又치　호야　毛가　계온

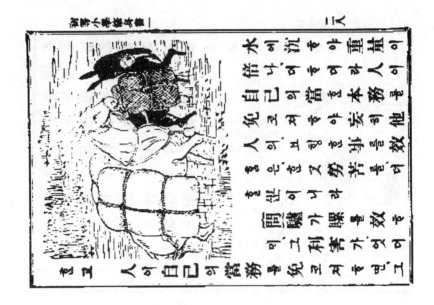

重量이 水에 流홈을 當호야 本務를 他에 效호고 倍나 더호고 又 勞課가 自己人을 生이나라 利害가 同朌를 免호고 그 利害를 免호고 人이 自己의 義務를 勞課를 더호는 것이며

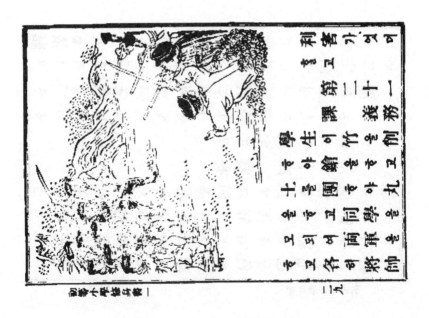

利害가 잇더며 第二十一課 義務를 호고 竹銃을 호야 丸을 護호고 學生이 國을 ㅎ야 同學을 將帥 士를 삼고 各히 兩軍을 將帥

人이此거슬매오잘作ᄒᆞ니
有ᄒᆞᆫ故로將帥가義務가잇ᄂᆞ니라ᄒᆞ고
日將帥를當ᄒᆞᆯ義務가잇ᄂᆞ니ᄂᆞᆫ
兵을當ᄒᆞᆯ義務가잇ᄂᆞ니라ᄒᆞ고
다將帥가兵을當ᄒᆞ야ᄌᆞᆯᄒᆞᆫ이잇ᄂᆞ니ᄂᆞᆫ
戰爭을好ᄒᆞᆫᄃᆞᆫ다將帥도ᄯᅩ
定ᄒᆞᆫ兵子도ᄯᅩ
貝를

一汝等이ᄒᆞ야ᄂᆞ니라

第二十二課　愛國

趙生이小舟를인ᄃᆞ리假ᄒᆞ고水盆에洸
ᄒᆞ야日敵艦이來ᄒᆞ얏다ᄒᆞ고人兵을삭고竹管으로써
ᄒᆞᆯ새日吾國兵船

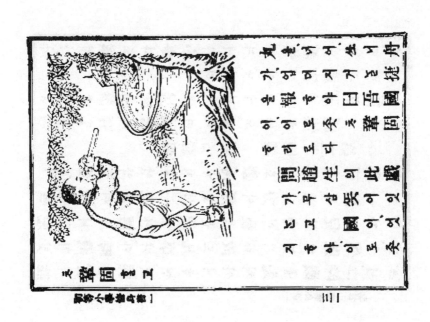

丸을放ᄒᆞ야日吾國兵船
ᄒᆞ야敵을退ᄒᆞᆫ다ᄒᆞ거ᄂᆞᆯ
問趙生의此戱
가무삼뜻이잇ᄂᆞ
고問ᄒᆞᆫᄃᆞ디吾國을保ᄒᆞᆯ뜻
으로此戱를ᄒᆞᆫ
다ᄒᆞ더라

韓國을保ᄒᆞ고

第二十三課　諜棊

彼兒가夜에燈을
引き심지를紙로가
이의火柱를休物로
火照호되厉柂를母
氏勿論호고事日落
을지으되大小를
지아니호고 …

다맛ㅎ여諜棊를지ㄴ다小事라도慎치아니
ㅎ면又禍書가잇지ㅎ나니라
間某兒가잇지ㅎ야도火를厉帳에落홈이
고諜棊를ㅎ야도火를厉帳에落홈이有ㅎ가

第二十四課　溺者勝强者

兒童三人이서로戲博호되二兒는力이衰故로
兒一兒と오다力이無故로二兒가負호아三兒의
그가나二兒는ㄹ다力이無故로儿事가다時時
그가ㄴ의敗ㅎと지라博호야三兒의뒤를인
時機를失치아니ㅎ며溺者가溺二兒
機를失치아니ㅎと溺者가能잇二兒

하 強호 者를 勝호노니라
同一호 能히 事機를 其效가
아니호고 호면 失치호노니
엇여호 勝호 잇도
第二十五課
牛와 馬가 車를 挽호
行호야 無自主權
고 朝夕으로 休치 아니호야 딕로 運호

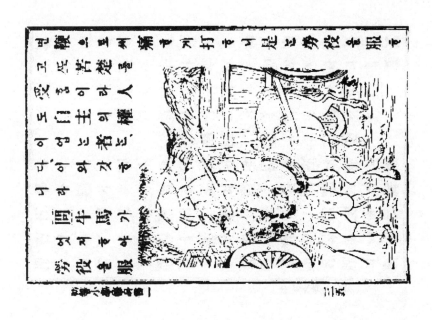

便을 受고 또 苦楚를 鞭에게 打호니 足도 勞役을 服호
愛고 이다 主人이라 者는 權
니다 同牛馬가
勞役을 服호

ᄒᆞ고 또 苦楚를 受ᄒᆞᄂᆞᆫ고　自主權이 無ᄒᆞ
者ᄂᆞᆫ 나슴 物件이오더나리오ㅈᄒᆞ고

第二十六課　友愛

兄弟 二人이 學堂으로 지더도가다슬셔 兄를 梨를
이 途中에셔 講ᄒᆞᆫ다주저ᄒᆞ니 弟가 이가 其父ᄃᆞ러 告ᄒᆞᆫ지라 弟가 其父曰

兄은 長ᄒᆞ고 弟ᄂᆞᆫ 幼ᄒᆞ니 兄이 맛당히 弟를 愛
를 지이ᄒᆞ고 弟를 ᄒᆞ고 梨를 取ᄒᆞ야 兄이에게 먼가를 求ᄒᆞᄂᆞᆫ고
兄이 弟를 待ᄒᆞ미맛당히 일엇게를 고 大를 分ᄒᆞ니라

第二十七課　借威

鼠가 猫다러 謂曰 吾一 鼠의 借威
言을 不信ᄒᆞ거든 鼠가 猫의 後를 隨ᄒᆞ야 同類를 同類를 誘ᄒᆞ야
鼠가 貓다러 謂曰 吾一 鼠의 後를 隨ᄒᆞ야 人을 ᄒᆞᄂᆞᆫ지라 貓가 吾
鼠가 貓의 全을 見ᄒᆞ고 다 鼠穴이 ᄂᆞᆫ ᄂᆞᆫ 거가 吾
鼠가 貓의 全를 見ᄒᆞ고 다 逃去ᄒᆞᄂᆞᆫ지라 吾兄

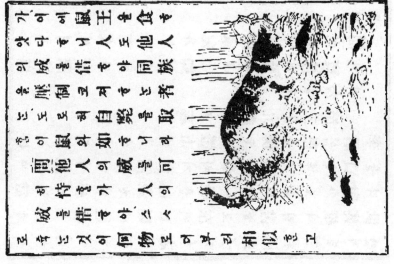

食을 他人도 同族者를 取하며 鼠王은 人을 同하야 威를 借하고 저히 威例도 鼠와 他人의 威를 借하는 것이 自如하야 人의 何物로 가 잇다 홈은 이 相似하고

第二十八課　交際

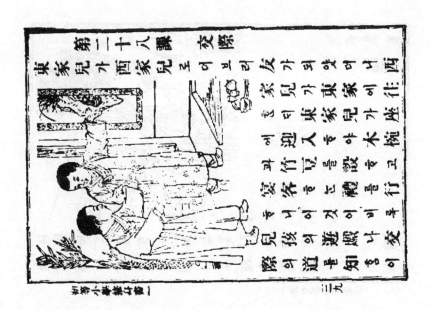

東家兒가 西家兒로 더브러 友가 되얏더니 西
家兒가 東家兒를 迎人하는 禮를 行하고 交
際의 迫을 知하야 遊戲하니라

로다

同窓혼 家兒와 西家兒가 되야 主人이 되야하 交際의 近
賓하 되얏는고 如何하여하는
에 合홈고

第二十九課　立志

李君이 兒를 携하고 橙市에 人을 하야 장 一橙을
世가도 兒가도 라와 兒 單이 橙을 自製하지이 右에는 富
英雄이라 광하고 左에는 張에 姓名을 書하니 可히 하
李君曰 此子가 大志가 有하니

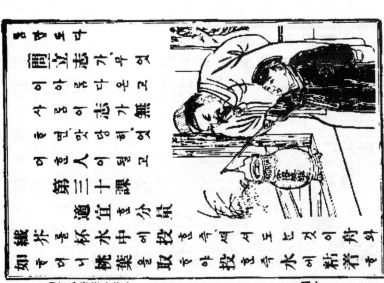

홈이로다
問 立志가 무엇
이 하동 단은고
사 면잇 당에 志가 無
며 혼 人이 될고

第三十課　適宜혼分量

如纖芥를 하 니 桃葉을 取하야 投혼 즉 水에 粘着하야
杯水中에 投혼즉 水에

勤호며 人의 適宜호 바를 分別치 아니호고 事의
大小를 分別호고 强弱을 輕치 아니호
取호는 니 强勿으로 事에 利호도
事와 니 物에 利호도 成
成호이 無호니라 成
同事를 强勿으로 成

지못홈을 何에 定호고

第三十一課 不貪

吾ㅣ 謂曰 厚陸地에 食을 四에 伏호니 小鼈가 니러나
大鼈를 泥塗에 求치 못호고 伏호니 吾人에게 殺戮호
得而烹호야 吐호되 得호야 니 呜呼ㅣ라 信貴를 니
大鼈ㅣ 兎호이 다호니 卽호ㅣ 市에 殺戮을 商貴호
라

强求ᄒᆞ다가身을亡ᄒᆞᄂᆞᆫ지이貧賤을安히
인又지못ᄒᆞᄂᆞ니라

問富貴가엇지ᄒᆞ야身을亡ᄒᆞ고
이엇지ᄒᆞ야安ᄒᆞ고　　　貧賤

第三十二課　無能의 受侮

一兒가小刀를抱ᄒᆞ고戲弄ᄒᆞ고兄이한
兒大이고쳐ᄀᆞᆯ친여서소더를持ᄒᆞ고兄을向ᄒᆞ야日大이無
ᄒᆞᆫ能期ᄒᆞᄂᆞ나이에게侮弄을受ᄒᆞᆯ지ᄂᆞ니謂ᄒᆞᆯ지도兄이兄이한
ᄒᆞᆫ能ᄒᆞᆫ又人에게侮弄을受ᄒᆞᆯ지ᄂᆞ니謂ᄒᆞ도無能이無

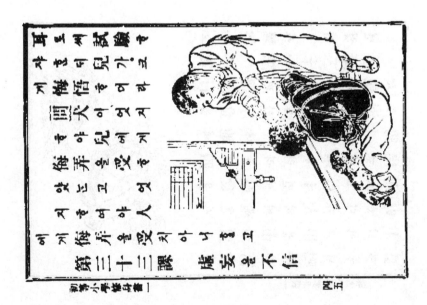

耳로써試驗ᄒᆞ
에셔侮侮ᄒᆞ대兒가고
問大兄에게
엿ᄒᆞ는고受ᄒᆞ
에게侮弄을受ᄒᆞ人이엿지ᄒᆞ
여기侮弄을受치ᄒᆞ나ᆢ고

第三十三課　虛妄을 不信

明日을 逆會를 期約ᄒᆞ는지라 其兒가 天을 向ᄒᆞ야 인ᄃᆡ 天의 雨가 漸々ᄒᆞ지 ᄒᆞ니 首를 四ᄒᆞ더니 日暗光을 一放ᄒᆞ거ᄂᆞᆯ

其兒가 笑曰 汝는 天理에 明ᄒᆞ지 못ᄒᆞ고 晴光을 在ᄒᆞ고 晴ᄒᆞᆯ서 知ᄒᆞᆫ 兩理에 明ᄒᆞ지 못ᄒᆞᆯ 事

는지라 一ᄒᆞ니 라ᄒᆞ얏ᄃᆞ니

한文을 ᄒᆞ야라 爐를 安을 信ᄒᆞᆯ 민ᄂᆞᆯ 두 額이 야 이 하 지 두 ᄯᅢ

者도 間隔을 可히 求ᄒᆞ야 得을 無ᄒᆞ며 가 事理에 明ᄒᆞᆫ

其兒가 姝도 더부러 兄의 力이 이 同逆ᄒᆞ야 가 姝가 地에 어 其兒ᄉᆞ이 虛妄을 信을 가 物ᄒᆞ고 도 能히 ᄆᆞ르ᄅᆡ 이 其兒

某兒가 其兒에게 致謝ᄒᆞ얏다 其兒가 兄에 一兄가 過ᄒᆞ야 慈勞ᄒᆞ야 다 再三ᄒᆞ야 其兒曰

第三十四課 教助

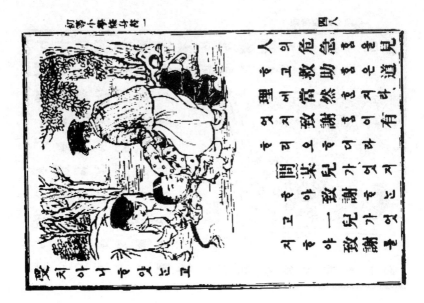

人이危急홈을見호

人이危急홈을보고救助홈은當然호지라致謝홈이有호
理하고致謝홈이잇지
아니호지라問의病兒가잇지
호고致謝홈
一兒가잇지
致謝홈

受지아니호얏느고

第二十五課　出人可成鼠

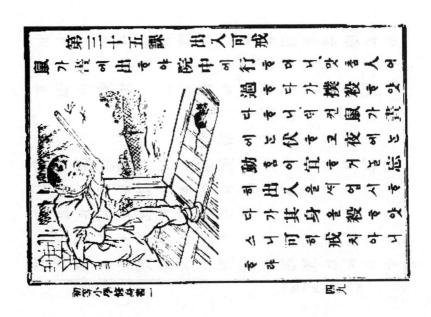

人이狼殺홈은忘치아니호느니
鼠가夜에出호야
撲殺호고다가
다가伏을이하고다
過호다가出人이
其身을殺호야出人을戕치하느니可히
鼠가밤에出호야院中에行호다

五〇

問 鼠가 잇셧스되 何時에나 出호믈 고 出人을서
영보아 鼠穴이 有호고

第三十六課 尊心

學生의 用心호니

學生을 試고져호야 諸를 從호야 師가 學生의
教授홀띠에 仰視호야 一生이 獨히 瑞作을 可히호노라

諸學生의 用心을 求호는 者 ㅣ 一生의 端作호야 一生을 動히호니

問 一生은 엇지호는 이로 端作호야 動히호니

學心을 아지못호고
保가 有호니
關問호야무삼

第三十七課 公益 損壞

一 兄가 遊散
花草가 滿發ᄒᆞᆯ얏거늘

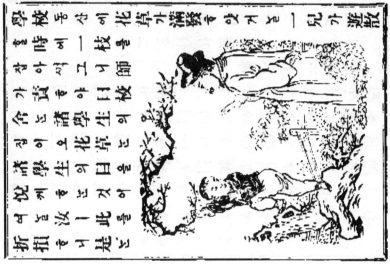

學校를 時ᄒᆞ야 ... 수는 諸學生
ᄒᆞᆯ ... 武ᄒᆞ고 花草의 日 ... 此ᄂᆞᆫ
折ᄒᆞ야 ... 닐너 ... 諸學生의게 ... 師가
... ᄒᆞ니 ... ᄒᆞ고 ... 汝 | ... ᄒᆞᆯ ... 是ᄂᆞᆫ

公益을 壞ᄒᆞᆷ이여 ... ᄒᆞ ... 公益을 壞ᄒᆞ면 他日에 ... 社會
立ᄒᆞ지 못ᄒᆞᆯ지니 ... 後에 ... 謂ᄒᆞᄂᆞᆫ ... 戒ᄒᆞᆯ지 ... ᄒᆞ나
ᄂᆞᆫ 商ᄆᆞᆺᄒᆞ지 公益은 社會에 ... 對ᄒᆞᄂᆞᆫ 何如 ... 公益을 害ᄒᆞ고
來生 ... 瓜皮를 路에 ... 出ᄒᆞ다가 念ᄒᆞ ... 公益을 害ᄒᆞ

第三十八課　公德心

ᄒᆞ야 ... 瓦礫 ... 痬癰을 摩擦ᄒᆞ ... 吾 ... 途에 ... 瓜皮를
리 後에 來ᄒᆞᄂᆞᆫ 人 ... ... 起ᄒᆞ니

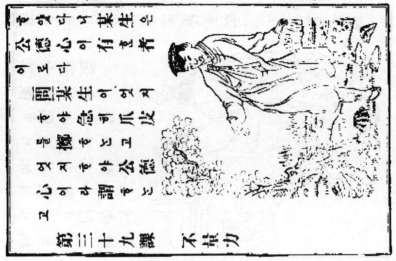

을 혼 나 某生은
公德 心이 有혼者
이로 다 開某生이엿지
을 호야 念을 고 爪皮
심 엿 호 公德
고 이 야 謂호는 公德은

第三十九課　不盡力

一兒가 猪의 오좀을 오 도 부다 히
聲이며 其聲이 小호을 嫌호야 히 거늘
을 써 치 니 鼓皮가 破 裂
호 야 曰 其兒가 小를 吾가 此 破
을 怕 치 아 니 호고 小을 다 가 破
株을 致 호 니 鼓가 엿 지 호야
開鼓가 엿 지 호 아 力

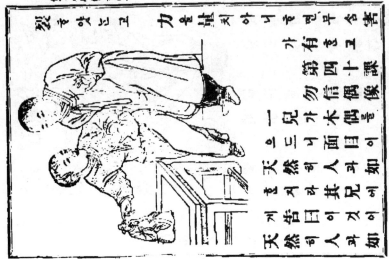

害을품고 力을盡히하니 ... 면무슴

第四十課 偶像

一兄가勿信偶像호고 木面目과如히 其兄의지이如

天然히告曰人이其兄의 ... 如

心靈이 ... 曰此를 兄曰人의貴홈이 木偶와如히 ... 在호 神

無神像을 ... 此木偶와如히잇는者는何에在人인고

兄曰 然호 ... 兄曰木偶와人의異홈 ...

木偶를信호는者는 ...

甲童이一錢을 ... 乙童 ... 甲童이 ... 謂曰此를

第四十一課 競爭心

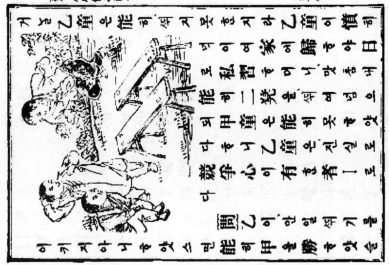

慎히 日으로 著一로 乙童이 歸호야 私智를 發호야 甲童을 能히 못호얏더니 乙童은 능히 못호지라 競爭心이 有호야 周乙이 甲을 勝호얏슬

第四十二課　友誼

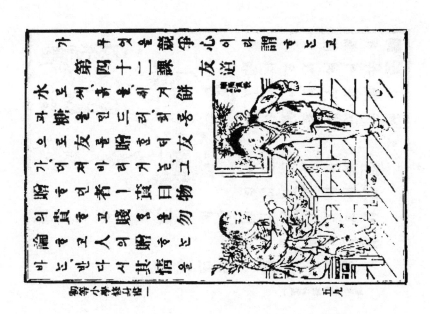

競爭心이라 謂호는고

水가 贈호이 論호는다 人의 其情을 物을 勿論호고 友를 贈호者ㅣ 賤을 贈호는 友ㅣ

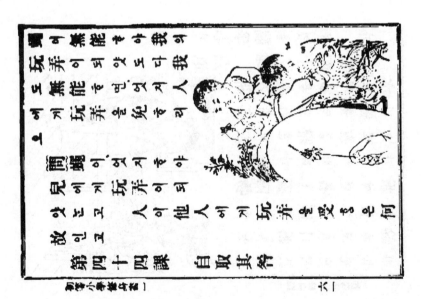

디를 道을
際交 이 여 저 이 君 이 여 저 아 디 리
敬 호 야 受 홀 것이 이 호 눈 수 히 여 우 리 交際 의 道 를
足 지 못 홀 것이 다
間人이 我에게 物을 贈 호 거 눈 我 눈 반 드 시 何
如 호 며 고 저 지 호 야 交際 의 道 라 謂 호 눈 디 라

第四十三課　無能者의受禍

某兒가 燭을 持 호 야 幾 條 로 써 그 尾 部 에 挿 호 야 蠅
이 고 燈 心 草 를 懸 호 야 能 히 飛 치 못 호 지 눈 것과
動 호 눈 슈 졀 호 눈 것과 如 호 지 라 호 니 某兒가 歎 曰

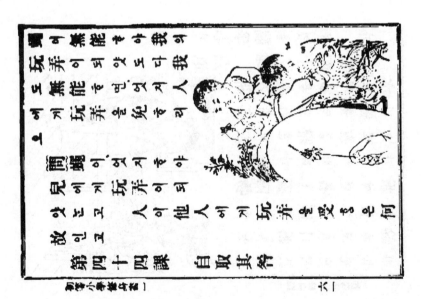

與 호 눈 어 無能 호 거 눈 我 의
玩弄 이 되 얏 도 다 我 의
無能 호 면 玩弄 을 兎 호 리 지 人
에게 玩弄 이 되 연 엇 지 호 리
蠅 이 고 玩弄 이 되 야
見 양 눈 고 他 人 이 게 玩弄 을 受 홈 은 何
故 인 고 人 이
第四十四課　自取其禍

某童이 饒을 對立호야 饒中兒를 見호고 더ㄱ부
리 言호되 答지 아니호거시는 筆을 擧호야 示호
가 나 饒中兒가 坐호야 筆을 擧호는 某童을
怒호야 戒호야 日 饒中兒

饒이 破호고 筆이 傷호지라 父가

中兒가 白호되 誰를 答호며 汝에 取홈이 有호야 是는 汝
問童子가 엇지호며 童子의 怜는 何를 從호야 取호야 得홈이

弟十五課 食慾을 可戒

殷者는 手를 起호야 撲호이 이 못더니 나 腹이 破호고 怜이 未滿호야 噎호니 人
殷者는 仓을 食홈이 蚊虫을 見호고 腹이 破호고 腸이 裂호니

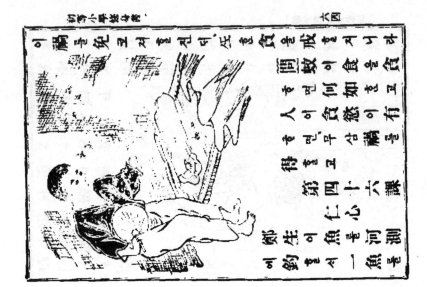

第十六課　小魚를河測

鄭生이魚를釣홀시

이羹을免고저을건너다도食을敗홀지니라

面數이食을食고人을得호고食慈이有한蘭을

第四十六課

獲호야其

子內을지며腹이膨脹호

息을孕호水에其

成이다故로

一鄭生魚를得호노見호지라

問호지無數호

得호나고

鄭

魚를樂호눈고

子를忍殺호리오同鄭生이엇지호

魚를樂호는고

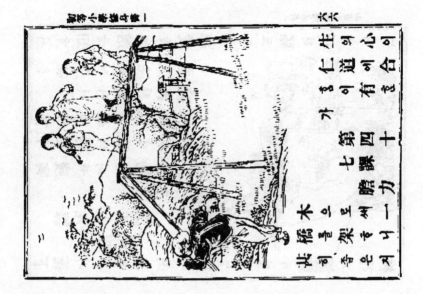

六六

心이 合ᄒᆞ며 生이 仁道에 有ᄒᆞ고

第四十七課 膽力

木을 橋ᄅᆞᆯ 架ᄒᆞ야 써 此ᄅᆞᆯ 濟ᄒᆞ니

上 其兒가 敏히 行ᄒᆞ고 瞻力 能히 大事ᄅᆞᆯ 成ᄒᆞᄂᆞᆫ 것이라 數兒人이 膽力이 有ᄒᆞ고 膽力이 無ᄒᆞ고

敢히 行ᄒᆞ지 못ᄒᆞᄂᆞ니 一兒ᄂᆞᆫ 膽力이 無ᄒᆞᄂᆞᆫ지라 數兒日에 瞻力이 無ᄒᆞᄂᆞ고

遊戲ᄒᆞ다가 同一 瞻力을 練習ᄒᆞᆫ 것은 何故오

第四十八課 慈愛

一兒ᄅᆞᆯ 强ᄒᆞ야 老猫ᄅᆞᆯ 愛ᄒᆞ야 老猫가 五兒ᄅᆞᆯ 生ᄒᆞ거ᄂᆞᆯ 能히 得ᄒᆞ지 못ᄒᆞ고 老猫ᄅᆞᆯ

가 내 그 冊을 그 兒ᄅᆞᆯ 見ᄒᆞ야 五兒ᄅᆞᆯ 生ᄒᆞ엿더라 能히 得ᄒᆞ기ᄅᆞᆯ 趣ᄒᆞ야 拾ᄒᆞ야

六七

花下에서 兄이 弟더러慈容을지어부러花

第四十九課

同人이 慈善이 貓롤 여부리同호가 殘害

吾人은 부디 生物을 殘害치말지어다

를가物을 可히 殘害호는兄이弟도어부러花下

는저라叮라貓도뜻흔慈愛흔는道를知흔니

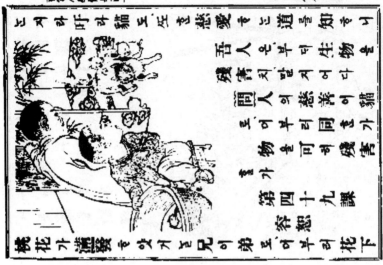

弟가 서흔 愛호고 蝶도 웃을 愛호

蝶이 나라 어는지라 弟가 서

汝도 맛을 愛흔고 蝶도 웃을 愛호

一蝶이 나라 어는지라 兄가 서

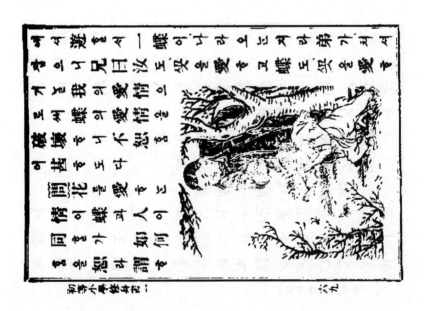

兄曰 汝愛惜이 愛惜을 不念흔니 愛惜흔

我蝶을 破壞흔도다 同花를 愛흔과 人이 如何

遊을써 니흔지라 我蝶을 破壞흔이 甚흔도다

花를 蝶과 人이 如何

同花를 愛흔과 人이 如何謂흔

하고

第五十課 愛同種

蜂이 巢를 結하고 會議하야 日代를 殘害한즉 者一 同種은 國을 有하고 人의 國을 ㅣ개 ㅣ 자 ㅣ ㅣ 蜂

第五十一課 愛國

學生
如何

蜂의 巢와 如히 저마다 저의 同種과 國이 有한즉 班中 家의 形狀을 비러 當然히 世에 孝를 學하는지라 家의 兒가 戲弄하고 去하는 隣家兒가 竹杖을 지고 人을 見하고 一錢을 與하야 哀乞하며 班兒가 大怒曰 男子가 自期할지라 班兒가 囊을 ㅣ개 ㅣ 仁人

同種을 愛하고 國을 愛하며 ㅣ 同種과 國과 國을 愛하야 國을 愛하고

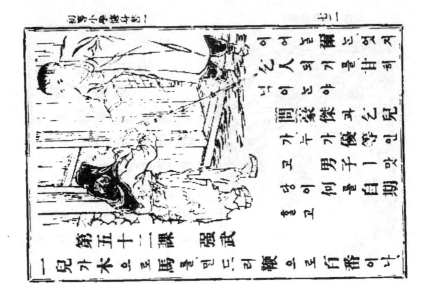

之고 備는 빗지
人의가를 갓쵸고
間家 傑과는
男子 何를 自期이맛이 兒

第五十二課 武强

一兒가 木으로 馬를 민드러 鞭으로 白番이나

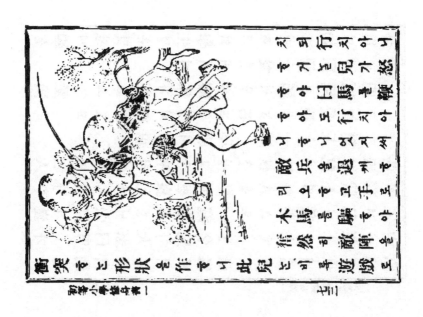

치호되 行치 아니
호야 日 兒가 鞭을
호야도 行치 아니 怒
호니 敵兵을 退호야 兒가
木馬를 驅치 아써 手로
終히 敵陣을 遊戱로
此兒는 衝突호는 形狀을 作호니

뎌그 強武이 氣는 旋伺ᄒ오며 다 었지
問 其兄가 强武이 恋로 木馬를 驅ᄒ고
强武라 謂ᄒᄂᆞᆫ 故이고

第五十三課 任其志

教師가 休業日에 學徒를 復習ᄒ며
志學課日가
學課를 復習ᄒ고

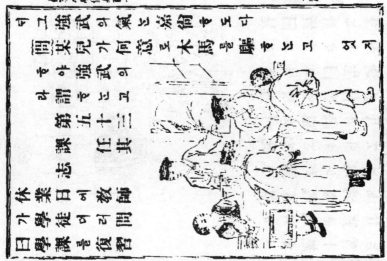

ᄒ야ᄂᆞᆫ 아 遊戲ᄒ는 者日 遊戲를 復習ᄒ며
을ᄂ이다 一 學徒ᄂᆞᆫ 起日 吾ᄂᆞᆫ 學課를 復習ᄒ고 遊를 ᄒ야 無制
ᄒ면 各히 其志를 從ᄒ야 行ᄒ지 오 ᅀᅵ도 强制
問習課와 戲가 其志가 同ᄒ가 志를 同ᄒᄒ
强制로 同히 호게 ᄒ가

第五十四課 安度

處 劉生이 ᄯ다 ᄒ거늘 書ᄒ야 同學에 示ᄒ나 書를 見ᄒ
劉生日 君等이 此處를 見ᄒ

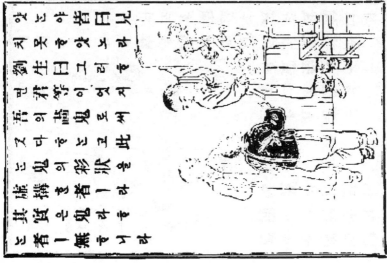

앗지못홀지라 劉生이 君의 吾의 얏더니 그 其虛誕홈을 鬼神이 이 彤이 엿지에써 此 生日 鬼 形狀者ㅣ 者는 貞女 一無홈이니라

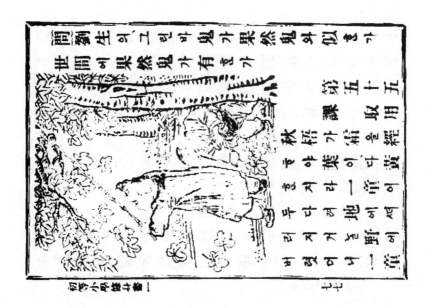

仍히 鬼가 果然 似호야 十五 經用호야 鬼ㅣ 有홈을 取用 五 世間에 果然 鬼가 有호야 秋稿가 術이다 課가 術이야 葉이 一野에서 劉生이 그ㅣ 민사 鬼가 田에 似호야

을 秋를
供を 人이
을 業을 고 리 가 지 고 家에 儲 하 야 數日 이
맛 宅 한 다 니 噫 天下에 樂 하 니 村 이 無 하 니
히 신 可 피 하 야 取用 을 지 라 하 니 材

를 岡二 儲 에 두 가 材 를 述 取 하 야 피 는
取用 한 가 를 맛 如何 하 야 할 가 村

第五十六課 依賴

天 이 早 하 야 水 가 涸 하 니 魚 가 能 히 生活 치 못 한
河伯 이 네 게 水 를 乞 하 더 河伯 日 天 이 兩 하 려 는 니
네 爾 를 吾 도 能 히 白生 하 기 天 이 難 하 니
矣 假 이 하 면 吾 도 라 더 乞 하 기 語 하 노 니

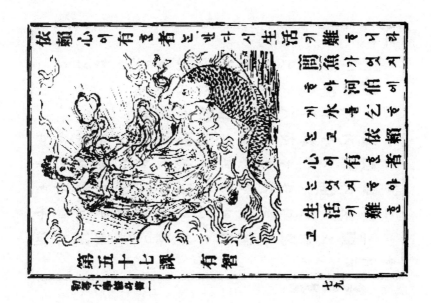

依賴心 이 有 한 者 는 반 다 시 生活 키 難 하
心 이 고 水 를 河伯 에 게 乞 하 야 니
有 한 者 는 엿 지 하 依賴 者 에 게
生活 키 심 이 有 한 고 間 魚 가 엿 지
고 生活 키 難 한 니 라

第五十七課 有智

下學ᄒᆞᆫ後에ᄂᆞᆫ童이諸兒다려調日君等이陸
軍諸兒가其個에日吾偵
探隊長이

兒의智가足ᄒᆞ고

도다

調甲偵探隊ᄂᆞᆫ用處가有ᄒᆞ고諸兒를戒ᄒᆞ엿ᄂᆞ라
佰探筍小貓가兒를害ᄒᆞ거ᄂᆞᆯ同類來ᄒᆞ야鼠의同類가讒語ᄒᆞ
가ᄂᆞ鼠가猫가ᄂᆞ鼠가此鼠와同
고鼠笑ᄒᆞᆫ矢로此鼠와同

第五十八課

第五十九課 遊戲場

鼠가 서로 쫓는 듯하얏고 同權하는 듯하며 眞을 亂하야던 如何호랴

學校內에 一種 草場이 서서 … 行하는디 學生들이 課書를 畢하고 草場이 가서

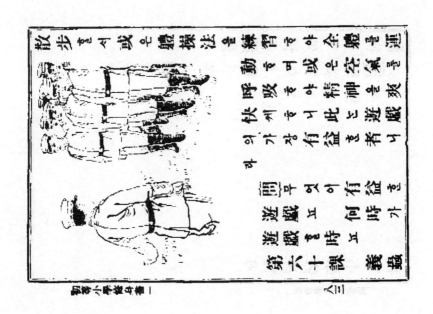

散步홀 서 或은 體操法을 練習호야 全體를 運動호야 精神을 爽快케 하나니 此는 遊戲者니

呼吸을 하나니 … 或은 空氣를 … 이가 가장 有益호 者니

開闊호 곳이 有益호 바가 遊戲홀 時오 何時오

遊戲를 … 時오

第六十課 義蟲

階下ㅣ네蟻一數百이集ㅎ야非集一寸을去
ㅎ거긔못兒가난ㅎ고師의러ㅣ問日非集一寸을食
　　　　供ㅎ난數百蟻의가師
翠取ㅎ야集ㅎ야는數百이成
ㅎ야서出ㅎ야蛸는義蟲이物을
　　蝗이고아其群을라

護衛ㅎ고外侮를防禦ㅎ난니라

同種蟻난何如ㅎ蟲이고　蟻가成羣ㅎ야何
를防ㅎ난고

初等小學修身書卷

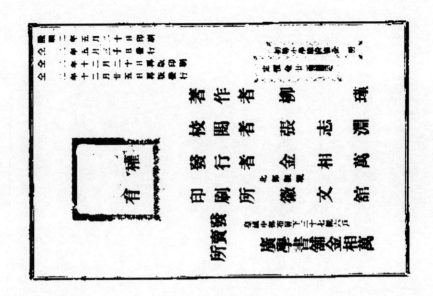

著作者　柳　　瑾

校閱者　金相澗　萬

發行者　金相萬

印刷者　金相萬

印刷所　徽文舘

所賣發　廣學書舖金相萬

（版權所有）

근대 한국학 교과서 총서 4　　　　　　ㅣ윤리과ㅣ

초 판 인 쇄	2022년 04월 11일
초 판 발 행	2022년 04월 25일
편　　　자	성신여대 인문융합연구소
발 행 인	윤석현
발 행 처	제이앤씨
책 임 편 집	최인노
등 록 번 호	제7-220호
우 편 주 소	서울시 도봉구 우이천로 353 성주빌딩
대 표 전 화	02) 992 / 3253
전　　　송	02) 991 / 1285
전 자 우 편	jncbook@hanmail.net

ⓒ 성신여대 인문융합연구소, 2022 Printed in KOREA.

ISBN 979-11-5917-205-2　94370　　　　　　　　　　정가 48,000원
　　　979-11-5917-201-4　(Set)